GÜNTHER BÖHME

BILDUNGSGESCHICHTE
DES EUROPÄISCHEN HUMANISMUS

GÜNTHER BÖHME

BILDUNGSGESCHICHTE DES EUROPÄISCHEN HUMANISMUS

1986
WISSENSCHAFTLICHE BUCHGESELLSCHAFT
DARMSTADT

CIP-Kurztitelaufnahme der Deutschen Bibliothek

Böhme, Günther:
Bildungsgeschichte des europäischen Humanismus /
Günther Böhme. – Darmstadt: Wissenschaftliche
Buchgesellschaft, 1986.
ISBN 3-534-01403-0

1 2 3 4 5

Bestellnummer 1403-0

Satz: Setzerei Gutowski, Weiterstadt
Druck und Einband: Wissenschaftliche Buchgesellschaft, Darmstadt
Printed in Germany
Schrift: Linotype Garamond, 10/11

ISBN 3-534-01403-0

INHALT

VORBEMERKUNG

Die hier vorgelegte Darstellung des europäischen Humanismus schließt an die Darstellung des italienischen Humanismus an. Aus dieser – auch Frühhumanismus genannten – Bildungsbewegung, deren geistiger Mittelpunkt Petrarca war, entfaltet sich im ausgehenden 15. und beginnenden 16. Jahrhundert eine europäische Bewegung, deren unbestrittenes Haupt Erasmus von Rotterdam ist. Diese wiederum wird in oft nur schwer zu erhellenden Bezügen fortleben, bis sie in der Aufklärung am Gedanken der Humanität sich neu entzünden und zur neuhumanistischen Bewegung in Deutschland führen wird.

Die Forschung hat bis in feinste Verzweigungen hinein das humanistische Gedankengut bloßgelegt, so daß es hier sich nicht um eine Auflistung der nahezu unübersehbaren Resultate handeln kann. Vielmehr soll in Fortsetzung der Arbeit über die „Bildungsgeschichte des frühen Humanismus" des Verfassers die Bewegung als Ganzes unter spezifisch bildungstheoretischem und bildungshistorischem Aspekt vorgestellt werden; die von hier gelegten Fundamente einer europäischen Pädagogik werden analysiert. Diese wird dabei an ihren Wirkungsstätten in den verschiedenen europäischen Ländern aufgesucht und auf die Gemeinsamkeiten des Bildungsgedankens und Bildungswillens befragt. Die für die Entstehung eines Bildungsbegriffs maßgeblichen Humanisten werden ausreichende Würdigung finden. Dabei wird darauf geachtet, sie in den Kämpfen und Wirrnissen der Zeit sichtbar zu machen, um den Beitrag des Humanismus zu den monumentalen Ereignissen der Epoche und die Verflochtenheit des pädagogischen Gedankens in diese unmißverständlich deutlich zu machen. Es geht um die Bildungsbewegung, die an den großen Auseinandersetzungen und den daraus resultierenden Veränderungen unmittelbar und oft leidenschaftlich beteiligt ist. Der Humanismus mag viele Facetten, viele Aspekte haben – in begrifflicher Schärfe faßbar wird er nur, wenn die ihm immanente pädagogische Intention festgehalten wird, wie sie schließlich in der neuen Form pädagogischer Institutionen sichtbar wird, kurz, wenn man die humanistische Bewegung dezidiert als pädagogische begreift.

Um so merkwürdiger im übrigen ist, daß der Humanismus als Bildungsbewegung bislang noch keine ausreichende Beachtung gefunden hat. Die hier vorgelegte Arbeit wird somit einem Desiderat genügen, das durch die philologischen, philosophischen, kunsttheoretischen, wissenschaftsgeschichtlichen Untersuchungen zum Humanismus lange Zeit verdeckt geblieben ist.[1]

Man muß sich lösen von einem Humanismusbegriff, der nur der Kennzeichnung einer allgemein menschlichen Grundverfassung dient, wie es etwa Heinrich Weinstock in seiner ›Tragödie des Humanismus‹ unternimmt. Auch die geläufige, das politische Geschehen begleitende Rede von einer humanen Welt, die es neu zu errichten gälte, kann nur praktisch werden, wenn die Elemente einer Bildung herausgearbeitet und kritischer Prüfung unterworfen werden, die den Menschen erst zur Weltbewältigung befähigen. Abseits aller gutgemeinten – oder ahnungslosen – Deklamationen gilt es, den Humanismus auf den Begriff zu bringen. Das historische Interesse richtet sich mithin darauf, zu sehen, wie sich durch die Erschließung neuen Wissens und durch die Organisation der Wissenschaft dem Menschen Möglichkeiten eröffnen, zwischen den Mächten der Zeit zu bestehen, richtet sich darauf, zu sehen, welche humanistischen Impulse historisch wirksam geworden sind, welche gar sich als fruchtbar erweisen könnten für die Konstituierung eines neuen Humanismus, dessen unsere Zeit nach Überzeugung des Verfassers dringend bedürftig ist.

Da das Ziel der Arbeit eine Darstellung des Gesamtzusammenhangs und eine Verfolgung der Ausbreitung des pädagogischen Humanismus über die Länder Europas ist, mußte – und konnte – allein um der Überschaubarkeit willen die Beschränkung auf herausragende Vertreter des Humanismus zum Prinzip erhoben werden. Doch ist keiner übersehen, der zur hier geschilderten Bildungsgeschichte beigetragen hat. Erasmus wird notwendigerweise besonderer Raum gewährt. Das Literaturverzeichnis enthält nur jene Werke, auf die im Text Bezug genommen wird; es will keineswegs eine vollständige Bibliographie zum Humanismus darbieten. Das Zitieren erfolgt nach Zahlen: jeweils die erste Zahl bedeutet die Nummer des Literaturverzeichnisses, die zweite die Seitenzahl des betreffenden Werkes; römische Zahlen verweisen auf die Bandzahl mehrbändiger Werke. Wenn nicht ausdrücklich angegeben, stammt die Übersetzung fremdsprachiger Zitate vom Verfasser.

[1] Mit einigem Staunen entdeckt die Kommission für Humanismusforschung der Deutschen Forschungsgemeinschaft eben erst, daß sie über die erste Arbeitstagung zum „Humanismus im Bildungswesen" berichten kann. Damit ist allerdings die Frage nach dem Humanismus als Bildungsbewegung immer noch unbeantwortet. Vgl. Deutsche Forschungsgemeinschaft, Humanismus im Bildungswesen des 15. und 16. Jahrhunderts, hrsg. von Wolfgang Reinhard, Mitteilung XII der Kommission für Humanismusforschung, Acta humaniora, Weinheim 1984. Damit wird der Anspruch der hier vorgelegten Arbeit bestätigt, bildungsgeschichtlich Neuland zu betreten.

Zum Schluß dieser Vorbemerkung sei meinem Mitarbeiter, Herrn Hans-Georg Deutscher, ein aufrichtiges Wort des Dankes gesagt für die unermüdliche Hilfe bei der Bereitstellung der vielfältigen Materialien.

Günther Böhme

I. UMRISS DER EPOCHE

Charakter und Geist der Zeit

Die Impulse kommen aus Italien; der Humanismus ist italienischen Ursprungs, Petrarca ist sein Inaugurator. Von diesem schon springen die Funken über auf das Prag Karls IV. in der Mitte des 14. Jahrhunderts. Die großen Konzilien, Konstanz zu Beginn des 15. Jahrhunderts voran, dann Ferrara–Florenz mit dem Ringen um Versöhnung und Wiedervereinigung der westlichen und östlichen Kirche, werden zu Umschlagplätzen des Geistes. Die Schulen des Vittorino in Verona und des Guarino in Ferrara werden zu Sammelbecken der Gelehrsamkeit, in denen sich Schüler aus aller Herren Ländern zusammenfinden, die sich dem neuen Studium verschreiben und das neue, das humanistische Denken nach Europa tragen. Die Platonische Akademie um Marsilio Ficino in Florenz zieht die Geister an, die sich im Gespräch über die neuen Wissenschaften vereinen, um die Kunde von der wiederentdeckten Antike, den Sprachen zumal, in ihre Länder mitzunehmen. Es öffnet sich eine neue Zeit, die sich dem scholastischen Lehrbetrieb abgekehrt hat. Italien wird der Lehrmeister Europas.

Und der Humanismus wird europäisch, erfaßt die Kanzleien der Fürsten, gestaltet die Universitäten um, schafft neue Schulen, wird zur Denkform der Gebildeten. Humanismus bedeutet die Entdeckung des Menschen, der sich aus den Fesseln der Dogmatik löst, der die Autorität der Kirche in Frage stellt, ohne freilich deshalb den christlichen Glauben in Frage zu stellen. Humanismus bedeutet die Entdeckung des Menschen, der sich in der Selbstmächtigkeit des Geistes wiederfindet und der mittelalterlichen Eschatologie entsagt. Humanismus bedeutet die Entdeckung jener Wissenschaften, die – als *humaniora* – den Menschen zu sich selbst führen und ihm jene Bildung vermitteln, derer er bedarf, um seiner Würde ebenso wie seiner kritischen Vernunft innezuwerden. Humanismus bedeutet, in der Orientierung am antiken Vorbild römischer und bald auch griechischer Provenienz, Studium der Sprachen und der mit diesen verbundenen Wissenschaften, Studium der Geschichte als des Orts der Besinnung auf die Kraft und Verfügungsgewalt des Menschen, Studium der Moralphilosophie als der Belehrung über das angemessene Handeln und Verhalten des Menschen. Humanismus bedeutet Bildung des Menschen aus seinen eigenen Bedingungen heraus. Humanismus bedeutet letztlich Belehrung des Menschen über sich selbst.

Humanismus wird zum Programm, über die Bildung des Menschen, über die Aufklärung des Geistes, über die Erschließung humaner Normen die Verbesserung der menschlichen Dinge zu bewirken. Humanismus sucht eine Ordnung der Welt durch ein Wissen, das allen verfügbar sein soll. Das 'finstere Mittelalter', gegen das sich Petrarca aufgelehnt hatte, soll dem Licht weichen, das über sprachliche, historische und moralische Bildung in allen entzündet wird.

Die zeitliche Ausdehnung ebenso wie der Charakter der vom Humanismus geprägten Epoche nun mag sich sichtbar machen lassen an drei Episoden, in denen gleichermaßen die Atmosphäre der Zeit, aus welcher der europäische Humanismus erwuchs, wie die Grundvorstellungen und Grundbegriffe des Humanismus sich spiegeln.

In Saaz erscheint im Jahre 1400 ein ›Streitgespräch zwischen Mensch und Tod‹ als die Klage eines Mannes, der seitdem der 'Ackermann aus Böhmen' genannt wird. Dieser 'Ackermann' ist ein Johannes aus Tepl, dort um 1350 geboren, von dem wir wissen, daß er in Prag studierte, an der Prager Hofkanzlei unter Johann von Neumarkt tätig war, 1378 in Saaz als *notarius civitatis* wirkt, 1383 Rektor an der dortigen Lateinschule wird, 1411 Erster Ratsschreiber in der Prager Neustadt wird und daselbst 1414 stirbt. Er hatte seine Frau verloren und führte bewegte Klage gegen den Tod: „Grimmiger Tilger aller Leute, schädlicher Ächter aller Welt, schrecklicher Mörder aller Menschen, Ihr Tod, Euch sei gefluchet! Gott, Euer Schöpfer, hasse Euch, Unheils Mehrung wohne Euch bei, Unglück hause gewaltsam zu Euch: ganz geschändet seid immer."[1] Das erklingt in jenem Böhmen, zu dem schon der frühe Humanismus in der Gestalt des Petrarca und in der des Cola di Rienzo eine Brücke geschlagen hatte, in dem Johann von Neumarkt das frühhumanistische Gedankengut aufgreift und in die Kanzlei des Kaisers einführt.

Was an diesem Text zunächst bewegt, ist die Antithese zwischen *dolor*, dem Schmerz, und *ratio*, der Einsicht, die gegen das Schicksal ankämpft, zwischen Affekt und Leidenschaft, der Fülle der menschlichen Emotion einerseits und der vernunftbestimmten Klärung der menschlichen, unentrinnbaren Situation andererseits. Der Umbruch der Zeiten wird spürbar: Der Mensch erfährt sich und entdeckt sich neu. Er wird in den Mittelpunkt der Welt gerückt, rückt sich selbst in diesen Mittelpunkt. Der Mensch wird sich selbst wichtig, das mittelalterliche Weltgefühl fällt zurück, in dem der Mensch allenfalls ein Spiegelbild Gottes und der Transzendenz ist, in dem das Überirdische gleichsam die Welt verdeckt. Im Gegensatz dazu sind ihm nun die weltlichen Erfahrungen bedeutsam, erhalten Gewicht aus sich selbst, sind nicht nur ein Durchgangsstadium, das

[1] 1. 17.

bestanden werden muß, aber seine Erfüllung doch erst im Jenseits findet. Eine neue Einsicht in die Verwiesenheit auf die Welt bricht auf; der Ackermann, der fragt, wie ihm das Leid widerfahren konnte, findet ein neues Verhältnis zu Gott, er fragt nach dem Sinn des Elends hier in dieser Welt und findet nicht vorab Trost in einer Heilsgewißheit. Es ist die Zeit, in der die Darstellung des Todes und die Totentänze ein wichtiges Thema werden. Der Ackermann aus Böhmen stellt sich hinein in diesen Reigen, und sein Gespräch mit dem Tod erhellt, wie nun Weltlichkeit und Geistlichkeit im Streite liegen, macht spürbar, wie weltliche Macht und himmlische Macht als Antipoden erlebt werden. Er fragt: „Wozu soll ich mich nun wenden? In den weltlichen oder in den geistlichen Stand? Die sind mir beide offen“[2], und weiß zugleich: „Mit Mängeln ist verkümmert aller Menschen Lage.“ Und er fragt danach, wo der Mensch Trost, Hoffnung und Stütze finde hier in dieser Welt. Der mit dem Humanismus anhebende Individualismus spricht sich im subjektiven Erleben aus, nicht minder der irdische Anspruch auf Glück, mit dem auch – im Aufbäumen gegen das Schicksal – die Forderung, Herr seines Schicksals sein zu dürfen, erhoben wird. Die Ambivalenz des Menschlichen wird ausgesprochen im Nachsinnen über die Frage, die allem humanistischen Denken zugrunde liegt: Was ist der Mensch? Und der Ackermann antwortet: „Herr Tod, Ihr schändet Gottes allerschönstes Geschöpf: Allein der Mensch hat Anteil an der Vernunft.“[3] Aber er weiß auch: „Sollte Freude, Liebe, Wonne und Kurzweil aus der Welt vertrieben werden, übel würde stehn die Welt. Dafür will ich mich berufen auf die Römer.“[4] Da nun klingt die Antike an, das Vorbild des Humanismus, die Lehrmeisterin der neuen Gelehrsamkeit. So wird dann auch Aristoteles berufen, auch Boethius, und die Sieben freien Künste, die *septem artes liberales*, werden benannt, der Grundkanon überlieferter Bildung. Es mag sein, daß, wie jüngst glaubhaft gemacht wurde,[5] der ›Ackermann‹ statt einer impulsiven Dichtung eher eine Probe rhetorischer Kunst liefern wollte – *ex agro rhetoricalis jucunditatis* –, wie sie ihm durch die Arbeit in der Kanzlei des Johann von Neumarkt vertraut gewesen sein mußte; in jedem Fall schlägt er eindringlich wie keiner vor ihm im deutschen Sprachraum das neue Thema an: die *humanitas*. Und er bekundet die neue Zeit der Bildung, die gerade erst in Florenz sich voll zu entfalten und über die Alpen auszustrahlen begonnen hatte.

Ist mit dem ›Ackermann‹ ein erstes Licht auf den europäischen Früh-

[2] 1. 67.
[3] 1. 63.
[4] 1. 58.
[5] 19. 49.

humanismus und den Aufbruch in die neue Zeit geworfen, so führt die andere Szene, die den Charakter des Humanismus erhellen soll, in das Wien des Jahres 1461, wo sich Kardinal Bessarion im Auftrage des Papstes Pius II. aufhält, um Kaiser Friedrich III. für einen Türkenkreuzzug zu gewinnen. Bessarion ist denkwürdig durch seine Gelehrtenfreundschaft mit eben diesem Papst Pius II., dem ehemaligen Aeneas Sylvius und namhaften Humanisten auf dem Stuhle Petri. Bessarion ist darüber hinaus bemerkenswert durch seine Teilnahme an dem letzten großen Unionskonzil in Ferrara und Florenz, wo noch einmal der – vergebliche – Versuch gemacht wurde, die östliche mit der westlichen Kirche zu vereinigen und angesichts der Bedrohung durch die Türken das Schisma zu überwinden. Dabei strömte – und Bessarion hatte nicht geringen Anteil daran – die griechische Geisteswelt, allem voran die griechische Sprache selbst als Vehikel der Bildung, in das Abendland und der humanistischen Gelehrtenwelt zu. Von nun an vollends wird die griechische Überlieferung, die griechische Literatur und Philosophie dem Abendland wieder zugänglich; sie wird neu entdeckt. Neben dem Lateinischen als der Muttersprache der Humanisten wird auch das Griechische, und zwar als das Vehikel des Klassischen, vom Humanismus absorbiert werden. Bessarion, ursprünglich der Ostkirche angehörig und der Delegation des griechischen Kaisers beigegeben, wird durch seine Bibliothek mit einer unvergleichlichen Sammlung griechischer Texte das Seine zur Rezeption des Griechischen beitragen. Papst Eugen IV. erhob ihn zum Kardinal, machte ihn zum Vorsteher der griechischen Klöster in Unteritalien; schließlich wurde er 1463 von Pius II. mit dem Titel eines Patriarchen von Konstantinopel geschmückt. Seine Arbeit ist an dieser Stelle nicht weiter zu verfolgen; Erwähnung verdient er hier, weil er im genannten Jahr 1461 einen Johannes Müller, der unter seinem Humanistennamen Regiomontanus – nach seiner fränkischen Heimatstadt Regensburg – unsterblich wurde, mit der Vollendung eines lateinischen Auszugs aus dem ›Almagest‹ beauftragte. Hinter diesem arabischen Titel verbirgt sich die *syntaxis megale* (= Große Sammlung) des Ptolemäus, die astronomische Schrift des griechischen Naturwissenschaftlers. Keine antike Schrift hatte das Weltbild der Antike stärker bestimmt, insbesondere aber über Jahrhunderte hinweg seine Gültigkeit behauptet. Eine Kopie des ›Almagest‹ war von Kaiser Manuel I. Comnenus dem sizilianischen König Roger II. geschenkt worden, wovon dann wohl Gerhard von Cremona im Auftrag Friedrichs I. Barbarossa eine Übersetzung angefertigt hatte. Das lenkt die Aufmerksamkeit zugleich darauf, daß die griechische Tradition, nahezu unbemerkt vom Abendland, eine Heimstätte in Kalabrien behalten hatte (von wo aus schließlich über Barlaam Petrarca seine ersten Griechischkenntnisse empfing), und daß unter den Normannenkönigen seit Roger II. vom 11. bis zum 15. Jahrhundert Latein, Griechisch und Arabisch die offiziellen Amtssprachen waren.[6]

1462 vollendet Regiomontanus den Auszug aus dem ›Almagest‹ in Rom. Da der geniale Astronom an anderer Stelle noch behandelt wird, genügt hier der Hinweis auf seine Arbeit am ›Almagest‹, um daran einmal die Verquickung der Kirche mit den wissenschaftlichen Interessen der Zeit, zum anderen, über das kirchliche Interesse hinaus, das humanistische Interesse an den klassischen naturwissenschaftlichen Schriften aufzuzeigen. Damit ist eine Stelle aufgesucht, an der sich die Verbindung humanistischer Studien mit den aus zunächst anderen Quellen gespeisten naturwissenschaftlichen Forschungen der Epoche sichtbar machen läßt. Dieser Zusammenhang belehrt zugleich darüber, daß es, im Gegensatz zu der gängigen Vorstellung von einem erstarrenden, nach rückwärts gewandten, nichts als die Antike nachahmenden Humanismus, keineswegs bei der Aufarbeitung tradierten Wissens blieb, sondern im Gegenteil aus dem Umgang mit der Antike die mannigfaltigsten Anstöße erwuchsen für die Fortentwicklung nicht nur der genuin humanistischen Wissenschaften, sondern auch der Naturwissenschaften, wiewohl sie nicht das unmittelbare Interesse der Humanisten an sich zogen und im übrigen auch dem künftigen humanistischen Lehrplan nur rudimentär blieben. Schließlich beleuchtet die Szene mit Bessarion und Regiomontanus zugleich einen Schauplatz, Wien nämlich, der sich bald nach der kurzen Blütezeit Prags nicht nur als Mittelpunkt der politischen Welt und der weltlichen Herrschaft, sondern durch seine Universität auch als Zentrum der humanistischen Studien durchsetzen wird. Zugleich mag sich in der Rückkehr des Bessarion und seines Begleiters Regiomontanus nach Rom eine geistige Abhängigkeit symbolisieren, die für die Zeit charakteristisch ist.

Ist mit der Erwähnung des Regiomontanus auf die für die nachhumanistische Epoche folgenreiche Beziehung zwischen Humanismus und Naturwissenschaft hingewiesen, so wird diese Beziehung vollends offenbar in der dritten Szene, die einen Einblick in den Charakter der Zeit gewähren soll. Sie stammt aus dem Ausklang der Epoche und führt in das Jahr 1542. In diesem Jahr 1542 verfaßte, ein Jahr vor seinem Tode, der Domherr zu Frauenburg im ostpreußischen Ermland, Copernicus, zu seiner epochemachenden Schrift ›De revolutionibus orbium coelestium‹ von 1533 einen Widmungsbrief an Papst Paul III. Er hatte, wie an den Daten abzulesen, lange gezögert, seine Schrift von den Umdrehungen der Himmelskörper bekanntzumachen. Ihm war durchaus bewußt, daß sie in der Tat eine 'Revolution' des Geistes war – man beachte die Duplizität der Begriffe –, eine Revolution der Welterfahrung und der Weltan-

[6] 40. 26.

schauung, die zugleich ein völlig gewandeltes Verständnis des Menschen, nicht zuletzt eine völlig neue Beziehung zu Gott bedinge und mit Recht schließlich als die kopernikanische Wende in die Geschichte einging. So hat er, Copernicus, dann erst kurz vor seinem Tode jenen Widmungsbrief verfaßt, der nicht zuletzt aus humanistischer Perspektive interessiert. Darin heißt es: „Daher machte ich mir die Mühe, die Bücher aller Philosophen, deren ich habhaft werden konnte, von neuem zu lesen, um nachzusehen, ob nicht irgendeiner einmal die Ansicht vertreten hätte, die Bewegungen der Sphären des Weltalls seien anders geartet als diejenigen annehmen, die in den Schulen die mathematischen Wissenschaften gelehrt haben. Da fand ich denn zuerst bei Cicero, daß Niketas geglaubt habe, die Erde bewege sich. Sodann fand ich auch bei Plutarch, daß einige andere ebenfalls dieser Meinung gewesen seien."[7] Und er beschreibt weiter, wie er von dort aus auf die Suche ging und schließlich sich veranlaßt sah, diese Spuren der Überlieferung zu überprüfen, um so zu entdecken, daß das, was längst verschüttetes Wissen war, der Wirklichkeit eher entsprach denn die überlieferte Lehre vom Kosmos und die Bewegungen der Himmelskörper und die Bewegung der Erde durchaus zutreffend beschrieben waren, mochten dem auch Korrekturen hinzugefügt werden müssen. Hinzuzusetzen ist an dieser Stelle, daß er sich als vorzüglicher Quelle der lateinischen Übersetzung des ›Almagest‹ bediente, aber noch vor deren Erscheinen im Jahre 1515 aus der – weiter oben erwähnten – ›Epitoma Joannis de Monte Regio in Almagestum Ptolemei‹, die 1496 in Venedig erschienen war, schöpfte.[8]

Das mag an dieser Stelle als mehr der Geschichte der Naturwissenschaften zugehörig beiseite bleiben, doch gilt es festzuhalten, daß wir am Ausgang der Epoche, am Übergang zur Neuzeit erneut daran erinnert werden, wie sehr die Gelehrten der Zeit von dem antiken Wissen abhängig waren, das der Humanismus erschlossen hatte. Sie sahen viel weniger aus sich heraus genial das Neue, sondern wollten, in der Tradition eines langwährenden Erkenntniszusammenhanges stehend, in der geduldigen Arbeit der Wissensdurstigen, denen sich die Welt als Menschenwelt zu öffnen begann, zunächst einmal die gesamte Wissenschaft der Antike erneuern oder doch auf ihren Wahrheitsgehalt überprüfen. Genau das ist der Anspruch und das Movens des Humanismus. Die aufmerksame Lektüre der antiken Schriften geht allem neuen Wissen voran; Voraussetzung dessen ist die Wiederherstellung und Prüfung der Texte, und auch alle empirische Forschung suchte Bestätigung oder Widerlegung in den Texten selbst. Naturwissenschaft geht aus Textwissenschaft hervor. Überlieferung

[7] 25. 11.
[8] 25. 102ff.

wurde ernstgenommen, ohne sie blindlings zu übernehmen. Die humanistische Haltung, das Studium der Texte in ausdauernder Gelehrsamkeit, muß auch hier – unvermeidlich fast, möchte man sagen – zu Cicero führen. Er, den schon Petrarca zu seinem Meister gemacht hatte und damit zum Ahnherrn humanistischen Denkens, war zweihundert Jahre vor Copernicus wiederentdeckt worden als Inbegriff römischer Denkungsart und Urbanität sowie lateinischer Sprachbeherrschung. Aber nun wird gezeigt, wie auch er, Cicero, bereits auf den Schultern anderer steht, wie die geistige Entfaltung in der Entdeckung und Beschreibung der Welt und des Menschen über Jahrhunderte hinweg sich allmählich vollzieht. Daß in diesem Zusammenhang Niketas – in der klassischen Überlieferung schreibt er sich Hiketas – genannt wird, soll nicht übersehen werden, ist es doch nicht ohne Belang für die humanistische Tradition, daß dieser Niketas ein Pythagoreer gewesen ist, jener alten Schule also der großen astronomischen Lehre des frühen Griechentums entstammt. Wir werden daran erinnert, daß die Lehre des Pythagoras bereits in der frühen Renaissance wiedergewonnen und im frühen Humanismus über die Vermittlung des Boethius durch seine Harmonielehre bedeutsam wird und einen Platz im Bildungskanon findet. Man erinnert sich, die Idee der Sphärenmusik geht darauf zurück, die Idee von den 'musikalischen' Proportionen des Kosmos, die diesem seine Schönheit geben. Es waren die Pythagoreer, die ihre Wissenschaft auf die Mathematik gründeten und von daher dem Lehrplan des Abendlandes ein Fundament gaben; sie machten das mathematische Denken als das reine abstrakte Denken, dessen Begriffe sich in aller Welt auffinden lassen, zur Grundlage allen Denkens überhaupt. Und es mag nicht müßig sein, daran zu erinnern, daß *manthanein* ursprünglich lehren und lernen, *mathesis* die Lehre schlechthin bedeutete. Auch der Humanismus wird die Mathematik in seinen Lehrplan aufnehmen und ihr eine ungleich größere Bedeutung zumessen als den Naturwissenschaften, die nie voll in sein Blickfeld treten.

Bei Copernicus mithin findet sich der Pythagoreer Hiketas wieder, genannt im Zusammenhang mit Cicero, der seinerseits auf diese phythagoreische Tradition aufmerksam macht. Da ist, schon über den Höhepunkt des Humanismus hinaus, noch einmal die Linie zu erkennen, der in ihren Verzweigungen nachgegangen werden soll, zugleich ist ein Punkt bezeichnet, von dem aus die Nachwirkungen des Humanismus und die von ihm geschaffenen neuen Traditionen verfolgt werden können. Hier, um 1542, ist der europäische Humanismus schon fast Geschichte geworden. Die große Zeit des europäischen Humanismus liegt in der kurzen Spanne zwischen 1470 und 1530 – oder auch 1536, dem Todesjahr des Erasmus – und schwingt dann sehr bald als eine lebendige, oft stürmische, von den Zeitgenossen deutlich wahrgenommene Geistesmacht, die zwischen Reformation und Gegenreformation sich aufreiben wird, aus im Skeptizismus eines Montaigne, tradiert sich in geisteswissenschaftlichen Wissensbeständen, lebt weiter in den Lehrplänen der Lateinschulen, in den Strukturen der Universitäten, gibt noch, wie angezeigt, Impulse an die Naturwissenschaften weiter.

Aber der europäische Humanismus als eine Geistesmacht, die über die Erneuerung der Sprache – und der Sprachen – eine Verbesserung des Menschen und seiner Situation sucht, erreicht mit den reformatorischen Bewegungen innerhalb und außerhalb der katholischen Kirche seinen Höhepunkt und wird schon ein Menschenalter später – selbst wenn alle historischen Zäsuren mit Vorsicht zu benennen sind – in der Mitte des 16. Jahrhunderts ausklingen, nicht ohne selbst ein reiches Erbe im Bereich des pädagogischen und philologischen Humanismus zu hinterlassen.

Man kann den europäischen auch den erasmischen Humanismus nennen. So wie der italienische Humanismus trotz aller Vielfalt der Geister und dem Reichtum seiner Resultate beherrscht ist von Petrarca, so ist der europäische Humanismus beherrscht von Erasmus von Rotterdam, der im übrigen sich selbst durchaus in dieser Stellung sah und, über den Institutionen und Parteien stehend, in der Fülle seiner humanistischen Gelehrsamkeit schon von den Zeitgenossen dem bekannten Worte Huttens zufolge als eine Institution für sich gesehen wurde. Er verkörperte wie kein anderer Gelehrter seiner Zeit das humanistische Ideal: die Würde des Geistes aufzurichten und den Rang des Menschlichen zu wahren in den Spannungen und Kämpfen, in den Barbarismen der Zeit – Humanität zu vermitteln durch Bildung. Er verkörperte freilich auch die Tragik des der Wissenschaft dienenden Menschen, der, auf Versöhnung der Geister bedacht, sich den Vorwurf der Weltfremdheit einhandelt und es an Entschiedenheit im Eintreten für das richtige Erkannte mangeln läßt. Aber es bleibt seine Größe – und mit ihm die des Humanismus –, daß er versucht hat, mitten in dieser Zeit der großen Revolutionen, deren letzte schließlich die von Copernicus formulierte ist, mitten im Spannungsfeld der theologischen Auseinandersetzungen und der Kämpfe der weltlichen Herrscher, in der Geburtsstunde Europas die Stimme des Geistes vernehmlich zu machen und den Wert des Humanen, dem auch die Fürsten sich zu unterwerfen haben, in der Haltung des Gebildeten sichtbar werden zu lassen.

Es ist auch hier, wie das schon im italienischen Humanismus klar vorgebildet war, das Studium zwischen dem Imperium und dem Sacerdotium, das der Ort und zugleich die Waffe des Humanismus ist. Das Reich des Studiums wird zum Inbegriff der Bildung, der Intellektualität und der Gelehrsamkeit; in ihm setzt sich die Suche nach dem menschlichen Wissen fort, befriedigt sich das humane Bedürfnis nach Erkenntnis. Es stellt die Mittel der Bildung bereit, ohne die der Mensch sich aus Bindungen nicht herausarbeiten kann. Das Studium stellt sich zwischen das Imperium als die weltliche Macht mit seinem Zentrum der Kraft und Macht des Kaisers einerseits und das Sacerdotium als die Herrschaft des Papstes und den Anspruch der Kirche auf Macht über die Geister andererseits. Beide Mächte stehen mitten in der Krise der Zeit, in einer Krise, die von der Auseinandersetzung beider Mächte ebenso bestimmt wird wie von der Zerfallenheit beider. Man wird sich erinnern, daß zur Zeit des Erasmus das Schisma der großen Kirche in Ost- und Westkirche schon mehr als vierhundert Jahre zurückliegt und immer noch und immer weiter nachwirkt, bald aber von neuen Schismata in der abendländischen Kirche überlagert wird, hinter welchen die Bedrohung durch die Türken als die dem christlichen Abendland gemeinsame schreckliche Erfahrung sich erhob, ohne eine neue Einheit des Christentums erzwingen zu können. Am Ende bleibt das Schisma von Katholizismus und Protestantismus.

Bevor jedoch das politische Umfeld und das geistige Klima, in welchem der europäische Humanismus seine große Zeit erlebt, präziser gezeichnet werden, mögen noch einige Resultate aus den Szenen gewonnen werden, die einer ersten Hinführung zum Gegenstand der Untersuchung dienen sollten.

Auffällig ist allem voran der immer wiederkehrende unauflösliche kirchliche Bezug. Die Klage des Ackermanns kann als neue Theodizee gelesen werden; Regiomontanus handelt im Auftrag der Kirche; Copernicus ist selbst ein Kirchenmann und widmet seine Schrift dem Papst. Der europäische Humanismus, im Gegensatz zu dem ganz lateinisch-römisch geprägten italienischen Humanismus, ist dezidiert christlicher Humanismus, versteht sich selbst absolut christlich und will gerade in den Kämpfen der Kirche sein Wort sprechen. Er sucht neben allem anderen eine humanistische Erneuerung der Kirche. Die großen Reformatoren der Zeit, Zwingli und Calvin voran, sind ohne den Humanismus überhaupt nicht zu denken, und wenn Luther auch nicht den Humanisten zuzurechnen sein sollte, so ist doch seine Wirkung und die Behauptung seiner Lehre, seine Ummünzung in lehrbares Wissen nicht denkbar ohne Melanchthon, den feinsinnigen Humanisten und Freund des Erasmus. Humanistische Erneuerung ist Erneuerung der christlichen Welt, und die Einbeziehung des Christentums als Religion in das Denken und die neue Bildungsidee bei gleichzeitiger Läuterung der Kirche gehört zum Programm des Humanismus.

Wir finden zum anderen beim Ackermann, bei Regiomontanus, bei Copernicus den für den Humanismus charakteristischen Rückgriff auf die Antike. Daneben, daß er christlich sein will, gar nicht anders als christlich sein kann, findet sich das Programm der Wiedergewinnung der Antike. Die Aneignung des klassischen Wissens – über die Aneignung der klassischen Sprachen – ist der unverlierbare Wesenszug des Humanismus. Die Idee der Wiedergeburt, wie sie mit der Renaissance das 14. und 15. Jahrhundert beherrschte, die Idee nun der Wiedergeburt aus dem Denken durch den Rückgang zum Ursprung des Denkens und Wissens, das ist der andere Akzent. Damit verträgt sich – und auch das wird an den Beispielen sichtbar – die Entfaltung einer kritischen Gelehrsamkeit. Humanismus ist nicht Nachahmung des Alten, sondern Nacheiferung der Alten in eigener Einsicht. Neue Erkenntnisse werden den alten assimiliert, wofür gerade die Impulse stehen können, die vom Humanismus in die Naturwissenschaften eingehen.

Schließlich ist, und das mag der dritte entscheidende Aspekt sein, der sich auftut, das humanistische Denken ein solches, das sich mit dem Menschen selbst beschäftigt. War das mittelalterliche Generalthema Gott, so ist es – unverkennbar spätestens seit der berühmten Rede des Pico della Mirandola über die Würde des Menschen – nun der Mensch, der Mensch in seinem Selbststand ebenso wie in seiner Stellung zu Gott und der Welt, der Mensch, der, kraft seines Geistes, einen unvergleichlichen Rang behauptet – und dessen sich würdig zeigen muß. Und in die Ordnung der menschlichen Dinge, die den Humanismus bewegen, fließt die Ordnung der Welt ein. Insoweit wird die Gelehrsamkeit zugleich weltlich. Dieses Denken treibt über die Untersuchung der *ratio* hinaus, umgreift auch die *natura*, macht diese zum Gegenstand gelehrter Betrachtung. Das Phänomen des neuen Denkens wird alle lebendigen Geister erfassen, wird, wenn man so sagen kann, ganz Europa überfluten und eine neue Republik der Geister stiften.

Jahr der Entscheidungen

Mit der Erwähnung des Johannes von Tepl, des Regiomontanus und des Copernicus ist ein erster Umriß gegeben; die herausragenden Ereignisse des Humanismus sind in diesen Rahmen eingebettet. Die Epoche selbst ist jedoch noch nicht sichtbar geworden. Sie ist eine des Umbruchs, der Zeitenwende. Der Humanismus findet seine Herausforderung, einmal von einem italienischen zu einem europäischen geworden, in den Ereignissen, die das Gesicht der Welt verändern, die dem Bewußtsein neue Dimensionen erschließen und die in immer neuen Kämpfen die Machtverhältnisse verschieben und die alten Gesellschaftsstrukturen aufbrechen. Die historischen Ereignisse – die Reformation in Wittenberg, der Abfall der anglikanischen Kirche, die Heraufkunft des Moskowiterreiches, die politischen Kämpfe und der Zerfall des Abendlandes in Nationalstaaten – sehen den Humanismus involviert.

Für ein sich vertiefendes Verständnis der Zusammenhänge aber mag es zunächst genügen, jenes denkwürdige Jahr 1492 sich zu vergegenwärtigen, das gleichsam in der Mitte der Zeit steht und die Ereignisse umschließt, in denen die fundamentale Wende signalisiert wird, nach welcher Europa endgültig den Platz des Abendlandes eingenommen hat. Es ist ein Jahr, das auch für die Bildungsgeschichte denkwürdig ist, ähnlich jener Zäsur, die das Jahr 529 bedeutet mit der Gründung des Klosters Monte Cassino, der Auflösung der Platonischen Akademie zu Athen, dem schulpolitisch beachtenswerten Konzil von Vaison unter Caesarius von Arles, jenes Jahr, in dessen unmittelbarer Nähe Dionysius Exiguus den christlichen Kalender aufstellt und der Baubeginn der Hagia Sophia zu Konstantinopel fällt.

Natürlich ist das Jahr 1492 zuerst einmal unvergeßlich als das Jahr des Kolumbus. Die Entdeckung der Neuen Welt wird für die Naturwissenschaften, insbesondere die Entwicklung der Geographie, folgenreich sein, und die neuen Naturwissenschaften stellen dafür die Meßgeräte bereit; die politischen Folgen können hier nicht einmal angedeutet werden. Der Humanismus wird das Ereignis nur allmählich adaptieren und in seinen Konsequenzen überdenken. Doch ist es – neben all seinen unermeßlichen Implikationen – symbolisch für die große Bewegung der Zeit überhaupt: den Drang, die Grenzen des Weltbildes zu sprengen, das Verlangen, den Menschen als Herrn dieser Erde zu installieren, das Bedürfnis, wie den Menschen so auch die Welt zu entdecken.

Das Jahr 1492 ist dasselbe, in dem die Vertreibung der Juden aus Spanien erfolgt, die manche Interpreten der Geschichte mit der Fahrt des Kolumbus in Zusammenhang bringen, und manche glauben sie als die Suche nach dem neuen gelobten Land auslegen zu können. Kolumbus selbst hatte in einem Brief an die katholischen Könige diesen Zusammenhang ausgesprochen. Es ist aber vor allem die mit der Vertreibung verbundene – und für die Geistesgeschichte höchst folgenreiche – Beendigung der Araberherrschaft in Spanien, dem Land, für das Kolumbus ausfährt. 1492 fällt Granada, die letzte Festung der Araber, damit jener Umschlagplatz arabischer, christlicher und jüdischer Kultur, an dem eben das, was der Humanismus auf seine Weise erstrebte, realisiert schien: die Versöhnung der Geister. Mit dem Fall von Granada, mit der Vernichtung der Araber, mit der Austreibung der Juden und der alsbaldigen Errichtung eines inquisitorisch-katholischen Reiches auf der Halbinsel verspielt Spanien die Möglichkeit, das europäische Beispiel zu werden für die Überwindung der religiösen Spannungen, für das Miteinander der Religionen und den Ausgleich in den gemeinsamen Traditionen. Spanien, im Gegenteil, fällt nach einer kurzen Zeit eines erasmianischen Humanismus um so tiefer in den Bann theologischer Dogmatik und lebensbestimmender Abhängigkeit von einer alles überwältigenden, alles beherrschenden Kirche, der es an jeglicher Versöhnlichkeit gegenüber weltoffener Geisteshaltung gebricht. Das Spanien der drei Religionen wird zum Schauplatz einer Tragödie werden: „Das oft bis ins letzte hinein islamisierte und semitisierte spanische Volk versucht, in schrecklichen Anstrengungen, sein maurisches, islamisches und jüdisches Erbgut auszuscheiden."[9] Der Humanismus wird in Spanien eine zwar äußerst fruchtbare, aber eben doch nur eine Episode bleiben. Spanien, dessen Aufstieg zur ersten Weltmacht der neuen Zeit mit dem Jahre 1492 beginnt, wird das Land der Inquisition, der Mystik und der reinen Katholizität.

Sichtbares Zeichen für die allgegenwärtige Dominanz Spaniens wird sein, daß im gleichen Jahr 1492 der Repräsentant eines ganz anderen Spaniens, Rodrigo Borgia, als Alexander VI. den Stuhl Petri einnehmen wird. Mit ihm wird die Verweltlichung und der moralische Verfall der Kirche, wogegen der Humanismus leidenschaftlich das Wort ergriff, ihren Höhepunkt erreichen und nicht zuletzt in dieser Gestalt die Herausforderung an die Geister darstellen, die zu einer Verinnerlichung des Glaubens, zur wahren Religiosität des Menschen zurückführen wollen. Hier haben Reformation und Humanismus den gemeinsamen Bezugspunkt. Eine Kirche, die dem Auftrag Christi nicht mehr entspricht, wird zur Herausforderung, die Beziehung zu Gott, zur Transzendenz ohne bestimmte konfessionelle Prägung zu suchen – oder dieser doch nur sekundären Rang zuzuerkennen. Der Humanismus wird sich gegen die Kirche wenden, nur um sie in Reinheit wiederhergestellt zu sehen, wird durch Erschließung der heiligen Schriften und des Werkes der Väter Wege zur Wiederherstellung geläuterten Glaubens weisen. So entscheidet das Jahr 1492 auch über das Schicksal der Kirche.

Die Gleichzeitigkeit der geistigen Bewegung, die Dichte, wenn man so will, des geistigen Raumes macht ein Ereignis am anderen Ende Europas im Jahre 1492 deutlich. Gleichsam an seinem äußersten Rand verkündet der Metropolit Zosima die Lehre von Moskau als der neuen Konstantinsstadt und verficht die Idee vom Dritten Rom. Er formuliert damit als erster im russischen Raum den universalen Anspruch der russischen Kirche, die rechtmäßige Nachfolgerin der griechischen Kirche von Byzanz zu sein, welche sich das Zweite Rom genannt hatte. Es ist der Anspruch, zu dem sich – in dem aus der Tatarenherrschaft entwundenen Moskau als dem Zentrum des neuen russischen Nationalstaates – auch Maximos Grek bekennt, welcher den Humanismus und mit ihm die Philologie und Bibelexegese nach Rußland hineingetragen hatte, sich verhängnisvoll zwischen den Zaren und die traditionalistische Kirche einerseits und die Kräfte der religiösen Reform andererseits stellend. Darüber wird noch mehr zu

[9] 47. 281.

sagen sein, über diese faszinierende Idee vom Dritten Rom, die untergründig fortlebt bis in unsere Tage hinein mit dem Anspruch Moskaus, die Hauptstadt der Welt zu sein – nicht anders als unter dem Zaren Iwan III. Damals übrigens verbindet es sich merkwürdigerweise mit Weltuntergangsprophezeiungen für dieses Jahr 1492, die sich in dem Moskowiter Reich vernehmbar machen und die Seelen ergreifen.

Das Jahr 1492 – wir verweilen noch immer bei ihm – ist auch für die Geschichte des Humanismus selbst ein auffälliges Datum. So mag erwähnt sein, daß dieses Jahr das Geburtsjahr des Pietro Aretino und der Margarete von Navarra ist. Mit diesen beiden Gestalten wird die erzählerische humanistische Literatur einen gewissen Höhepunkt erreichen, hinsichtlich des Aretino, wie bemerkt sei, sehr zum Leidwesen Jacob Burckhardts, der in ihm den „größten Lästerer der neueren Zeit" und an ihm „außer der gröbsten und feinsten Bosheit eine glänzende Gabe des grotesken Witzes"[10] erkennt, dank welcher er zum wortgewandten Sittenschilderer der Zeit wird. Auch wird man nicht übersehen können, daß er selbst mit seinen Hetärengesprächen, die an leichtfertiger Offenheit nichts zu wünschen übrig lassen, mitten in der humanistischen Bewegung steht, die neben aller Gelehrsamkeit, mit der sie die Zeiten überdauern wird, doch immer auch vehemente Zeitkritik ist. Aretinos beißende Angriffe auf die Kirche und die verweltlichten Kirchenmänner ebenso wie seine ironische und satirische Darstellung einer lasziven Gesellschaft, die ganz in Sinnlichkeit aufzugehen scheint, gehören zur humanistischen Aufklärung. Ähnlich verhält es sich mit Margarete von Navarra, die besonders mit ihrem ›Heptameron‹ ein Sittenbild der Zeit gestaltet, wenn auch, aus eigenem gesitteten Lebenswandel heraus, mit Vornehmheit und einer distanzierten Überlegenheit, die dem Aretino gänzlich fremd sind. Sie wird in der Mitte des 16. Jahrhunderts im Kreis der von ihr geförderten Dichter die humanistisch inspirierte Poesie zu neuer Höhe führen, indem sie das klassische Modell des Boccaccio aufgreift und im Stil des ›Decamerone‹ ihre Erzählungen gestaltet. Es ist jene Tradition, in der auch die ›Canterbury Tales‹ von Chaucer stehen, die ein großes humanistisches Dokument des frühen England sind. Daß Margarete von Navarra einen humanistischen Hof hielt und Wichtiges zur Förderung humanistischer Wissenschaft in Frankreich tat, darf nicht unerwähnt bleiben.

Wem zeitliche Koinzidentien wenig bedeuten, mag sich vom Zufall eines gemeinsamen Geburtsjahres nicht sonderlich beeindrucken lassen. Es mag nichtsdestoweniger als Hinweis auf die Nähe der Geister hier stehenbleiben. Weitaus bedeutsamer freilich für die Epoche ist ein anderes Ereignis, das in das gleiche Jahr fällt – weitaus bedeutsamer im übrigen

[10] 17. I. 177ff.

auch als die Lehre vom Dritten Rom, die erst allmählich nach Europa hinüberschwingen und ihre Wirkungen zeitigen wird, wie ja auch die Fahrt des Kolumbus keine unmittelbar wirkende Kraft für den Humanismus bedeutete. Das Jahr 1492 ist auch das Todesjahr Lorenzos des Prächtigen. Der Mediceer starb in Carreggi bei Florenz, wo er sein Landhaus und die von ihm geförderte Platonische Akademie des Marsilio Ficino ihre Heimstätte hatte. Wie keine andere hatte er seine Stadt Florenz zum Mittelpunkt des neuen Geistes fortentwickelt und in diesem blühenden Gemeinwesen mit der ganzen Prunksucht des Renaissancemenschen den Humanisten eine Wirkungsstätte verschafft, in welcher sich ebenso gelehrte Geistigkeit wie die Sehnsucht nach einem Schönheitsideal ausleben konnten. Er war der Freund Ficinos gewesen, der auf Anregungen seines Vaters Cosimo die Platonische Akademie gegründet hatte, die den europäischen Humanismus vielfältig befruchtete. Eine reizvolle Szene spielt sich vor seinem Tode ab – wenn sie nicht genau stimmt, so hat sie doch den Wert für sich, die Situation des damaligen Florenz wie im Brennspiegel zu erfassen und so alle Glaubwürdigkeit für sich zu haben.[11] Die Szene ist die folgende: Als Lorenzo, erst im 44. Lebensjahr stehend, den Tod nahen fühlt, bittet er Savonarola zu sich, den fanatischen Mönch, der in seinen Predigten gegen Verworfenheit, Völlerei, Prunksucht, Laster aller Art, kurz: gegen das Florenz der Medici zu Felde zog und religiösen Rigorismus und Askese von allen Bürgern der Stadt forderte. Zwar 1492 noch nicht auf der Höhe seiner Macht, die ihn für kurze Zeit das Regiment in Florenz führen ließ, ist er doch längst der große Prediger, der als solcher allein Lorenzo dem Prächtigen genügen konnte, um ihm Absolution zu erteilen. Und Savonarola geht in der Tat zu dem ungekrönten, nichtsdestoweniger allmächtigen Herrscher von Florenz, hört die Bitte und erklärt, ihm Absolution unter drei Bedingungen erteilen zu wollen. Lorenzo erklärt, diese hören, und wenn es immer ginge, sie auch erfüllen zu wollen. Die erste Bedingung ist, daß er der Gnade Gottes vertrauen und ein guter Christ sein müsse. Das bejaht Lorenzo ziemlich schnell – übrigens in durchaus gutem Glauben, wie wir annehmen dürfen. Auch Savonarola schien es ihm offensichtlich zu glauben. Dieser stellte sodann die zweite Bedingung, die nämlich, daß er allen unrechtmäßig erworbenen Besitz an die Stadt, der dieser Besitz zusteht, zurückgebe. Das fällt Lorenzo schon wesentlich schwerer, immerhin war der Reichtum der Mediceer auch nach den Begriffen der Renaissance beachtlich, und schließlich waren die Mediceer ein Kaufmannsgeschlecht. Lorenzo überlegt eine Weile, willigt aber angesichts des Todes, in den er den Besitz doch nicht hineinnehmen kann, ein und verzichtet auf seine weltlichen Güter. Dann wird die dritte Bedin-

[11] 134. 80.

gung gestellt, die dahin geht, auf alle Herrschaft zu verzichten und die Freiheit an die Republik Florenz zurückzugeben. Da aber wendet sich Lorenzo ab, kann nicht zustimmen und, da Savonarola auf seiner Forderung beharrt und den schweigenden Lorenzo verläßt, stirbt ohne Absolution und letzte Ölung. Der merkwürdige Kampf zwischen der weltlichen und der geistigen Macht, der sich in ganz anderen Dimensionen durch die ganze Epoche hinzieht und auf beiden Seiten von Unerbittlichkeit diktiert wird, endet hier unentschieden: Verzicht auf Herrschaft ist beiden nicht möglich. Und über die Freiheit, die mit den letzten Worten ins Spiel kommt, mag lange meditiert werden.

Die Freiheit des Savonarola, gefordert, um dem rechtmäßigen unverkürzten Glauben wieder Platz zu machen, hat ein eigenes, in vielem noch mittelalterliches Gesicht, das sich vollends zeigt, da er zwei Jahre nach des Lorenzo Tod in Florenz eine mönchische Herrschaft errichtet, die in ihrer Radikalität nicht weniger tyrannisch ist als die der Medici, wenn auch deren Glanz und Kunst purgatorisch verachtend. Nur vier Jahre später, 1498, wird Savonarola hingerichtet, nachdem im Jahre seines Herrschaftsantritts Pico della Mirandola, der faszinierendste Feuerkopf der Platonischen Akademie, zu ihm, Savonarola, gefunden hatte, eben fünf kurze Jahre vor Marsilio Ficinos Ende im Jahre 1499.

Die Platonische Akademie – es ist notwendig, daran zu erinnern – ist eine der glänzendsten, geistesgeschichtlich wirksamsten Leistungen des italienischen Humanismus und ist, als der humanistische Umschlagplatz Italiens, eine Schöpfung der Mediceer, die auf ganz Europa ausstrahlen wird: Hier lernen die Humanisten – Reuchlin etwa, um nur einen zu nennen – den Umgang mit den klassischen Sprachen und lernen, wie christliche Denkungsart und heidnisch-antike Philosophie sich verquicken lassen, lernen die adventistische Grundstruktur der Antike kennen und erfahren Anregendes über die Symbiose von Gelehrsamkeit und Kunst, von Wissen und Glauben, vom gelehrten und vom ästhetischen Umgang mit den klassischen Sprachen. Hier wird das aus der Sicherheit einer neuen Erkenntnis gespeiste Selbstbewußtsein gepflegt, mit dem die Humanisten sich gegen den alten Wissenschaftsbetrieb wandten, wie es etwa in den Worten eines Gregorio Amaseo 1499 formuliert wird: „In den humanitates sind alle Wissenschaften der Welt enthalten, und es gibt keine Wissenschaft noch Beruf, die politischer ausgerichtet sind als sie und im gleichen Maß eine Beschäftigung für Herren, Fürsten und Könige wären ... Ich wollte, ich erwürbe einen solchen Ruhm und könnte auf mehr hoffen, als je der Mirandola besaß."[12] Mit dem Tode des Lorenzo freilich geht der Impuls für die Akademie dahin, es fehlt eben der, der die

[12] 102. 15.

offenbar einzigartige Atmosphäre schuf, in der die Akademie reifen konnte; mit Marsilio Ficino wird sie nach kurzer Blüte wieder vergehen. Als kleine Pointe sei aber noch berichtet, daß Marsilio Ficino mit Unterstützung der Medici ein kleines Landhaus in Careggi erwarb, in welchem dann die nachmalig so berühmten Gespräche des Humanistenkreises stattfanden, dann aber der Medici, um den Lebensunterhalt des Marsilio zu sichern, diesem zwei Pfründen verschaffte, womit die Kirche dafür aufkommen konnte, daß Marsilio Ficino seinen neuplatonischen Gedanken nachgehen konnte, welche zu einer humanistischen Theologie sich entfalteten, die in der Kirche eine eigene Sprengkraft entwickelte. Die „Theologia Platonica" des Marsilio Ficino entfernt sich von der katholischen Theologie so weit, wie sich die platonische Religionslehre des Plethon zur Zeit des Florentiner Konzils mehr als ein Menschenalter vor Marsilio Ficino von der christlichen Kirche entfernt hatte. Einer der Schüler Plethons war übrigens der andernorts genannte Bessarion gewesen. Ficino ging in den Bahnen Plethons (von dem die Anregung zur Gründung der Platonischen Akademie ausgegangen war), wenn er „Moses, Orpheus, Hermes Trismegistos und Vergil in die Zeugen für die Offenbarung"[13] einbezog, und ließ sich hinreißen vom „furor platonicus", wenn er einer Leidenschaft das Wort redete, die philosophische, religiöse und künstlerische Ideale zu verschmelzen suchte: „Da die eben erwähnten Philosophen [Pythagoras, Empedokles, Heraklit, Sokrates – G. B.] von Hermes Trismegistos, dem weisesten aller Ägypter, gelernt hatten, daß die höchste Gottheit eine Lichtquelle ist, in der die Urbilder aller Dinge, welche sie die Seele nennen, aufleuchten, so erschien es ihnen als eine notwendige Folge, daß die Seele, welche den ewigen Gottesgeist unaufhörlich betrachtet, auch die Wesenheit aller Dinge mit größerer Klarheit schaue... Durch diese Erinnerung entbrennt die Seele: sie entfaltet ihre Flügel und läutert sich nach und nach allmählich von dem Denken und den Schlacken des Körperlichen; dann wird sie vollends von der göttlichen Begeisterung ergriffen..."[14]

Die Platonische Akademie war keine Akademie üblicher Art, sondern der lose Zusammenschluß von Gebildeten, Begegnungsort der Humanisten, die sich um Ficino scharten und nach dem Muster Platons sich in Gesprächen ergingen, meditierend, scherzend, philosophierend, und jene Geistigkeit entfalteten, für die der Name Urbanität stehen kann, eine Weltläufigkeit, in der Immanenz und Transzendenz in der Weltschau zusammenfließen. An anderer Stelle ist darüber ausführlicher gehandelt[15]

[13] 137. 26.
[14] 137. 178.
[15] Siehe Nr. 10.

und der exemplarischen Gespräche des Cristoforo Landino gedacht worden. Für den europäischen Humanismus und damit auch für seine Hervorkunft aus dem italienischen Humanismus ist bedeutsam, daß sich im Kreise der Platonischen Akademie viele europäische Jünger der neuen Wissenschaft aufhalten, darunter auch der schon genannte Reuchlin, Lehrer Melanchthons, der sicher hier im Gespräch mit dem universalen Geist Pico della Mirandola seine Anregungen für die Beschäftigung mit der Kabbala und insbesondere mit dem Hebräischen erhält. Reuchlin wird es sein, der das Hebräische als dritte heilige Sprache im Bildungskanon des europäischen Humanismus heimisch, ja das Hebräische überhaupt erst dem Studium an den gelehrten Schulen Europas zugänglich macht. Er wird dadurch im übrigen in die Querelen um die Dunkelmännerbriefe hineingezogen werden, die sich an der Frage der Bewahrung der jüdischen Schriften entzünden, und wird damit für Jahre in den Mittelpunkt humanistischen Kampfes für eine aufgeklärte Geisteshaltung rücken.

Neben Johannes Reuchlin ist es vor allem Conrad Celtis, der sich in Florenz aufhält, um humanistische Studien zu treiben, und der die neugewonnenen humanistischen Kenntnisse und Erfahrungen über die Alpen trägt und wie kaum ein anderer als Verkünder des Humanismus durch die Lande zieht.[16] Es ist das nämliche Jahr 1492, in welchem Celtis seine Antrittsrede in Ingolstadt an der dortigen jungen Universität als Lehrer der Rhetorik und Poetik, der neuen humanistischen Fächer, hält und in welchem er einen Abriß der Rhetorik des Cicero herausgibt. So trugen die Anregungen aus Florenz unmittelbar bei, die Universitäten umzuformen und ihnen eine neue, die humanistische Prägung zu geben. Noch deutlicher vielleicht zeigen sich die Folgen gewonnener Anregung in den Gründungen der Sodalitates des Celtis, mit denen er in Ingolstadt den Anfang macht, wenn er hier einen „Philosophenzirkel" um sich schart und diesem den Namen „Academia Platonica", genau nach dem Muster der Platonischen Akademie in Florenz, gibt. Dieser mag nicht den Glanz entfalten, der von der Florentiner Akademie ausgeht; seine Wirkung aber wird um so nachhaltiger sein, als es derselbe Celtis ist, der in seinem unsteten Wanderleben von den Rheinlanden über Nürnberg bis nach Krakau die Lehrstätten der neuen Sprachwissenschaft aufsucht und überall nach dem Muster der Florentiner Akademie Sodalitates hinterläßt, die sich der Pflege der Humaniora verschreiben. Die Eigenheit des Humanismus ist damit angezeigt, über die Stubengelehrsamkeit hinaus zu Bündnissen von Gebildeten und zu Zirkeln von Intellektuellen zu führen, die auf weltoffene, manchmal auch recht weltlich-hedonistische Weise versuchen,

[16] Vgl. u.a. Nr. 7.

diesen neuen humanistischen Geist zu verbreiten. Die Humanisten suchen im Gespräch den Austausch der Geister und darüber hinaus die Verbreitung einer Gesinnung, die der Erfahrung anhebender Befreiung des Menschen entspricht. Man mag es mit unseren Begriffen auch so sagen: Humanismus ist nicht nur Angelegenheit der Gelehrten um reiner Gelehrsamkeit willen, sondern dringt auch auf die Veränderung einer Gesellschaft, die von Individualität und Selbstverfügung des Denkens geprägt sein soll.

Von nicht minderem Interesse als die Beziehungen Celtis' zum Florentiner Humanistenkreis ist, daß sich auch Erasmus dazu bekennt, vom „furor platonicus" ergriffen zu sein. Unter ausdrücklichem Verweis auf Platon schreibt er dem späteren Karl V. im März 1516: „Unter Philosophie verstehe ich nicht disputieren über die Prinzipien, die erste Materie, die Bewegung oder das Unbegrenzte, sondern Befreiung von falschen, allgemein verbreiteten Ansichten und schlimmen Leidenschaften, Wegleitung, nach dem Vorbild der ewigen Gottheit richtig zu regieren."[17] Die sich auf den Eros Platons berufende Wendung gegen die dürre und – aus der Perspektive der Humanisten – müßige abstrakte Philosophie der Scholastik ist eingeleitet; die Bindung an die Dogmatik und die dogmatisch erklärten Glaubensinhalte, die als solche nicht mehr in Frage gestellt werden dürfen, sondern nur noch philosophisch belegt und begründet werden können, weicht der Leidenschaft des offenen, unbefangenen Gesprächs; Philosophie ist zur praktischen Philosophie geworden – was, nebenbei bemerkt, eine beträchtliche Uminterpretation des platonischen Idealismus bedingt und mit platonischer Metaphysik nur schwer sich verbinden läßt. Aristoteles wird dabei für die praktische Philosophie immer wieder zu Rate gezogen; er wird bei Melanchthon wieder eine große Rolle spielen. Erasmus aber, das unbestrittene Haupt des europäischen Humanismus, wird sich immer wieder auf Ficino berufen, sich dessen Platonismus zu eigen machen, der es erlaubt, eine „pia philosophia" zu entwickeln, die bei aller humanistischen Offenheit erlaubt, der Kirche ergeben zu bleiben und ihrer Erneuerung entgegenzuarbeiten. Das freilich auch wird zum ergreifenden Thema des erasmischen Ringens um die Freiheit des Geistes im Raum der Kirche werden: eben diese Freiheit zu wahren und doch sich von der Autorität der Kirche nicht loszusagen. Der Aufforderung der Reformatoren, die sich ihm zu Recht verwandt fühlen, sich zu ihnen zu bekennen und sich ihnen anzuschließen, konnte er nicht folgen. Er, der über den Parteien stehen wollte, da er den humanistischen Auftrag als einen des Ausgleichs der Spannungen und der Gegensätze verstand (wie es in Florenz Pico della Mirandola getan hatte), er mußte doch immer wieder

[17] 32. 134.

Partei ergreifen und erfahren, daß der Gelehrte, der Wissende, nicht abseits stehen kann, wenn die Entscheidungen der Zeit ausgetragen werden. Wir bemerken hier nebenbei, daß im zur Rede stehenden Jahr 1492 Erasmus an den Hof des Bischofs von Cambrai gezogen wurde und in Utrecht die Priesterweihe empfing. Er hatte die Zeit seines Wirkens noch vor sich. Wohl aber war gerade im Jahre zuvor Reuchlin aus Italien zurückgekehrt, wo er neben dem Eindringen in das Hebräische seine Griechischstudien vollendet hatte.

Über Erasmus wie über Reuchlin finden sich die Spuren des Neuplatonismus, wie er von Ficino und seiner Akademie vertreten wurde, auch bei Philipp Melanchthon schließlich wieder, in dem Reformation und Humanismus die innigste Synthese eingehen. Und schließlich lassen sich Auswirkungen und Nachwirkungen der Platonischen Akademie bei Dürer, dem Freunde des einflußreichen Nürnberger Humanisten Willibald Pirckheimer, beobachten, der wahrscheinlich einige seiner Kupferstiche als künstlerische Umsetzung platonisch-humanistischen Gedankenguts verstand. Die berühmte ›Melancholie‹ dürfte als eine unmittelbare Darstellung der Lehre des Ficino erwiesen sein; die Anschauung von der Melancholie als der Seelenhaltung des schöpferischen Menschen hatte er dem Buch Marsilio Ficinos über das dreifache Leben entnommen.[18] Wir erfahren im gleichen Zusammenhang, daß Dürer mit der philosophischen, mathematischen und astrologischen Literatur der Zeit durchaus vertraut war; in aristotelischen, platonischen und neuplatonischen Gedankengängen wußte er sich zu bewegen, wie er denn auch von seinen Schülern die Kenntnis der lateinischen Sprache verlangte, um die für sein „Handwerk“ wesentlichen Schriften lesen zu können. Drang schon, wie Waetzold sich ausdrückt,[19] von dem, was „besonders in der Florentiner Akademie vor sich ging auf den Gebieten der Ästhetik, der Kunstlehre, der Astrologie, Medizin und Philosophie... halbdunkle Kunde zu Dürer auch durch eine Reihe von Büchern“, so kannte er nicht nur den Briefwechsel des Marsilio Ficino, der 1497 erschienen war, sondern hatte selbst italienische Erfahrungen gesammelt. Wir werden damit eines anderen Beispiels für die Entfaltung des Humanismus, seiner Wirkungen in die verschiedenen Lebensbereiche hinein, habhaft und sehen die Verbindung zwischen dem italienischen und dem europäischen Humanismus hin zu einer Stadt, die als Freie Reichsstadt sich zu einem der Zentren des Humanismus entwickeln wird. Dürer wird Melanchthon, als dieser in Nürnberg zur Neuordnung des Nürnbergischen Schulwesens weilte, zeichnen. Seine Bildnisse des Erasmus von Rotterdam und der damit verbundene,

[18] 138. 123.
[19] 138. 304.

von der nicht geringen Eitelkeit des Niederländers zeugende Briefwechsel sind bekannt.

Abschließend, um der chronologischen Vollständigkeit zu genügen und im Blick auf später Darzustellendes, muß noch erwähnt sein, daß im Jahre 1492 Ludovico Vives geboren wird, der als Repräsentant des spanischen Humanismus eine herausragende Rolle spielen wird und als einer der klügsten Pädagogen des Humanismus Ruhm und Wirkung erlangt.

II. BILDUNGSIDEE UND BILDUNGSPROGRAMM IN APOKALYPTISCHER ZEIT

Geistige Struktur

Ist in einer ersten Annäherung an das Problem versucht worden, die Epoche des Humanismus geistesgeschichtlich zu umreißen und damit ein erstes Verständnis seiner Thematik zu ermöglichen, ist sodann mit dem Jahre 1492 die historische Situation gezeigt worden, in die der Humanismus involviert oder die auch vom Humanismus mitbestimmt worden ist, so konnte mit einigen politischen Phänomenen zugleich der erregende Hintergrund deutlicher werden, der dem Humanismus als Folie dient und zugleich für den aufmerksamen Beobachter erhellt, daß der Humanismus keineswegs nur in einem traditionellen Sinn eine Bewegung des Geistes darstellt, die losgelöst vom Umsturz der Zeit verstanden werden könnte.

Dabei klangen schon die Verbindungen und geistigen Ströme zwischen dem italienischen und dem europäischen Humanismus an. Sie sollten ein allgemeines Bild entwerfen, in welchem der Aufstieg des europäischen aus dem italienischen Humanismus deutlich wird. Verzichtet werden muß freilich auf den detaillierten Nachweis aller Zusammenhänge, die zu der epochalen Ausweitung des Humanismus führten. Diese sind so zahlreich, daß die ins einzelne gehende Darstellung aller Verbindungen, die sich aufspüren lassen, ein eigenes Thema wäre und die hier angestrebte Untersuchung überfrachten müßte. Jeweils am geeigneten Ort wird darauf zurückzukommen sein. Man wird, um sich ein Bild von diesen Zusammenhängen wenigstens in ihren Grundzügen zu machen, sich der Schilderung Kristellers anschließen können,[1] der verschiedene Gruppen unterscheidet, die in wenigen Jahrzehnten den italienischen Humanismus nach Europa tragen und zugleich belegen, daß es keineswegs nur die wenigen namhaften Gelehrten waren, denen der Humanismus seine Verbreitung verdankte, sondern vielmehr ein ganzer Stand von Gebildeten und Bildungshungrigen dafür namhaft gemacht werden muß.

Greift freilich schon für den italienischen Humanismus Kristellers Bemerkung zu kurz, jener verkörpere „einen Bereich weltlicher Gelehrsamkeit und Literatur ohne wissenschaftlichen Anspruch",[2] so wird im Zuge

[1] 72. II. 85ff.
[2] 72. II. 87.

dieser Bewegung in das sich bildende Europa hinein vollends deutlich, daß der Humanismus einen wissenschaftlichen Anspruch eigener Art erhebt und neuen Wissenschaften zu Geltung und Ansehen verhilft, ja von diesen neuen Wissenschaften aus sein ganzes Bildungsprogramm konzipiert. Auch Kristeller schließlich relativiert seine Aussage im Blick auf Literatur und Geschichte, um welche sich die neuen Disziplinen formieren. Für die im 15. Jahrhundert sich vollziehende Verbreitung des Humanismus verweist Kristeller zunächst auf Formen der Kommunikation durch Italienfahrer, die wir heute Touristen nennen würden, Pilger und politische Gesandte, Kaufleute, wobei immer auch Gelehrte darunter gewesen sein dürften, von denen manche freilich auch allein oder in der Gesellschaft von Fürsten nach Italien kamen. Als die interessanteste Gruppe erscheint Kristeller die der Studenten, die vom Ruhm der italienischen Universitäten, vor allem hinsichtlich Medizin und Jurisprudenz in Padua und Bologna, angezogen wurden; dabei wurde ihr Interesse für die humanistischen Studien geweckt. Die im Ausland lebenden Italiener bildeten eine andere wichtige Gruppe für die Verbreitung des Humanismus. Sie kamen mit italienischen Fürstinnen an die ausländischen Höfe, manche kamen als Gesandte dorthin. Andere wurden Hauslehrer, Sekretäre, Hofdichter oder Historiker der Fürstenhöfe. Andere wiederum wurden an ausländische Höfe berufen, wie auch italienische Studenten an ausländische Universitäten zogen, zumal die Theologen nach Paris und an die englischen Universitäten. Und schließlich ist auch die Gruppe der religiös und politisch Verfolgten – ihre Bedeutung auch für den Protestantismus wird ganz erheblich sein – zu nennen.

Daneben wird die Korrespondenz der Humanisten einflußreich, mit der in unversiegbarem Strom das Wissen über die Grenzen getragen wird. Später wird sich auch die Einflußnahme der italienischen Schulen auf die Gestaltung des Unterrichts zeigen, das gelehrte Schulwesen nimmt sich das italienische zum Vorbild. Über den persönlichen Kontakt hinaus sind zunächst die Handschriften, dann die gedruckten Bücher „das wichtigste Medium der Verbreitung humanistischen Gedankenguts", wie Kristeller sagt; Handschriftensammlungen und Bibliotheken werden angelegt oder durch humanistische Literatur bereichert. Die italienischen Druckerpressen gelangen zu Berühmtheit. So wurde die Werkstatt von Aldus Manutius in Venedig vor allen anderen zum Treffpunkt der Gelehrten Europas. Und zu guter Letzt müssen auch die volkssprachlichen Übersetzungen erwähnt werden, die zur Verbreitung des Humanismus einen gewichtigen Beitrag lieferten. Dieser Aufzählung Kristellers wird man noch die großen politischen Ereignisse hinzufügen dürfen, die die Menschen aus verschiedenen Ländern zusammenführten, so die Reichstage, so vor allem die großen Konzilien von Konstanz, Basel, Florenz, Rom und

Trient, welche im übrigen fast genau den Zeitraum des europäischen Humanismus umspannen: Konstanz beginnt im Jahre 1414, Trient endet im Jahre 1563. Das weniger bedeutende Reformkonzil zu Pisa im Jahre 1409 kann man noch voranstellen.

Im Zuge seiner Entfaltung in Europa stellt sich der *Humanismus* – analog zum italienischen Humanismus, seinem Lehrmeister – in dreifacher Weise dar: Zuerst *als eine Bildungsbewegung*, die eine eigene Bildungstheorie entwickelt, dazu sich ganz bestimmter Wissenschaften bedient, der sogenannten *humaniora*, die zumindest methodisch auf die anderen Wissenschaften, die Theologie und die Naturwissenschaften, einwirken. Die Mathematik ist die Brücke zwischen den Humanwissenschaften und den Naturwissenschaften. Die humanistische Bewegung ist sodann *eine solche politischer und gesellschaftlicher Art*, wobei sie sich besonders des Instruments einer praktischen Philosophie – als Staatsphilosophie und Moralphilosophie – bedient. Die gesellschaftliche und politische Rolle zeigt sich schon in der beruflichen Tätigkeit vieler Humanisten, Sekretäre und Kanzlisten als Dolmetscher und Ratsschreiber, als Prediger und Wahrer von Kirchenämtern. Sichtbar ist ihr Einfluß auf die Kirchenpolitik. Die humanistische Bewegung ist schließlich eine *soziale*, die zu eigener Lebensform und zur Herausbildung der Typen des Gelehrten und des Gebildeten führt, die jeweils in ihren Ständen eine neue bürgerliche Lebensweise formen. Dem allen liegt die Idee zugrunde, daß die Würde und Größe des Menschen nicht in Herkunft und Stand, sondern in seiner Bildung beschlossen ist. So idealistisch wie eine solche Feststellung klingt, wurde sie auch verstanden: Der Humanismus wurde als Höhenflug des Geistes erlebt, der eine Wandlung der Welt und des Menschen versprach. Daß die Realität dem nicht standhielt, muß nicht immer wiederholt werden. Ein Blick auf die Nachwirkungen des Humanismus aber zeigt, daß der hohe Anspruch nicht ohne Folgen blieb – in Universitäten, Schulen und bürgerlicher Gesellschaft – und als solcher, wie ein Stachel in uns weiterlebend, unaustilgbar ist.

Um zunächst den Humanismus als Bildungsbewegung zu beschreiben, kann man an eben jenes Jahr 1492 anknüpfen und damit an das Auftreten des Conrad Celtis in Ingolstadt, wohin er als Professor der Rhetorik und Poetik berufen worden war und wo er seine Antrittsvorlesung hielt, in der der hohe Anspruch des Humanismus, wohl auch seine Selbstüberschätzung, in nuce zusammengefaßt scheint. Darin ruft er den Studenten zu: „Wendet Euch den friedlichen Studien zu, die allein Euch Philosophie und Beredsamkeit lehren können. Bedenkt, daß es nicht ohne Grund geschehen ist, daß die Schriftsteller des griechischen und römischen Reiches mit so großer Mühe und Sorgfalt jene Dinge studierten und ihre Lehrer mit höchsten Ehren auszeichneten, wenn sie nicht gewußt hätten, daß durch die Kraft der Sprache, durch den Anteil an Weisheit das Zusammensein der Menschen, die Städte, die Religionen, der Kultus der Götter, die geheiligsten Sitten und weitesten Reiche bewahrt und gelenkt werden können... Deshalb wurde auch von Pythagoras und Plato, den bedeutendsten Philosophen, die Dichtkunst als die erste Philosophie und Theologie genannt... Das zweite aber ist die Rhetorik, die sich in alltäglichem, freiem und gelöstem Wort verbreitet..."[3]

Diesen Text gerade von Conrad Celtis hierher zu stellen, ist nicht willkürlich. Mit Celtis wird der europäische Humanismus als Bildungsbewegung auf vielfältige Weise faßbar. Celtis, bereits 1487 auf der Nürnburger Burg als erster Deutscher vom Kaiser Friedrich III. zum Dichter gekrönt, ist, wie er mit seinem Biographen genannt wird, der erste deutsche „Erzhumanist" schlechthin.[4] 1459 als Sohn eines Weinbauern in Wipfeld in Franken geboren, studiert er in Köln, später bei Agricola in Heidelberg, durchzieht Polen, Böhmen, Ungarn, Italien, Deutschland, um erst in Ingolstadt, dann von 1497 bis zu seinem Tode in Wien als Universitätslehrer tätig zu sein. Hier in Wien nimmt er tätig teil an der kurzen Blüte des Wiener Humanismus, den Maximilian I., „der große Initiator, der Künstler und Gelehrte nach seinen Plänen und Programmen in Atem zu halten wußte",[5] mit seinen humanistischen Projekten zusammengeführt hatte. Celtis, ebenso durch hohe moralische Empfindlichkeit wie durch eine der Zeit durchaus vertraute Frivolität charakterisiert, forderte – humanistische Gelehrsamkeit und Ästhetizismus des Lebensstils verbindend – eine künstlerische Gestaltung des Lebens, spielte verschiedene Saiteninstrumente, ließ von Studenten Stücke von Plautus und Terenz an der Wiener Universität aufführen und verfaßte selbst Festspiele. Seine Erstlingsschrift ist eine ›Ars versificandi‹. Aber er macht zugleich Vergils Wort „rerum cognoscere causas" zu seiner Losung, verknüpft unter dieser Devise das humanistische mit dem naturwissenschaftlichen Interesse und verfaßt als ein Teilstück des unvollendeten Opus ›Germania Generalis‹ eine Beschreibung der Stadt Nürnberg, die in der Geschichte der Geographie eine maßgebliche Rolle spielen wird. Seine verschiedenen Gründungen der humanistischen Sodalitates fanden schon Erwähnung. In Wien ist es die Sodalitas litteraria Danubiana. Zu ergänzen ist seine Tätigkeit als Vorsteher des Collegium poetarum et mathematicorum, ausgewiesen durch die merkwürdigen ›Quatuor libri Amorum‹, einer Mischung aus Liebesdichtung und Geographie, und die ›Libri Odarum quatuor‹, in denen er es wagte, seinem Vorbild Horaz nachzustreben. Das Collegium war eine Stiftung

[3] 48.9 und 11.
[4] Vgl. Nr. 7.
[5] 48.VII.

des Kaisers Maximilian I., das mit der Auszeichnung bedacht war, den Dichterlorbeer verleihen zu dürfen. Ein kleines humanistisches Seitenstück ist seine Entdeckung der Werke der Roswitha von Gandersheim in St. Emmeran bei Regensburg. Er muß eine mitreißende Erscheinung gewesen sein, nach seinem nur einige Monate währenden Italienaufenthalt von dem Gedanken beflügelt, es den Italienern nicht nur an Gelehrsamkeit gleichzutun, sondern künftig den Deutschen zu ersparen, sich die Wissenschaft in Italien holen zu müssen. Der nationale Impetus, der dem europäischen Humanismus beigegeben ist und später bei Ulrich von Hutten schärfsten Ausdruck findet, erweist sich schon früh als Anstoß zur Verbreitung humanistischer Studien. Aber nicht minder führt ihn die Neugier, die Welt zu erkennen und zu erleben, sie sich zu erwandern und mit den Menschen künstlerisch, wissenschaftlich und auch durchaus sinnlich im Austausch zu sein. Sein Biograph will es „als Inbegriff und Summe dieses Humanistenlebens überhaupt verstanden" wissen: „Alles Menschliche und alles, was zum Menschen gehört – und das ist nicht weniger als ‚das ganze Universum und alle seine Teile'! – umkreist es und umwirbt es unablässig mit stürmisch pochender Frage, was es ihm... zu geben habe."[6]

Was ihm selbst – buchstäblich – Herzensanliegen war, das mit Emphase vorgetragen wurde, wurde zum Bildungsprogramm des Humanismus, und dieses fand keine trefflichere und bündigere Formulierung als eben die der Antrittsrede, mit der er zu den höheren Studien aufrief: „Den wahren Adel des Geistes sollt ihr vor Augen haben. ... Für genug und übergenug halte ich es, wenn ich heute Eurem Geist durch meine Rede irgendeinen Stachel der gloria et virtus einsenke und eindrücke und, um es so zu sagen, einbrenne, auf daß ihr allem voran die Unsterblichkeit vor Augen habt ... die ihr nur im Quell der Philosophie und im Studium der Beredsamkeit suchen könnt."[7] Was an der eingangs zitierten kurzen Stelle, die programmatischen Charakter trägt, auffällt, ist, vom Aufruf zu den friedlichen Studien abgesehen, welcher auf die spannungsreiche Situation im politischen Umkreis und die politischen Implimente des Humanismus verweist, die Berufung auf die Schriftsteller des griechischen und römischen Reiches, auf die Antike mit ihrer Vorbildlichkeit, die nun auch im europäischen Humanismus ihren Verfechter findet, so wie es nicht anders Celtis bei den italienischen Humanisten gelernt hatte, dem großen Lehrmeister Petrarca getreu. Die Antike geht voran, nur im Durchgang durch ihr Schrifttum kann die Menschlichkeit gewonnen werden, die der Humanismus erstrebt. Auch werden wir nicht übersehen, daß mit den

[6] 121. 195.
[7] 121. 184.

lateinischen auch die griechischen Schriftsteller genannt sind, nun also die Antike schon in ihrer ganzen Breite präsent ist. Und es wird zugleich das Bildungsanliegen deutlich, indem die Studien keineswegs um des geistigen Genusses willen angeraten werden, sondern um ihrer Bedeutung für ein rechtes gemeinschaftliches Leben, um ihrer, wenn man so sagen darf, alltäglichen Wirkung willen. Es leuchtet die Überzeugung durch, daß der Umgang mit den wertvollen Gedanken und mit dem wertvollen Wort, das jenen den vollkommenen Ausdruck gibt, der Umgang mit dem – falls das nicht tautologisch klingen sollte – humanen Wort zugleich den Menschen wertvoller mache. Das ist durchaus verwandt mit der sokratischen Überzeugung, die im Platonismus überliefert ist, daß das Eindringen in die Humanwissenschaften als ein Wissen um die Tugenden des Menschen dem Menschen in seiner Ganzheit dienen und ihn in seiner Moralität steigern muß, daß es ihn, um seinen ersten auffälligen Begriff noch einmal aufzunehmen, friedlicher machen muß.

Der Humanismus wird als eine Kraft vorgetragen, die durch die Bildung der Menschen wirkt, und zwar, noch einmal, über die Lektüre der römischen und griechischen Schriftsteller. Dabei steht, das andere Wort des Celtis zu erinnern, die „Kraft der Sprache" (linguae viribus sapientiaeque partibus) im Mittelpunkt humanistischen Wirkens, die Sprache schlechthin als das Vehikel menschlicher Bildung und menschlichen Zusammenseins. Und es ist, ein weiteres Wort des Celtis, die über den Weg der Sprache gewonnene Weisheit, die hier für die lebenskluge Philosophie steht, welche das Zusammenleben der Menschen erträglicher macht, freundlicher machen soll, ja überhaupt das Miteinander erst erhalten kann.

Diese Weisheit – darauf werden wir verwiesen, wenn wir sehen, daß es um dieses universale Zusammensein der Menschen geht – ist als Philosophie primär auch für Celtis nicht anders als für alle Humanisten Moralphilosophie oder auch Ethik. Die *moralia* sind angesichts der Ordnung der menschlichen Dinge das Wesentliche, damit die Versittlichung des Menschen. Man erreicht diese auf zweierlei Weise, Celtis zufolge, der es gewiß nicht frei von humanistischer Eitelkeit ausspricht: durch die Pflege der Dichtkunst und durch die Rhetorik. Das ist auf den ersten Blick sicher eine Verkürzung; aber es sind damit jene Bereiche angesprochen, die in der Tat im Humanismus zuerst die Verwandlung der Universitäten in humanistischem Geist bewirken, die zwei Fächer, die dem Kosmos der Wissenschaften ein neues Gepräge geben und einen wissenschaftlichen Beitrag der Humanisten zur Wissenschaft selbst darstellen – Rhetorik und Poetik, die als Sprachwissenschaften die Kunst des vollendeten Gebrauchs der Sprache lehren. Denn Poetik ist zu jener Zeit, wie man weiß, keineswegs nur Ausdruck von Emotion, Gefühl und Impression, sondern ist das

Lehrbare, ist vollkommene Verfügung über die Sprache. Eben dieses, die vollkommene Form der Sprache, noch nach Goethe ein Geheimnis den meisten, ist das Ziel der Ausbildung in Poetik. In diese ist schon die Philosophie ebenso eingegangen wie die Theologie, wobei in diesem Diktum des Celtis seine Aversion gegen die Kirche und der Anspruch einer Erneuerung der Theologie mit anklingen mag.

Es wird nicht zu weit greifen, wenn man in den Worten des Celtis schon jene Dreiheit enthalten sieht, die bereits im italienischen Humanismus begegnete und die Bildungsidee des Humanismus im Kern umfaßt, sie zugleich als Bildungsprogramm konkret werden läßt: die Sprachlichkeit, die Historizität und die Geschöpflichkeit des Menschen. Der Mensch ist das einzige Wesen, das durch Sprache ausgezeichnet ist und der Sprache bedarf, um zu kommunizieren, um sich zu entwickeln, um seine Dinge und seine Welt zu ordnen. Der Mensch ist aber auch das einzige Wesen, das geschichtlich verstanden werden muß mit den vielfältigen Aspekten einer allgemeinen Geschichte, einer Kulturgeschichte und einer Individualgeschichte. Die Worte des Celtis: sich den friedlicheren Studien zuzuwenden, da nur so die Städte, die Religionen, der Kultus der Götter, das Zusammensein der Menschen bewahrt und gelenkt werden können – meinen die etwas anderes, als dem Auftrag der Geschichte und damit seiner eigenen Historizität gerecht zu werden, einem Auftrag, dem ohne humanistische Bildung, so die hier vorgetragene Überzeugung, man nicht nachkommen kann. Damit hängt dann aber auch noch ein Wissen um die Geschöpflichkeit des Menschen zusammen, welches nun gewiß nicht Generalthema des Celtis ist, aber auch diesem nicht fremd ist, wenn er ausdrücklich die Religionen und den Kultus der Götter – die Beziehungen des Menschen zur Transzendenz – in seinem Katalog nicht vergißt. Auch die Reinigung der Sitten steht unter diesem Aspekt. Kein Zweifel, das andere geht voran: „Nichts verrät den gelehrten und gebildeten Menschen denn der Stil und die Sprache, beide aber regiert die Beredsamkeit.“[8] Aber immerhin führt er auch das andere ins Feld: daß nämlich die Pflege der Beredsamkeit geeignet sei, „bei der Erholung des Geistes zu trösten und die Gemüter wieder aufzurichten, weil sie in heiligen Hymnen das Lob der Götter verkündet und zu göttlichen Gedanken hinanzieht“.[9] Der christliche Humanismus wird stärkere Wortführer finden; aber auch hier ist wohl spürbar, daß der Humanismus von jener Zwischenstellung des Menschen ausgeht, die ihm die göttliche Gabe des Geistes zuteil werden läßt. Die Tatsache der Geschöpflichkeit meint diese Stellung zwischen Himmel und Hölle, wie sie in jener Zeit so elementar erfahren wurde, meint frei-

[8] 48. 5.
[9] 48. 10.

lich auch die Beziehung zu Gott, in welcher sich der Mensch als Abbild Gottes versteht – bis die vermeintliche Erfahrung eigener Göttlichkeit ihm Gott überflüssig erscheinen läßt. Das aber sehen die Humanisten allemal: der Mensch steht immer zwischen der Natur, ihren Gesetzen und dem Metaphysischen, dem Jenseitigen, dem unserem Denken schlechthin Verborgenen, das nur durch die Grenzerfahrung selbst wahrgenommen wird.

Celtis freilich wird mit seinem Erlebnishunger und Wissensdrang davon wenig geplagt. Um sein humanistisches Programm stellt er den Kanon des Wissenswerten, ja Wissensnotwendigen für den, der künftig sich Philosoph nennen will: „... die Sitten, Handlungen, Ereignisse, Örtlichkeiten, Völker, Länder und Flüsse, den Lauf der Gestirne, das Wesen der Dinge und was des Menschen Herz bewegt".[10] Und er beschreibt das weitschweifende Interesse des Humanisten, der sein Leben erfüllt sieht in einer Geselligkeit, die ebenso reiches geistvolles Gespräch wie auch sinnliche Freuden aller Art bietet, in einer dem Freunde Johannes Vivilius gewidmeten Ode, in dessen Haus die von Celtis gegründete Sodalitas litteraria Rhenana sich versammelte: Die Tage, heißt es dort,[11] habe man verbracht, „bald ins Latein, bald ins Griechisch, bald ins Hebräische, bald in die schönen Künste (bonae artes) Ciceros vertieft, einmal einen Dichter, ein ander Mal einen päpstlichen Lehrbescheid lesend, der Konsuln der Kaiserzeit gedenkend, dann wieder bei Nacht die Sterne beobachtend und die Sternbilder suchend ...". Was hier ins Gewand eines heiteren Berichtes über ein an die Platonische Akademie in Florenz gemahnendes *convivium* gekleidet ist, läßt erkennen, daß Celtis einen Schritt über die klassisch gewordene Bildungsidee hinausgeht und, mehr astrologisch als astronomisch interessiert, die Öffnung des Humanismus zu den Naturwissenschaften vorbereitet. Ob man wirklich wird sagen können, daß die „philosophia naturalis" „das Kernstück seines ganzen Sinnens und Trachtens"[12] ist, kann als müßiger Streit beiseite bleiben, daß er ihr jedoch einen nicht minderen Rang als der „philosophia moralis" einräumt, wird man nicht bestreiten wollen.

Die Ode des Celtis zeigt jedoch auch eine Kehrseite des Humanismus, die nicht übergangen werden kann, will man der unkritischen Verklärung des Humanismus sich nicht schuldig machen. Es äußert sich nämlich darin die Beziehung des Humanismus zu jener Verfeinerung des Lebens, zu der Ästhetisierung des Verhaltens, der genießerischen Lebensfreude, des aufwendigen Anspruchs auf die Güter dieser Welt, die mit der explosiven

[10] 121. 185.
[11] 48. 31.
[12] 121. 187.

Ausweitung des Welthandels und dem Aufblühen der Städte möglich wurden und den Humanisten einerseits Gegenstand der Satire waren, ihnen auch von der Forderung nach dem Primat der Bildung her suspekt sein sollten, andererseits jedoch gerade zu einem Teil ihrer Existenz wurden. Das ist nicht frei von unbekümmert egoistischer Oberflächlichkeit. „Sie sahen nicht, daß die Poesie und Eloquenz selbst zu diesem Luxus als dessen feinste Blüte gehörte. Sie preisen in einem Atem die Einfachheit, die Genügsamkeit, die Sitteneinfalt der Altvorderen und die Kunstliebe und Freigiebigkeit ihrer Gönner."[13]

Das ist insoweit richtig, als Bildung, die über das Mittel elementarer Bedürfnisbefriedigung hinausgeht, immer erst in einer Gesellschaft gedeihen kann, die für Entlastungen des Geistes Raum schafft – dann allerdings, einmal durchgesetzt, einer Gesellschaft unentbehrlich wird, die sich schließlich ohne sie nicht erhalten, nicht ohne Schaden hinter sie zurücksinken kann; insofern verlieren Poesie und Eloquenz den ihnen beigemessenen Luxus und werden, über die Ausformung der Sprache in die alltäglichen Besorgungen eindringend, Allgemeingut.

Das ist aber auch insoweit richtig, als viele Humanisten nicht ohne Peinlichkeit und Kleinlichkeit um ihre Gönner warben, die ihnen ein Leben nach eigenem Gusto ermöglichen sollten, ein Leben der materiellen Ungebundenheit, dem man Vorbildlichkeit nicht immer wird nachsagen können – nicht zu reden davon, daß der Freisetzung für ein Leben, das sich ganz dem Schöngeistigen widmet, unvermeidlich ein elitärer Zug anhaftet.

Aber man wird, dieses alles durchaus in Betracht gezogen und zugleich an den ihm gemäßen Platz gestellt, die Leistung des Humanismus richtig zu würdigen wissen: Sie stellt sich, zumal in den bedeutendsten, in ihrer Schlichtheit beeindruckenden Repräsentanten, als der Einsatz für Befreiung des Menschen, für „Aufklärung" und Menschlichkeit, für Vermittlung von Wissen und Erkenntnis und für die Gewinnung geistigen Maßes dar. Was anderes wäre die Erschließung neuer Dimensionen der Bildung, die sich jedermann öffnen und jedermann zugänglich sein sollen?

Bei Celtis ist abzulesen, wie sich die Bildungsidee und eine der Bewegung immanente Bildungstheorie des Humanismus entwickeln, wie sich auf dem Verständnis des Menschen in seiner Sprachlichkeit, seiner Historizität und seiner Stellung in Natur und Welt die speziellen humanistischen Fächer aufbauen. Der Humanismus entdeckt die Sprache als das entscheidende Mittel der Bildung. In der Sprache ist die Überlieferung bewahrt, aus der es zu lernen gilt, und mit der Sprache ist das wesentliche Mittel der Kommunikation gegeben. Aus dem Umgang mit den Sprachen entwickeln

[13] 99.175.

sich Philologie, Rhetorik und Poetik. Schon bei Celtis sind die drei klassischen Sprachen gegenwärtig, eine Inschrift in der Aula der Wiener Universität soll epigrammatisch daran erinnern: „Ich als erster, Celtis, verbrachte ans Heimatgestade neben der hebräischen Schrift jene von Argos und Rom.“[14] So bleibt in der Tradition des frühen Humanismus Sprachbeherrschung die erste Forderung des Humanismus und wird sein Grundmotiv bleiben. Von ihr aus auch erschließt sich das Feld der Geschichte. Und mit ihr geht einher das moralische Denken. Die späteren Geisteswissenschaften werden darauf gründen. Die Theologie, die an der Last einer verschütteten Kirchenlehre trägt, bleibt aus dem Kanon der spezifisch humanistischen Fächer aus vielerlei Gründen ausgeschlossen.

Doch ist sie auch nicht Gegenstand wissenschaftlichen Interesses der Humanisten, so bleibt doch im europäischen Humanismus Religiosität die Aufforderung an das humanistisch gebildete Individuum, sich selbst in Beziehung zu Gott zu setzen, selbst die Erfahrung der Geschöpflichkeit zu machen und dem religiösen Bedürfnis, das dem Menschen inhärent ist, zu entsprechen. Bei Erasmus wird das unaufgebbare Christliche zur „Philosophia Christi“. Eben darin hebt sich der Humanismus von mittelalterlicher Scholastik ab; auch darin hatten die Italiener den Anfang gemacht.

Indem der Humanismus konkrete tradierbare und lehrbare Elemente der Bildung ausarbeitet und über seine Studienfächer Instrumentarien einer Bildung an die Hand gibt, mit der der Mensch zu seiner Individualität finden kann, die sein Schicksal nicht mehr den Herrschenden blindlings überläßt, wächst sich dieser Humanismus zu einer Bewegung aus, die Friedrich Heer mit dem Titel eines Werkes als ›Dritte Kraft‹ bezeichnet hat. Der Humanismus kann sich dabei – darauf wurde schon verwiesen – auf Traditionen berufen, die, schon im Mittelalter sich ausbildend, die Dreiheit von *sacerdotium*, *imperium* und *studium* als die dreifach bestimmende Macht der Reichsgeschichte beschreiben. Da die Kirche, dort die Staatskanzleien und Fürstenhöfe und schließlich als drittes die Universitäten, die allmählich zu einer Heimstatt des Humanismus werden, der sich außerhalb ihrer entwickelt hatte. In der Zerrissenheit Italiens, das unter den die ganze erste Hälfte des 16. Jahrhunderts ausfüllenden Kriegen leidet, beginnend mit dem Eindringen Karls VIII. von Frankreich in Italien und der Eroberung von Florenz 1494, endend mit der spanischen Herrschaft über Mailand und Neapel 1559, sodann in den Glaubenskämpfen der Zeit, die seit den Hussitenkriegen das Abendland erschütterten, in der Selbstzerfleischung der christlichen Kirche, in der Bedrohung des damals noch immer präsenten christlichen Abendlandes durch die Türken – in dieser Situation der äußersten Gefährdung des Menschen

[14] 48. 36.

ist es der Humanismus, der zwischen den Lagern die Stimme der Menschlichkeit erhebt, der sich zwischen die Fronten von Kaiser und Papst, zwischen die Fronten der Kirche stellt und auf den Menschen in seiner Bedürftigkeit aufmerksam macht, indem er sich gleichzeitig an den Menschen wendet, den Weg humaner Bildung zu gehen: Das Versöhnende kann nur im Menschen selbst entwickelt und bewahrt werden.

Er wird damit zu einer sichtbar wirkenden Bildungsbewegung, auf die viele ihre Hoffnung setzen. Ohne Bildung des Geistes und des Herzens, so lautet die Devise, ist eine Verbesserung der menschlichen Dinge nicht zu erwarten. Natürlich – es sei erneut ausgesprochen – ist es die Bewegung, die von einer Elite ausgeht und von einer Elite des Geistes getragen wird, aber eine, die sich in ihren besten Geistern der Verpflichtung der Privilegierten für die große Zahl der anderen durchaus bewußt ist und sich immer wieder an die Eliten der Macht wendet, ohne deren Einsicht – die eben humanistische Bildung vermitteln will – nichts zu erhoffen ist. Sie wird sich zwischen den Fronten nicht behaupten und dem Elend nicht gegensteuern können. Aber sie wird den Anspruch erhoben haben und im langsamen Prozeß der Geschichte zur mählichen Humanisierung der Verhältnisse beitragen.

Es sind nicht die Herrschenden und die durch materielle Güter Privilegierten, die für den Dienst am Menschen eintreten, sondern es sind die Intellektuellen, jene, die sich um Bildung bemühen und Bildung weitertragen, die nun die Auszeichnung durch Bildung als Signum des Menschen durchsetzen. Man weiß: zuvor war Bildung keineswegs als Privileg verstanden worden, sondern als Dienstleistung der Geringen dem Stande nach, und die Herrschenden waren zumeist die Ungebildeten gewesen, nicht anders als das breite Volk, – bis dann schließlich Erasmus mit dem berechtigten Stolz des Humanisten in einem Brief an Christoph Mexia im Jahre 1530 sagen konnte: „Vergleicht jemand, wie es vor 36 Jahren bei uns aussah, mit der Gegenwart, so wird er erkennen, ob Erasmus etwas zur Wissenschaft beigesteuert hat. Vor zwanzig Jahren gab es keinen Fürsten, der auch nur einen Heller auf die Ausbildung seines Sohnes verwandt hätte; jetzt gibt es keinen Fürsten, der nicht für schweres Geld einen besonderen Erzieher anstellte."[15] Das ist zunächst als eigene Rechtfertigung gesagt, belegt aber doch unmißverständlich, daß nun Bildung als eigene Kraft sich bewährt hat und unentbehrlich geworden ist. Man ist geneigt zu sagen, daß die vielen Fürstenspiegel, mit denen die Humanisten sich an den Adel gewandt hatten, um diesem Erziehungsanweisungen zu geben, wie es Erasmus für den späteren Karl V. getan hatte, ihre Wirkung ausgeübt haben. Darüber hinaus wird sich nun die Nützlichkeit humanisti-

[15] 48. 78.

scher Bildung bei der Verwaltung der Staatsgeschäfte erwiesen haben; auch in Italien waren Humanisten in staatlichen Stellungen tätig gewesen. Aber über das alles hinaus ist wohl wichtig, daß es Erasmus und seine geistigen Weggefährten in allen Ländern sind, „die es als erste wagen, autochthon christliche Kategorien in das weltimmanente politische Denken hineinzutragen“.[16] Daß dieser Geist die ganze europäische Bewegung durchdringt, läßt sich unschwer mit Sätzen aus Ludovico Vives, aus Thomas Morus, aus Philipp Melanchthon, aus Biandrata belegen.

Gemeinsam ist dieser Bewegung auch – neben dem politischen Akzent, der dem Bildungsinteresse unverwechselbar beigegeben ist – die Wendung gegen eine moralisch und christlich bloßgestellte, der Reform dringend bedürftige Kirche. Der Beitrag des Humanismus zur Reform liegt, auch wo die Absichten durchaus nicht so weit gingen wie bei Erasmus beispielshalber, in der humanistischen Kritik an den Zuständen der Kirche. Die Spannungen, denen sich die Kirche ausgesetzt sah, sind Herausforderungen an den Humanismus, zur Lösung der Frage beizutragen, wie das Christliche bewahrt werden könne trotz der heillos sich spaltenden Kirche oder wie die Kirche bewahrt werden könne trotz der heillosen Areligiösität vieler ihrer Repräsentanten. Die alte, ewig junge Streitfrage, ob die menschlichen Dinge sich lösen lassen durch geduldige Fortentwicklung aus Vernunft oder nur durch Radikalität und Revolution, beantwortet Erasmus mit einer Absage an die Revolution, als welche er die Reformation erkennen mußte, ohne sich zu verschließen vor der Schuld, die der Kirche in ihrer totalen Verweltlichung zuzumessen ist. In einem Brief an Martin Bucer, den Straßburger Reformator, vom November 1527, in welchem er seine Absage an die Reformatoren begründet, schreibt Erasmus: „Gewisse Leute nämlich, die ungerecht urteilen, legen es meinen Schriften zur Last, daß die scholastischen Theologen oder die Mönche vielfach geringer geschätzt werden, als sie gerne möchten, daß die Zeremonien darniederliegen, man sich um die Herrschaft des römischen Papstes nicht mehr kümmert. In Wirklichkeit ist es nicht verborgen, aus welcher Quelle dieses Übel entsprang: sie haben das Seil zu straff gespannt, jetzt reißt es. Sie haben die Autorität des Papstes nahezu vor die Christi gesetzt, haben die ganze Frömmigkeit an den Zeremonien bemessen, sehr starken Beichtzwang ausgeübt, die Mönche führten ungestraft das Regiment und dachten schon offen an Tyrannei ... Ich fürchte mit Bangen, so wird es auch den Fürsten ergehen, wenn auch sie weiterhin das Seil mehr als billig spannen ... Möchten wir nur nicht noch Schlimmeres zu sehen bekommen! Die Führer dieser Bewegung hätten ... das Evangelium in keiner Weise in Mißkredit bringen dürfen und geflissentlich das vermeiden

[16] 47. 295.

müssen, was erlaubt, aber nicht nützlich ist. Insbesondere hätten sie sich vor jedem Aufruhr hüten müssen."[17]

Das ist die Klage des Humanisten, der sich um Maß bemüht. Es ist die Klage, daß das, was an Christlichkeit dem Menschen bleiben muß, allenthalben mißachtet, ja zerstört würde, daß die Kirche ihrem Auftrag so wenig gerecht geworden sei wie die Fürsten dem ihren und daß die Reformatoren jede Mäßigung, die der Sache wohl angestanden hätte, aufgegeben hätten. Dort, wo er von den an Tyrannei denkenden Mönchen spricht, werden wir an zwei Mönche erinnert, denen der Vorwurf gelten könnte: An Savonarola, der scheitert, weil er innerhalb der katholischen Kirche, der er zutiefst verbunden bleibt, den Bogen überspannt, der mit seiner Herrschaft in Florenz die Kirche nicht weniger als es die Reformatoren getan haben, ganz gegen seine Absicht, zu einer Schreckgestalt werden läßt und zur Verkörperung der Intoleranz und Weltverneinung wird; und wir werden an Luther erinnert, der die alte Kirche hinter sich läßt und zunehmend Erasmus, der ihm zunächst durchaus wohlwollend gegenüberstand, mit Schrecken erfüllt. Erasmus erkennt – und mit ihm so mancher seiner Freunde – mit der ihm eigenen Sensibilität, wie unter dem Ansturm eines solchen Feuerkopfes das, was zunächst Reformation als Neugestaltung sein konnte, umschlägt in Gewaltsamkeit und zur Revolution werden muß, nach welcher nichts mehr ist wie zuvor und die eine heillose Spaltung zurücklassen wird.

Der Humanist sucht den Ausgleich, ist auf Versöhnung aus, will das Seil nicht überspannen und strengt sich an, den großen Mächten, die im Streit liegen, Gerechtigkeit widerfahren zu lassen. Das kann hier nur angedeutet werden, um den Geist dieser humanistischen Bewegung, die auf weiten Strecken eine erasmische ist, ins Licht zu rücken. Erasmus ist die Symbolgestalt für dieses Bemühen, dem Geist zu seinem Recht zu verhelfen, der sich nicht mißbrauchen lassen soll zu Gewalt jeglicher Art.

Was von dieser Bewegung bleibt, ist, wie schon gesagt, wesentlich weniger als das, was von diesem hohen Anspruch her erwartet werden könnte – und ist doch unendlich mehr, als angesichts des großen Ringens gehofft werden konnte. Es bleibt, bildungsgeschichtlich, die Reformation des Gymnasiums als einer Bildungsanstalt, zu der grundsätzlich der Zugang allen offensteht; es bleibt die Reform der Universität, die sich vom scholastischen Schulbetrieb löst und neue Bereiche des Wissens in sich aufnimmt; es bleibt die Wandlung des Christentums, mit dieser freilich die Zerklüftung der Kirche. Es bleibt schließlich die Entdeckung des geistbestimmten, auf sich selbst und seine eigene Erkenntnis gestellten Menschen, der der „humanen" Bildung bedürftig ist.

[17] 32. 420f.

Damit endlich – und das ist der dritte allgemeine Aspekt, der dem Humanismus abzugewinnen ist – zeigt sich dieser Humanismus als eine Lebensform, in der sich einerseits der Typ des Gelehrten, andererseits der des Gebildeten herausstellt. Er, der humanistisch Gelehrte oder Gebildete, stellt sich neben jene anderen Typen, die sich in dieser durch Renaissance, Reformation und Humanismus geprägten Zeit herausgebildet haben: neben den Renaissance-Typ des Condottiere, des rücksichtslosen Eroberers und Soldatenführers, neben den Renaissance-Künstler, der den Menschen und die irdische Welt als Gegenstand seiner Darstellung entdeckt, im übrigen sehr häufig Anregungen vom Humanismus empfängt, neben den religiösen Volksführer und -prediger, der sich im Besitz der alleinseligmachenden Wahrheit weiß und die Ankunft des ewigen Gottes verkündet.

Eine *res publica litteraria* entsteht, und nachdem die Kirche die Einheit des Abendlandes nicht mehr gewährleisten kann, ist es der neue Stand des humanistisch Gebildeten, der über die Grenzen der sich bildenden Nationalstaaten hinweg die Einheit des Abendlandes erhält bis in die jüngste Neuzeit hinein, eine Gemeinschaft der Geister, die sich in der gemeinsamen Sprache und in dem Ziel einer humanen Bildung findet. Über Wissenschaft und Wahrheitssuche vollzieht sich die Verständigung der Menschen. Was Renaissance und Reformation nicht zu leisten vermögen, leistet der Humanismus: den Brückenschlag zwischen den Völkern. Wo dieser künftig gesucht wird, geschieht es in seinem Namen.

Für diesen neuen Typ des humanistischen Gelehrten mag hier Ludovico Vives stehen, der Spanier, der von manchen als der größte Pädagoge seiner Zeit gefeiert wird, in seiner Heimat die rücksichtslose Unterdrückung des Humanismus erfahren mußte und tiefsinnig wie wenige über den Frieden, der vom Humanismus ausgehen könnte, nachgedacht hat. Er hat eine kleine Schrift ›Über den Lebenswandel und die sittlichen Grundsätze des Gelehrten‹ verfaßt, die Teil seines großen pädagogischen Werkes ist. Darin[18] lesen wir, zunächst noch ganz im Sinne eines dezidiert christlichen Humanismus: „Auf vier Dingen beruht die Gelehrsamkeit: auf Scharfsinn, Urteil, Gedächtnis und Fleiß. Woher hast du die drei ersten? Nur von Gott." Doch wenig später finden wir die Sätze: „Der Gelehrte soll oft über die Wanderung aus diesem Leben und über das ewige Leben nachdenken."[19] Die Geschöpflichkeit des Menschen ist angesprochen, die Flüchtigkeit des Lebens, die zu bedenken dem Gelehrten aufgetragen ist; Vives kann ihn sich ohne Demut nicht denken. Daraus resultiert seine Unabhängigkeit: „Nichts hat die Ehre der Wissenschaft und aller Bildung

[18] 135. 343.
[19] 135. 347.

mehr befleckt und völlig vernichtet als die Leichtfertigkeit, mit der in neuerer Zeit gewisse Schwätzer allem beistimmen, was Fürsten und Vornehme sagen." [20] Der Rang des Gelehrten, mit anderen Worten, beruht auf seinem Eintreten für die Wahrheit, ruht darin, daß er nicht käuflich ist. Aber er hat – und damit wird das soziale Moment des Humanismus angesprochen – seine Bildung nicht für sich: „Das also ist die Frucht und das Ziel aller Studien, daß wir die Wissenschaften und Künste, die wir für das Leben uns angeeignet haben, für das Gemeinwohl verwenden." [21] Die Demut des Gelehrten ist zugleich sein Dienst für den anderen. Das Ziel des Studiums liegt nicht in ihm selbst, sondern in dem Wert, den es für die Gemeinschaft hat: „Jedes Studium ist an sich unbegrenzt. Aber an irgendeinem Punkte müssen wir doch beginnen, es zum Nutzen anderer zu verwerten." [22] Noch einmal ist damit der Typ des Gebildeten als ein sozialer beschrieben, dessen Stellung ihm in der Gesellschaft besondere Verantwortung auferlegt. Und so ergeht schließlich, zu den Zeitgenossen gewandt, unmißverständlich die Mahnung, der sittlichen Verpflichtung gegenüber dem Gemeinwohl zu entsprechen: „Die Menge der Gebildeten nennt das Zeitalter glücklich, in welchem sich viel Gelehrsamkeit zeigt. Aber nicht ein solches Zeitalter ist glücklich, sondern jenes, in welchem die Gelehrten sich als solche bewähren und in die Tat umsetzen, was sie gelesen, gelehrt und vorgeschrieben haben." [23] Denn „es ist die Aufgabe des Gelehrten, die Bildung anderen zu vermitteln und gleichsam vom eigenen Lichte anderen ein Licht anzuzünden" [24]. Da ist denn auch schon – mit Worten, die Jahrhunderte später wieder gebraucht werden – der Humanismus als das beschrieben und benannt, was er in seinem tiefsten Grunde ist und sein soll: Aufklärung nämlich, Erleuchtung der Köpfe. Es ist der Auftrag aller, die um den Sinn der Bildung wissen und diesen weitergeben, damit Aufklärung allgemein werde.

Das europäische Phänomen

Der Humanismus ist auf seine Weise streitbar. Die Herausforderung an den Christen wird aufgenommen. Die Zeit des Humanismus ist auch die Zeit der christlichen Streiter. Schon der Freund Petrarcas, Cola di Rienzo, nennt sich „candidatus spiritus sancti miles"; am Ende des italienischen

[20] 135. 345.
[21] 135. 347.
[22] 135. 348.
[23] 135. 349.
[24] 135. 350.

Humanismus bezeichnet sich Savonarola als „militante cavaliere di cristo"; auf dem Höhepunkt des europäischen Humanismus schreibt Erasmus sein ›Handbuch eines christlichen Streiters‹; und Ignaz von Loyola legt sich, mit gegenreformatorischen Impetus, den Titel eines „miles christianus" zu. Die Waffen des Humanismus sind die des Geistes, wir würden sagen, der kritischen Vernunft. Mit diesen richtet er „seine Aufmerksamkeit mehr auf die moralischen Auswirkungen und den ethischen Zerfall der abendländischen Gesellschaft als auf die speziell kirchlichen, liturgischen oder die Disziplin berührenden Probleme"[25].

Die Zeichen des Verfalls sind unübersehbar; sie bündeln sich zum Menetekel, das apokalyptische Stimmungen heraufbeschwört. Diese begleiten den Ausgang des Mittelalters; aber nicht nur im fernen Moskowitien wird Weltuntergang vorausgesagt, der als Gottesgericht erwartet wurde. Der Irrationalismus der Angst schüttelt die Massen, gegen die die Stimme der Vernunft angehen muß. Der Flagellantenwahn ergreift große Kreise, um bußfertig zu scheinen und der Reinigung der Welt voranzugehen. Spukgestalten werden gesehen, Massenwallfahrten durchziehen die Lande. Ein religiöser Sozialismus erweckt Hoffnungen, wie etwa der Pauker von Niklashausen, Hans Böheim, 1476 ein neues Gottesreich verkündet, in welchem Gemeineigentum, Freiheit von aller Fron und die Gleichheit aller wirklich werden. Dazwischen freilich erklingen immer wieder nicht nur die Stimmen der Weltverbesserer, der Magier und der Utopisten, sondern auch die Stimmen derjenigen, die nach Gerechtigkeit rufen und den großen Brand der Bauernaufstände anfachen werden.

Es ist aber auch das Jahrhundert der religiösen Fanatiker, das, vom Lollardenaufstand 1381 in England vorbereitet, seit den Hussitenkriegen 1419–1436 die Menschen nicht mehr zur Ruhe und zum Frieden kommen läßt – wiewohl alle, die gegeneinander ziehen, den Frieden bringen zu wollen für sich in Anspruch nehmen. Ein anderes Produkt der Angst und auch des sozialen Verfalls, der Hexenwahn, versetzt in Furcht und Schrecken, demonstriert die Perversion des Geistes, die sich mit humanistischem Denken nicht verbinden lassen, gleichwohl selbst Humanisten befallen und dramatisch wie peinlich demonstrieren kann, wie weit der Weg zur Durchsetzung der Vernunft ist, wie sehr neben der Vernunft das Widervernünftige sich behauptet. „Der Geist des Humanismus mochte in einem Valla oder Erasmus als kritischer Geist in Erscheinung treten, sich bei anderen aber als durchaus unkritisch erweisen ... Wenn Ficino und Pico della Mirandola, Reuchlin und Cardano, Copernicus und Paracelsus, Giordano Bruno und Campanella glaubten oder zu glauben schienen, daß

[25] 110. 243.

Menschen mit Hilfe geheimnisvollen Wissens vielleicht Engel für sich wirken lassen und so die Bewegungen des Himmels beeinflussen könnten, so erschien es für einen gewöhnlichen Sterblichen keineswegs absurd anzunehmen, daß Hexen in der Lage seien, Teufelsdämonen für sich wirken zu lassen."[26] Dagegen vermochten auch jene Skeptiker wenig zu bewirken, die bezeichnenderweise zuerst aus dem Lager der Naturwissenschaftler der Paduaner Schule, dann aber auch aus jenem merkwürdigen Kreis von Astrologen und Magiern kamen, der keine geheimnisvollen Kräfte, über die nicht der Mensch selbst verfügen könne, sehen wollte. Agrippa von Nettesheim (1486–1535) ist die herausragende Erscheinung. Arzt, Philosoph, Kabbalist, dem großen Humanisten Reuchlin nahestehend, spricht er von der „vanitas scientiarum", womit er zuerst sich gegen die Scholastik wendet, verfaßt mit ›De occulta philosophica‹ eine platonische Theosophie und beschwört, sich gegen kirchliche und weltliche Mißbräuche, gegen die Anarchie des Wissens und gegen Sittenverderbnis auflehnend, magische Kräfte im Menschen. Aus seinem Umkreis stammt jener Johann Weyer, der am nachhaltigsten gegen den Hexenwahn auftritt und mutig das, wofür die vermeintlichen Hexen verbrannt wurden, für Halluzinationen erklärt.

Der Hexenwahn lenkt die Aufmerksamkeit auf das mit dem Ausklang des Mittelalters sich wandelnde Verhältnis zum Tode, das ja immer auch ein Verhältnis zum Jenseits ist. Es ist kein Zufall, daß der Ackermann aus Böhmen sein Gespräch mit dem Tod führt, wie es andererseits symptomatisch ist, daß Totentänze zum künstlerischen Sujet werden. Der Totentanz wird geradezu zu einer „eigenen Dimension des Kollektivempfindens",[27] was eng damit zusammenhängt, daß der Mensch immer mehr aus seinem ausschließlich christlichen Selbstverständnis in der Gebundenheit an Gott heraustritt und sich ebenso als „irdischer", auf sich gestellter, als der diese Welt erleidende Mensch begreift.

Nicht nur an den Totentänzen läßt sich die Wandlung des Denkens deutlich ablesen. Die flämischen Künstler von Rogier van der Weyden bis Jan van Eyck geben dem einen frühen Ausdruck, und zwar auf dem Hintergrund der Erneuerungsbewegung der Devotio moderna, welcher auch der Humanismus außerordentlich viel verdankt; und Dürer in der Humanistenstadt Nürnberg wird es mit seinen Porträts vollenden: die Vermenschlichung des Göttlichen, die Erneuerung christlicher Lebensform durch die Anverwandlung des Göttlichen, dem menschliche Züge gegeben werden, wobei denn aber doch noch immer das Göttliche mit dem Irdischen zur Symbiose gebracht werden soll. Gleichzeitig geht die italie-

[26] 132. 132.
[27] 110. 121.

nische Kunst eigene Wege, womit auch der Unterschied zwischen dem italienischen Humanismus und seinem Erben, dem europäischen Humanismus, faßbar wird. Die Kunst der Italiener verhält sich „umgekehrtsymmetrisch zu der der Flamen, insofern die Toskaner das Menschliche idealisierten und archetypisch zum Ausdruck bringen wollten, anstatt das Göttliche zu vermenschlichen und psychologisch zu vertiefen"[28]. Der Architekt Brunelleschi, der Bildhauer Donatello, der Porträtist Masaccio, der Universalist Alberti mögen als Beispiele genannt sein. Gemeinsam ist dem italienischen und dem europäischen Humanismus das Erlebnis, das man auf keine prägnantere Formel bringen kann als auf diese: „Humanismus bedeutet das Erlebnis menschlicher Persönlichkeitsformung durch die Antike als klassische Lehrmeisterin."[29] Auf dieser gemeinsamen Basis aber ist das Verhältnis des italienischen zum europäischen Humanismus das des Verhältnisses von Lehrer und Schüler, bei dem der Schüler seine eigenen Interpretationen des gemeinsamen Gegenstandes finden und insbesondere seine eigene Zutat der entschieden christlichen Prägung beigeben wird. Der Schüler wird den Lehrer in manchem übertreffen. Beiden gemeinsam ist die Forderung einer freien Geisteskultur, und beiden gemeinsam ist der entschlossene pädagogische Impetus. Beide sind Bildungsbewegungen, beide schaffen sich ihre pädagogischen Institutionen.

Der italienische Humanismus hat die eine Hauptstadt Florenz. Der europäische Humanismus hat keine Hauptstadt, es sei denn den jeweiligen Aufenthaltsort des Erasmus. Dieser ist, in seiner christlichen Gesinnung, die prägende Gestalt, wie Petrarca, in seiner ästhetischen Grundstimmung, die prägende Gestalt des italienischen Humanismus ist. In beiden auch zeigt sich der andere Unterschied. Der italienische Humanismus ist eminent schöpferisch: er faßt die Idee der Humanität, er bringt die neuen Wissenschaften auf den Weg, er bereitet die geistige Wiedergeburt vor. Demgegenüber haftet dem europäischen Humanismus fast immer auch etwas Epigonales an, wie sehr er auch aus dem Schatten seiner Lehrer herauszutreten bemüht ist. Das mindert seine Leistung nicht. Er transportiert den italienischen Impetus in die europäische Dimension. Eigenes Profil gewinnt er durch die kirchlichen Auseinandersetzungen, in die er hineingerissen wird, durch die sozialen Spannungen, die ihn herausfordern, durch die politischen Kämpfe, die ihn nicht unbeteiligt lassen. Ihm fehlt die große philosophische Schau; freilich hatte auch der italienische Humanismus nur einen Platonismus hervorgebracht, der sich mit großer philosophischer Spekulation nicht messen kann. Der italienische

[28] 110, 153.
[29] 52. 233.

Humanismus entfaltet sich organisch auf dem Boden einer Volkskultur, die sich auf ihr eigenes klassisches Erbe und die historische Tradition besinnt. Demgegenüber hat der europäische Humanismus – so paradox es klingen mag angesichts einer auf Bildung versessenen Gelehrsamkeit – revolutionäre Züge. Am Ende steht, symbolisch, die Schrift des Copernicus ›De revolutionibus‹, wie denn alle revolutionär wirkenden Reformatoren aus dem Humanismus hervorgehen oder ihm auf die eine oder andere Weise nahestehen: Zwingli, Calvin, Luther. Die Bewegung kreist immer wieder um die Frage, wie man Christ ist, ohne fragen zu müssen, ob man Christ ist. Daraus filtert sich jene Einstellung heraus, die den Menschen über die Konfession stellt, und darin wirkt er, der europäische Humanismus, gerade in dem, was er in den meisten seiner Gestalten zu verhindern trachtet oder doch keinesfalls bewirken will: die Spaltung der Kirche und die Spaltung des Glaubens, an deren Ende sich die Christen fremd gegenüberstehen. Indem er das Bekenntnis des einzelnen dem formulierten Kirchenbekenntnis entgegensetzt, indem er an die Stelle des dogmatisch ausgesprochenen göttlichen Gesetzes die Begegnung des Menschen mit Gott stellt und die Entscheidung des Menschen über sein Christsein in die Hand des einzelnen gibt, fordert er das Recht auf Individualität, auf die Unabhängigkeit der gebildeten Persönlichkeit, die Souveränität des kritischen Denkens, mit dem die Absage an die überkommenen Autoritäten ausgesprochen ist. Der Emanzipation des Bürgertums, die eine politische ist auf der ökonomischen Basis der städtischen Wirtschaftszentren, gibt er das geistige Rüstzeug. Aber auch den Volksbewegungen ist er untergründig verbunden. Indem die Schrift für die Völker erschlossen wird, bedürfen diese zunehmend nicht mehr der Mittler zwischen sich und Gott und sagen sich los. Der Volksgeist der europäischen Völker gibt dem Humanismus sein vielfältiges Kolorit.

An dieser Einschätzung ändert sich auch nichts, wenn man sich vergegenwärtigt, daß der Humanismus häufig Angelegenheit exklusiver Kreise war und die „studia humanitatis oft nicht über Schulen für die Kinder aus ‚guten' Familien, eines bestimmten gesellschaftlichen Standes und eines gewissen Vermögens"[30] hinausgingen. Am Ende steht doch eine Bewußtseinsänderung, aus welcher der Gedanke der Bildung aller nicht mehr zu löschen ist.

Darin schließlich fanden sich alle Humanisten, mochte das Problem der Volksbildung auch erst von den Reformatoren durchdacht werden. Aber diese hatten durch den Humanismus sich vom Wert der *eruditio* überzeugen lassen. Im Bildungsbewußtsein findet sich die Kontinuität humanistischen Denkens wieder, welcher Melanchthon in seiner Rede, zur

[30] 39. III. 9.

Eröffnung der Nürnberger Humanistenschule ›In laudem novae scholae‹ am 25.6.1526 gehalten, ein beredtes Zeugnis ausgestellt hat: „Das größte Verdienst um ganz Europa hat sich vor nicht allzu langer Zeit die Stadt Florenz erworben, als sie die Lehrer für alte griechische Literatur, die aus ihrer Heimat vertrieben worden waren, aufforderte, zu ihr ihre Zuflucht zu nehmen … Aber nachdem durch das Verdienst der Florentiner die ehrenwerten Künste wiederaufzuleben begannen, ist daraus für alle Völker großer Nutzen entstanden; überall wurden viele Menschen zum Studium der besten Wissenschaften angeregt (excitata sunt ingenia ad optimarum rerum studium) … In den Städten wurde die Verfassung verbessert, endlich die Religion gereinigt, die schon vorher, durch das widrige Verhalten der Mönche erdrückt und erstickt, darniederlag … und heutzutage bietet das Gewissen eine sicherere Zuflucht als das, was noch vor kurzer Zeit die Mönche empfohlen haben. Ohne Zweifel hat also Florenz unter allen Völkern sich besonders verdient gemacht, das die alten Schriften gleichsam wie nach einem Schiffbruch in den Hafen zurückführte und rettete.“[31]

[31] 85. III. 63ff.

III. ANFÄNGE: HUMANISMUS IN BÖHMEN

Wer den Linien folgen will, die sich vom italienischen zum europäischen Humanismus ziehen, muß in Böhmen beginnen. Werden im 15. Jahrhundert die Spuren des Austausches auch so vielfaltig verschlungen sein, daß sie sich nur schwer noch entwirren lassen, so sind doch die ersten Impulse sehr deutlich auszumachen. Sie führen zum ersten Zentrum des Reiches, in das Prag Karls IV. (1346–1378). Dieser, erst böhmischer König, dann Kaiser des Reiches, war ein hochgebildeter Mann, der mehrere Sprachen, darunter die Landessprache, beherrschte und in vielen Bereichen des Wissens zu Hause war, ein kontemplativer Typ und sorgfältig und behutsam abwägender Politiker. Mit ihm knüpft Petrarca noch vor der Jahrhundertmitte einen Briefwechsel an. Beide begegnen sich, der Fürst der Welt und der Fürst des Geistes, in Mantua 1354, als Karl IV. zu seiner Krönung nach Rom zieht, die im Jahre 1355 dort stattfindet. Merkwürdigerweise begleitet Petrarca den Kaiser, auf den er große Hoffnungen setzte, jedoch nicht nach Rom, sicher enttäuscht von den Gesprächen und der Abneigung, die Karl IV. gegenüber Rom zeigt, wo er sich denn nach seiner Krönung auch nicht weiter aufhält.

Der Briefwechsel Petrarcas mit dem König und Kaiser sowie die Gespräche zwischen beiden – als Petrarca 1356 im Auftrag der Visconti in Prag weilt, werden sie diese fortsetzen – gelten nicht allgemeinen humanistischen, stilistischen oder philologischen Fragen, die zu erörtern Karl IV. zweifellos in der Lage war, sondern der Verwirklichung der Romidee, von der Petrarca besessen war und die er für kurze Zeit in Rienzo verkörpert sah, als dieser 1343 in Rom hervorgetreten und dann 1347 sich zum Führer einer Volkserhebung in Rom gemacht hatte. In der Romidee brachte Petrarca das Verlangen nach Wiederherstellung des Reiches, dem die Erneuerung römischer Größe zugrunde liegen sollte, zum Ausdruck. Petrarca versuchte dem Kaiser zu vermitteln, daß ein wiederhergestelltes Rom, buchstäblich aus seinen Trümmern wiederhergestellt, ebenso wie in seiner politischen Macht und in seinem geistigen Glanz, daß ein solches wiederhergestelltes Rom Symbol und Mittelpunkt eines geordneten Reiches sein müsse – und nur Rom eines Kaisers würdig sei. Daß das Auftreten Karls IV. in Italien wirklich „eine der schmählichsten politischen Komödien“[1] gewesen sei, wird man heute sicher nicht mehr sagen wollen, läßt sich doch

[1] 17. I. 17.

für die Eile, mit der Karl IV. Italien wieder hinter sich ließ, ebenso Verständnis aufbringen wie für die Distanziertheit, mit der der Kaiser trotz aller Neugier auf den großen Humanisten Petrarca diesem begegnete. Immerhin hatte Petrarca nur ausgesprochen, was schon in Dantes ›Göttlicher Komödie‹ angeklungen war: den Gedanken der Wiedergeburt, der sich seitdem ganz konkret mit dem Gedanken der Wiedergeburt des antiken Rom vereint. Und diesem Gedanken, aus dem sich die Renaissance entwickelt, gibt der Humanismus sein eigenes Gepräge durch die damit sich verquickende Idee der Vorbildlichkeit der Antike, vornehmlich des republikanischen Rom und seiner Schriftsteller, durch welche die Größe Roms ihr literarisches Denkmal erhalten habe, das der historischen Größe ebenbürtig sei.

Das Gespräch, das der Kaiser mit Petrarca geführt hat, ist in verschiedenen Versionen überliefert. Offenbar ist Petrarca nicht zu Bewußtsein gekommen, daß sich der Gedanke eines vorbildlichen republikanischen Rom schlecht mit einem von Karl regierten kaiserlichen vertragen würde – genug, Karl versagte sich dem Anspruch Petrarcas. Er war Realpolitiker, der von der Sehnsucht der Deutschen nach dem Süden nichts hielt, das Phantastische in der Idee der Wiederaufrichtung der antiken Welt, die eben doch mehr eine humanistische als eine politische war, erkannte und schließlich darauf sann, seine eigene Stadt zum Herzen des Reiches zu machen. Zwar machte er Petrarca manche artigen Komplimente über seine Gelehrsamkeit und Belesenheit, von der er, der König und Kaiser, durchaus wüßte, wies sie aber mit nicht geringerer Bestimmtheit in ihre Schranken. In diesen Schranken des Wissens und Forschens, in denen die Welt der Bücher ihr Leben hat, war kein Raum für den Anspruch, in die Politik einzugreifen. Politik ist Sache des Staatsmannes, des Herrschers und nicht des gelehrten Schriftstellers. Dabei wird sich Karl IV. dort, wo er sich Petrarca unterlegen wußte, in Stil und Sprachgebung nämlich, von diesem durchaus belehren lassen. Dem politischen Humanismus aber werden seine Grenzen gezeigt.

Den Anspruch, sich politisch belehren lassen zu müssen, hatte er schon zurückgewiesen, als Cola di Rienzo nach dem gescheiterten Volksaufstand in Rom, in dem er sich zum Tribunen der ewigen Stadt gemacht hatte, sich 1350 nach Prag in die Schutzhaft des Kaisers begeben hatte, wobei denn zunächst der Wunsch nicht der war, in Haft zu geraten, sondern den Schutz eben des Kaisers zu empfangen, nach dem er bei günstigem Ausgang seiner Unternehmung sicher nicht gefragt hätte. Doch hatte jener Größe genug, ihm kein Leid anzutun, wohl ihn aber festzuhalten als einen Träumer und Romantiker, der ihm wie Petrarca den Boden unter den Füßen verloren zu haben schien. Wir erinnern uns, daß Petrarca, dessen Stärke nicht auf dem Felde der Politik lag, zuerst auf Rienzo gesetzt hatte, als er die Erneuerung Roms erhoffte und damit auch die Einigung und Befriedigung Italiens, daß er Rienzo leidenschaftliche, bewundernde Briefe geschrieben hatte, wie er sie später Karl IV. schreiben wird, um ihn zu seinem Aufstand zu ermutigen, und daß nichtsdestoweniger Karl ihn zum ständigen Aufenthalt nach Prag einlud.

Das ist an anderer Stelle ausführlich erörtert worden;[2] hier genügt die Erinnerung, um die Aufmerksamkeit darauf zu lenken, daß es eben der flüchtige Rienzo ist, der als erster leibhaftig die Gedanken des Humanismus – Rienzo vereinigte in sich die Züge des politischen mit denen des gelehrten Humanismus – nach Prag trägt und, den Hofstaat begeisternd mit seiner verwirrenden Persönlichkeit und die Notare der Kanzlei faszinierend mit seinem Latein, die Verbreitung des Humanismus dadurch voranbrachte, daß er das humanistische Latein in die Prager Kanzleisprache einführte, indem er Johann von Neumarkt, den Kanzler Karls, für den Humanismus gewann. Dieser, in Hohenmauth in Böhmen geboren und mit dem Bischofssitz von Leitomischl 1353 auch zum Vorsteher der Reichskanzlei avanciert, wurde durch Rienzo auf Petrarca verwiesen. Er trat in lebhaften Briefwechsel mit dem gelehrten Petrarca, um sich über die neue Gelehrsamkeit, die Wiederentdeckung der antiken Schriftsteller und die Erneuerung der lateinischen Sprache berichten zu lassen, und wurde zum bedingungslosen Verehrer des Italieners. Johann von Neumarkt dürfte der erste gewesen sein, in dem jenseits der Alpen der Humanismus Wurzeln schlug. Er lernte dann Petrarca auf dem Italienzug Karls IV. kennen, begegnete wenige Jahre vor dem Tode Petrarcas diesem in Udine erneut und lernte von ihm lateinische Eloquenz und Poetik. Burdach spricht von „Petrarcas ältestem deutschen Schülerkreis“[3], der sich in Prag um Johann von Neumarkt bildete, und weist auf die sich anbahnenden mannigfaltigen Beziehungen zum italienischen Humanismus hin, in die auch der spätere Florentiner Kanzler Coluccio Salutati einbezogen wird. Dabei wird dem Olmützer Domdechanten Andreas Nicolai von Wittingau, einem Schüler des Johann von Neumarkt, eine bemerkenswerte Rolle in dem Bemühen, humanistische Beredsamkeit und Latinität in Böhmen zu vertreten, zuzumessen sein. Von Salutati, mit dem er in Briefwechsel stand, scheint er – übrigens auch während mehrerer Italienaufenthalte – in die humanistische Gedankenwelt eingeführt worden zu sein und von ihm gelernt zu haben, „daß aus der lebendigen Vergegenwärtigung der römischen Geschichte eine Erneuerung der Sittlichkeit, die virtus und die gloria, die humanitas erblühen würde“[4]. Später wird dann

[2] Siehe Nr. 10.
[3] Vgl. 18, passim.
[4] 18. 57.

auch ein anderer Bewunderer Petrarcas, Pier Paolo Vergerio, als Sekretär des Kardinals Zabarella in Kostnitz 1414 weilend und sich dort König Siegmund anschließend, den Humanismus in Böhmen vertiefen und sich als Mittler der neuen Bildung nach dem europäischen Osten verdient machen.

Johann von Neumarkt, um zu diesem zurückzukehren, bleibt uns bemerkenswert durch die Übersetzung der Vita und einiger Briefe des Hieronymus ins Deutsche, den er damit seinen Zeitgenossen nahe brachte und zugleich als Sinnbild humanistischer Existenz vorstellte. Neben-Augustinus, dem Zeitgenossen des Hieronymus, der den Humanisten seit dem Briefe Petrarcas über die Besteigung des Mont Ventoux teuer ist, ist er der andere Kirchenvater, auf den die Humanisten in der Frühzeit sich berufen. 420 in Bethlehem gestorben, wo er nach unstetem Leben die letzten 25 Jahre seines Lebens verbracht hatte, gab er das Vorbild eines mönchsartigen Lebens – in dem von ihm in Bethlehem gegründeten Kloster – ab, das sich der Wissenschaft und Literatur verschreibt. Er ist als ein hervorragender Kenner nicht nur des Lateinischen, sondern ebenso des Griechischen und des Hebräischen in die Kirchen- und Geistesgeschichte eingegangen durch seinen lateinischen Text der Bibelübersetzung, die Vulgata, der der „volkstümliche" Bibeltext bleiben wird, bis die Humanisten an die Revision des Textes gehen und die Bibel in den klassischen Sprachen zugänglich machen werden. Den Humanisten bleibt er verehrungswürdig als der Typ des Gelehrten, der gleichermaßen der christlichen Lehre wie der Sprachwissenschaft dient. So wird das Leben des Hieronymus zum Leitbild für ein humanistisches Gelehrtenleben werden. Das unvergängliche Bildnis dieser humanistisch gedachten, humanistisch evozierten Gelehrtengestalt wird Dürers Kupferstich ›Hieronymus im Gehäus‹ sein. „Der Heilige ist seiner Legende entwachsen und zum Sinnbild des gelehrten Daseins und Glückes geworden."[5] Das Bild ist, bemerken wir das am Rande, ein Ausdruck des reichen Bürgerhumanismus von Nürnberg.

Daß sich in der Bibliothek viele Petrarca-Texte befanden, nimmt nicht wunder. Wichtiger für die Fortschritte des Humanismus dürfte sein, daß sich Johann von Neumarkt einer anderen Strömung des Humanismus verbindet, indem er, seine Hieronymus-Übersetzung zeigt es, sich der Pflege der Volkssprache annimmt und damit zum Förderer der Verbreitung einer deutschen Schriftsprache wird. Er schreibt nicht nur lateinische Verse, gibt nicht nur ein Epistolar heraus, begrenzt sich nicht in gelehrter Korrespondenz, sondern geht auch daran, die humanistischen Entdeckungen und das humanistische Wissen in der Volkssprache den Zeitgenossen zu erschließen.

Es ist immer wieder festzuhalten, daß, wie es in diesem böhmischen Frühhumanismus zutage tritt, das Lateinische zwar die Sprache der Ge-

[5] 138. 112.

lehrten ist und bleibt, so wie es schon für die Scholastik die Sprache der theologischen Gelehrsamkeit gewesen ist, und daß natürlich der ersehnte Ruhm dem Humanisten nur zuteil werden kann, wenn er die lateinische Sprache, wie sie sich an Cicero orientiert, beherrscht, daß aber weit darüber hinaus die Sprachbildung als solche dem Humanismus wichtig ist. Und diese eben beschränkt sich nicht auf die klassischen Sprachen, sondern bezieht die Volkssprache mit ein, wofür die Gedichte Petrarcas und die Novellen Boccaccios treffliche Beispiele sind. Das geschieht auf dem politischen Hintergrund der Herausbildung eines starken Nationalbewußtseins, das sich nur um eine gemeinsame Sprache kristallisieren kann. Diese entwickelt sich, während in der Kanzlei ein Amtslatein entsteht, dem Johann von Neumarkt in dem von ihm veranlaßten Kompendium einer ›Summa cancellariae Caroli IV‹ eine Basis gab. Als „Nebenprodukt", wie Burger es nennt,[6] ergibt sich so „die Vereinheitlichung der ‚frühneuhochdeutschen' Schriftsprache, dadurch bedingt, daß die schlesischen und anderen Kanzleien im deutschen Osten dem Beispiel Prags folgten". Immerhin werden Sprachentwicklungen in Gang gesetzt, die für die humanistische Bildungsarbeit wirkmächtig sind. Am Rande halten wir fest, daß die Anfänge des böhmischen Humanismus und dessen frühe Verbreitung ebenso mit einer bildungsbeflissenen Kanzlerschaft verbunden sind, wie die Anfänge des Florentiner Humanismus im unmittelbaren Gefolge Petrarcas mit der Kanzlerschaft des humanistisch gebildeten Salutati verknüpft sind. Es liegt darin noch ein nicht übersehbares Zeichen für die durchaus praktische Bedeutung, die der neuen Bildung zukam und dieser zu Ansehen verhalf. Sie entwickelte sich außerhalb der Universitäten, weil sie zuerst eine Bildungsbewegung war, die unmittelbaren – nationalen, politischen, verwaltungspraktischen – Bedürfnissen entsprang, und nicht eine wissenschaftliche Institution.

Ein anderes Detail, in diesen Zusammenhang gehörig, regt ebenfalls zum Nachdenken an. Es ist die Verdeutschung und Glossierung der Evangelien aus der Feder eines Heinrich von Mügeln. Dieser war zwischen 1346 und 1361 Hofpoet in Prag und stand zweifellos mit Johann von Neumarkt in Kontakt, wahrscheinlich aber auch mit häretischen Laiengemeinschaften,[7] „die in Ober- und Niederösterreich eigene Schulen unterhielten" und die Vorboten der ketzerischen Bewegung sind, die Böhmen schon bald nach Karls Tod in ihren Strudel ziehen wird. Derselbe Heinrich von Mügeln übersetzte 1369 in des Kaisers Auftrag des Valerius Maximus ›De Factis Dictisque Memorabilibus Libri IX‹ ins Deutsche, eine Sammlung historischer Beispiele, die durch das historische Interesse des

[6] 19. 30.
[7] 19. 31.

Humanismus eine außerordentliche Verbreitung, zahlreiche Kommentare und verschiedene Übersetzungen – wie die des Boccaccio – in die romanischen Sprachen erlangte. Für den Humanismus war sie sowohl als historische Quelle wie als Beispiel für die römische Rhetorik und die römische moralphilosophische Denkweise interessant. Manches spricht dafür, daß der Kommentar des Dionigi di Borgo San Sepolcro, der wenig früher Petrarca zu Augustinus hingeführt hatte und so sichtbar diesem nahestand, eine Rolle bei der Anregung zur Beschäftigung mit den Büchern des Valerius Maximus gespielt hat. Für uns gibt die Übersetzung den doppelten Hinweis auf die dem Frühhumanismus bereits eigene Zuwendung zur Geschichte als der Lehrmeisterin des Menschen sowie auf die Bemühung, humanistisches Gedankengut breiten Kreisen zugänglich zu machen, damit auf das, was man mit einiger Überspitzung den volkspädagogischen Impetus des Humanismus nennen könnte.

Die humanistischen Züge, die sich aus dem „Ackermann aus Böhmen“ ablesen lassen, verraten, daß Johannes von Tepl, späterer Stadtnotar von Saaz und dann auch *rector scholarum* an der dortigen Lateinschule, einige Jahre in der Kanzlei des Johann von Neumarkt tätig gewesen war. Die von Petrarca geübte Praxis, das Latein der gelehrten Tätigkeit vorzubehalten und in der Dichtkunst die Volkssprache zu verwenden, wird im deutschen Sprachraum zuerst vom Dichter des ›Ackermann‹ aufgegriffen.

Im Umkreis des Johann von Neumarkt finden sich auch Verbindungen zu der böhmischen Reformation, die, vom Engländer Wyclif inspiriert, im 15. Jahrhundert zur ungeheuerlichsten Erschütterung vor Luther in dem aus dem Mittelalter sich herausarbeitenden Europa führen wird. Konrad Waldhauser (1325?–1369 in Prag) hatte in Italien studiert und war, vermutlich in Prag, Rienzo und Petrarca begegnet; er stand in Briefwechsel mit Johann von Neumarkt. Seit 1364 Pfarrer an der Prager Teynkirche, wo auch Hus predigen wird, predigte er gegen die Simonie der Kirche und wurde zum Wortsprecher jener Heilserwartungen und Endzeithoffnungen, die den ganzen böhmischen Reformismus beherrschten. Er predigte in deutscher Sprache. Er steht nicht nur mit der Unruhe, die er ins Volk trägt, und der Volksbildung, die in seiner Wendung gegen die Kirche beschlossen ist, am Anfang der Bewegung, sondern vor allem wegen der Anregungen, die von ihm auf Militsch von Kremsier (ca. 1325–1374) ausgingen, ein nicht weniger leidenschaftlicher Prediger als Waldhauser, der aber in der tschechischen Sprache predigt, damit schon bei Beginn der böhmischen Reformation durch den Gebrauch seiner Muttersprache die durch die Gegensätze der Nationen heraufbeschworenen Spannungen anzeigend. Militsch, der „Vater der böhmischen Reformation“[8] verkündet

[8] 54. 63.

die Heraufkunft des Antichrist und gründet 1372 in Prag ein „Neues Jerusalem“, „einen Mittelpunkt gemeinsamen Lebens büßender Frauen, ehemaliger Huren, und zugleich eine Predigerschule“ und machte damit „die Hoffnung auf die Zukunft sichtbar, daß Gott von Grund auf das umgestalte, was die Menschen verdorben haben“.[9] Militsch stirbt während seines Häresieprozesses in Avignon, wo er sich für sein reformatorisches Wort zu verantworten hatte. Er, der ein Leben in Armut im Sinne der Urkirche zu führen unternahm, war daneben als lateinischer Stilist in der Reichskanzlei tätig und wußte – da wird seine Schriftkundigkeit ihm beigesprungen sein – seine Gegner durch seine exegetischen Leistungen zu verblüffen.

Unter denen, die seine Predigten hörten, ist auch Geert Groote (1340 bis 1384), der an der jungen Prager Universität disputierte und in der Karlsstadt auch „durch die von der kaiserlichen Kanzlei ausgehende frühhumanistische Bildungswelle des deutschen Ostens berührt worden“ sein dürfte.[10] Beides, die reformatorischen und die frühen humanistischen Impulse, werden fortwirken in der von Groote geschaffenen Bruderschaft vom gemeinsamen Leben, deren mannigfaltige Einflüsse auf den europäischen Humanismus – insbesondere über Erasmus, worüber noch zu handeln sein wird – nicht zu unterschätzen sind. Dem Humanismus selbst sind sie freilich noch nicht zuzuzählen. In der Bruderschaft verband sich das soziale Verlangen der Armenhilfe mit dem Gedanken der Hilfe durch Bildung. Die Bruderschaft wurde zu einer Vereinigung, deren Schulen vorbildlich für die Zeit wurden. Bezeichnenderweise nannten sie diese Schulen auch Scholae Hieronymitanae oder auch Gregorianae.[11] Mit ihnen gingen sie, unter dem Gedanken der Wiederherstellung der Urgemeinde mit dem Neuen Testament im Mittelpunkt und einer schlichten aufrichtigen Religiosität, an „gegen Müßiggang, gegen Aberglauben, gegen Unwissenheit“[12]. Die von Groote ausgehende und sich rasch ausbreitende Bewegung wird den Namen einer „Devotio moderna“ erhalten, damit ein reformatorisches Anliegen bekundend, dem alles Revolutionäre fernlag. Das berühmteste Erbauungsbuch der europäischen Geschichte, die in zahllosen Auflagen immer wieder ins Volk gebrachte ›Imitatio Christi‹ des Thomas a Kempis, wird daraus hervorgehen. Die Bewegung vollzog sich, auch darin dem Humanismus vorangehend, außerhalb der Kirche und außerhalb der Universitäten. Heer geht so weit zu sagen, „fast alles, was im 16. bis 18. Jahrhundert in England, Frankreich, dem ›Westen‹

[9] 54. 64f.
[10] 52. 222.
[11] 144. 82.
[12] 52. 226.

in Deismus, Aufklärung, religiösem und politischem Humanismus wachsen wird, wurzelt in dieser Bewegung“ [13]. Das klingt denn doch gar zu pauschal, unterstreicht aber die vielfältigen Wirkungen, die von der Bewegung ausgingen. Wir bemerken, daß dieser Einfluß auf den politischen Humanismus vor allem wesentlich geringer als hier angedeutet ist, auch daß sich für einen Deismus allenfalls rudimentäre Spuren finden lassen, daß wohl aber um so stärker der pädagogische Humanismus den Brüdern bedeutsame Wegweisungen verdankt.

Wenn sich in dem Reformator Böhmens, in Johannes Hus (1371–1415), der Gedanke der Läuterung der Kirche durch ein zunächst keineswegs eschatologisch gedachtes Christentum sowohl mit dem sozialen Gedanken der Zuwendung zu den Armen und Entrechteten als auch mit dem einer gewissenhaften Durchdringung der Heiligen Schrift verband, so sind darin Wirkungen der Devotio moderna unverkennbar, so unverkennbar übrigens wie der – bildungsgeschichtlich sekundäre – Einfluß der Lehre Wyclifs.

Hus wird, wie man weiß, zum Fanal für die böhmische Volksbewegung, sein Tod auf dem Konstanzer Konzil gegen den Willen des Kaisers zum Flammenzeichen für den Aufstand der Hussiten in Böhmen und damit wiederum für den furchtbaren innereuropäischen Kreuzzug, der die Unruhen doch nicht ersticken konnte; sie werden in Deutschland in den Bauernkrieg münden. Hus erhielt vom Magister Hieronymus von Prag, der 1401 aus Oxford zurückkehrt, das Gedankengut Wyclifs vermittelt. Hieronymus wird übrigens ein Jahr nach Hus ebenfalls den Flammentod erleiden. Hus entwickelt aus der neuen Lehre den Gedanken einer „spirituellen Kirche der Prädestination“ [14], in welchem der Gedanke Augustins von der *ecclesia spiritualis* fortwirkt. Hus, wie alle Reformatoren – und wie auf ihre Weise auch die Humanisten –, predigt gegen den Papst und gegen den Ablaß.

Nach dem Studium in Prag wird er dort 1396 Magister der Philosophie, zwei Jahre später daselbst Professor und schließlich 1409 der erste Rektor der Universität, als diese ihre erste große Umgestaltung erfahren hatte und zu einer Nationaluniversität geworden war. Das neue Statut gab den Tschechen Vorrechte gegenüber den anderen, den bayerischen, den sächsischen und polnischen Nationen der Universität, was im gleichen Jahr zum Auszug der deutschen Studenten und Magister aus Prag und zur Gründung der Universität Leipzig führte.

Das Schicksal des Johannes Hus ist voller Tragik. In Konstanz war, wie wir anmerken sollten, der Pole Lukas von Wielki-Kosmin der einzige

[13] 47. 214.
[14] 143. 140.

Magister der Theologie, der für ihn eintrat. Sein Tod half seiner Kirche nicht, sein Bekenntnis kann deren Einheit nicht erzwingen. Seine Anhänger werden sich bald nach seinem Tode spalten in die gemäßigten Utraquisten und die revolutionären Taboriten. Die Utraquisten setzten auf eine geläuterte Ausübung der Religion und Herstellung einer wahrhaft christlichen Kirche; die Taboriten setzten auf Umwälzung der Welt und Herstellung eines utopischen Gottesreiches in dieser Welt, forderten ein neues Täufertum und die evangelische Armut für alle und übersetzten den Gedanken einer christlichen Gleichheit als der Gleichheit vor Gott in eine politische und gesellschaftliche Gleichheit. Sie rüttelten an der Grundordnung der Kirche nicht nur, sondern an der des Reiches und forderten die geistliche wie die weltliche Macht heraus. Auf dem Berge Tabor bei Bechin fand 1419 ihre erste Versammlung statt. Ein Prager Manifest wurde 1430 „in novissimis temporibus" verkündet, das taboritische Manifest von 1431 verkündete „Christo die Herrschaft, dem Antichrist den Untergang". [15] In der Schlacht bei Lipany 1434 findet die Bewegung ihr Ende, wird freilich untergründig weiterwirken.

Aus der hussitischen Bewegung – erst gemeinsam gegen die Kirche, dann gegeneinander um den rechten Glauben und die christliche Existenz – geht schließlich die Unität der Böhmischen Brüder hervor, deren bedeutendster Repräsentant ihr letzter Bischof, Johann Amos Comenius, gewesen ist, jener großartige Mann, in welchem noch einmal – er stirbt 1670 – Devotio moderna, Humanismus und reformatorisches Christentum eine einzigartige Synthese eingehen und zur bedeutendsten Weltschau seines Jahrhunderts führen. Er faßt in einem langen Leben des Leidens diese Gedanken erneut zusammen und gibt sie an die Aufklärung weiter: daß sich ermöglichen lassen müsse eine politische Erneuerung im Zusammenklang mit einer geistigen Erneuerung und der Erneuerung des Wissens und der Bildung. Er vermag es nur in seinem gigantischen Werk zusammenzufassen, der Pansophie, die ein utopisches Konzept ist und doch getragen ist von der Durchsetzbarkeit des Gedankens: „Omnes omnia omnino" – alles allen ganz und gar. Das ist die Unbedingtheit des christlichen Streiters, der doch alles andere als ein kriegerischer Mensch war, dieser sanfte, duldende und geduldige Comenius: auf dem Glauben aller die Bildung aller errichten zu wollen. Denn über die Erleuchtung der Geister öffnet sich die Pforte zur Glückseligkeit. „Wenn diese Zeit eine Vorbereitung der zukünftigen ist", so ist seine Überzeugung in der Tat, „dann ist sie es im Sinne der Erziehung. Die Schule des irdischen Lebens ist eine Schule für die Ewigkeit". [16]

[15] 54. 104.
[16] 54. 147.

IV. UNIVERSITÄTEN

Prag

1347 erwirkt der junge böhmische König, der spätere Kaiser Karl IV., für eine Universität in seiner Hauptstadt die Gründungsbulle vom Papst Klemens VI. und fertigt ein Jahr darauf den Stiftungsbrief aus. Prag wird so zum Ort der ersten nachmittelalterlichen Universitätsgründung. Diese entfaltet sich im Umfeld des frühen europäischen Humanismus, ohne von diesem anfänglich direkt affiziert zu sein. Später wird sie den Geist des Humanismus in sich aufnehmen, wie dieser sich im 15. Jahrhundert in erheblichem Maße in den Universitäten manifestieren oder aber diese herausfordern wird und im 16. Jahrhundert seinen festen Platz an den Universitäten erstritten haben wird. Die Universitäten werden zu Schauplätzen der Auseinandersetzung zwischen alter und neuer Bildung, zwischen Scholastik und Humanismus werden, und in vielen Momenten werden sie in die politischen und kirchlichen Auseinandersetzungen unmittelbar einbezogen sein. Dort etwa, wo der Konzilsgedanke mit dem Papstgedanken um die höchste Autorität in der Kirche streitet, sind es die theologischen Fakultäten, die zu Schiedsrichtern aufgerufen werden, und die juristischen Fakultäten werden allen Seiten mit Gutachten Beistand zu leisten haben. Am Ende der Epoche wird sich der humanistische Gedanke an allen Universitäten durchgesetzt haben, ohne freilich allein das Feld zu behaupten. Neben ihm steht weiterhin der scholastische Aristotelismus. Die Naturwissenschaften finden eigene Methoden. Die Universitäten werden zudem entweder protestantisch oder katholisch sein und ihrerseits die unheilvolle Spaltung der Kirche bekunden.

Prag nun ist 1348 die erste nördliche Universität, die „ex privilegio" entstanden, also eine bewußte Setzung ist, die mit Privilegien ausgestattet wird und sich selbst einem Privileg verdankt. Die Unterscheidung zwischen Studienanstalten „ex consuetudine" und Studienanstalten „ex privilegio" geht bereits auf das 13. Jahrhundert zurück.[1] Sie verweist auf die unterschiedliche Gründungs- bzw. Entstehungsgeschichte der Universitäten. Die Errichtung der Universität Prag nun stellt nicht nur dem politischen Weitblick ihres Gründers ein gutes Zeugnis aus, sie zeigt auch, daß die Wissenschaften sich unentbehrlich zu machen beginnen und die Ver-

[1] 26. 231.

waltung eines Reiches nach gebildeten – und ausgebildeten – Sachverwaltern verlangt. Sie ist von Beginn an mit Theologie, Kanonischem Recht, Medizin und den Artes liberales ausgestattet. Es wird berichtet, „fünf magistri (hätten) theologiam gelesen; einer von ihnen an der Kathedrale, der zugleich auch predigte, die anderen vier in den verschiedenen Klöstern … Das Jus canonicum lasen ein ‚doctor decretorum de Bononia vocatus' und Magister Stephan, der Kanzler des Bischofs Arnest, letzterer an der Kathedrale. Der ‚Magister Balthasar de Tuscia legit libros artis medicinae, alii vero magistri in scolis suis artes legerunt liberales'"[2] – es wurden die Bücher der Medizin gelesen, und andere Magister lasen in ihren Schulen die Freien Künste. Der Vorlesungsbetrieb, würden wir heute sagen, wurde sofort, aber ohne eigene Lehrgebäude zunächst, aufgenommen.

Daß die Artistenfakultät als erste, nämlich 1366, ein Kollegium, das Collegium Carolinum, erhält und erst danach die juristische, dann die medizinische Fakultät eigene Lehreinrichtungen[3] bekamen, wird einerseits aus ihrem allen Fakultäten dienenden propädeutischen Charakter, andererseits aus ihrer die anderen Fakultäten weit übertreffenden hohen Frequenz von Studenten erklärlich. Das Bild zeigt sich an allen Universitäten. Die oberen Fakultäten nehmen nur einen geringen Teil der Studierenden auf oder anders ausgedrückt: Nur ein geringer Teil geht von der Artistenfakultät auf sie über, was wiederum auf ein gesteigertes allgemeines Bildungsbedürfnis verweist. Grundmann nennt das Beispiel Köln, wo in der ersten Hälfte des 15. Jahrhunderts sieben Zehntel aller Studenten der artistischen, zwei Zehntel der juristischen und ein Zehntel der medizinischen und theologischen zusammen zugehörten.[4] Zwar stieg der Bedarf nach akademisch gebildeten Theologen und Juristen bei den verschiedenen Behörden, doch wird deshalb noch nicht „ein stringenter Zusammenhang zwischen Qualifikationserzeugung und Qualifikationsnachfrage angenommen werden" können.[5] Wohl entwickelt sich seit dem Ende des dreizehnten Jahrhunderts ein gelehrtes Richtertum, wird sich aber endgültig erst 1495, dem Gründungsjahr des Reichskammergerichts, durchgesetzt haben; und auf dem Konstanzer Konzil 1414–1418 wird gegen den Widerstand der Geistlichkeit beschlossen, „einen Teil der Kirchenämter ausschließlich an Graduierte zu verleihen. Am frühesten vielleicht wurde wissenschaftliche Vorbildung für den ärztlichen Beruf erforderlich – bahnbrechend war das Medizinalgesetz Friedrichs II. von 1224 –, aber auch da ist zu berücksichtigen, daß fahrende Heilkünstler, ‚ehrbare Frauen',

[2] 26. 589.
[3] 112. 108.
[4] 43. 39.
[5] 104. 75.

Beghinen, Barbiere und Bader den Tätigkeitsumfang des mittelalterlichen Arztes wesentlich einschränken"[6] – und bis in die Neuzeit hinein einschränken werden. Zudem erfuhr die Medizin als eine weltliche Wissenschaft Behinderungen, unter denen sie über das ganze Mittelalter hinweg suspekt bleiben mußte; Papst Honorius (1216–1227) dehnte das den Mönchen schon seit einem Jahrhundert geltende Verbot des Medizinstudiums auf den gesamten Klerus aus.[7]

Die ersten mittelalterlichen Universitäten waren „ex consuetudine" entstanden. Sie sind in ihrem Entstehungsdatum allesamt im Grunde nicht zu fixieren, weil sie sich alle aus Spezialschulen entwickelt haben und im Zuge der dort betriebenen Studien allmählich zu Universitäten, die die vier klassischen Fakultäten umfaßten, erweiterten. Sie sind „ohne bewußtes Vorbild spontan aus Wissensdrang entstanden und haben sich in den zeitgemäßen Formen mittelalterlicher Korporationen organisiert; erst nachträglich sucht man sie durch eine erdichtete Traditions- und Translationskette als echte Erben antiker Schulen darzustellen und zu legitimieren"[8]. Allen voran geht das berühmte und im 14. Jahrhundert in seiner Struktur immer noch vorbildliche Bologna, dessen gelehrte Schule wohl als erste den Namen einer Universität sich verdient.

Allein die frühe Geschichte der Universitäten ist hier nicht das Thema, nur das für das Verständnis der Voraussetzungen des Humanismus Notwendige sei gesagt. An dieser Stelle sei lediglich wegen seiner besonderen Stellung auf Oxford verwiesen, das sich ebenfalls um eine theologische Fakultät entwickelte und über Jahrhunderte hinweg die maßgebliche Universität für ganz England bleiben wird, zu der sich dann zwar bald noch Cambridge gesellt, aber hinsichtlich des theologischen Einflusses und hinsichtlich der Mitwirkung an den religiösen Bewegungen in England nie die gleiche Rolle hat spielen können. Oxford gehörte zu den wenigen Universitäten des 13. Jahrhunderts, die bereits mit allen Fakultäten ausgestattet waren. England blieb aber insofern ein besonderes Phänomen, als die Welle der mittelalterlichen Universitätsgründungen, die Europa erfassen wird, die Insel völlig unberührt ließ. Erst im 19. Jahrhundert treten neben die beiden klassischen Universitäten Oxford und Cambridge weitere hinzu.

Seit dem 13. Jahrhundert wird – dank der überragenden Rolle der theologischen Fakultät, der Italien nichts Ähnliches an die Seite stellen kann – Paris zur einflußreichsten Universität des Abendlandes. Der Kanzler der Universität zur Zeit des Konstanzer Konzils, Johannes Gerson, der an der

[6] 119. 57.
[7] 26. 703.
[8] 43. 63.

Überwindung des kirchlichen Schismas wesentlich Anteil hatte, wurde zum Schiedsrichter zwischen Hus und den Repräsentanten der Kirche, wobei er sich auf die Seite des Konzils stellte und die Verurteilung von Hus und Hieronymus betrieb. Der Ruf der Universität hatte schon zuvor alle großen Theologen angezogen. Bekanntlich vertraten dort Bonaventura die franziskanische, Thomas von Aquin die dominikanische Theologie. Während die Scholastik die Lehre des Thomas von Aquin sich zu eigen macht, wird der von Bonaventura vertretene Augustinismus auf den Humanismus Einfluß ausüben. Nach dem Muster von Paris also wird die Universität Prag aufgebaut; ihr Lehrbetrieb bleibt zunächst ganz scholastisch, was den Chronisten zu der herben Feststellung bringt: „Es ist das alte, mürbgedroschene Stroh, das sie immer wieder dreschen, es sind die alten Kämpfe zwischen Realismus und Nominalismus, die sie ausfechten.“[9] Auch die Artistenfakultät – die neben der theologischen Fakultät am stärksten vom Humanismus affiziert werden wird – hat das Pariser Muster zum Vorbild. Der Lehrkanon der Artistenfakultät ist bis zu seiner Umgestaltung durch den Humanismus derjenige, der sich schon auf Pythagoras, Platon und die hellenistischen Rhetoren- und Philosophenschulen berufen kann, hatte sich doch dort bereits das Trivium und das Quadrivium herausgebildet, das nun zum Kanon der Septem artes liberales, der Sieben Freien Künste, geworden war. Die Artes boten im Trivium die Grundlegung einer sprachlichen, im Quadrivium die Grundlegung einer mathematischen Bildung. Erwerb allgemeiner Bildung bedeutete also, in Grammatik, Rhetorik und Dialektik sich eine sprachliche Bildung, in Astronomie, Geometrie, Arithmetik und Musik sich eine mathematische Bildung zu erwerben. Anhand weniger immer wieder vorgetragener und erläuterter Lehrbücher wurden diese Fächer angeeignet. Die Artistenfakultät war dem Range nach die niedrigste, auf welcher sich die medizinische, die juristische und die theologische Fakultät aufbauten.

Noch war jede Wissenschaft reine Buchwissenschaft; Erfahrungswissenschaft mit Empirie, Anschauung, Experiment, Beobachtung und Statistik hatte hier noch keinen Raum, wenn auch manche Ansätze sich schon früh zeigten, so bei Roger Bacon, so bei Albertus Magnus, dem Lehrer von Thomas von Aquin, der auf seinen Wanderungen von Universität zu Universität – er hat am längsten in Köln gelehrt – Naturbeobachtungen anstellte und empirische Methoden entwickelte. Daß dann freilich in der Lehrmethode sich Thomas von Aquin durchsetzte und mit Abaelard die scholastische Methode zum Triumph führte, prägte schließlich allein den Lehrbetrieb. Immerhin wurde entscheidend, daß sich mit dieser reinen Buchwissenschaft eben die „Autoritätenmethode“ herausbildete, die die

[9] 89. 17.

als klassisch erachteten Autoritäten einer Wissenschaft auf ihre Weisheiten hin befragte und diese kanonisierte. Wir sahen weiter oben, daß auch Medizin „aus den Büchern" gelesen wurde. Das scharfsinnige Denken beschränkte sich auf die subtile Auslegung der Texte, und zwar anhand der Antworten, die die Meister des Faches gegeben hatten. Denkwege wurden nachgeschritten, die bereits von anderen gebahnt waren, ohne daß ein kritisches Bewußtsein von diesen Wegen abweichen durfte. Die Methode wird von Abaelard auf die Formel des „sic et non" gebracht, worin die Gegenüberstellung der Antworten auf eine bestimmte Frage lag, wobei die Aufgabe des Lehrers darin bestand, am Gegensatz die richtige Auskunft zu entwickeln. Es ist die Autoritätenmethode, die den Humanisten zum Stachel und zum Gegenstand ihrer Angriffe gegen ein Wissen wird, das ihnen des kritischen Bewußtseins zu ermangeln scheint. Die Angriffe Petrarcas etwa gegen die aristotelisch bornierten Mediziner sind bekannt.

Im Bereich der Theologie – und das ist gegenwärtig zu halten wegen der Bedeutung, die ihm für die Entwicklung des Humanismus zukommt – basiert das scholastische Denken auf der grundlegenden Überzeugung, daß es nur eine Wahrheit geben könne – einer im übrigen zu allen Zeiten von aller Wissenschaft gegen jeglichen Relativismus immer wieder vorgebrachten Überzeugung – und daß diese eine Wahrheit die Offenbarungswahrheit sei. Was in den heiligen Schriften gesagt und von den Kirchenvätern rechtens ausgelegt und tradiert worden ist, ist diese eine Wahrheit, von der alle anderen abzuleiten sind. Wenn die Wahrheit, die der menschliche Verstand finden sollte, der Offenbarungswahrheit widerspricht, dann muß der menschliche Verstand im Unrecht sein und er hat weiterzuschauen, bis man die Resultate menschlichen Denkens mit der göttlichen, der Offenbarungswahrheit in Übereinstimmung gebracht hat. Es leitet sich daraus der hohe Anspruch der Theologie ab, im Besitz der einen unwandelbaren Wahrheit, so allen anderen Wissenschaften überlegen und als im Besitze der Wahrheit befindlich die Verwalterin des heiligen Wortes zu sein; woraus sich dann wieder der Anspruch der Kirche ableitet, als Sachverwalterin der Wahrheit blinde Gefolgschaft fordern und alle anderen als diejenige sehen zu dürfen, die sich an ihr auszurichten und ihr Gehorsam zu schulden haben.

Das ist, in solcher Straffung, notwendigerweise pointiert gesagt. Es muß die Überlegung unerörtert bleiben, daß, von scholastischen Übertreibungen und steril anmutenden Wortstreitigkeiten abgesehen, doch der Anspruch der Scholastik, um die eine Wahrheit zu wissen, die als Maßstab für das menschliche Wissen dienen soll, die aller Wissenschaft bis heute innewohnende Denkbewegung ist, nach einem Wahrheitskriterium für ihre Aussagen suchen zu müssen, das außerhalb eben dieser Aussagen liegt. Wird das außer acht gelassen, wird der Scholastik auch nicht Gerechtigkeit widerfahren. Hier muß es genug sein mit der Feststellung, daß – und eben das wird die selbständigen Geister auf den Plan rufen – die Universitäten sich dem Herrschaftsanspruch der Kirche verbinden, die sich ebenso durch ihre theologischen Zwistigkeiten wie durch ihre zunehmende Säkularisierung im Namen angemaßter Omnipotenz schließlich desavouiert.

Die Scholastik erfährt etwa in der Zeit, da mit Petrarca der Humanismus sein Wirken begann, ihre tiefste Erschütterung, als Wilhelm von Occam zu Beginn des 14. Jahrhunderts das Fundament der scholastischen Wissenschaft selbst angreift und erklärt, daß es neben den Offenbarungswahrheiten auch Vernunftwahrheiten gäbe, die ein gleiches Recht der Wahrhaftigkeit beanspruchen dürfen. Er kämpft für die Freiheit des Menschen, die in der Wahrheitssuche sich auch durch Lehrmeinungen nicht beeinträchtigen lassen darf. In seiner Gnadenlehre nimmt er Ansätze der Reformation vorweg, das ganze mittelalterliche und scholastische Denken erschütternd. In Avignon soll ihm der Prozeß gemacht werden. Im Grund liegt hinter seiner Lehre die Vermutung, daß die Theologie die Offenbarungswahrheiten gar nicht durchdringen kann und daß diese nicht im Bereiche der Wissenschaft, sondern in dem des Glaubens liegen. Glauben ist für den mittelalterlichen Menschen nicht nur Gewißheit aus der unmittelbaren Erfahrung Gottes heraus, wiewohl bei Franziskus solche Ankündigungen schon verborgen sind, sondern ist zugleich ein Wissen der Weisheit Gottes, mit welchem Welt und Menschen gleichermaßen erklärt werden können. Das Wort Luthers, daß er von Occams Geschlecht sei, erhellt die Verbindung. Gott, will das sagen, setzt den Menschen frei, um ihn „anzunehmen", sich ihm zu stellen. Das gilt in bezug auf Wilhelm von Occam. „In diesem Verhältnis ist die eminente Würde des Menschen unter den Geschöpfen Gottes beschlossen. Das Wesen, das er als ein freies schuf, will Gott auch als ein freies erlösen. Daß der Mensch ‚verdienstliche' Werke vollbringen kann ... ist Ausdruck seiner Freiheit, die erst im Gehorsam ihre Erfüllung findet."[10] Es ist aber die verpflichtende Freiheit, die auch Luther im Sinn hat, wenn bei ihm Glaube zur inneren Ergriffenheit wird und die unmittelbare Begegnung mit Gott aus der Unterwerfung des Herzens resultiert. Damit wird, den Reformatoren zunächst durchaus verborgen, eine Linie gezogen zwischen Theologie und Religion, die die reformatorische Orthodoxie immer wieder in Konflikte stürzen muß. Durch diese Scheidung jedoch wird es den Reformatoren, wenn man so sagen darf, unter dem Vorantritt der Humanisten möglich, die Kirche als die Repräsentantin einer Theologie der absoluten Gewißheit anzugreifen und an einer Heilsgewißheit festzuhalten, die nicht mehr notwendigerweise die Kirche vermitteln muß. Daß davon auch die eigene Kirche be-

[10] 86. 344.

troffen sein muß, wird erst später zu Bewußtsein kommen. Da hatte der Zweifel an einer universalen Heilsgewißheit schon sein Werk getan und war nicht mehr zu bannen. Nicht zufällig klingt der europäische Humanismus mit dem Skeptizismus Montaignes aus. Die Geschlossenheit des Denkens ist preisgegeben, die Geschlossenheit des Weltbildes endgültig aufgebrochen.

Nun, das scholastische Denken erhält sich noch lange an den Universitäten, mit ihm die Autorität des Aristoteles, gegen welche die Humanisten aufbegehren. Und dieses scholastische Denken, um zu Prag zurückzukehren, wird an der Karlsuniversität Spannungen erzeugen, aus welchen die kirchenreformatorische neben der nationalistischen Bewegung hervorgehen wird. Nach Pariser Muster war die Universität in vier Nationen gegliedert, unter welchen der böhmischen – darauf wurde schon aufmerksam gemacht – das gleiche Gewicht wie den drei anderen gegeben wurde. Die Gründung von Leipzigs Universität war die Folge. Bewegender noch wird, daß 1412 Hus in seiner Disputation den Satz verteidigt, daß den Befehlen des Papstes nur zu gehorchen sei, wenn diese dem Gesetz Christi und der Schrift entsprächen. Die These wird das ganze Jahrhundert erschüttern. Die Universität wird sich den Utraquisten verbinden, ohne den radikalen Taboriten wehren zu können. Der Humanismus selbst, setzen wir hinzu, „fand wohl einige Anhänger wie Boguslav von Lobkowitz, aber an der Prager Universität hat er eine wirkliche Heimstatt nicht gefunden“[11].

Nichtsdestoweniger verdient sie Aufmerksamkeit, weil sie den anderen neuen vorhumanistischen Gründungen vorausgeht, den Universitäten in Wien 1384, Heidelberg 1386 und Erfurt 1392, die nun alle „ex privilegio“ gegründet werden und jene Entstehungsbedingungen zeigen, die für Prag maßgeblich gewesen sind. Karl hatte in seinem Stiftungsbrief selbst die Gründe benannt, die für ihn bestimmend waren: für Hebung des Bildungsstandes in seinem Lande zu sorgen und zugleich den Studenten des Landes ein Studium im Ausland zu ersparen. Daß sich „Karls Stiftbrief als ein Konglomerat aus fremden Bruchstücken“[12] darstellt, erweist nur um so mehr, daß die Motive für die Gründung von Universitäten allgemein waren und Bedürfnissen entsprangen, denen sich die Landesherren nicht entziehen konnten, wollten sie auf der Höhe der Zeit sein. Diese Motive seien noch einmal mit einiger Breite erinnert.

Allem voran ist es das Bedürfnis nach Wissenschaft ebenso um ihres Bildungswertes wie um ihres praktischen Wertes willen. Die Wissenschaften alle werden sich nach keiner Seite dem Humanismus verschließen können.

[11] 89. 22.
[12] 26. 587.

Die Wissenschaft erweist ihre gesellschaftliche Bedeutung und wird als Werk sui generis erkannt. Aber daneben – und vielleicht dem vorausgehend – wirkt das Bedürfnis, dem Karl IV. als erster Ausdruck verliehen hat, die politische Macht zu stärken und der Monarchie einen geistigen Mittelpunkt zu geben. Die Ausstrahlungskraft eines Bildungszentrums wird unverzichtbar. Am Ende all dieser Entwicklungen wird sich zeigen, daß alle Kurfürsten als die einflußreichsten Potentaten des Reiches sich ihre eigene Universität geschaffen haben; an einigen Stellen geht der Impuls auch von einer Stadt selbst aus. Die Organisation der Herrschaftsgebilde verlangt nach Verwaltungswissen. Dieses zu vermitteln wird eine ganz wesentliche Funktion aller juristischen Fakultäten sein – was sich im übrigen vom Anspruch her bis heute erhalten hat.

Das andere Motiv ist die Stärkung der kirchlichen Organisation, das, wie erwähnt, auch auf dem Konstanzer Konzil bestimmend wurde; in Prag ist es seit Gründung des Prager Erzbistums 1344 der Ausbau des erzbischöflichen Amtes. Das in diesen beiden Motiven ausgedrückte Interesse an den Universitäten wird schließlich darin deutlich, daß jede Universität nur gegründet werden konnte, wenn einerseits eine Gründungsbulle des Papstes vorlag – durch deren Verweigerung umgekehrt auch eine Gründung verhindert werden konnte – und wenn andererseits die weltliche Macht eine Gründungsurkunde ausstellte. Damit hingen zudem die schwierigen Fragen der Ausstattung der Universitäten zusammen. Wir vergessen nicht, daß die eine Seite damit das Privileg verlieh, die kirchliche Lehre rechtens zu verbreiten und theologisch zu begründen, die andere das Privileg akademischer Freiheit verlieh, welche zunächst nicht die Freiheit der Lehre, sondern die des Zugangs zur Universität und ihrer Einrichtungen war. Die Angehörigen der Universität genossen besonderen Schutz.

Mit diesen grundsätzlichen Motiven verbindet sich dann das unmittelbar praktische, eine Verwaltungszentrale schaffen zu können, in Prag also eine königlich-kaiserliche Kanzlei ins Leben zu rufen, die ihren Aufgaben gerecht werden konnte. Die Kanzleien sind es, die sich später mit dem Humanismus eng verbinden, und diese Entwicklung kündigt sich ja schon mit Johann von Neumarkt an, und aus dieser Verbindung geht die Entwicklung einer Amtssprache wie der Schriftsprache für Erlasse und Korrespondenzen hervor.

Hinter der Gründung, der Prags zumal, steht nun nicht nur der Wunsch nach Ordnung der Landesverwaltung, die dem Fürsten am Herzen lag, sondern nicht minder der Wunsch, die orthodoxe Lehre gegen die aufkeimenden Ketzerbewegungen zu schützen, ja diese Ketzerbewegungen einzudämmen, die schon im Mittelalter aufbranden und an den Fundamenten der Kirche rütteln. Wir mögen es ein kirchenpolitisches Motiv nennen. Die Albigenser und die Waldenser hatten schon im 13. Jahrhundert die Kirche aufgeschreckt mit ihrer Zielsetzung, die starr und formelhaft gewordene Orthodoxie zu überwinden und zu ursprünglichen Formen kirchlichen Gemeinschaftslebens zu finden. Diese Bewegungen, obwohl den fürchterlichsten Verfolgungen ausgesetzt, waren schließlich doch nicht mit dem Schwert auszurotten. Sie überdauerten, wie dezimiert auch immer, in Südfrankreich und in den französischen Alpen. In England war es Wyclif, der seine Botschaft in die Kirche trug und in Prag die hussitische Bewegung beeinflussen wird. Die Geistlichkeit bedurfte der theologischen und kanonisch-juristischen Bildung, um das bedrohte Lehrgebäude zu stützen und zu schützen.

Schließlich wird man als Motiv auch die ökonomischen Gesichtspunkte nicht vergessen dürfen, die im Willen sich niederschlugen, die Landeskinder im Lande zu lassen und ihnen eine Ausbildung zu ermöglichen, die sie ansonsten mit landesherrlicher Unterstützung sich auf langen Wanderwegen in Italien oder in Paris erst holen mußten. Karl IV. selbst hatte übrigens in Paris Studien betrieben. Das wird vielleicht den Anstoß gegeben haben, Prag „ad instar studii Parisiensis", also nach dem Vorbild von Paris ins Leben zu rufen und nicht – eine dritte Möglichkeit gab es nicht – nach dem Vorbild Bolognas.

Krakau

Die Gründung der Universität Prag und deren baldige Ausstrahlungskraft regen im Osten zu drei Universitätsgründungen an, von denen zumindest eine Prag bald ebenbürtig werden wird, während der anderen, Fünfkirchen, nur ein kurzes Leben beschieden sein wird, und die dritte schließlich, Kulm, über den erfolglosen Versuch, eine Universität zu schaffen, nicht hinausgelangt.

Krakau, die bedeutendste Universität des Ostens in der Frühzeit des Humanismus und stärker als Prag in den Humanismus hineingezogen, nimmt als ein Teil der inneren Reformen Casimirs des Großen und als Zentrum der Stadt, die von 1320 an Krönungs- und Begräbnisstadt der polnischen Könige war, einen wesentlichen Platz in der Konsolidierung des Landes ein. Sie entstand, nachdem um ihre Gründung 1363 in Avignon nachgesucht worden war, 1364 mit der Intention, den Einfluß von Prag zu begrenzen.[13] Bei der Wiederherstellung der Universität wird das königliche Diplom ausdrücklich darauf verweisen, welchen Einfluß die Universitäten in Paris, in Bologna und Padua sowie in Prag auf das Gedeihen des Landes ausüben: „... experimur, qualiter Parisius per convocationem et congregatio-

[13] Vgl. 70.

nem peritorum, scientificorum et prudentium Franciam irradiat et venustat ... qualiterque Praga Bohemian illuminat et extollit."[14] Doch fehlen auch die anderen Motive nicht: Mitwirkung der Wissenschaften bei der Schaffung eines zentralisierten Staates, weshalb die Einrichtung von Lehrkanzeln für kanonisches und ziviles Recht am wichtigsten erschienen; Ersparnis der Studienkosten im Ausland für die Landeskinder; Förderung der Wissenschaften für die Reichsverwaltung. Die Universität wird bald die Zierde des Reiches sein. In ihr wird der Humanismus eine Heimstatt und unter ihrer Einwirkung wird nicht nur naturwissenschaftliche Gelehrsamkeit im Osten starke Verbreitung finden, sondern nicht minder eine humanistische Geisteshaltung, die von Liberalität und Weltoffenheit ebenso wie von undogmatischer Religiosität geprägt ist. Humanistische Gruppen, die sich der Reformation verbanden, konnten in ihrem Umkreis sich länger halten als anderswo. Italienische Häretiker fanden hier ihre letzte Zuflucht und konnten noch für eine humanistische Theologie wirken.

Die Entwicklung zu einer bedeutenden Wirkungsstätte des Geistes konnte auch der Niedergang der Universität nach Casimirs Tod (1370) nicht lange aufhalten. Unter dem Einfluß von Lehrern aus Prag, auch unter dem Druck des Deutschen Ordensritterlandes und nach der Konsolidierung des Landes wird um 1400 die Universität unter Ladislaus neu eingerichtet. Sie wird nun zu einem Zentrum der naturwissenschaftlichen Studien werden, die sich den humanistischen Studien an die Seite stellen. Es wird charakteristisch für Krakau, daß die theologische Fakultät sich gegenüber der Orthodoxie distanziert verhält und Mathematik und Astronomie in ihr besonders gedeihen. Copernicus ist ihr bedeutendster Schüler. Auch macht sich Krakau dadurch bemerkbar, daß in der juristischen Fakultät Völker-, Kriegs- und kanonisches Recht nebeneinander bestehen und damit jene ihre besondere Funktion behauptet: für Ausgleich der Geister und Versöhnung in dieser Zeit der Kirchenkämpfe einzutreten.

Die Bedeutung der Universität wird dadurch unterstrichen, daß sie sich, dem Zeitgeist folgend, geschichtlicher Studien annimmt und auch die Pflege der polnischen Sprache sich angelegen sein läßt. Humanisten aus Frankreich, Italien, England, den Niederlanden kehren bei ihr ein. Ein Lehrstuhl für Rhetorik wird eingerichtet. „Sie kam", wie ein Chronist formuliert,[15] „ohne den scholastischen Traditionen der mittelalterlichen Universitäten untreu zu werden, den wissenschaftlichen Neigungen der Zeit wie keine andere entgegen ... um so wie die Humanisten durch ihr

[14] 26. 628.
[15] 5. 6.

Streben nach enzyklopädistischer Bildung zu den Mathematikern geleitet wurden, so die Mathematiker durch die Texte zu ihnen als ihren sprachlichen Helfern". Hartmann Schedel sagt 1493 von der Krakauer Universität, daß hier die Astronomie am meisten blüht: „Astronomiae tamen studium Carcoviae maxime viret."[16] 1489 kommt Conrad Celtis nach Krakau, wo nun die humanistischen Studien bereits in Blüte standen. Sie waren wohl zuerst von Gregor von Sanok dorthin gebracht worden. Er hatte über Vergils ›Bucolica‹, über die Komödien des Plautus und die Satiren Juvenals gelesen, nachdem er 1439 Magister geworden war. Er wird als ein Mann beschrieben, „der vielleicht in Italien zu literarischem Ruf gelangt wäre, der aber im Polenlande, an das seine geistliche Versorgung ihn knüpfte, nicht recht zur Entfaltung seines Geistes kam"[17]. Einen Aufschwung erlebt der Humanismus durch das Eintreffen von Filippo Buonaccorsi 1472, als dieser Schutz vor päpstlicher Verfolgung suchte. Er war Mitglied der römischen Akademie gewesen und soll in eine Verschwörung gegen den Papst verwickelt gewesen sein.

Celtis bleibt zwei Jahre in Krakau. Er beschäftigt sich mit naturwissenschaftlichen Studien und hält seinerseits humanistische Vorlesungen, wahrscheinlich über Poetik, tritt als Dichter humanistischer Verse hervor, faßt hier wohl seinen Plan zu den ›Quatuor libri amorum‹ und gründet schließlich eine Sodalitas Vistulana. Unter dem Einfluß von Celtis entwikkelt sich Laurentius Corvinus aus Neumarkt in Schlesien zum Humanisten. Wir werden ihm an anderer Stelle nochmals begegnen.

Fünfkirchen und Kulm

Nahezu gleichzeitig mit Krakau schuf der Ungarnkönig Ludwig aus dem Hause Anjoú 1367 mit einem Stiftsbrief des Papstes Urban V. in Fünfkirchen, das schon seit 1009 Bistum war, die Grundlagen für ein Studium generale. Nicht anders als in Prag und Krakau zeigt die königliche Kanzlei viele humanistische Einflüsse, vor allem in der Stilentwicklung der Urkunden. Die Universitätsgründung jedoch wird nicht von langer Dauer sein, wenn auch darüber keine sicheren Daten zu finden sind. Mit Sicherheit war die Universität 1465 nicht mehr tätig, als Matthias Corvinus die Universität Buda gründete,[18] welche zu einer Pflegestätte des Humanismus sich entwickelte. Die Impulse waren von der Freundschaft des Königs mit Giovanni di Conversino da Ravenna, dem Lehrer des Vittorino

[16] 5. 13.
[17] 136. 330.
[18] 71. 42.

da Feltre in Padua und des Guarino Guarini, ausgegangen. Denifle macht darauf aufmerksam, daß schon früh Ungarn an den italienischen Rechtsschulen in Vicenza, Bologna und Padua nachweisbar sind, daß „ein Kaplan Ludwigs des Großen von Ungarn 1360 in Padua canonisches Recht“[19] studiert habe und ein Ungar 1344 als Student der Rechte Rektor in Bologna gewesen sei. Aber er muß auch berichten, daß im Jahre 1353 „nach dem Geständnisse des Königs in ganz Ungarn nur ein Magister der Theologie, nämlich der Bischof von Neutra“ gewesen sei. „Zur Theologie hatten“, fügt er hinzu, „die Ungarn keine Neigung, und nirgends konnte es weniger auffallen als in Ungarn, daß im päpstlichen Stiftbriefe für Fünfkirchen die Theologie ausgeschlossen war“.

Es bildet sich neben der geistlichen Intelligenz, der allerdings, wie gesagt, kein großer Raum gewährt wird, eine weltliche aus. Zwar scheint die scholastische Methode bei den Studien durchaus noch in Anwendung gewesen zu sein, doch sind humanistische Zielsetzungen unverkennbar. Die Traktate und Predigten, die überliefert sind, zeugen einmal von einem gewandelten theologischen Verständnis, zum anderen von dem Interesse, das der Mensch in seiner Religiosität nun weckt. Von der Kenntnis lateinischer Klassiker zeugen die mannigfaltigen Zitate aus Cicero, Boethius, Sallust, Horaz, Seneca, Juvenal[20] und die Gleichrangigkeit, die neben dem Glauben nun dem Lernen und Wissen eingeräumt wird.

Mag es sich auch letztlich nicht durchgesetzt haben, so bleiben solche Beobachtungen doch wertvoll, um die Expansion des Humanismus, wie behutsam und vorläufig auch immer, ermessen zu können.

Unter solchem Aspekt muß an dieser Stelle auch noch der Blick auf den Versuch einer Universitätsgründung geworfen werden, der sich im Deutschen Ordensland abspielt, und zwar in Kulm an der Weichsel, jener damals blühenden Handelsstadt, in welcher ein Studium generale eingerichtet werden sollte. Die von Urban VI. unterfertigte Gründungsbulle „ad instar studii bononiensis“ – also nach dem Muster Bolognas – wird zur Zeit des Hochmeisters Konrad Zöllner 1386 ausgestellt, doch geht der Gedanke schon auf den Großmeister Winrich von Kniprode (1353–1382) zurück, den wahrscheinlich dieselben Motive wie Karl IV. bei seiner Universitätsgründung bewegten; im 16. Jahrhundert wird das Studium generale in eine Akademie umgewandelt. Gegen die Polen und gegen Krakau gerichtet, sollte hier ein geistiges Zentrum des Ordensstaates entstehen, wuchs sich aber zu einer Universität nicht aus, wobei wahrscheinlich die Eifersucht des Ordens auf die wachsenden, auf Selbständigkeit drängenden Städte ebenso wirksam war wie die wachsende Unsicherheit

[19] 26. 414.
[20] 71. 46.

des Ordenslandes durch die Erstarkung Polens und Litauens. Dabei wäre bei dem niedrigen Bildungsstand der Ordensleute die Entwicklung eines solchen geistigen Zentrums dringend geboten gewesen; bis in die Mitte des 15. Jahrhunderts war den Ordensleuten verboten, eine höhere Schule zu besuchen. Dagegen besaß das Ordensland eine Vielzahl höherer Schulen, die von der Blüte des Städtewesens zeugten. In Thorn, Danzig, Marienburg, Elbing und Königsberg gab es ein Studium particulare mit Trivium und Quadrivium.[21] Im übrigen zeigt sich die Mischung des politischen mit den kirchlichen Interessen daran, daß – neben den Universitäten Heidelberg, Köln und Erfurt – die Universität Kulm als „Kind des Schismas für die römische Obödienz"[22] gedacht war, die sich ihren Einfluß gegenüber Avignon zu sichern trachtete. Der Nachfolger Urbans VI., Bonifaz IX., wird freilich in Krakau eine theologische Fakultät für Polen und Litauer einrichten, was einer Errichtung der Kulmer Universität entgegenwirken mußte. In Kulm übrigens halten die Brüder vom gemeinsamen Leben zwischen 1473 und 1539 ein Studium particulare.

Bei dem Bemühen um die – letztlich gescheiterte – Errichtung einer Universität in Kulm tat sich ein Konrad Bitschin hervor, der mit dem Bürgermeister von Kulm, Johannes Sterz, 1430 auf der Marienburg petitiert. Er erregt unsere Aufmerksamkeit, verfaßte er doch, wenn auch dem Brauche gemäß in lateinischer Sprache, die erste Pädagogik im deutschen Sprachraum, die zwar noch an der Grenze zwischen Scholastik und Humanismus steht, aber doch eindringlich das im Osten sich verbreitende humanistische Denken belegt. Davon wird an anderer Stelle noch zu berichten sein. Es bleibt ein Gedankenspiel, zu erwägen, wieweit eine Kulmer Universität dem Humanismus im Osten hätte dienen können.

Wir fügen jedoch an, daß jenes Jahr, in dem die Kulmer Bulle von Papst Urban VI. herausgegeben wurde, das Jahr 1386, auch das Jahr der Taufe Litauens ist, welches Land als letztes im Abendland damit das Christentum annahm. Großfürst Jagiello hatte in Krakau die Taufe empfangen – die Niederlage 1370 durch Winrich von Kniprode war vorausgegangen – und wurde in Personalunion König von Polen 1386–1435. Er begründete die Jagellonendynastie in Polen, die für die Entwicklung der Krakauer Universität bedeutend wurde. In Krakau wird eine litauische Burse errichtet. Dadurch wird Litauen selbst erst viel später eine Universität erhalten, und zwar in Wilna 1579 als ein Instrument der Gegenreformation durch die Jesuiten (womit Wilna zur ältesten Universität in der heutigen

[21] 74. 210.
[22] 74. 215.

Sowjetunion wird). Sie wird zum Zeugnis für das Ringen von Reformation und Gegenreformation im Osten. Das liegt nun freilich weit jenseits der hier verfolgten Zusammenhänge.

Universitäten unter dem Einfluß des Humanismus

Der Blick nach Prag, wo die ersten deutlichen Spuren des europäischen Humanismus aufzusuchen waren, verführte zu einer Überschau über Universitätsgründungen des Ostens, mit welchen zugleich eine Grenze abgesteckt war, bis zu der der Humanismus in einer ersten stürmischen Bewegung vordrang. Innerhalb des gesamten europäischen Raumes freilich kommt es gleichzeitig zu vielen anderen Gründungen, die auf der Scheide zwischen Mittelalter und der von Reformation, Renaissance und Humanismus geprägten Epoche stehen. In Italien, Frankreich, Spanien, Portugal sind Gründungen nachweisbar, die zum Teil Fortbildungen mittelalterlicher Universitäten, zum anderen Teil Gründungen „ex privilegio" wie Prag sind.[23] Die Rede von einer Welle von Universitätsgründungen, die Gemeinplatz geworden ist, besteht nicht nur hinsichtlich der Universitäten im deutschen Sprachraum, von denen sich neben Prag 1348, Wien 1365, Heidelberg 1385, Köln 1388, und schließlich Erfurt 1392 etablieren werden. Arezzo, Perugia, Florenz, Siena und Pavia erhalten in der Mitte des 14. Jahrhunderts ihre Privilegien; Perpignan und Orange werden gleichzeitig ins Leben gerufen, Huesca wird in Spanien und Coimbra in Lissabon gegründet. Das Studium als Inkorporation der Wissenschaft hatte neben Sacerdotium und Imperium sich als die dritte Potenz der Kulturmächte durchgesetzt, wie sie theoretisch schon im Hochmittelalter von Alexander von Roes begründet worden war und in manchen frühen Zeugnissen sich bestätigt findet, wie in der Preisung Ludwigs IX. des Heiligen von Wilhelm von Nangis, daß ihm zu eigen seien „militia", „fides" und „sapientia" – Ritterschaft, Glaube und Weisheit.[24]

Mit dem Humanismus wird sich die Situation insofern ändern, als im 15. Jahrhundert mit einer neu einsetzenden Gründungsphase von Universitäten die Universitäten zugleich die Vorrangstellung verlieren, allein Raum der Wissenschaft zu sein; sie teilen nun ihr Privileg mit den Humanisten und Privatgelehrten, die zwar teilweise an den Universitäten auftauchen und an diesen wirken, teilweise aber sich entweder überhaupt den Universitäten fernhalten und den Humanismus in anderen Berufen praktizieren, teilweise auch sich eine unabhängige Gelehrtenexistenz zu sichern

[23] 26. 807ff.

[24] 43. 61.

trachten (und freilich auch von da aus die Universitäten nachhaltig beeinflussen), teilweise schließlich ihre eigenen humanistischen Institutionen schaffen, wofür das Collège de France ein mächtiges Beispiel sein wird oder das von Erasmus angeregte Collegium trilingue.

Mit der Gründung von Greifswald 1456 setzte eine neue Welle von Universitätsgründungen ein, die mit Frankfurt an der Oder 1506 verebbt. Dazwischen liegen die Gründungen von Freiburg 1460, Basel 1460, Ingolstadt und Trier 1472, Mainz und Tübingen 1477, im gleichen Jahr übrigens, 1477, Uppsala in Schweden, Wittenberg 1502. Sie sind alle – noch in mittelalterlichen Traditionen – unter dem Aspekt gegründet, daß die Kirche für die Lehre aufzukommen habe, weshalb die Errichtungsbulle des Papstes unentbehrlich ist. So erhält sich zunächst auch die Struktur der mittelalterlichen Universitäten; sie sind – von Ausnahmen abgesehen – gegliedert in vier Fakultäten und vier Nationen.

Die Fakultäten – die artistische, die medizinische, die juristische, die theologische – sind für die Lehre zuständig. Nur langsam wird sich der Wandlungsprozeß unter dem Einfluß des Humanismus vollziehen: die Abschaffung des Latein als Lehrsprache, die Einführung neuer Wissenschaften in die Artistenfakultät, die Schaffung neuer Fakultäten.

Die Artistenfakultät schließt ab mit dem Magister artium; damit waren die Septem artes liberales durchlaufen, nachdem das Baccalaureat nach dem Studium des Trivium erworben war. Die Magister werden häufig gleichzeitig Studenten der oberen Fakultäten sein, da erst dieser Abschluß die Berechtigung zum weiteren Studium gewährte. Ein Berechtigungswesen war noch nicht entwickelt. Der erfolgreiche Abschluß der Studien gab keine andere Berechtigung als die der Lehre – weshalb die höheren Fakultäten auch mit dem Doktor abgeschlossen wurden, was bekanntlich Lehrer – und nicht Gelehrter, doctus – heißt. Der Medizin kam noch ein vergleichsweise geringer Rang zu, anders als der juristischen Fakultät, die den Doktor beider Rechte verlieh und bald zum Zulieferer für die hohen Verwaltungsstellen wurde. Der Doktor der Philosophie ist eine späte Erscheinung.

Die andere Gliederung ist die nach Nationen, in denen die studentischen Korporationen zusammengefaßt waren. Es war das Gliederungsprinzip, das die Selbstverwaltung der Universität bestimmte und die Zuständigkeit für die Ernennung der Professoren und die Wahl des Rektors beinhaltete. Studenten konnten Rektoren einer Universität sein; Bologna gab dafür das Vorbild. Die Nationengliederung verschwindet im Laufe des 16. Jahrhunderts weitgehend, nachdem jeder Landesherr seine eigene Universität besaß. Sie hatten einige zusätzliche wichtige Funktionen gehabt, insofern über diese Nationen sich die landesherrliche Unterstützung der Studenten vollzog. In diesen Nationen gab es die Freitische (Bursen).

Diese Unterstützung wurde „propter paupertatem“ gegeben, insbesondere auch deshalb die Immatrikulationsgebühr erlassen, ein Hinweis darauf, daß der Zugang zur Universität sich freihielt von Standesprivilegien.

Der Unterricht ist Überlieferung wissenschaftlicher Erkenntnis; die Vorlesung dient der Darbietung des Stoffes, die Disputation der Einübung in den Gebrauch desselben, der aus den „kanonischen“ Büchern des Faches bezogen wird. Wie die Gliederung nach Nationen sich in dem Maß verliert, in dem eine Unterstützung der Landeskinder in „ausländischen“ Universitäten nicht mehr erforderlich ist, so verliert sich unter der Einwirkung des Humanismus die mittelalterliche Lehrform und der mittelalterliche Lehrplan. Innerhalb der Fakultäten, die sich als Strukturprinzip und Form der Wissenschaftsorganisation bis in die Mitte unseres Jahrhunderts erhalten, vollziehen sich erhebliche Veränderungen. Die einen, Erfurt voran, werden schon bald nach ihrer Gründung mit dem Humanismus in Berührung kommen, spätere nehmen den Humanismus unmittelbar in sich auf, wobei sich freilich sehr rasch das humanistische Ideengut überlagert sieht von den in der Theologie virulent werdenden Gedanken. Über lange Zeit werden die Auseinandersetzungen um die Universitäten wie an den Universitäten selbst doppelter Art sein.

Einmal ist es die Auseinandersetzung zwischen Scholastik und dem alten Schulsystem einerseits und dem Humanismus mit seinen neuen Lehrformen andererseits, zum anderen ist es die Auseinandersetzung zwischen der orthodoxen und der reformatorischen Theologie. Der gesamte Universitätsbetrieb wird in der zweiten Hälfte des 15. Jahrhunderts und im 16. Jahrhundert erschüttert durch die Wandlungsprozesse, die von den politischen und kirchenpolitischen Kämpfen in sie hineingetragen werden. Der Humanismus setzt seinerseits Veränderungen durch, die die Auflösung des mittelalterlichen Lehrbetriebes zur Folge haben. Die Erneuerung des Lateins durch die Humanisten führt zur Kritik am Kirchenlatein, das als Schullatein ersetzt wird durch das wiederhergestellte klassische Latein; zugleich dringen mit diesem klassischen Latein nicht nur neue Übersetzungen der theologischen Texte, sondern vor allem immer mehr heidnische Autoren in den Unterrichtsbetrieb ein. Humanistische Übersetzungen des Aristoteles setzen sich dem „scholastischen“ Aristoteles entgegen. Fernerhin wird die griechische Sprache in den Unterrichtsbetrieb aufgenommen und zum Bestandteil des Lehrkanons. Die Entdekkung und Auswertung der griechischen Schriftsteller weitet den Horizont; die Wirkungen auf die Naturwissenschaften werden nachhaltig sein. Die überragende Rolle des Griechischen, das sich gleichrangig neben das Lateinische setzt, belegt die Tatsache, daß der Schüler Reuchlins, des großen Graecisten, Melanchthon nämlich, seinen Namen nicht wie andere Humanisten latinisiert, sondern graecisiert. Die Universität, im Mittelalter klerikal, wird zunehmend laizistisch werden, was der Tatsache nicht widersprechen muß, daß viele Universitätsgründungen – wie das 1460 gegründete Basel – als Argument für ihre Gründung die Verteidigung des Glaubens und den Kampf gegen die Häresie anführen.

Einige Daten beleuchten das Eindringen des Humanismus in die Universitäten. So wird auf dem Baseler Konzil 1432 das Dekret bekräftigt, das Raymundus Lullus 1311 von Papst Clemens V. erwirkt hatte und das auf dem Konzil von Vienne 1312 bestätigt wurde, womit die Einrichtung von Lehrstühlen des Griechischen, Hebräischen, Arabischen und Chaldäischen in Paris, Bologna, Oxford, Salamanca und Avignon verfügt wurde.[25] In Salamanca nehmen in der Mitte des 15. Jahrhunderts Italiener Lehrstühle für Poetik ein. 1445 hält Aeneas Sylvius an der Universität eine Rede über das Studium der klassischen Poesie und die Verteidigung der heidnischen Dichter. Gregor von Sanok hält fast gleichzeitig Vorlesungen über die Bucolica des Vergil, die Komödien des Plautus, die Satiren des Juvenal.[26] Der Austausch von Gelehrten bringt allenthalben einen kosmopolitischen Zug in die Universitäten, mit dem neue Studienformen einhergehen. Das zeigt sich auch in einer so schillernden Gestalt wie der des Peter Luder, der, nach langer Studienwanderschaft 1456 seine Antrittsrede als Professor der Poesie und Rhetorik in Heidelberg hält und die Wiederherstellung der lateinischen Sprache durch Vorlesungen „über die Bücher der Poeten, Oratoren und Historiographen" ankündigte.[27] Man wird, ohne die an anderer Stelle ausführlich berichteten Vorgänge (Paulsen, Kaufmann, Prahl, Burger, Burdach u. a.) hier erneut darzustellen, in einem Überblick sagen dürfen, daß alle humanistischen Tendenzen, die von den Chronisten nachgewiesen werden, auch in den Universitäten erkennbar werden. Schließt man sich dem an, so wird man sechs solcher Tendenzen unterscheiden können, in denen die Neuartigkeit des Humanismus sich spiegelt, welche zugleich auch verständlich machen können, warum der Humanismus sich so bald durchsetzen konnte.

Natürlich ist es allem voran der Individualismus, der mit der Entdekkung des Menschen in der Renaissance zusammenhängt, im frühen Humanismus schon etwa die „vita solitaria" des Petrarca bestimmt und das neue Lebensgefühl geistiger Wiedergeburt beherrscht. Gleichsam e contrario zeigt er sich in der Universitätsferne des frühen Humanismus, die sich aus der Absage an mittelalterliche und scholastische Bindungen unschwer erklären läßt. Erst auf dem Boden dieses Individualismus sind die

[25] 125. 73.
[26] 125. 75.
[27] 99. 79.

humanistischen Zusammenschlüsse in Akademien und Sodalitates, in geselligen Vereinigungen, verständlich: Der Gebildete muß Gesprächspartner sein können. Auch die in der Tradition Ciceros stehende Briefkultur gehört hierher. Das Mitteilungsbedürfnis der Gelehrten steht in Beziehung mit den Entdeckungen des Geistes, die in das allgemeingültige Lehrgebäude einbrechen. Der Individualismus bedeutet im Felde der Wissenschaft nichts anderes als die Entwicklung und Behauptung eines kritischen Bewußtseins. Dieses kritische Bewußtsein hat seine oft erheiternde Seite in den Zänkereien und Prioritätsstreitigkeiten der Humanisten, nicht zuletzt in der zuweilen grotesken Ruhmsucht. Sodann aber: Humanistischer Individualismus verbindet sich mit dem reformatorischen Individualismus einer persönlichen Religiosität. Der protestantische Individualismus wird sich freilich an die Stelle des humanistischen setzen und in Deutschland, dem Herzland der Reformation, maßgeblich für das Absinken des Humanismus werden. Auch hinter den Naturwissenschaften, zu deren jäher Entfaltung der Humanismus, wie gezeigt, in nicht geringem Maße beiträgt, steht die individualistische Lösung von Bindungen an ein vorgegebenes, nicht zu „hinterfragendes" Weltbild. Die Naturwissenschaften sind die andere Macht, die der humanistischen Epoche nur eine kurze Lebensspanne läßt. Derart ist es in der Tat der Humanismus selbst, der „die Waffen schmieden half, die das jähe Ende bringen sollten", indem er Reformbewegungen die Stütze, gar in manchem die Impulse gab, welche ihm selbst schon bald im 16. Jahrhundert nur noch spärlich Raum lassen.[28]

Die andere entscheidende Tendenz ist, wie zur Genüge bekannt, die Wiedereroberung der Antike und ihrer Texte, eine Eroberung, die wir heute als eine des Selbststudiums bezeichnen würden. Diese Tendenz verbindet sich mit jener des Individualismus, welcher im übrigen auch in den anderen Tendenzen sich Geltung verschafft. Einmal werden die alten Texte neu hergestellt, sodann werden sie gelesen, damit sie sich jeder selbst aneignen, sie selbst prüfen könne. Der Unabhängigkeitsdrang drückt sich im Humanismus darin so deutlich aus wie sonst nirgends: Er will nun gerade nicht mehr blinde Nachahmung, will die klassischen Texte studieren, um zu sich selbst zu kommen und die eigene Lebensform zu gewinnen; die Nachahmung des doktrinär Vorgestellten wirft er gerade der Scholastik und ihrem universitären Lehrbetrieb vor. Damit geht die Wandlung der Lehrmethoden einher. Diese folgt dem auffälligsten Ereignis des Humanismus, seiner bis heute unmittelbar greifbaren Wirkung: der Wiederherstellung des klassischen Latein, die zu einer Reinigung der Texte, auch sicher zu einer Reinigung der lateinischen Alltagssprache führte und aus

[28] 48. XI.

dem Theologenlatein ein Gelehrtenlatein machte. Gleichzeitig formte sie aus der lateinischen Umgangssprache, die sich in ständiger Entwicklung befand, einen festgefügten Sprachkörper, der zu einer nicht manipulierbaren Klassizität erhoben wurde. Die Wiedergewinnung des Griechischen, die erst im europäischen Humanismus ganz gelingt, ist dem an die Seite zu stellen. Wesentlich ist, daß die den Kern des Humanismus ausmachende Sprachbildung zu einer Neugestaltung etablierter Fächer, zur Etablierung neuer Fächer und zur methodischen Wandlung des Lehrbetriebs führte. Dieser stützt sich auf die neuen Bücher, die von den Humanisten verfaßten Lehrbücher und die von den Humanisten edierten Texte. „Es handelt sich dabei" – das muß gesehen werden – „nicht nur um den Austausch eines didaktischen Hilfsmittels gegen ein anderes, eines Kompendiums oder Handbuchs gegen ein anderes Kompendium oder Handbuch. Die Reform greift in Wirklichkeit viel tiefer. Einmal werden Texte, die ... mechanisch anwendbare Formeln dem Gedächtnis einprägen sollten, durch Texte ersetzt, die sich auf Werke von hohem wissenschaftlichen Niveau stützen oder direkt nach den Quellen zusammengestellt sind. Zum anderen stellt man sich ganz bewußt die Aufgabe, die Jugend so schnell wie möglich mit den Quellen selbst in Berührung zu bringen, d. h. mit den klassischen Autoren".[29]

Mit der Sprachpflege und der Erschließung der klassischen Autoren hängt eine andere Tendenz des Humanismus eng zusammen, die nämlich zum Ästhetischen hin. Diese Tendenz zeigt sich in der humanistischen Haltung des Lebensgenusses, dessen vollendeter Ausdruck der Hofmann des Castiglione ist, in dem sich das Ideal der Wohlerzogenheit in Sitten und Manieren mit dem Ideal der Wohlgebildetheit verknüpft. Sie zeigt sich in der Freude am gelungenen Ausdruck, in der rhetorischen Meisterschaft und in humanistischer Eloquenz. Und sie zeigt sich schließlich im Raum der Universität am klarsten in der Einrichtung der Poetik als eines Lehrfaches, in dem Gelehrsamkeit und Beherrschung der schönen Form verschmelzen sollen. Der Humanismus bringt eine immense poetische Literatur hervor und wird sich in Gebrauchsdichtung unterschiedlicher Art ebenso auszeichnen wie in den Einflüssen, die er auf die Volksliteratur ausübt. Das Humanistenlatein soll ja keineswegs Ersatz der Volkssprache sein, sondern dieser zum Vorbild dienen. Humanisten verstehen sich ebenso als Gelehrte wie als Poeten. Peter Luder etwa ist hier zu erwähnen oder – auf entschieden höherem Niveau – Conrad Celtis. „Das bleibt die Voraussetzung des humanistischen Schulbetriebs, wie er bis ins 18. Jahrhundert dauert: durch fleißiges Lernen, Sammeln und Üben kann jedermann ein Dichter werden", bemerkt Paulsen nicht ohne einen ironischen

[29] 39. III. 74.

Unterton.[30] Mochten die daraus hervorgehenden Dichtungen im Neulatein sich auch nicht als sonderlich lebenskräftig erweisen, waren sie doch durch ihre Sprache nur für einen kleinen Kreis bestimmt und zudem häufig als Gelegenheitsarbeiten mit flüchtigen Anlässen verknüpft, so wird doch die damit einhergehende Literatur zur Eloquenz und zur Stilistik, zur Gesprächsführung und Rhetorik, zur Grammatik und Syntax für die Sprachentwicklung weitreichende Folgen haben, insbesondere in ihren Einflüssen auf die wesentlich lebenskräftigere, vielfach zeitüberdauernde Volksdichtung. Nicht zufällig werden aus den „bonae litterae" in Frankreich unter dem Einfluß des Humanismus «belles lettres» werden.

Wie es die Einbeziehung der Volkssprache – diese freilich in der Epoche des Humanismus noch gänzlich außerhalb der Universitäten – und die Zurückgewinnung nicht nur der philosophischen, sondern auch der poetischen Literatur der Antike anzeigen, vollzieht sich im Humanismus als eine weitere, immer wieder diagnostizierte Tendenz die Hinwendung zur Welt mit dem starken Interesse am Diesseits. Sie findet ihren Niederschlag in den schon mehrfach erwähnten Wirkungen auf die Naturwissenschaften, vorab aber in der Entwicklung humanistischer Wissenschaften. 1512 erscheint das erste humanistische Geographie-Lehrbuch, die kurze Beschreibung Deutschlands – ›Brevis Germaniae Descriptio‹ – des Johannes Cochläus, der schon manche Vorarbeiten wie die des Conrad Celtis vorausgegangen waren. Der Zusammenhang mit der Geschichtsschreibung verdient immer wieder Hervorhebung, verdichtet sich doch diese Tendenz der Weltaufgeschlossenheit zu einem historischen Interesse, das alle humanistischen Arbeiten durchdringt.

Nachdem schon lange Geschichte genauso wie Geographie in den Sprachstudien und in der Lektüre der antiken Schriftsteller mit betrieben worden war, fordert Melanchthon in seiner Wittenberger Antrittsrede 1518 ausdrücklich die Beschäftigung mit der Geschichte. Er bezeichnet sie als unbedingt notwendig und möchte sie am liebsten über alle Wissenschaften stellen: „Necessaria est omnino ad hanc res historia ... quidquid emeretur laudum universus artium orbis."[31] Sie bildet für ihn mit den Naturwissenschaften und der Sittenlehre das Corpus der Philosophie. In diesen Wissenschaften – der Geographie und der Geschichte – drückt sich eine andere Tendenz, die der Abwendung von der Spekulation und Metaphysik hin zum Konkreten der menschlichen Lebenszusammenhänge aus. Das Interesse am Menschen ist durchschlagend; das neue Menschenverständnis, wie es sich im individualistisch auf sich selbst gestellten Men-

[30] 99. 61.
[31] 85. III. 39.

schen versinnbildlicht, fügt dem Menschenbild die Dimension der Historizität hinzu. Der Mensch versteht sich nicht mehr im Angesichte Gottes stehend und der Ewigkeit entgegenblickend, sondern als einer, der hier und heute zu handeln hat und von seiner Herkunft wissen muß, um die Zukunft bedenken zu können. Das die Reformation durchwaltende Thema der Rechtfertigung durch seine Werke geht aus diesem Geiste hervor. An dieser Stelle wird klar, daß der Humanismus in sich schließlich auch die Tendenz einer völkischen Bewegung hat, wenn man so sagen darf, im dialektischen Umschlag des humanistischen Elitebewußtseins, das den Menschen nur in seiner personalen Würde sieht und die Loslösung von hierarchischem Denken in Gang setzt. Das eben macht die Einheit des Humanismus aus, in welcher sich die Tendenzen alle zusammenschließen: das dem neuen Bildungsgedanken zugrundeliegende neue Menschenbild, das nicht mehr still vertrauend nach dem Bilde Gottes gezeichnet werden kann. Der Mensch vermag sich nicht mehr – wie weit immer er es zuvor gekonnt haben mochte – als in den Händen Gottes ruhend zu denken. Er greift nach den Sternen. Und nachdem erst einmal die Antike als gleichrangig, ja als vorbildlich anerkannt und gewonnen war, konnte das Christliche sich als einzige Geistesmacht nicht mehr behaupten. Die Frage, wie es dennoch bewahrt werden könne, durchzieht den Humanismus, und die Universitäten werden auch darauf immer wieder Antwort geben müssen – und werden gerade in den theologischen Streitigkeiten die Ungeschütztheit der Wissenschaft dokumentieren, indem sie die Grenze zwischen Bekenntnis und Erkenntnis immer wieder überschreitet.

Auch der Humanismus konnte das Problem, das mit der vermeintlichen Überwindung der Scholastik und dem Aufbruch der Renaissance überwunden oder besser: abgetan schien, nicht lösen, konnte es nicht einmal ignorieren, das Problem nämlich der Verbindung von Wissen und Glauben, anders ausgedrückt: von wissenschaftlichem und von religiösem Bedürfnis des Menschen. Im Gegenteil: der Humanismus wird es als wesentliches humanes Problem immer wieder formulieren müssen. Man mag die Frage als Pseudo-Problem abtun, wie es die Gegenwart mit ihrer brüsken Abwendung vom Glauben dokumentiert, vielleicht mag man es als schlechterdings unlösbar ansehen, insofern Glauben und Wissen zwei grundsätzlich verschiedene Dimensionen menschlicher Existenzweise und Welterfahrung sind. Daß sie nichtsdestoweniger ihren Einheitsgrund im Menschen haben und daher der Mensch immer wieder nach der Gemeinsamkeit beider und der Versöhnung beider suchen wird, bleibt humanistische Grundüberzeugung. Diese unterscheidet sich von der des Mittelalters dadurch, daß der Versuch unternommen wird, ihre Gleichrangigkeit zu erweisen und damit dem Wissen die Bewegungsfreiheit des Geistes zu geben, die allein die Erkenntnis voranbringen kann.

Humanistischer Erkenntniswille verbindet sich gerade in diesem Betracht mit den Naturwissenschaften, die neben dem Humanismus ihre eigene Entwicklung haben, insofern ihnen andere Methoden und andere Forschungsgegenstände eigen sind. Auch in ihnen lebt trotz des mit dem Humanismus heraufkommenden Aristoteles-Verständnisses und der mit dem Humanismus einsetzenden unabhängigen Geisteshaltung, auch trotz der wissenschaftlichen Demonstrationen der Naturerkenntnisse die Auseinandersetzung mit der Scholastik weiter, die eine Auseinandersetzung mit den Lehrmeinungen der Kirche war. Diese wieder haben – seit Thomas von Aquin – ihren philosophischen Grund in Aristoteles. Der Humanismus steht Aristoteles fremd gegenüber, wie auf der anderen Seite auch Luther die Reformation als Antiaristoteliker beginnt. Umgekehrt die katholische Theologie: 1543 noch wird Franz I. eine Bittschrift vorgelegt, wonach er Petrus Ramus wegen dessen Kritik an der Logik des Aristoteles auf die Galeeren schicken sollte. 1624 bedroht ein Spruch der Sorbonne und des Parlaments den mit dem Tode, der sich gegen die alten Autoren, insbesondere gegen Aristoteles ausspricht. 1632 wird Galilei vom Heiligen Officium ebenso auf Betreiben der Aristoteliker wie der Theologen verurteilt. 1671 noch bedroht die Artistenfakultät von Paris die Professoren mit Ausschluß, die sich von den Lehren des Aristoteles lossagen.[32] Erst Descartes und seine Philosophie werden in Frankreich, der Empirismus und die Lehre Newtons in England, die Aufklärung mit Kant in Deutschland dem ein Ende setzen – mit welchen Verlusten an geistiger Substanz aber zugleich, das kann hier nicht thematisiert werden. Der deutsche Neuhumanismus wird damit erneut zu ringen haben; Herder wird fast zur tragischen Gestalt dabei.

Heidelberg, Erfurt, Wien

Die humanistische Umwandlung der Universität, deren augenfälligste die Veränderung der Artistenfakultät zu einer philosophischen Fakultät ist, die nicht nur die neuen Geisteswissenschaften, sondern auch bis in die neueste Zeit hinein die Naturwissenschaften in sich aufnehmen wird, diese humanistische Umwandlung ist am Vorabend der Reformation vollzogen. Von Reformation und Gegenreformation in Dienst genommen, wobei sich die dominante Rolle der Theologie auch im Wissenschaftsbetrieb erhält, wird die Universität zum Symbol der geistigen Spannungen des Jahrhunderts; gleichzeitig wird sie von allen politischen Mächten in Anspruch genommen.

[32] 111. 24f.

Zuerst war die noch junge Universität Heidelberg vom Humanismus erfaßt worden. Die Antrittsrede des Peter Luder am 15. Juli 1456 mag das Datum hergeben, von welchem an der Humanismus in die Bezirke der Universität eindringt; die von Luder vertretenen Fächer der Poetik und Rhetorik werden diejenigen sein, über die nun allenthalben der Humanismus in den Wissenschaftsbetrieb eindringt. Peter Luder freilich wird eine gewiß nur mäßige – für manche eher abschreckende – Wirkung ausgeübt haben; auf seiner Wanderschaft von einem Lehrer des Humanismus zum anderen in Italien hatte er sich nicht nur eine gewisse Gelehrsamkeit, sondern auch die Attitüde des Vaganten angeeignet. Es ist eine hübsche Pointe, daß er, wegen seines zweifelhaften Betragens von den Kollegen heftig angegriffen, ausgerechnet in einem Augustinerkloster seine Vorlesungen fortsetzte. 1460 wird er sich für ein Jahr in Erfurt aufhalten, wo sich später ein humanistisches Zentrum, das dritte nach Heidelberg und Wien, auftun wird.

Dem Humanismus überhaupt und der Universität Heidelberg insbesondere wird das Wirken Jakob Wimphelings (1450–1528) zuträglicher sein. Er hat nichts Herausforderndes an sich, ist weder von der provozierenden Liederlichkeit des Peter Luder noch von der temperamentvollen Gelehrsamkeit des Conrad Celtis. Er bleibt zeit seines Lebens von einer gewissen pedantischen Durchschnittlichkeit, die ja durchaus Früchte tragen kann. Vermißt man bei ihm „die überlegene Weltschau und den Zug ins Große, das Vorstoßen zum Allgemeinen", so hat er doch von seiner Studierstube aus, „von der er vergrämt, in einen schmierigen Pelz gehüllt, vom Zipperlein und Stein geplagt, durch trübe Fenster blickt",[33] manche Gedanken des Humanismus vorgebildet oder vorangebracht: den politisch-nationalen Humanismus, den pädagogischen Humanismus, den antimonastischen Humanismus. Noch ganz in der Frühe des Humanismus angesiedelt, geht es darin um Erneuerung, aber nicht um Umsturz. Er steht „mit abwehrend ausgebreiteten Armen vor dem Tor zur spätmittelalterlichen Welt ... um Reich und Kirche zu behaupten, zu heilen, um Verständnis für ihr Wesen und Ehrfurcht vor ihm zu wecken"[34].

Nach Studien in Freiburg i. Br. und Erfurt erwarb er in Heidelberg den Magistergrad und lehrte dort ab 1470 in der Artistenfakultät bei gleichzeitigem Studium der Theologie. In der artistischen Fakultät wird er es zwischen 1479 und 1481 bis zum Vizekanzler, Dekan und Kollegiumsvorsteher bringen, von 1481 auf 1482 hat er das Rektorat inne. Seine Karriere zeugt, will man es wohlwollend formulieren, von einem maßvollen Charakter, will man es weniger wohlwollend ausdrücken, davon, daß er „im Grunde

[33] 92.346f.
[34] 50.124.

nie etwas anderes gewesen [war] als ein gut katholischer, scholastischer Theologe in altrömischer Verkleidung"[35]. Er bleibt bis 1483 an der Universität, aus welcher Zeit ein Lehrbuch der Metrik von ihm stammt. Er wird Domprediger in Speyer, um 1498 an die Heidelberger Universität zurückzukehren als Professor der Rhetorik und Poesie, gibt jedoch diese Lehrtätigkeit bereits 1501 wieder auf, wahrscheinlich um in Straßburg den Plan einer elsässischen Universität zu betreiben, vermutlich auch um der Gründung eines Gymnasiums willen; in Straßburg und Schlettstadt wird sein Einfluß auf die Neugestaltung des Gymnasiums nachhaltig sein. Er wollte daraus eine Laienschule machen, die „gegen den Erziehungsanspruch der Franziskaner ... sich streng auf das Nichtgeistliche einschränken und auf die Universität vorbereiten sollte: ea sola ex litteris oratorum et moralium atque historicorum essent docenda ..."[36]. Während seiner Universitätsjahre wird 1500 sein pädagogisches Hauptwerk erscheinen, die ›Adolescentia‹, die seinen ›Deutschen Wegweiser‹ aus dem Jahre 1497, ›Isidoneus Germanicus‹, ergänzen soll. Die Bedeutung des wenig originellen Werkes liegt darin, daß Wimpheling aus allen maßgeblichen Quellen schöpft und dadurch so etwas wie ein Kompendium humanistischer Erziehungslehre schafft, das sich auf Cicero, Petrarca, Vergerio, Vegio, Aeneas Sylvius und viele andere stützt. Es kommt zu Regeln sittlichen Verhaltens auf der Grundlage einer von Aristoteles entlehnten Psychologie, die von den guten und schlechten Anlagen der Jugend, den *bonis et malis puerorum conditionibus*, ausgeht, damit immerhin schon so etwas wie eine anthropologische Grundlegung versuchend. Nicht ohne kompilatorischen Grundton zählt Wimpheling die Zwecke des Studiums auf: „Der Jüngling ... möge die besten Wissenschaften erlernen zu einem trefflichen Studium und in einer edlen Absicht, nicht um schalen Ruhm oder lediglich Reichtum zu erwerben, sondern um des Schmuckes der Seele willen und zur Mehrung der Tugend, zum Trost für Eltern und Verwandte, zur Ehre des gesamten Geschlechts, zum Heile des Vaterlandes, zum Vorteil des Staates, zur Erkenntnis seiner selbst, zur Erfassung der Unsterblichkeit der Seele, zur leichteren Gewinnung des ewigen Lebens."[37] Man kann schon daran sehen: „Die ›Adolescentia‹ ist ein Mosaikwerk aus Entlehnungen."[38] Gerade als solches aber wird es zu einem beliebten Schullesebuch des Humanismus, in welchem dem Schüler bunt gemischt die „moralitates" nahe gebracht werden. Das Ganze ist dadurch zusammengebunden – als ein humanistisches Florilegium –, daß es gleichsam einen

[35] Ritter bei 19. 305.
[36] 50. 123.
[37] 142. 247.
[38] 51. 28.

Gang durchs Leben tut, indem am Anfang von der Bildung der Geister (ingenia formanda) die Rede ist, in der Mitte mit Bemerkungen über die Bildung der Jugend Betrachtungen über die Kürze des Lebens stehen (brevitate vitae), den Ausklang schließlich Lieder, Sprüche, Epigramme auf den Tod bilden.[39] Man mag, vielleicht damit Wimpheling unzulässig überschätzend, an dieser Stelle sich an die ungleich geschlossenere, natürlich auch gänzlich eigenständige Pampädie des Comenius erinnert fühlen, die an das Ende der Schulen, die der Mensch zu durchlaufen hat, die „Schule des Todes" (schola mortis) stellt.

Nachdem er am Ausklang seiner Universitätsjahre mit einer kleinen Schrift ›Germania‹ pädagogischen und politischen Humanismus verband, was ihm die in die Literatur eingegangenen Händel mit Thomas Murner eintrug,[40] brachte er 1505 die ›Epithoma rerum Germanicarum usque ad nostra tempora‹, eine vaterländische Geschichte, heraus, die als die erste ihrer Art auch kulturgeschichtliche Daten und Aspekte einbezog. Wimpheling, den Joachimsen – zu Unrecht – einen „chaotischen Kopf" nennt, wohl aber – zu Recht – ihm „Witterung für alle Zeitfragen" und deren agitatorische Gestaltung nachsagt,[41] brachte im gleichen Jahr 1505 den ›Libellus de integritate‹ heraus, in welchem er sich gegen das Mönchstum aussprach und das echte Christentum gerade außerhalb der Klostermauern sah. Ein Streit entbrannte, in dem Wimpheling sehr vorsichtig-ängstlich agierte; Humanisten stellten sich hinter ihn, was ihm freilich nicht viel eintrug, als Demonstration aber doch so auffällig war, daß manche dazu neigen, darin „das Vorspiel zu dem späteren Reuchlin-Streit"[42] zu sehen. Das dürfte eine willkürliche Konstruktion sein, wenn es auch die Gemeinsamkeit der Humanisten gegenüber den kirchlichen Mißständen unterstreicht. Der Antisemitismus Wimphelings läßt es wohl nicht zu, über Formalismen hinausgehende Beziehungen zu Reuchlin bzw. zwischen den Querelen Wimphelings und dem Judenbücherstreit herzustellen. Man wird daran erinnert, daß ein Jahrhundert zuvor der Antisemitismus des Pfalzgrafen Ruprecht I. diesen „der Sorge um Unterbringung seiner Universität entledigte; er schenkte 1391 der Universität den Besitz vertriebener Juden"[43]; die Synagoge wurde Universitätskirche und Hörsaal der Theologen. Wimpheling schließlich gehörte mit Jacob Sturm und Jacob Spiegel zu den Gutachtern, die 1522 die Studienreform in Heidelberg initiieren: Neugestaltung des philosophischen Unterrichts, neben dem Unter-

[39] 50. 181ff.
[40] 92. 358ff.
[41] 50. 439.
[42] 19. 335.
[43] 112. 111.

richt in der lateinischen Literatur auch in Griechisch und Hebräisch, Stärkung des Mathematikunterrichts, Neugestaltung der Lehre in der Theologie.

Ihren ersten Höhepunkt aber erreicht Heidelbergs Universität mit dem kurzen Aufenthalt Rudolf Agricolas (1443–1485) in ihren Mauern. Auch er hatte in Erfurt, dann in Löwen und Köln studiert, danach aber seine Studien in Pavia und Ferrara vollendet. In Ferrara hatte er Griechisch gelernt; in Heidelberg noch bemüht er sich, in die hebräische Sprache einzudringen. Er bildete sich als erster im Norden, Joachimsen zufolge, „zu dem uomo universale und singulare, der eigentlich ein genialer Dilettant und vor allem ein Lebenskünstler ist“[44]. In einem Brief an Jakob Barbirianus von 1484 läßt er sich über den Aufbau des Studiums aus (›Epistula de formando studio‹) und formuliert die neue Weise des Umgangs mit den Wissenschaften: „Wer auch immer bei der Aneignung der Wissenschaften Früchte ernten will, die seiner Anstrengung würdig sind, muß vor allem drei Dinge beachten: daß er offen und ohne Falsch das aufnimmt, was er lernt, daß er getreu das Empfangene behält, und daß er dann daraus selbst etwas zeigen und hervorbringen kann.“[45] Alle namhaften Humanisten seiner Zeit bis hin zu Erasmus würdigen ihn als ihren Vorgänger, der das neue Licht aus Italien gebracht habe. Es muß eine außerordentliche Wirkung von seiner Persönlichkeit ausgegangen sein; denn er war weder ein praktischer Pädagoge von der Art eines Vittorino oder Guarino, noch war er Organisator oder Verwalter wie Melanchthon oder der Held von Kontroversen wie Reuchlin,[46] wohl aber war er ein Meister der Freundschaft, dessen Anregungen sich am stärksten im gesprächigen Umgang entwikkelten. Sein Einfluß aber noch auf Melanchthon war so bedeutend, daß dieser sich in seiner Dialektik auf ihn berief und mit ihm die neue Zeit beginnen läßt. Agricola, der in den Matrikeln der Universität nicht erscheint, hat an den öffentlichen Disputationen der Universität mit Sicherheit teilgenommen und hat als Ratgeber des Fürsten fungiert, wozu auch die Anregung zur Übersetzung lateinischer und griechischer Klassiker gehört. In die Heidelberger Zeit soll auch der Plan fallen, eine gereinigte Fassung des ›Alten Testaments‹ als Hilfe zur Reinigung des Christentums herzustellen.[47]

In Heidelberg begegnet Conrad Celtis Agricola. Als Celtis nach seiner Ingolstädter Lehrtätigkeit nach Wien kommt, ist Heidelberg schon in Verfall geraten und die Wiener Universität hat ihren Platz eingenommen dank

[44] 60. 355.
[45] 39. II. 234.
[46] 144. 80.
[47] 144. 98.

Maximilian, der 1501 ein Poetenkolleg schuf als humanistische Fakultät, wie es Paulsen nennt,[48] mit zwei Lehrern für Rhetorik und Poesie und zwei Lehrern für die mathematischen Wissenschaften. Zuvor schon war ein besoldetes Lektorat „in arte humanitatis vel arte oratoria" eingerichtet. Celtis gründete 1497 seine Sodalitas litteraria Danubiana. Daß den besonderen Ruhm Wiens die Naturwissenschaften ausmachten, fand schon Erwähnung. Wien aber wird nicht lange den ersten Rang unter den Pflegestätten des Humanismus behaupten können.

Die Erfurter Universität war in der Mitte des 15. Jahrhunderts eine der bedeutenden Universitäten Europas und in Deutschland die besuchteste gewesen. Viele Humanisten hatten dort ihre ersten Studien getrieben. Zu einem Ort besonderer Anziehungskraft wird Erfurt jedoch zu Beginn des neuen Jahrhunderts durch Konrad Muth (1470–1526), der sich Mutianus Rufus nennt und während seines Italienaufenthaltes 1495–1502 starke Eindrücke von der humanistisch entspannten Lebensform der Florentiner Akademie empfing. In Ferrara promovierte er zum Doctor decretorum. Eine Pfründe als Kanonikus in Gotha ermöglichte ihm das Leben eines Philosophen, der über seiner Haustür die Inschrift *„Beata Tranquillitas"* anbrachte und jeden seiner Freunde zu einem *„consors tranquillitatis"* machen wollte. Er hat, mehr ein Freund musischen kontemplativen Lebens und heiterer Geselligkeit, nichts Literarisches hinterlassen, wohl aber um so stärker durch seine umfangreiche Korrespondenz gewirkt, von der mehrere hundert Briefe erhalten sind. Er bekennt sich zu der einen Religion in der Verschiedenheit ihrer Riten, zur *„una religio in varietate rituum"*[49] – man sieht den Einfluß des Pico della Mirandola und der Florentiner Akademie. Wie gelockert dieses humanistische Christentum – wenn es noch ernsthaft ein solches ist – geworden ist, zeigt das Eingeständnis seinem Freund, dem Zisterzienserpater Heinrich Urban, gegenüber: „Est unus Deus et una Dea, sed sunt multa uti numina ita nomina, exempli gratia: Jupiter, Sol, Apollo, Moses, Christus, Luna, Ceres, Proserpina, Tellus, Maria."[50] Die erstaunliche Reihe „göttlicher Wesen" spricht für sich selbst. Daß von Mutianus berichtet werden kann, er habe heidnische Denker christlichen Denkern vorgezogen und habe, um dem Mönchsvater Benedict Reverenz zu erweisen, diesen einen Pythagoras genannt, auch daß er den Koran zu rühmen sich nicht gescheut hat, zeugt von einem dem Geistlichen abgewandten, dem geistigen Spiel zugewandten Humanismus, aus dem heraus verständlich wird, daß sich um diesen unbekümmerten Kopf der Poetenkreis der Erfurter Universität scharte. „Wie der

[48] 99. 132.
[49] 19. 363f.
[50] 19. 365.

von ihm – Mutianus – geleitete humanistische Dichterbund immer mehr das Leben der Universität in sich zu konzentrieren schien, so wurde er selbst gewissermaßen als das geistige Oberhaupt der Universität verehrt."[51]

Dem Kreis um Mutianus Rufus gehörte – neben anderen – Eobanus Hessus (1488–1540) an, der als der Ovid der Humanisten gepriesen und von Mutianus Rufus 1517 auf einen Lehrstuhl der Universität gebracht wurde. Der Kommentar des Hessus zum ›Handbüchlein des christlichen Streiters‹ von Erasmus von Rotterdam erinnert daran, daß Erasmus „tatsächlich als der erste, wenn nicht der einzige glaubwürdige Reformator der Kirche, ein Reformator nach Herzen und Geist der deutschen Humanisten der Zirkel von Gotha und Erfurt"[52] erschien. Mutianus Rufus empfahl denn auch einem Freunde das Lesen und immer wiederholte Lesen der – für das Erziehungsdenken der Zeit bedeutenden – Sprichwörtersammlung des Erasmus, der ›Adagia‹[53], worin die Erinnerung des Mutianus Rufus an seine Studienzeit in Deventer nachklingen mag, während welcher er Erasmus als seinen Mitschüler kennenlernte. Wahrscheinlich ist von daher auch „eine gewisse seelische und geistige Verwandtschaft"[54] zu erklären. Aber diese erasmische Grundhaltung der Suche nach Frieden und Ausgleich, nach Erneuerung der Erkenntnis und der Umgangsweise der Menschen wurde überhaupt zum Grundzug des Humanismus und seiner Repräsentanten.

Auch Ulrich von Hutten, der freilich nicht lange in Erfurt weilen wird, zählte zum Kreis des Mutianus Rufus. Und schließlich war Crotus Rubianus (ca. 1480–ca. 1539) einer der „Mutianer". Noch in vorgerücktem Alter studierte er in Rom und Bologna und war, als Luther 1521 auf dem Weg zum Reichstag nach Worms war, Rektor der Erfurter Universität. Lange Zeit Parteigänger Luthers, wandte er sich im Alter wieder dem Katholizismus zu.

Die ›Dunkelmännerbriefe‹

Aus diesem Kreis geht jene Schrift hervor, die nicht nur das Gelächter und ganze Entzücken der Humanisten und den Zorn der bloßgestellten Scholastiker hervorruft, sondern die auch, bevor die Reformation die humanistische Bewegung überwindet, eben diese noch einmal als eine geschlossene Bewegung in Erscheinung treten läßt. Die Rede ist von

[51] 62. 117.
[52] 84. 185.
[53] 84. 186.
[54] 84. 195.

den ›Epistolae obscurorum virorum‹, den ›Dunkelmännerbriefen‹, die anonym 1515 erscheinen. Sie machen mit ihrer Bloßstellung der Scholastik Geistesgeschichte. Sie sind gerichtet gegen einen Ortvinus Gratius, der ein Theologe der Kölner Universität, im übrigen eine nicht erfundene Gestalt des fingierten Briefwechsels ist. Mit ihm sollte die an das mittelalterliche Latein gebundene Denk- und Lehrform getroffen werden. Und in der Tat hat sie davon sich nie wieder gänzlich erholt; das einseitige und oft ungerechte Urteil über die scholastischen Lehrweisen und „Sprachspiele“, das aus dem allgemeinen Bewußtsein nicht mehr zu tilgen ist, rührt wesentlich daher. In einer der zahllosen ironischen Passagen nennt einer der briefschreibenden Dunkelmänner die Erfurter Humanisten „seine herzlichsten Freunde: Eobanus Hessus, Magister Heinrich Urbanus, Ritius Euritius, Magister Georg Spalatinus, Ulrich von Hutten“[55] – und gibt damit einen versteckten Hinweis auf den Entstehungsort des boshaft-witzigen Werkes. Anlaß zu der Briefsammlung war der Freund des Ortvinus Gratius, der getaufte Jude Johann Pfefferkorn (1469–1522), der sich schon zwischen 1507 und 1509 durch eine Reihe von Schriften hervorgetan hatte, in denen er gegen die Juden zu Felde zog, ihnen Christenhaß und Wucherei vorwarf und die Vernichtung der Heiligen Bücher der Juden forderte. Es ist möglich, daß ihm dabei das Vorgehen der spanischen Inquisition vor Augen stand. Er mußte freilich nicht so weit gehen, um Zeugnisse der Judenfeindschaft zu finden; auch Humanisten machten bei der Abweisung von Juden keine Ausnahme. Pfefferkorn, dessen Programm das Verbot des Wuchers, die Teilnahme der Juden an christlichen Predigten und das Verbot der jüdischen Bücher war, erhielt dank der Unterstützung der Kölner Dominikaner Audienz bei Kaiser Maximilian I. und erlangte tatsächlich (1509) die Erlaubnis, den Talmud und alle hebräischen Schriften in kaiserlichen Landen einziehen und verbrennen zu dürfen. Dagegen protestierte, als Pfefferkorn in Frankfurt am Main auftauchte, um sein vom Kaiser sanktioniertes Werk zu beginnen, der Mainzer Erzbischof, nachdem er von den Frankfurtern angerufen worden war. Der Erzbischof wurde nun vom Kaiser beauftragt, Gutachten einzuholen. Diese sollten aussagen über die Rechtmäßigkeit der Forderungen Pfefferkorns, über die antichristliche Haltung jüdischer Schriften und über die Gemeingefährlichkeit der Bücher. Die Universitäten Köln (in deren Umkreis Pfefferkorn wirkte), Mainz und Erfurt stellten sich auf die Seite Pfefferkorns – was man mit Blick auf die Objektivität der Wissenschaft mit ironischer Bitterkeit vermerken mag –, während die Heidelberger Universität, an der der Katholizismus nicht so ausgeprägt war und der Protestantismus sich durchsetzen sollte, sich zu-

[55] 14. 115.

rückhaltend verhielt und mit der Vorsicht der Wissenschaft das Urteil noch nicht für entscheidungsreif erklärte. Aber auch sie wagte sich nicht gegen Pfefferkorn und das kaiserliche Dekret zu stellen. Neben den Universitäten wurden drei Privatgelehrte befragt. Der eine ist der Dominikaner Jakob von Hochstraten, ein Parteigänger Pfefferkorns, in den ›Dunkelmännerbriefen‹ als „der sieben freien und schönen Künste und der hochheiligen Theologie demütigster Professor, auch in einigen Teilen Deutschlands Meister d.h. Bestrafer der Ketzer“[56] angesprochen und mit grimmigen „Grabinschriften“ angeprangert. Der andere ist der ehemalige Rabbiner und gleichfalls konvertierte Priester Victor von Carben, der sich ebenso wie Hochstraten für Pfefferkorn aussprach. Nur der dritte der Privatgelehrten – und der einzige unter den Gutachtern – sprach sich gegen Pfefferkorn aus: Johannes Reuchlin. Er war als der einzige exquisite Kenner des Hebräischen befragt worden. Seinem Gutachten mußte daher besonderes Gewicht zukommen. Nur war es gewiß nicht wenig, wenn in einem so wichtigen Streit, in welchem doch der Kaiser bereits Partei ergriffen hatte, ein Mann gegen die komprimierte Autorität wissenschaftlicher Gelehrsamkeit der Universitäten und der weltlichen Macht auftrat. Reuchlin, dessen Gelehrsamkeit ihm Unabhängigkeit verlieh, rettete die Ehre der Wissenschaft und erwies sich als überlegener Humanist. Immerhin – und das macht seine Aussage noch wertvoller – war Reuchlin auch kein Freund der Juden und teilte die Aversion gegen die Juden durchaus. Er hatte jedoch mit dem Humanismus – er hatte mit der Platonischen Akademie in Verbindung gestanden – bereits mehr Toleranz in religiösen Fragen in sich aufgenommen, hatte als humanistische Gelehrtennatur auch gegenüber jeglichen Büchern, die historisch von Belang waren, mehr Respekt und hatte schließlich das humanistische Wissenschaftsideal der unbefangenen selbständigen Prüfung der Texte längst praktiziert. Er also spricht sich gegen die Einziehung des Talmud und die Vernichtung der Bücher aus, ausgenommen jene, die ausdrücklich antichristlich sind. Es entwickelt sich eine literarische Fehde, in welcher Reuchlin auf den Handspiegel Pfefferkorns mit einem Antwortspiegel antwortet. Schließlich veröffentlicht 1514 Reuchlin in seiner Verteidigung – aus dem Streit um die Judenbücher war längst ein Pfefferkorn-Reuchlin-Streit geworden – unter dem Titel ›Clarorum virorum epistolae‹ die Briefe aller seiner Humanistenfreunde, in Lateinisch, in Griechisch und in Hebräisch, wobei er nun freilich mit dem Titel seine Gegner erneut provozierte; aber die Auseinandersetzung hatte ohnehin schon schärfere und keineswegs vornehme Formen angenommen. Nicht weniger als 43 Bücher und Pamphlete hatte der Juden-

[56] 14. 115.

bücherstreit nach sich gezogen.[57] Auch die Sorbonne übrigens stellte sich auf die Seite der Gegner Reuchlins.

Der Titel der Reuchlinschen Briefsammlung wurde zum Vorbild für die ungleich berühmtere Sammlung jener ›Dunkelmännerbriefe‹, ein Versteckspiel, wie es amüsanter gar nicht ersonnen werden konnte, glaubten doch gar die, die darin bloßgestellt wurden, zunächst, daß es sich um Mitstreiter handele. Es sind Briefe, die sich geben, als würden scholastisch hochwichtige Fragen erörtert, wozu der Rat des damit unsterblich gewordenen Ortvinus Gratius einzuholen sei. Ein bekanntes Beispiel ist die bereits im ersten Brief erörterte Problematik, ob man „sagen müsse magister nostrandus oder noster magistrandus, um damit eine Person zu bezeichnen, die fähig sei, Doktor der Theologie zu werden“[58]. Unter dem Deckmantel der Ernsthaftigkeit wird die ganze Scholastik und ganze Theologie der Zeit, die in Köln ihre herausragenden Repräsentanten hatte, der Lächerlichkeit preisgegeben.

Inzwischen wissen wir, daß die Briefe, die in aller Munde waren, aus dem Erfurter Humanistenkreis um Mutianus Rufus hervorgegangen sind. Als der Verfasser der meisten der ersten Sammlung der Dunkelmännerbriefe ist jener Crotus Rubianus ermittelt, der sich später zunächst zur Reformation bekannte, um dann freilich wieder sich zum katholischen Glauben zu bekennen. Der Erfolg der Briefe war ungeheuer – wenn sie schließlich Reuchlin auch nicht haben helfen können. Sie zeigen den Humanismus auf der Höhe seiner Eloquenz, seiner satirischen Kraft und auch seiner Eitelkeit, die sich über scholastische Gelehrsamkeit erhaben dünkt. Das ist wohl nicht immer von humanistischer Eleganz geprägt, sondern scheut auch eine kräftige Sprache nicht, die auf Empfindlichkeiten keine Rücksicht nimmt. Aber viele Parodien mußten die Wonne der Latinisten sein, so wenn „nihil dare supra“ ganz wörtlich als „nichts drauf geben“ zu verstehen ist und so in bestem Küchenlatein das Deutsche gleichsam nur in der Verkleidung des Lateinischen dargeboten wird. Es ist in der Tat, wie der Herausgeber sagt, „ein genialer parodistischer Abgesang des Alten im Zeichen einer neuen Zeit“[59], die sich ein eigenes Latein erworben und auch die scholastischen Dispute weit hinter sich gelassen hat.

Angesichts des ungeheueren Erfolgs erscheint zwei Jahre später, also 1517, ein zweiter Teil der ›Dunkelmännerbriefe‹, dessen Verfasser, wenn nicht ausschließlich so doch zum überwiegenden Teil, Ulrich von Hutten ist. Crotus Rubianus wird nur weniges dazu beigetragen haben. Darin

[57] 14. 263.
[58] 14. 8.
[59] 14. 270.

geht Hutten, der viel mehr als Crotus Rubianus, welcher sich mehr auf stilistische Feinheiten und humanistischen Witz stützte, ein leidenschaftlicher Kämpfer ist, zum heftigen Angriff über, versucht auch alle Humanisten für sich zu gewinnen, was ihm freilich bei Erasmus, der zunächst an den Briefen durchaus seine Freude gehabt hatte, nicht gelingen wird. Das veranlaßt ihn, Hutten, zu dem berühmten Wort, Erasmus sei „ein Mensch für sich“[60], was immer wieder zur Kennzeichnung der Stellung des Erasmus über allen Parteien oder auch außerhalb allen Streites herangezogen wurde. Daß Hutten das mit Bedauern bemerkt, braucht nicht betont zu werden. Der vorsichtige Erasmus hat den Verdacht denn immer auch weit von sich gewiesen, an der Abfassung der Briefe beteiligt gewesen zu sein.

Die ›Dunkelmännerbriefe‹ erscheinen am Vorabend der Reformation, ja der zweite Teil erscheint schon im Jahr des Thesenanschlags selbst, in jener Zeit demnach, in denen der zweite – und nun noch heftigere, revolutionäre – Umbruch der Epoche anhebt. Der erste Umbruch, wenn man ihn so nennen darf, ist das Hereinbrechen des Humanismus in die Zeit mit seinen das Denken umwälzenden Folgen. Der zweite Umbruch ist die Reformation, deren Vorläufer teilweise im Humanismus selbst zu finden sind, teilweise neben der Entwicklung des Humanismus in Europa einherlaufen. Die Vorgeschichte mit ihren humanistischen und reformatorischen Komponenten in Böhmen und an der Prager Universität ist bekannt. So nun, wie der Humanismus immer auch eine pädagogische und nicht nur eine literarische Bewegung ist, interessiert auch dieses geistesgeschichtliche Ereignis der ›Dunkelmännerbriefe‹ aus pädagogischer, besser: bildungsgeschichtlicher Sicht, lassen sich doch daran einige Fakten ablesen, die für die Situation des Humanismus erheblich sind. Die Briefe zeigen – was hier nun schon des längeren thematisiert wird – in der Beteiligung Erfurts auf der einen Seite und Kölns auf der anderen Seite, wie sehr die Universitäten von den Auseinandersetzungen der Zeit ergriffen sind und die Tendenzen der Zeit widerspiegeln; sie zeigen die Universitäten im Umbruch, in welchem alte Positionen sich noch zu behaupten suchen. Daß die Wissenschaft hier wie zu allen Zeiten sich nicht nur Ruhmesblätter schreibt, vermerken wir nebenbei; wir lernen darüber etwas über die gesellschaftlichen Verpflichtungen, denen sie sich im Grunde nicht entwinden kann. Wir vermerken um so deutlicher, welcher langen Prozesse es bedarf, bis ein Neues sich durchzusetzen vermag, sehen zugleich, daß die Scholastik nicht nur eine – inzwischen abgeworfene – Sache des Mittelalters ist. Sie wirkt in Denkgebäuden weiter fort, wie etwa ein Blick auf die spanischen Universitäten der Zeit zeigt, wo sich Scotismus und Nomina-

[60] 14. 252.

lismus als dauerhaft erweisen. Wir bemerken in dieser Auseinandersetzung um die ›Dunkelmännerbriefe‹ ferner, daß alle humanistische Auseinandersetzung auch eine Auseinandersetzung um Sprache, die lateinische zumal, ist und der Stolz der Humanisten jenes neue Gelehrtenlatein ist, das schließlich den Sieg über das mittelalterliche Latein davontragen wird. Wir sehen ferner noch einmal, wie der Humanisten-Zirkel sich zu einem Stand geweitet hat, der kraftvoll und selbstbewußt zwischen die Parteien tritt, ja gemeinsam Partei ergreift, unabhängig davon, daß es in der Person des Reuchlin der Humanismus selbst ist, der zum Schiedsrichter aufgerufen wird. Und schließlich erkennen wir in der Haltung gerade Reuchlins die Toleranz, um die der Humanismus in seiner Weltoffenheit sich bemüht – mag sie auch oft eher ihm nachgesagt als praktiziert worden sein.

Die Humanisten sind – auch das spiegeln die Briefe – zu einem Teil zumindest leidenschaftliche Kämpfer und Streiter gewesen wie Ulrich von Hutten, und sie wußten dafür alle Register ihrer Gelehrsamkeit und Belesenheit zu ziehen und die Sprache dafür nach allen Seiten hin auszubeuten; und sie wurden auch immer wieder in parteiliche Auseinandersetzungen hineingezogen, wie Melanchthon etwa, der feinsinnige Gelehrte, oder auch wie Reuchlin, der von seinem Gutachten solche Folgen nicht erwartet hatte. Aber es war doch in allem immer wieder die Anstrengung, die Freiheit des geistigen Gesprächs zu sichern, wenn man es pathetisch ausdrücken wollte: der Freiheit des Denkens eine Gasse zu bahnen. Auch die Auscinandersetzung mit Pfefferkorn und seinen Freunden sollte nur geführt werden mit geistigen Waffen und konnte nur entschieden werden auf dem Forum des Geistes. Daß Reuchlin zum Schluß doch Unrecht geschah, nimmt seiner Haltung nichts an Größe. Es blieb doch immer noch der Anspruch erhalten, eine geistige Herausforderung anzunehmen, in der sich die Überlegenheit des Denkens durchsetzen sollte. Die ›Dunkelmännerbriefe‹ mochten mit Spott und Ironie bis an die äußerste Grenze gehen, diese vielleicht da und dort überschreiten. Man sollte den Anlaß jedoch nicht vergessen: die tolerante Mäßigung auch denen gegenüber, denen man ansonsten ablehnend gegenüberstand.

Die Universitäten und die Reformation

Die ›Dunkelmännerbriefe‹ sind natürlich nicht das letzte Werk und Wort des Humanismus. Aber der Humanismus verliert seine weltpolitische Kraft und muß der Reformation weichen. Er findet sich nun, gebrochen und gespalten, in allen Lagern; über diesen vermag er trotz des einen Erasmus nicht zu stehen. Wir sehen ihn im Lager Luthers, sehen ihn Zwingli in vielem die Feder führen, sehen ihn im Wirken Calvins, aber wir entdecken ihn auch im Lager der Gegenreformation. Die Niederlage der humanistischen Bewegung durch die Reformation ist, so paradox es klingen mag, nicht zuletzt die Folge der Wirkung eines der bedeutendsten Humanisten, Philipp Melanchthons nämlich, der den Humanismus für die lutherische Kirche in Anspruch nimmt und entschiedener als irgendein anderer dem geistlichen Wort und religiösen Wissen wieder zur Selbständigkeit verhilft, gerade indem er den Humanismus in seiner vollen Reife daneben setzt oder wohl eher: indem er die *studia humanitatis* zur Voraussetzung der Studien der Schrift macht – und insoweit die traditionelle Rangordnung wiederherstellt.

Zu den merkwürdigen Zufällen der Geschichte in der oft erstaunlichen Multiplizität der Ereignisse gehört, daß der Todestag des unglückseligen Ablaßhändlers Tetzel, der 4. Juli 1519, der Tag der Disputation Luthers mit Eck am gleichen Ort Leipzig ist, und so das Sterben dessen, der die Reformation unmittelbar provoziert hatte, mit dem endgültigen Bruch des Reformators mit der Kirche zusammenfällt. Nur einen Tag später wird Karl V. zum Kaiser gewählt, nachdem Friedrich der Weise, Landesherr und späterer Schutzherr Luthers, seine Wahl abgelehnt hatte. Im gleichen Jahr war der den Humanisten eng verbundene Förderer der Wissenschaften und Künste, Kaiser Maximilian I., gestorben; mit Karl V. wird sich die orthodoxe Katholizität durchsetzen und die Reform der Kirche mit unheilbarer Spaltung bezahlt haben.

Die Formel „cuius regio eius religio“ setzt sich durch und zieht die Grenzen zwischen Katholizismus und Protestantismus. Wir können ergänzen: „cuius regio eius studium“; denn auch das Studium wurde schließlich vom Landesherrn bestimmt wie die Konfessionalität seiner Landeskinder. Die Universitäten werden katholisch oder lutherisch oder reformiert; Reformation und Gegenreformation werden auch in den Universitäten ihre Schauplätze haben. Die Reformation hat zu weiteren Universitätsgründungen geführt, erwies sich doch der Besitz einer eigenen Universität nunmehr aus konfessionellen wie aus politischen Gründen als zwingend. Marburg erhält 1527 die erste rein protestantische Universität, kein Wunder beim kirchenpolitischen Engagement des Landgrafen, und erhält sich dadurch ihre bedeutende Stellung in der protestantischen Theologie bis in jüngste Zeit. Königsberg wird, ein neues geistiges Zentrum im Preußenland, 1544 seine Universität erhalten. Auf katholischer Seite wird in Dillingen 1549 eine Universität entstehen. Erst 1574 wird die Universität Helmstedt geschaffen, wird aber dann eine wichtige Rolle unter den protestantischen Universitäten spielen. Die 1584 gegründete Hohe Schule von Herborn wird zwar nie in den Rang einer Universität erhoben, hat aber gleichwohl lange die Funktion einer Universität für das reformierte Bekenntnis. Sie wird als Studienanstalt des Comenius in die Geschichte eingehen.

Freilich hatte schon vor der Reformation, zuletzt mit der Gründung der Universität Frankfurt a. d. Oder 1506 durch die Brandenburger, „jeder der sieben geistlichen und weltlichen Kurfürsten ‚seine' Hohe Schule"[61]: Mainz (1477), Köln (1388), Trier (1473), Prag (1348), Heidelberg (1386), Wittenberg (1502). Andere Territorialherren haben ebenfalls ihre Universität. Die Freie Reichsstadt Nürnberg, die wohlhabendste und zugleich dem Humanismus wie den Naturwissenschaften am weitesten geöffnete Stadt, schafft sich schließlich in Altdorf 1578 eine eigene Universität. „Altdorf ist das Ergebnis abwägenden Planens vorsichtiger Kaufleute, zugleich als reichsstädtische Tat, wenn man von der etwa gleichaltrigen Universität Straßburg absieht, eine Pioniertat."[62] Zwar läßt sich die Gründungsgeschichte der Nürnberger Universität in Altdorf bis zu den Anregungen von Melanchthon, dem Nürnberg sein Gymnasium verdankte, zurückverfolgen, doch wird erst nach der Verlegung des Gymnasiums als einer Publica et trivialis schola nach Altdorf 1575 dieses 1580 zur Akademie erhoben werden, 1622 das Promotionsrecht – die Theologen ausgenommen – erhalten und gar erst mit dem theologischen Promotionsrecht 1696 in den Rang einer Volluniversität aufsteigen. Seinen Ruf auf dem Gebiete der Medizin und der Naturwissenschaften wird Altdorf erst mit beginnender Aufklärung erhalten. Leibniz wird bekanntlich in Altdorf zum Doctor der Rechtswissenschaften promovieren. So spiegelt Altdorf die vom Humanismus ausgehende, diesen aber auch schon hinter sich lassende Entwicklung der Gelehrsamkeit anschaulich wider: Sein erhebliches Ansehen gewinnt es als Pflegestätte der Jurisprudenz, während das Luthertum der theologischen Fakultät das geistige Gesicht Frankens prägt.

1509 aber hatte die humanistische Universitätsreform von Erfurt schon Zeichen gesetzt. Andere Universitäten schlossen sich an. Der das ganze Leben erfassende Umgestaltungsprozeß hatte längst die Universitäten erfaßt, als die Reformation hereinbrach. Wenn eine literarische Betrachtung des Humanismus zu dem Resultat kommen mußte, daß der deutsche Humanismus „im schulmäßigen Literaturbetrieb des Neulateinertums" versandete,[63] so wird man das für den pädagogischen Humanismus, will sagen: seine Bildungskonzeption, nicht in gleichem Maße sagen dürfen. Für die pädagogische Reform des Humanismus steht der Name Melanchthons. Dieser wird der „praeceptor Germaniae". Durch ihn wird Wittenberg zum Muster der protestantischen Universitäten. Mit seiner Antrittsrede von 1518 entwirft er das Bildungsprogramm des Humanismus – eben ein Jahr nach Erscheinen des zweiten Teils der ›Dunkelmännerbriefe‹. Er

[61] 6. 63.
[62] 76. 158.
[63] 19. 456.

ruft den Studenten sein *„sapere audete"* – wagt zu wissen! – entgegen und verkündet die Wiedergeburt der „bonae litterae", der Geisteswissenschaften, für das Universitätsstudium. Der Umgang mit der Literatur, verheißt er, werde dem Geist Reife und dem Geschmack Feinheit verleihen, und Menschen milderer Sitten und reiferen Verstandes – „moribus et communi hominum sensu mitescere"[64] – werden heranwachsen. Das bedeutet freilich auch die Wiederherstellung der Kirche, die aus Mangel an Bildung verkommen sei. Freilich spricht er schon hier aus, inwieweit die Trennung von Religion und Humanismus zu beachten sei, der Humanismus also nicht, mit einem moderneren Begriff zu reden, zur Bildungsreligion, schließlich zum Religionsersatz werden dürfe. Reinheit der Lehre heißt ihm, Profanes nicht mit Heiligem zu vermischen, heißt ihm, den „alten Adam" abzulegen, der voller verderblicher Leidenschaften ist: „ne alienis litteris improbe sacra contaminemus"[65]. Luther, der bis zum Auftritt Melanchthons die überragende Gestalt der Universität war, befürwortete wie dieser das Studium der drei antiken Sprachen, der Mathematik und der Historie. Er befürwortete den Wegfall des Studiums des kanonischen Rechts und die Reform des weltlichen Rechts, wünschte von den Medizinern eine Reform des Medizinstudiums und verlangte in der Theologie das Studium der ›Heiligen Schrift‹ an Stelle des Sentenzenkommentars des Petrus Lombardus.[66] Der Erfolg dieses Werkes gehört bekanntlich zu den erstaunlichsten Phänomenen des Mittelalters. Die zwischen 1150 und 1152 geschriebenen ›Libri quattuor sententiarum‹ sind die wohlgeordnete Sammlung von Aussagen der Väter, worunter Augustinus die Hauptautorität ist, die die meisten Zitate beizusteuern hat; es ist gut scholastisch nach der Methode des Abaelard – bei dem Petrus Lombardus vermutlich in Paris studiert hat – geordnet, ohne sich selbst zu irgendwelchen philosophischen Erörterungen verleiten zu lassen.

Wenn gesagt wird, „die Reformation der Universität geht auf Luther, die Universität der Reformation auf Melanchthon zurück"[67], so verdeckt ein solches Wort eher die außerordentliche Leistung Melanchthons, als daß es diese enthüllt; denn die von Melanchthon gestaltete Universität der Reformation wird zur maßgeblichen Form der Universität über Jahrhunderte, soweit der protestantische Raum betroffen ist. Melanchthon hat mit seinen zuerst 1521 erschienenen ›Loci communes rerum theologicarum seu hypotyposes theologicae‹ nicht nur die erste systematische Darstellung der theologischen Gedanken Luthers und damit „die erste wissen-

[64] 85. III. 42.
[65] 85. III. 42.
[66] 6. 69.
[67] 6. 69.

schaftliche Leistung der neuen Theologie“[68] geboten, sondern mit den ›Loci‹ tatsächlich „die geistige Grundlage der evangelischen Universitäten für fast zwei Jahrhunderte gelegt“[69], indem sie die Bibel zum Axiom erheben und damit den wissenschaftlichen Rang der Theologie sichern. Die Schrift wird von Melanchthon mehrfach überarbeitet, so daß an den ›Loci‹ sich die Entwicklung der frühen protestantischen Theologie ablesen läßt. Vor allem aber läßt sich aus der Schrift erkennen, welche Verbindung Reformation und Humanismus eingingen.

Diese basierte zunächst auf der Verwerfung der aristotelischen Philosophie als der Grundlage der Wissenschaft, insbesondere der theologischen. Das wird Melanchthon später rückgängig machen; zunächst aber ist es für die Reinigung der Studien unerläßlich, welche dem Melanchthonschen Studienprogramm seiner Antrittsrede zufolge auch eine Reinigung der philosophischen Überlieferung erforderte. Die theoretische Philosophie weicht den humanistischen Fächern, den Disciplinae humanae. Lediglich die Ethik des Aristoteles fällt dieser ersten Reinigung nicht zum Opfer, getreu der humanistischen Tradition der Italiener, die nur die praktische Philosophie des Aristoteles gelten ließen, getreu aber auch der Meinung Luthers, der von Aristoteles als von einem „verdammten, hochmütigen, arglistigen Heiden“ sprach, der „mit seinen falschen Worten so viel der besten Christen verführet und genarret hat. Gott hat uns so mit ihm geplagt um unserer Sünde willen“[70]. Und er fügt dem hinzu, daß durch die aristotelischen Kommentare und Schulmeinungen „wohl mehr Irrtümer mehrere hundert Jahre in der Welt und den Universitäten geblieben sind“[71].

Die Ablehnung des aristotelischen Systems bedeutete nicht weniger, als ein neues System zu finden und den Wissenschaften eine neue Grundlegung zu geben. Eben diese Aufgabe nahm Melanchthon in Angriff, als er kritische Anmerkungen zu den Sentenzenbüchern des Petrus Lombardus plante und diese in seine Erläuterungen zum Römerbriefe eingehen läßt, woraus seine ›Loci communes‹ – die Lehre von den christlichen Grundbegriffen Sünde, Gesetz und Gnade – entstanden sind.[72] Die Loci communes, die Gemeinbegriffe, als Grundlage und Gerüst einer Wissenschaft sind bereits der griechischen Rhetorik und Dialektik eigen und haben, über die Vermittlung von Agricola und Erasmus, zur Zeit, da Melanchthon an die Arbeit geht, „bereits ihre feste Stellung in dem dort abgeleiteten humanistischen Begriffssystem“[73]. Ihre bildungsgeschichtliche

[68] Vgl. 124.
[69] 59. 355.
[70] 81. 10.
[71] 81. 10.
[72] 59. 30.
[73] 59. 33.

Bedeutung erhalten sie, indem sie – über die Theologie hinaus – das philosophische Instrument der wissenschaftstheoretischen Grundlegung werden und eine Ordnung der Wissenschaften gestatten. In den Lehrbüchern des Melanchthon zur Dialektik, Rhetorik, Physik, Psychologie, Ethik und Geschichte wird die neue Methode sich bewähren und die Veränderung des wissenschaftlichen Geistes dokumentieren. Später wird Melanchthon Aristoteles wieder in den Kanon der Lehrbücher aufnehmen und ihn als Propädeutikum der Theologie empfehlen. Meister der Methode – „unus ac solus methodi artifex" – nennt er ihn in einer Rede über das Leben des Aristoteles 1537.[74]

Das mit der Reinigung der Wissenschaft verbundene humanistische Prinzip der Rückwendung zu den Quellen hatte Melanchthon ebenfalls schon in seiner Antrittsrede zum Programm erhoben: als Leitfaden habe ihm der Rückgang zu den Quellen der Studien – *„ab ipsis studiorum fontibus"* – gedient; und er fordert auf, bei den Studien aus den Quellen der Künste zu schöpfen – „fontes ipsos artium ex optimis auctoribus hauritis"; denn auch zur Theologie gelangt man nur über die neuen Wissenschaften – „comite artium nostrarum cultu"; und die Theologie ist nichts ohne das Studium der Heiligen Texte selbst: Der Sinn der Schrift erschließt sich über das Wortverständnis – „splendor verborum ac proprietas". Das später von Johannes Sturm, einem der großen Schulmänner der Reformation, formulierte Bildungsideal hat seine erste Beschreibung gefunden: *sapiens atque eloquens pietas,* die von Weisheit und Beredsamkeit durchdrungene Frömmigkeit. Das findet im Rahmen der Universitätsreform Melanchthons darin unmittelbaren Ausdruck, daß allein vier Professoren der Theologie über biblische Schriften lasen, während Petrus Lombardus endgültig verbannt war und lediglich des Augustinus ›De spiritu et littera‹, welches auf die Theologie des jungen Luther starken Einfluß hatte, weiterhin gelesen und in die Exegese einbezogen wurde. Daß Luther den Menschen zur Schrift führen will, daß protestantische Theologie eine Theologie des Wortes und der Sprache ist, daß im Mittelpunkt des Gottesdienstes die Auslegung des Heiligen Wortes steht, das macht die humanistischen Wissenschaften der neuen Kirche unentbehrlich, und das wird auch für die Gestalt des protestantischen Gymnasiums maßgeblich werden. Das theologische Programm muß aber auch zu einer sich von der neuen Orthodoxie lösenden Bildung führen, die den Keim der endgültigen Trennung der von Melanchthon noch säuberlich geschiedenen Vernunftwahrheiten von den im Glauben erkannten Wahrheiten in sich trägt.

Es bleibt zu erwähnen, daß Melanchthon die Umwandlung der Artistenfakultät, die das Eindringen des Humanismus in die Universitäten

[74] 85. III. 104.

bereits angebahnt hatte und durch die Entwicklung der Naturwissenschaften voranschritt, weitertreibt. Der Geschichte wurde ein besonderer Platz eingeräumt, wobei – einer sicher zu wohlwollenden Interpretation zufolge – „Melanchthon über die bloß speziellen Kenntnisse der antiken Historie hinaus zu einer historischen Gesamtschau, zur Universalgeschichte" drängte.[75] Zum anderen erhält die Moralphilosophie in humanistischer Tradition ihren Platz. Der Gegensatz zwischen aristotelischer Philosophie als Weltauslegung und praktische Lebenslehre, die ja auch Luther nicht ignorieren konnte, zur paulinischen Theologie, wie sie Luther durch Augustinus nahegebracht war, wird ausdrücklich betont. Daß damit die Philosophie, wenn ihr auch gegenüber der Theologie immer noch eine dienende Funktion zugeschrieben war, in ein loseres Verhältnis zur Theologie als im scholastischen Lehrgebäude tritt, wird eine Entwicklung fördern, in der die Philosophie zu eigenem Rang zurückfindet; sie wird, ohne die Theologie befragen zu müssen, zur propädeutischen Wissenschaft auch der anderen Wissenschaften. Signal ist die Neuübersetzung des Aristoteles, die sich der Aufnahme des Griechischen in den Lehrplan einfügt. Freilich bleiben Unterschiede von Land zu Land. Man kann über das ganze Jahrhundert hin verschiedene Richtungen beobachten, die sich nebeneinander im universitären Raum unter divergierenden Prinzipien ausbreiten, mögen sie auch alle vom Humanismus nicht unberührt geblieben sein.[76] Auch nachdem sich die protestantische Universität mit ihren starken humanistischen Einschlägen etabliert hat – Wittenberg wird das Vorbild für Tübingen, Leipzig, Greifswald, Rostock, Frankfurt a.d. Oder und darüber hinaus unmittelbar auf die Neugründungen Marburg, Königsberg und Jena wirken –, auch danach sehen wir noch die von der katholisch-konservativen Idee geprägte scholastische Universität. Köln etwa hielt noch lange an den alten Lehr- und Studienformen fest. Der Gegensatz zu den von der humanistischen Idee durchdrungenen Universitäten, in denen Antike und Urchristentum besondere Würdigung erfahren und der Geist der Philosophia Christi des Erasmus lebendig ist, ist deutlich zu sehen. Heidelberg etwa kann dafür benannt werden, aber für eine gewisse Zeit auch Krakau, das sich später wieder ganz der alten Kirche anschließt. Neben diesen beiden, wie ausführlich berichtet, steht die von der reformatorischen Idee erfüllte Universität, die sich freilich, wie wir wissen, mit der humanistischen Idee verbindet. Die Unterschiede der Konfession lassen sich auch hier nicht verwischen. Schließlich bildet sich unter dem Einfluß der Erneuerung des Katholizismus die Idee einer Universität der Gegenreformation heraus, deren

[75] 6. 73.
[76] 124. 119ff.

Träger die Societas Jesu ist; die Jesuitenkollegien sind hier zu nennen oder etwa die Universität Dillingen. Es gibt schließlich, alle Reformbestrebungen an Radikalität überbietend, die Forderung der Wiedertäufer und Sozialrevolutionäre, die Universität mitsamt aller herkömmlichen Bildung abzuschaffen, um die Befreiung von jeglicher Orthodoxie, sei es katholischer oder protestantischer Provenienz, ins Werk zu setzen. Auch das ist im übrigen, wie der Zeitgenosse des zwanzigsten Jahrhunderts weiß, ein Strang, der immer wieder seine Vertreter finden wird.

England

Anders als in Deutschland, wo der Sturm der Reformation die Universitäten zu einer Zeit erfaßt, da der Humanismus seinen Höhepunkt erreichte, entwickeln sich die Universitäten jenseits seiner Grenzen. In England, in dem doch Erasmus eine geliebte humanistische Heimstatt finden wird, kommt es zu keinen Neugründungen. Einschneidende Änderungen greifen erst später–auf Geheiß des Königs und seines Kanzlers Cromwell–Platz. Das erstaunt nicht nur, weil doch der englische Humanismus sich mächtig ausbreitete, sondern verblüfft auch deshalb, weil der Sturm der Reformation in England zum ersten Mal sich erhob, Wyclif um Erneuerung der Kirchen stritt und die das Gefüge des Staates erschütternde Volksbewegung der Lollarden auslöste. Aber gerade an seiner Geburtsstätte, der Oxforder Universität, wurde das Lollardentum gewaltsam unterdrückt. Die früh an der Universität einsetzenden theologischen Auseinandersetzungen erhellt die Tatsache, daß mehr als eine Generation, bevor Wyclif an der Oxforder Universität lehrte und eine Synode schließlich ihn aus dem Universitätsamt auf eine Pfarre verbannte, Wilhelm von Ockham zu Beginn des 14. Jahrhunderts in Oxford studiert und wahrscheinlich auch als Magister regens gelehrt hatte. Es muß angenommen werden – wenn auch sichere Zeugnisse fehlen –, „daß der Zusammenstoß Ockhams mit den Lehrautoritäten der Universität in Oxford erfolgte“[77]. Die theologischen Spannungen durchherrschen also schon lange vor Wyclif das Oxforder Lehrgebäude.

Wie auch immer, es bleibt bei den beiden großen Universitäten von Oxford und Cambridge. Sie durchlaufen zwischen 1450 und 1550 Entwicklungen, die sowohl die Organisation des Studiums als auch die Studieninhalte betreffen. Es bildet sich das für sie typische System der "colleges" aus, in welchem an die Stelle einer großen Zahl verstreuter Studiengemeinschaften nun die "colleges" und "halls" in geringer Zahl treten. Gleich-

[77] 86. 34.

zeitig greift das auch von den kontinentalen Universitäten bekannte Verfahren Platz, wonach die unteren Grade bereits Unterricht zu übernehmen hatten. Zugleich wuchsen die Anforderungen an das Studium: Man wurde Magister nach sieben Jahren, Doktor der Theologie nach neun bis zehn Jahren. Nachdem seit 1490 festangestellte Professoren eingeführt wurden, griff auch eine stärkere Selektion durch, mit welcher eine Niveauerhöhung der Lehre verbunden war. 1531 – eine hübsche Episode – verweigerten die Vorstände der juristischen Studiengemeinschaften einem "regent doctor" die Gebühren, „weil seine Vorlesungen von ungenügender Qualität waren“[78].

Hinsichtlich der Studieninhalte erfahren wir, daß nun die patristische gegenüber der scholastischen Literatur bevorzugt wird, was etwa in den Statuten des Corpus Christi College von 1517 Niederschlag findet, wonach die Lektoren den „sanctos et antiquos doctores“ zu folgen haben.

In der Artistenfakultät macht sich der humanistische Einfluß bemerkbar, wie sich aus Buchinventaren ebenso ablesen läßt wie aus Briefsammlungen. Auch findet sich nun die Vorschrift, daß für das Studium der Rhetorik Ciceros ›Rhetorik‹ zu verwenden und die ›Metamorphosen‹ des Ovid und das Werk des Vergil zu lesen seien. In den Bibliotheken finden sich die ›Elegantiae‹ des Lorenzo Valla, die Grammatik des Theodor Gaza, die den Humanisten lange Zeit als maßgebliche Grammatik galt, die Reden des Demosthenes, Schriften des Erasmus sowie Neuausgaben des Aristoteles. Die Literatur war von den zahlreichen Engländern, die seit der Mitte des 15. Jahrhunderts nach Italien zogen, um dort Studien zu treiben, in die Heimat gebracht worden. William Grey, Richard Flemmyng, John Tiptoft wären hier zu nennen. Am Ende des Jahrhunderts sind die klassischen Studien kräftig genug, um die alte Ordnung zu verdrängen; schon um die Mitte des Jahrhunderts drückt die lateinische Renaissance dem Lehrplan in Oxford ihren Stempel auf. Aber weder für Oxford noch für Cambridge, lesen wir,[79] war es eine fruchtbare Periode. Zwar wuchs Cambridge an Zahl der Studierenden und an Bedeutung, aber nur weil die Eltern ihre Kinder nicht mehr nach Oxford, das wegen seiner Häresie in Verruf geraten war (recently notorious for its heresy), schicken wollten. Oxford aber verfiel, was Studentenzahl und Bildungsqualität anbelangte. Anstatt zur Universität zu gehen, so wird berichtet, suchten begabte junge Menschen lieber ihren Vorteil an Plätzen, wo Bedarf für Gebildete bestand, in der Rechtsprechung, in der Verwaltung oder im Handel.

Im Untergrund bleibt der Streit zwischen Humanisten und Scotisten, zwischen alter und neuer Lehre. Erst mit der nationalen Reformation

[78] 98. 105.
[79] 90. 181.

Heinrichs VIII. ändert sich das Bild, das noch Erasmus recht düster gezeichnet hatte hinsichtlich des Griechischunterrichts, den er in Cambridge gab. 1535 wurde das Studium des kanonischen Rechts verboten, die Sentenzen des Petrus Lombardus wurden zugunsten des Bibelstudiums abgeschafft, die aristotelische Logik wurde, gleichsam in humanistischer Fassung, dem Philosophiestudium zugrunde gelegt, die Studien in Griechisch, Latein, Hebräisch und Mathematik wurden ebenso gefördert wie Medizin. Damit ist das Ende der mittelalterlichen Studien herbeigekommen. „Als wir das zweite Mal zum New College kamen", schreibt ein Dr. Layton, der im Auftrag Cromwells die Universitäten visitierte, „nachdem wir Euere Verbote [hinsichtlich des scholastischen Studiums – G. B.] bekanntgemacht hatten, fanden wir den ganzen großen Hof voll von den Blättern des Duns Scotus, die der Wind in alle Ecken blies".[80] Auch Oxford, das Wyclif einmal den „Garten des Herrn" genannt hatte und das – bis heute – in den Namen seiner Colleges die theologische Herkunft und christliche Fundierung zur Schau stellt: St. John's, All Souls, Corpus Christi, Trinity College – auch Oxford kann sich dem Einfluß des italienischen Humanismus nicht entziehen. Noch vor der Wende zum 16. Jahrhundert liest John Colet – unter dem Eindruck seiner Reise in das neuplatonische Florenz – am St. Mary's College über das Neue Testament und die Briefe des Paulus und versenkt sich in das Studium des Griechischen. Und der Bischof von Rochester, Präsident der Universität von Cambridge, John Fisher, bietet Erasmus einen Lehrstuhl für Griechisch an.

Auch in England bleiben die meisten bedeutenden Humanisten außerhalb der Universitäten. Thomas Morus verzehrt sich im Staatsdienst; der andere Freund des Erasmus, John Colet, wirkt nachhaltiger an der St. Pauls-Kathedrale als zuvor an der Universität. Seine 1503 gegründete St. Pauls-Schule wird die erste humanistische Schule Englands. Vielleicht ist es das sich hier aufbauende Spannungsfeld zwischen den Universitäten, in denen alte Form und neuer Geist eine einzigartige Mischung eingingen, und den außerhalb ihrer sich bildenden Zirkeln und Institutionen des Humanismus, das die einzigartige Weise des insularen Humanismus hervorruft. Zwar war der Humanismus zuerst in den Universitäten, nicht in den Schulen heimisch geworden,[81] das Mißtrauen der konservativen Gelehrten drängte jedoch die jungen Humanisten auf die Seite der Kirchenreformer, die sich ihnen als Verbündete darstellen mußten. 1535 führte eine Universitätsreform zur Unterdrückung des kanonischen Rechts, aber zur Förderung der drei klassischen Sprachen, der Mathematik und der Medizin.

[80] 90. 249.
[81] 90. 247.

Dahinter steht, auf der Insel stärker noch als auf dem Festland, das nationale Motiv der Bewegung, das einerseits zur anglikanischen Kirche, andererseits zur politischen Unabhängigkeit führt. Die vielschichtige Gestalt Heinrichs VIII. ist der Kreuzungspunkt der kirchenpolitischen mit den humanistischen Erneuerungstendenzen, in welchen jene Bildung angelegt ist, die dem Individualismus, dem Selbstbewußtsein, der wirtschaftlichen Erstarkung und der gesellschaftlichen Bedeutung des neuen Handelsbürgertums – mit Wendung gegen kirchlich-mönchische Askese – Fundament und Stütze gibt. Der englische Humanismus, der sich ebenso in der verschwenderischen, keine Kosten scheuenden Anhäufung kostbarer Bücher und Manuskripte wie in der unerschütterlichen Selbstsicherheit der Oxforder und Cambridger Absolventen dokumentiert,[82] hat zu seinen besonderen Charakteristika die Verbindung der Freiheit des Geistes mit religiöser Disziplin, die Unterwerfung der Universitäten und Colleges unter die königlichen Vorrechte und die etablierte englische Kirche, dazu tritt die entschiedene Wendung von der schieren Bildung der Buchgelehrten zu der Bildung weltoffener Herren, die im Werk Thomas Elyots endgültigen, für Jahrhunderte gültigen Ausdruck findet. Die mit anderem nicht vergleichbare Lebensform des Gentleman ist das Produkt eines Humanismus, der lebenspraktisch wird und die Gelehrsamkeit der Universitäten nicht zum Selbstzweck werden läßt. Auch das ist möglicherweise ein Grund, warum England über viele Jahrhunderte sich mit seinen beiden klassischen Universitäten begnügt.

Frankreich

Wer an Frankreich denkt, denkt an die Pariser Universität – sehr zu Unrecht, weist doch Frankreich zur Zeit der Universitätsgründung in Prag bereits acht Universitäten auf, von denen einige, z.B. Montpellier, vorzüglichen Ruf genossen. Paris aber bleibt lange die Mutter der Universitäten und seiner Organisation nach das Vorbild für viele abendländische Universitäten, welchen Rang es nur mit dem wohl noch älteren Bologna teilen muß. Diese beiden geben für alle Universitäten die Gliederungsprinzipien, vielleicht mit der einen Ausnahme Oxfords, dem auch Denifle eine Sonderstellung zubilligt[83] und das sich im übrigen auch dadurch von den anderen Universitäten unterscheidet, daß es als erste alle vier Fakultäten umfaßt. Bologna und die von da aus inspirierten italienischen Universitätsgründungen – die alle noch dem Frühhumanismus in Italien voraus-

[82] 83. 44.
[83] 26. 752.

gehen, aber auch später nicht humanistisch werden – „waren in erster Linie juristische, Salerno und Montpellier medizinische Hochschulen, vorwiegend von Laien besucht ... Die meisten italienischen Universitäten hatten überhaupt keine theologischen Fakultäten (auch Bologna erst seit 1360/4), Wien, Krakau, Rostock anfangs auch nicht, während man umgekehrt in Paris nicht weltliches, römisches Recht studieren konnte, nur Kirchenrecht im Zusammenhang mit der Theologie“[84].

Die einzigartige Stellung der Pariser Universität geht von ihrer theologischen Fakultät aus, die für das ganze Abendland maßgeblich wurde. Mit der Krone der mittelalterlichen Wissenschaft, der Theologie, trug sie die Würde eines geistigen Führungsanspruchs, der noch im Hochhumanismus sich zeigt, wenn die Sorbonne zum Schiedsrichter in der Fehde Reuchlins mit Pfefferkorn aufgerufen wird. In Paris auch bildet sich zuerst – anders als in Bologna, wo die Scholaren sich zu den „universitates“ – ultramontanen und citramontanen – zusammenschlossen – die Magister-Universitas als die Gemeinschaft der Lehrenden. Dadurch konnte sich, indem in recht komplizierter Verwaltungsform Magister und Scholaren zugleich einer „Nation“ anzugehören hatten, jene „universitas magistrorum et scholarium“ herausbilden, die letztlich der ganzen Institution den Namen gegeben hat. Während in Oxford sich nur zwei Nationen bildeten, eine „nördliche“ und eine „südliche“, in welchen die Studenten unterschiedlicher landsmannschaftlicher Herkunft sich organisieren mußten, bildete sich in Paris eine Vielzahl von Nationen: eine „natio Anglicorum“, zu der die Deutschen mit Engländern und Schotten gehörten, eine „natio Normannorum“, eine „natio Picardorum“ und eine „natio Gallicorum“. Die Rolle dieser von allen späteren Universitäten übernommenen Nationen-Gliederung bei der Entstehung des viel späteren politischen Nationalgedankens, der sich im ausgehenden Mittelalter hinter dem fürstlichen Herrschaftsanspruch und dem Willen zur Landessouveränität verbarg, müßte überdacht werden.

Für die Rolle der Universitäten in den geistig bestimmten Auseinandersetzungen der Zeit wird jedoch sofort jene Theorie von den Kulturmächten Sacerdotium, Imperium und Studium maßgeblich. Diese von Alexander von Roes um 1281 entwickelte Lehre sagt in geschichtsphilosophischer Herleitung, daß das Sacerdotium dem Römer, das Imperium dem Deutschen, das Magisterium dem Gallier zugefallen sei. Das Sacerdotium hat seinen Platz in Rom, das Imperium hat seinen vierfachen Sitz in Aachen, Arelat (das burgundische Arles), Mailand und Rom, das Studium aber hat seinen Stuhl in Paris. Ist damit zunächst die Rolle der akademischen Theologie bei der Leitung der christlichen Völker hervorgehoben,

[84] 43. 26f.

so wird doch damit gleichermaßen eine Rangerhöhung der Wissenschaft ausgesprochen, mit welcher die Geistesmacht neben der politischen und der kirchlichen ebenbürtig steht. Für die Universitätsgeschichte wird die Gründung eines Kollegiums durch den Kaplan Ludwigs IX., des Heiligen, Robert de Sorbon, 1257 folgenreich, als hier schon erstmalig ein Kollegium für Studenten der gleichen Fakultät mit der Absicht gegründet war, eine Studiengemeinschaft durch Gemeinsamkeit der Lebensregeln, aber auch vor allem durch die Gemeinsamkeit der Studieninteressen zu schaffen. Oxford wird sehr bald nach diesem Muster seine "colleges" gestalten. 1271 stiftete Robert de Sorbon noch ein Kollegium für Studenten der Artistenfakultät, das mit dem Theologie-Kollegium der Sorbonne verbunden war. Diese wurde schon nach wenigen Jahrzehnten „Schauplatz der allgemeinen Veranstaltungen der theologischen Fakultät ... Seit Anfang des 16. Jahrhunderts betitelten sich sämtliche Doktoren der theologischen Fakultät als Doktoren der Sorbonne."[85]

Die Welle von Universitätsgründungen im deutschsprachigen Raum hat ihre Parallele in Frankreich, wo in Aix 1409, in Poitiers 1421, in Dôle (später Besançon) 1423, Cæn 1436, Bordeaux 1451, Valence 1452, Nantes 1461 und Bourges 1463 Universitäten entstehen. In der zweiten Hälfte des 15. Jahrhunderts dringt auch hier der Humanismus ein, ist auch hier in die theologischen und religiösen Auseinandersetzungen verstrickt, wird jedoch die scholastische Methode und Lehrform nicht verdrängen können. Die Strukturen der Universität, die das Mittelalter ausgebildet hatte, erwiesen sich als so stark, daß gar noch zu Beginn des 20. Jahrhunderts ein Historiker der Pädagogik feststellen kann: „Wenn ein Student des Mittelalters zurückkehren und hören könnte, wie wir von Universität, Fakultät, Kollegien, Bakkalaureat, Lizenz, Doktorat, Studienplänen, gewöhnlichen und außergewöhnlichen Lektionen sprechen, er würde glauben, daß sich nichts geändert hat, außer daß Französisch die Stelle des Lateinischen eingenommen hat ... Das Schulleben fließt in dem Bett, das ihm das Mittelalter gegraben hat."[86] Um neue Lehrformen durchzusetzen und dem Humanisten die Möglichkeit der Lehre zu geben, gründete – mit deutlicher Spitze gegen die Universität – Franz I. das Collège de France; und es war Franz I., der den in Italien geschulten Humanisten Jacques Lefèvre d'Etaples, Faber Stapulensis, wegen seiner christlich-reformistischen Lehrtätigkeit an der Sorbonne in Schutz nehmen mußte. Noch 1560 fordern die Generalstände vergeblich die Gründung von Lehrstühlen für Moral an allen Universitäten; noch immer verweigern die Universitäten, voran die Sorbonne, „im Kampf gegen die Reformatoren und die Reforma-

[85] 112. 48.
[86] 28. 152.

tion"[87] das humanistische Latein; noch 1562 muß Petrus Ramus das Verschwinden des scholastischen Disputs, die Einrichtung öffentlicher Lektionen und die Schaffung eines Lehrstuhls für Bürgerliches Recht fordern. Und Rabelais schüttet seinen Spott aus über die Königin Quintessenz mit dem Zunamen Entelechia und über ihren Hofstaat, dem es „nicht für absurd galt, zwei kontradiktorische Behauptungen in Modus, Form, Figura und Zeit aufzustellen. Und ist doch eine Sache, um derentwillen sich die Sophisten in Paris eher umtaufen ließen, als daß sie darin nachgäben"[88].

Aber er läßt auch seinen Gargantua für Pantagruel ein humanistisches Studienprogramm entwerfen: „Im Griechischen bilde deinen Stil an Platon, im Latein an Cicero. Vervollkommne dich in Geometrie, Arithmetik und Musik, die Astronomie aber suche bis ins einzelne zu ergründen. Dahingegen flieh die Astrologie und Sterndeuterei als eitel Lug und Trug. Widme dich der Kenntnis des bürgerlichen Rechts und eifere, es auch philosophisch zu erfassen. Vertiefe dich allen Ernstes in die Naturkunde ..."[89] Zuvor hatte er der Buchdruckerkunst besonders gedacht, und das mag daran erinnern, daß der Humanismus eben dieser Erfindung seine immense Verbreitung verdankte. In Frankreich – wie in Basel oder in Italien – sind es die Druckerpressen, um die sich Zentren des Humanismus bilden. Die Drucker selbst sind häufig Gelehrte, Dichter, Humanisten.

Nichtsdestoweniger wird in der Regierungszeit Franz I. auch die französische Universität sich den humanistischen Lehrinhalten öffnen. An die Stelle der Dialektik tritt die humanistische Literatur. Die logische Kultur des Mittelalters, um ein Bild Durkheims zu gebrauchen, wird durch eine literarische Kultur ersetzt. Diese wird allerdings nicht von langer Dauer sein. Schon in der Mitte des 16. Jahrhunderts „entwickelte sich gegenüber der Universitätsorganisation eine neue Erziehungsorganisation, die der Universität ihr Monopol entriß, ja, die mit einer außerordentlichen Geschwindigkeit sogar eine Art Alleinherrschaft im Schulleben eroberte, und das war die Gesellschaft der Jesuiten"[90]. Das freilich galt nicht nur für Frankreich, sondern für alle katholischen Länder bis in die eben erst entdeckten Länder hinein.

[87] 75. 98.
[88] 105. 711f.
[89] 105. 180.
[90] 28. 214.

V. HUMANISMUS IN OSTEUROPA

Der Rundgang zu europäischen Universitäten zeigte diese unter zunehmendem Einfluß des Humanismus und erwies den Humanismus als ein europäisches Phänomen, dessen Erscheinungsformen im akademischen Raum vor allem in der Artistenfakultät und dann auch in der theologischen Fakultät wie in den übrigen Fakultäten sichtbar werden. Die theologische Fakultät freilich wird ihre Neugestaltung letztlich unter dem Einfluß der Reformation vollziehen, welche die tiefgreifenden Reformen der Universitäten vorantrieb und in der Konfessionalität der Universitäten manifest wurde. Die enge Verknüpfung von Humanismus und Reformation ist offenkundig. Sie wird noch deutlicher, wenn man den Humanismus jenseits der Universitäten verfolgt, der Hinterlassenschaft einzelner Repräsentanten des Humanismus nachgeht und deren Leistungen in den verschiedenen Ländern Europas sich vergegenwärtigt.

Während der Humanismus im Italien der Gegenreformation, der Ketzerverfolgung und des europäischen Krieges, der auf italienischem Boden ausgefochten wird, seine Blüte schon hinter sich hat, treten nun in den nördlichen Ländern humanistisch Gebildete in den Lichtschein der Geschichte, deren Namen bis heute Begriff geblieben sind, der vielen Gelehrten minderen Ranges gar nicht zu gedenken, die doch nichtsdestoweniger das ihre getan haben, dem Humanismus sowohl als literarischer und künstlerischer als auch als pädagogischer Bewegung die Breite der Wirkung zu sichern und ihn zur europäischen Macht werden zu lassen.

In Spanien sehen wir Ludovico Vives am Werk, einen der größten Pädagogen seiner Zeit, der eine systematische Pädagogik schreibt, die bis zu Comenius hin, also runde 150 Jahre, nicht überholt worden ist; und Kardinal Ximenes de Cisneros ist zu nennen, der Gründer der Universität von Alcalá, der für ein Menschenalter das geistige Gesicht Spaniens bestimmt. Er ist ebenso wie Vives von Erasmus inspiriert und von den Erasmischen Bemühungen um die Wiederherstellung der Bibel und die Zurückgewinnung der heiligen Sprachen, des Lateinischen, des Griechischen und des Hebräischen, zutiefst beeinflußt – wenn schließlich auch beide den Humanismus in Spanien nicht dauerhaft verankern. Ximenes richtet Lehrstühle für Griechisch, Hebräisch, Arabisch und Syrisch ein und bringt das große Werk einer polyglotten Bibel in Gang, welche schließlich 1517 vorliegen wird.

In Frankreich, in dem Franz I. mäzenatisch dem Humanismus das Feld bestellt, wird das Universalgenie Rabelais eine eigene Form des Humanismus entwickeln; in seinem Roman verbindet er das überschäumende Temperament der Renaissance mit der subtilen Geistigkeit des Humanismus und gibt mit der Schilderung der Abtei Thélème das Bild einer in mönchischer Abgeschiedenheit lebenden Humanistenrunde, der freilich die römische Askese so fern steht wie Rabelais selbst. In Frankreich wirkt aber auch der so ganz anders geartete Montaigne, dessen Skeptizismus eine gelassene Weltüberlegenheit hervorbringt, die nur aus humanistischer Haltung heraus verstanden werden kann. Er wird den Humanismus in eine Denkweise überführen, die, frei von dem optimistischen Überschwang, der den Humanismus immer wieder belebt hat, eine nüchterne Pädagogik entfaltet, die der Zeit des Rationalismus vorausarbeitet.

Lange vor Montaigne wirkt in England John Colet, der Freund des Erasmus, und der andere, wohl noch größere Humanistenfreund des Erasmus, Thomas Morus, der Staatskanzler, der einen vornehmen, von innerer Heiterkeit geprägten Humanismus vorlebt. Er wird unsterblich durch seine ›Utopia‹, jene merkwürdige Schrift, die der ganzen Gattung den Namen geben wird, das unvergängliche Beispiel für das Verlangen des Menschen, sich eine vollkommene und harmonische Welt zu träumen; bei Morus ist der Traum durchtränkt von humanistischem Esprit ebenso wie von einem weltüberlegenen Humor, der tiefe Zeitkritik in sich schließt, die aus unbeirrter Weltbetrachtung entspringt.

In Deutschland wird Reuchlin das Hebräische nach dem Griechischen in die humanistische Geisteswelt einbringen. Hutten wird einen politischen Humanismus vertreten, Melanchthon die Verbindung des Humanismus mit der Reformation zur Vollendung bringen. Und Erasmus, aus dem burgundischen Brabant stammend, gehört der ganzen Welt.

So findet der Humanismus allenthalben seine großen Repräsentanten. Andere stehen neben ihnen und verdienen Würdigung. Aufbruchstimmung durchzieht Europa. Gelehrsamkeit wird als Befreiung erlebt und prägt das Selbstbewußtsein derer, die den neuen Geist verkörpern.

Die Spannweite der Bewegung wird vollends sichtbar, wenn man den Blick auf die Grenzen Europas richtet. Es gilt daher, die Spuren des Humanismus auch im Osten aufzusuchen, die sich keineswegs nur mit dem Namen des Maximos Grek verbinden, dieser faszinierenden Erscheinung, die den Humanismus bis in das junge Zarenreich hineinträgt und in seiner unerschütterlich kämpferischen Haltung eine unübersehbare Verkörperung des zugleich politischen und theologischen wie des wissenschaftlichen Humanismus ist. In Polen begegnet Laurentius Corvinus, in Ungarn Pannonius. Die Universitäten setzten Zeichen.

Aber auch im Deutschen Ordensland, wenig bemerkt und durch die gescheiterte Gründung einer Universität in Kulm und das baldige Verschwinden des Ordensstaates kaum zur Kenntnis genommen, findet sich das Aufleben des Humanismus schon in früher Zeit. Darauf den Blick zu werfen, belehrt über die vielfältigen Wege erneut, die der Humanismus geht. Die humanistischen Spuren im Osten machen gerade in ihrer Unauffälligkeit in der Zeit des Umbruchs die sich nach den ersten Regungen des Humanismus in Böhmen vollziehenden Wandlungen im Denken klar.

Konrad Bitschin

In Kulm wird um das Jahr 1435 eine Schrift verfaßt mit dem Titel ›Libri de vita conjugali novem‹. Der Verfasser ist Konrad Bitschin, Stadtschreiber zu Kulm. Mit dieser Schrift fassen wir den Übergang von der scholastischen zur humanistischen Denkweise in besonders reizvoller Weise, da sich die Elemente beider hier zu mischen beginnen und Bitschin offensichtlich auf scholastischen Vorbildern aufbaut. Bildungsgeschichtlich reizvoll wird das Werk, weil diese Schrift über die Ehe in neun Büchern auch ein umfangreiches Kapitel über die Erziehung enthält, so daß nun nicht nur der frühe Humanismus selbst greifbar wird, sondern auch die Veränderungen, die sich im pädagogischen Denken vollziehen, hervortreten.

Von Bitschin ist nicht allzuviel bekannt. Er hat etwa in den Jahren zwischen 1400 und 1470 gelebt, hat wahrscheinlich in Paris studiert – und dort noch eine ganz mittelalterlich geprägte Universität vorgefunden –, ist möglicherweise auch in Italien, wahrscheinlich in Bologna, gewesen, was sich aus gewissen Stellen schließen läßt, die Vertrautheit mit dem italienischen Humanismus verraten. So etwa ist die Erwähnung der ›Griseldis‹-Novelle Boccaccios auffällig, die aus humanistischer Liebhaberei und freundschaftlicher Neigung heraus Petrarca ins Lateinische übersetzt hatte. Darüber hinaus findet sich eine Vielzahl von Zitaten aus Schriftstellern, die von den Humanisten bevorzugt werden: Cicero wird an vielen Stellen berufen, aber auch Seneca taucht auf, Cato, Augustinus, Ovid und Boethius. Grundlage allerdings, die Herkunft aus scholastischer Tradition bekundend, ist die Philosophie des Aristoteles, der durchaus in der mittelalterlichen Manier des „philosophus dixit“ beigezogen wird.

Die geistige Herkunft Bitschins bleibt Vermutung. Als Theologe, der er war, wird er sich dazu in Paris gebildet haben, wie er dort auch schon das scholastische Rüstzeug empfangen hat. Später hat er ein Pfarramt innegehabt. Die Vermutung geht dahin, daß er aus dem schlesischen Ort Pitschen stammt. Doch wird sein Wirken erst wirklich greifbar, als er 1430 sein Stadtschreiberamt in Kulm antritt, was im übrigen eine nicht alltägliche Bildung voraussetzte. Das Amt hat er bis 1438 inne. Wieweit von ihm schon zu jener Zeit Anregungen für die Gründung einer Universität ausgingen, läßt sich nicht sagen; daß er sich mit solchen Gedanken trug, dürfte sicher sein. Der Versuch der Gründung selbst liegt erst jenseits seiner Lebenszeit. Seine Tätigkeit in Kulm fällt in die Zeit des Niedergangs des Deutschen Ordens zwischen der Schlacht von Tannenberg 1410 und dem Frieden von Thorn 1466. Aus seiner Amtszeit sind mehrere, seiner Verwaltungstätigkeit entspringende Bücher überliefert, Ordnungsbücher und amtliche Schriften, die er als Stadtschreiber zu verfertigen hatte; Tagebücher sind auch darunter, Rechnungsbücher und Protokolle. Er war als Stadtschreiber und damit als Schriftkundiger zugleich Protokollant, Chronist, Rechtsbeistand, Urkundsbeamter und war in dieser Eigenschaft Mitglied von Gesandtschaften, die entweder Botschaften zu anderen Städten brachten oder zu Verhandlungen den Deutschordensmeister aufzusuchen hatten. Galle führt sieben Amtsbücher auf[1] und verweist auf die von Bitschin verfaßte Fortsetzung der Chronik des Peter von Dusburg. Darin findet sich zugleich ein Hinweis auf die Bestrebungen, der Stadt, die um ihre Unabhängigkeit gegenüber dem Deutschordensland rang, eine Universität zu geben. Eine Urkunde aus dem Jahre 1454 von Thorn nennt ihn als Verwalter eines geistlichen Amtes; 1464 wird er nochmals erwähnt, wo er in den Akten der Marienkirche zu Danzig als ehemaliger Pfarrer zu Rosenberg und zu Schwetz an der Weichsel genannt wird. In einem Bitschin zugeschriebenen Testament wird eine Stiftung zugunsten armer Schüler ausgeschrieben, die im Zusammenhang mit der Gründung einer Schule der Brüder vom gemeinsamen Leben stehen kann. Deren Leistung als pädagogische Wegbereiter des Humanismus gilt es auch an dieser Stelle zu gedenken.

Die Schrift nun, die unsere Aufmerksamkeit erregt, ist weit mehr als nur eines der Ehebüchlein, an denen in jener Zeit kein Mangel war; man erinnere sich der Schrift über die Ehe des Francesco Barbaro, die zur Zeit des Konstanzer Konzils einiges Aufsehen machte, in der Jugendzeit des Konrad Bitschin also. Dessen Schrift jedoch ist kaum anders denn eine Enzyklopädie zu nennen, die weit über das hinausgeht, was hinter dem Titel zu vermuten wäre. Es wird das ganze Leben theologisch, moralphilosophisch und wissenschaftlich abgehandelt. Ausgehend von den Sakramenten und dem Sakrament der Ehe, wovon das erste Buch handelt, übergehend im zweiten zu einer recht bewegten Darstellung ehelicher Treue, findet sich im dritten eine Beschreibung der Tugenden und Laster der Frau. Das vierte Buch – durch das Bitschin uns hier fesselt – beschäftigt sich mit den Grundsätzen der Erziehung unter der Überschrift ›De prole et puerilium regimine‹, also mit der Nachkommenschaft und der Führung

[1] 9. XXVII.

der Knaben. Das fünfte Buch handelt von der Familie und dem Hauswesen, wobei Bitschin Gelegenheit findet, sich nicht nur über Dienerschaft, sondern auch über die Freundschaft zu verbreiten. Der sechste Band, nun die engeren Grenzen des Themas verlassend, berichtet vom Staat in seiner Beziehung zum Hauswesen, von den Grundsätzen der Staatsverwaltung, des Handels und des Verkehrs, von Rechtsprechung und Gesetzgebung; und schließlich – hier wird sein Gewährsmann, Aegidius Colonna, besonders scharf greifbar – wird im siebten Buch nicht nur eine Lehre von den Regierungsformen entwickelt, sondern Platz gefunden, um die Tugenden eines Fürsten zu beschreiben und die Bedeutung gelehrter Bildung für den Fürsten herauszuarbeiten. Das achte Buch bietet eine Beschreibung des Kriegs- und Soldatenwesens mit genauer Darstellung der Reiterei, der Pferdezucht, der Pferdepflege und der Pferdekrankheiten. Dem fügt der auch politisch involvierte Schreiber, ungeordnet im Grunde, zwei Briefe gegen die Hussiten an – zeitgeschichtlich höchst interessante Passagen. Danach schließlich wendet er sich im letzten und neunten Buch der Geistlichkeit zu, erörtert die Grade und Pflichten der Geistlichen, vom Papst bis zu den niedrigsten Stufen, spricht vom Lehramt der Prediger, der Lebensführung der Geistlichen und den Amtsbefugnissen des Priesters. Dazu gehört auch eine Komputuslehre, die mit astronomischen Erklärungen ergänzt wird. Zum Schluß fehlt auch eine Betrachtung des Lebens im Jenseits nicht. Aus alledem läßt sich die Vermutung wagen, daß im Blick auf die noch zu eröffnende Universität von Kulm hier ein Lehrbuch geschaffen werden sollte für Studierende. Darauf weist auch hin, daß Bitschin seinem Werk ein Quellenverzeichnis angefügt hat, das nicht weniger als 68 theologische und 98 sonstige Schriftsteller aufzuführen weiß – eine erstaunliche Zahl, die eine gut ausgestattete Bibliothek erforderte. Von dieser ist freilich nichts bekannt.

Eine Untersuchung des vierten Buches macht nun deutlich, daß es sich um ein Handbuch für Studierende handeln muß. Hier nämlich ist der wesentliche Teil der zeitgenössischen Wissenschaft referiert, so daß sich von einem enzyklopädischen Rundgang durch die Wissenschaften sprechen läßt, der die Aufgaben des Studiums behandelt und mit der Theologie endet. Leider ist die Handschrift nicht allgemein zugänglich, und es gibt auch noch keine vollständige Übersetzung davon, ausgenommen eben die Pädagogik Bitschins, womit das einzige Mal bislang ausführlichere Kunde über Bitschin gegeben worden ist.

Für dieses vierte Buch zumindest läßt sich sagen, daß ihm Aegidius Romanus sein Vorbild war, wobei Bitschin in damals nicht seltener Weise oft recht unbekümmert einfach aus Aegidius Romanus abschreibt. Aegidius Romanus, ein Römer aus dem berühmten Hause Colonna, war ein Schüler des Thomas von Aquin, lebte zwischen 1243 und 1316, wurde später Erzieher des künftigen Königs Philipp des Schönen, dann Erzbischof von Bourges, Ordensgeneral der Augustinereremiten, lehrte in Paris von 1285–1316 Theologie und starb in Avignon. Sein Werk von der Prinzenerziehung, ›De regimine principum‹, angelehnt an Ethik, Politik und Denkweise des Aristoteles, fand weite Verbreitung; es wurde in alle europäischen Sprachen übersetzt. Es handelt vom Fürsten als Menschen, der moralischen Prinzipien zu folgen und sich selbst zu erziehen habe, vom Fürsten als einem Familienmitglied, das ökonomischen Gesetzmäßigkeiten unterliegt, und vom Fürsten als dem Herrscher, dem die Politik und das öffentliche Wohl anvertraut ist. Immerhin ist damit eben diejenige Philosophie des Aristoteles, die praktische nämlich, zugrunde gelegt, die einmal ganz dem Humanismus vertraut und nachahmenswert wird.

Bitschin nun schreibt keinen Fürstenspiegel – für wen auch –, sondern eine bürgerliche Pädagogik. Er geht über Aegidius Romanus weit hinaus, wenn er sich über die allgemeinen Grundsätze und Methoden des Studiums mit Ausführlichkeit verbreitet, wenn er über Nutzen und Notwendigkeit der Gelehrsamkeit sich äußert, welche – im Gegensatz zu Aegidius Romanus – die Hinwendung zu den spekulativen Wissenschaften einschließt, wenn er von dem Studium der Alten spricht und die höheren Studien behandelt, wenn er die Bedeutung der Universität hervorkehrt, und wenn er vor allem auch mit einiger Ausführlichkeit auf die Handwerkskünste eingeht.

Er unterscheidet zwischen den theoretischen Wissenschaften und den mechanischen Künsten und beschreibt diese als zwei verschiedene Bildungsformen. Nicht alle jungen Menschen sind, so seine Meinung, für die theoretischen Wissenschaften geeignet, und für alle die, die dazu nicht geeignet seien, sondern für die mechanischen Künste, seien sie geradezu schädlich. Hier ist die alte ständische Gliederung noch vorherrschend. Während die theoretischen Wissenschaften „in der Hauptsache für die Söhne der Adligen und Mächtigen erfunden sind“, sagt er noch recht naiv, die eigene Herkunft offenbar nicht bedenkend, „so werden zu deren erfolgreichem Studium auch ausreichende Mittel verlangt“.[2] Die mechanischen Künste aber sind für die niederen Stände geeignet – und diese mechanischen Künste, Handwerke also, sind, nach Konrad Bitschins Übersicht: Leinenweberei, Waffenschmiedehandwerk, Schiffahrt, Ackerbau, Jagd, Medizin und Theaterwesen. Bei den theoretischen Wissenschaften werden zwar, durchaus traditionell, die Sieben Freien Künste genannt: Grammatik, Logik, Rhetorik, Musik, Arithmetik, Geometrie, Astronomie, aber er ergänzt sie – und da scheinen doch humanistische Einflüsse unver-

[2] 9. 174.

kennbar – durch Naturphilosophie, Moralphilosophie und Metaphysik, wobei er die Moralphilosophie nach der Gliederung der praktischen Philosophie des Aristoteles – und in Anlehnung an Aegidius Romanus – in Ethik, Politik und Ökonomie aufteilt. Ein humanistischer Zug mag sich nun aber auch darin erkennen lassen, daß Bitschin beide Bildungsformen, die wissenschaftliche und die handwerkliche, – er nennt übrigens die mechanischen Künste auch „Wissenschaften" – einander gleichstellt: „Und obwohl sie sich in so ganz verschiedenen Verhältnissen befinden, tragen sie nichtsdestoweniger alle zur Erhaltung und zum Wohl der Gesamtheit bei ... Aus diesem Grunde soll niemand, wie sehr er auch erhaben dastehe, seinen Nächsten verachten, auch nicht den Geringsten wegen niedrigen Standes oder wegen bescheidener Verhältnisse oder wegen seines Handwerks."[3] Bemerkenswert ist, daß die Medizin, damals doch schon Universitätswissenschaft, unter den mechanischen Künsten rangiert. Der Umbruch immerhin wird spürbar.

Noch deutlicher zeigen sich die frühen humanistischen Einschläge, wenn er auf die Sprachen zu sprechen kommt: „Man muß aber wissen, daß es drei Hauptsprachen gibt: nämlich Hebräisch, Griechisch und Lateinisch. Unter diesen wird das Hebräische die erste Mutter aller Sprachen genannt."[4] Das moralphilosophische Interesse und der humanistische Gedanke, daß den Wissenschaften ein eigener Rang zukomme, äußert sich auch in der Rangfolge, die Bitschin gibt: „Danach sind die Gelehrten der Politik und Moralwissenschaft höher zu schätzen als die Kenner von Gesetzen und Rechten, die ohne Kenntnis der Moralwissenschaft sind, gleichwie derjenige höher steht, der ein Urteil fällt, als der, der es nicht tut."[5] Es folgt die Berufung auf Cicero, Seneca, Hieronymus und Augustinus – eine Reihe, die nun durchaus humanistisch ist. Schließlich darf auch nicht vergessen sein, daß er – auch das scheint humanistisch geprägt zu sein, selbst wenn man diese Einflüsse nicht zu sehr strapazieren will – der Demut einen hohen Rang gibt: „Die Grundlage aller Wissenschaft ist die Demut", heißt es lapidar,[6] und er meint damit die Demut als fundamentale Lebensgestaltung gegenüber den Büchern und den Wissenschaften, gegenüber denen auch, die in den Wissenschaften keine Fortschritte machen, aber auch gegenüber jedermann, von dem sich etwas lernen läßt.

Bitschins Werk ist eines des Übergangs, und sicher überwiegt, gestützt auf seine älteren Gewährsmänner, das scholastische Moment. Doch ist

[3] 9. 175.
[4] 9. 136.
[5] 9. 143.
[6] 9. 145.

etwa der Gedanke der Menschenwürde und der grundsätzlichen Gleichheit aller Menschen einer der neueren Zeit, und nicht anders ist es mit der Hinwendung zu einer realistischen Bildung, die über den ganzen Kanon der Freien Künste hinausführt. Und auch die Bemühung, pädagogische Gedanken zu systematisieren, ist schon Teil der sich anbahnenden Wende, wie wenig originell Bitschin auch in seinen Gedanken sein möge. Vielleicht hat sein Übersetzer recht, daß man, auch wenn er Petrarca und Boccaccio zu seinen Gewährsmännern rechnet, „kaum einen Hauch des humanistischen Zuges“[7] spürt; aber auch er, der Übersetzer, muß einräumen, daß im sprachlichen Ausdruck die neue Zeit schon spürbar sei. Jedenfalls wird, mag es Bitschin auch nicht bewußt gewesen sein, der Übergang des Denkens doch schon sichtbar, in Einschüben und Begriffen, in Redewendungen und Sprachgebrauch. Der Humanismus kündigt sich auch hier an.

Rußland – Maximos der Grieche

In Rußland wird der Humanismus in einer Gestalt ganz anderen Formats greifbar, als es Konrad Bitschin war, der doch nur eben berührt vom Humanismus erscheint, über keine Ausstrahlungskraft verfügte, die ihm ein Erinnern gesichert hätte, und sicher in seiner Bildung sich noch in den Grenzen hielt, die das spätmittelalterliche Studium zog.

Die Rede ist von Maximos, der in Rußland den Beinamen der Grieche erhielt – womit seine herausragende Stellung sich schon zu erkennen geben mag, waren doch die Bindungen zwischen dem entstehenden Zarenreich schon im 15. Jahrhundert hin nach Byzanz und zur griechischen Kirche eng gewesen und – in politischer und wirtschaftspolitischer Mission – immer wieder Griechen nach Moskau gekommen. Daß umgekehrt der Moskauer Metropolit Isidor am Unionskonzil von Ferrara und Florenz 1438/39 teilnahm, ist ein vielleicht beliebiges, wenn auch herausragendes Datum für die Verbindung der Russen zum Abendland in der Zeit des frühen Humanismus in Italien. Isidor selbst war, wenn nicht Grieche, so doch griechisch erzogen und gebildet. Seinem etwa hundertköpfigen Gefolge nach Italien gehörten auch griechische Mönche aus russischen Klöstern an. Der Bindung der russischen an die griechische Kirche verdankte auch Maximos seine Moskauer Mission.

Die russische Kirche bewahrte in lebendiger Tradition auch antikes Erbe, und insoweit überrascht nicht „die Tatsache, daß das lateinische Abendland auch im 15. und 16. Jahrhundert bis an die Grenze der griechisch-orthodoxen Kirche und in einer gewissermaßen verdünnten Form

[7] 9. LII.

bis an die Grenzen des Moskauer Staates reichte"[8]. In einzelnen Personen lassen sich die Beziehungen gut nachweisen: russische Diplomaten an der Moldau und in Ungarn am Hofe des Matthias Corvinus, Gesandte am Hof des Kaisers Maximilian, in Siebenbürgen und beim Deutschen Ritterorden. Die russischen Häretiker der Zeit werden Impulse von dort mitgebracht haben. Es entstand „eine Zone der Kontakte und Kontaktmöglichkeiten, die von Schweden und dem Ordensland im Norden bis nach Ungarn und der Moldau im Süden reicht", heißt es in einer Untersuchung über Begegnungen von Rußland mit der Renaissance und dem Humanismus. Der Verfasser muß freilich hinzufügen: „Das Gesamtbild der russischen Geschichte wird dadurch nicht entscheidend verändert."[9]

In der Tat wird das die Bilanz sein. Nichtsdestoweniger wird es für einen historischen Augenblick so aussehen, als könnte dem Humanismus breitere Wirkung beschieden sein; auch er hat in Moskau seine große Stunde. Ähnlich Spanien, wo ein gewaltsames Regiment dem Humanismus keinen Spielraum läßt und aus humanistischer Religiosität sich der wunderbare spanische Mystizismus entwickelt, wird auch in Rußland das Echo des Humanismus über Generationen hinweg in einer duldenden Religiosität zu hören sein.

Maximos tritt – in der ersten Hälfte des 16. Jahrhunderts – in jenem erregenden historischen Augenblick in Rußland auf, da – wie gerade durch ihn selbst – eine Öffnung des Zarenreiches nach dem Westen sich vollzog und doch eine geistige Annäherung schließlich nicht erfolgte. Moskau blieb dem Westen fremd. Erst 1551 erfährt das westliche Europa durch einen ausführlichen Bericht über die Moskauer Verhältnisse. Er ist verfaßt von Sigmund Herberstein, der zweimal im Auftrag des deutschen Kaisers – einmal 1516–1518, einmal 1526 – in diplomatischer Mission in Rußland weilte und dann seine Denkwürdigkeiten dem erstaunten Westen in den ›Rerum Moscoviticarum Commentarii‹ unterbreitete. Darin, um das vorwegzunehmen, schreibt er unter anderem, Maximos sei ins Gefängnis geworfen worden, weil er Irrtümer bei den ihm übertragenen Übersetzungen begangen und weil er den Großfürsten der Häresie bezichtigt habe.[10] Dieser Vorwurf der Häresie, wie berechtigt er immer sein mochte, ist in jedem Fall Gegenstand der Maximos in ihren Strudel ziehenden kirchenpolitischen Kämpfe, die zugleich angesichts der engen Bindung der Kirche an den Staat und die Abhängigkeit beider voneinander politische Kämpfe waren. Es sind freilich auch reformatorische Kämpfe, die sich bereits ausschließlich innerhalb der russischen Kirche abspielen und von den

[8] 127. 416.
[9] 127. 430.
[10] 45. 77.

ganz anderen gleichzeitigen Kämpfen um die Reformation der westlichen Kirche unberührt bleiben. Es ging um die Reformation der Ostkirche.

Die große abendländische, Jahrhunderte andauernde Trennung hatte sich schon mit dem Scheitern der Unionskonzile, endgültig mit der Eroberung Konstantinopels durch die Türken und die unaufhebbare Spaltung in griechisch-orthodoxes und römisches Christentum vollzogen. Rußland hatte – ein in seinen Folgen überhaupt nicht abzuschätzenden Faktum – das Christentum über die Byzantinische Kirche und Konstantinopel, das Patriarchat für den Osten, empfangen und nicht über das lateinische Rom, womit Moskau in einer Tradition stand, die die Abkehr von Rom und die Absage an das westliche Abendland herbeiführen mußte. Insofern schon mußte hier der Humanismus italienischer Prägung, den Maximos mit sich führte, einen ganz anderen und weniger bereiteten Boden finden, zumal die zweihundertfünfzigjährige Tatarenherrschaft eine eigenständige intellektuelle Entwicklung aufs äußerste behindert hatte. Die italienische Renaissance aber hatte Maximos ohnehin nie etwas bedeutet.

Genau hundert Jahre nach dem Fall Konstantinopels, welcher auch die kirchenpolitische Dominanz der russischen Kirche im Osten einleitete, treffen sich 1553 in dem Troica-Sergiev-Kloster bei Moskau (dem Wehrkloster Troizy Sergijewa Lawra im jetzigen Sagorsk) der dreiundzwanzigjährige Zar Iwan IV. und der über achtzigjährige Maximos der Grieche, der, nach einem Leben voller Heimsuchungen und Verfolgungen im Rufe einzigartiger Frömmigkeit und Weisheit stehend, in diesem Kloster seine letzten Lebensjahre verbrachte. Iwan IV. wollte sich auf eine Pilgerreise zu den heiligen Stätten seines Reiches begeben, das ja erst unter seinem Vater Wassilij III. sich konsolidiert hatte, aber politisch noch keineswegs gefestigt war. Der Zar wollte den berühmten alten Mann um Rat und vielleicht um den Segen für seine Pilgerreise bitten, um sich in seinen Absichten bestärkt zu wissen. Das Gegenteil war jedoch der Fall, Maximos riet zum Erstaunen des Zaren von der Reise ab und drohte ihm, daß, würde er dennoch die Pilgerfahrt unternehmen, der junge Zarewitsch auf dieser Fahrt sterben würde. Der Zar wandte sich ab – fast wird man erinnert an das Gespräch zwischen Lorenzo dem Prächtigen und dem Mönch Savonarola – und trat die Reise an. Er spürte sehr richtig, daß Maximos bei seinem Rat, den er mit der furchtbaren Drohung verband, politische Gründe bewegten, ihn in Moskau zu halten. Die Prophezeiung ging in Erfüllung, der Zarewitsch Dimitrij starb im gleichen Jahr.

Was an der Szene bewegt, ist nicht die unlösbare Frage, wieweit Maximos prophetische Kräfte innewohnten (für die es kein anderes Zeugnis gibt), sondern die Begegnung der weltlichen Macht mit der geistig-geistlichen Macht. Die weltliche Macht fühlte sich durch das Mißgeschick der Reise noch mehr herausgefordert, auf Durchsetzung der eigenen Souveränität zu dringen und sich dabei der der Zarenmacht huldigenden kirchlichen Richtung zu versichern. Die geistliche Macht, die sich in dem humanistisch gebildeten Mönch verkörperte und einer dogmatischen, aber um so gläubigeren Religiosität huldigte, sah sich in ihrer Erleuchtung bestätigt. Es ist die Wiederholung des mittelalterlichen Kampfes zwischen Kaiser und Papst um den Primat: hier der Zar, der sich nach byzantinischen Ritus zum Zaren aller Russen hatte krönen lassen und brutal zaristischen Absolutismus durchsetzen und die Kirche botmäßig machen wird – dort der Gelehrte, der fromme Eiferer und leidenschaftliche Kirchenmann, den auch jahrzehntelange Gefangenschaft nicht gebrochen hatte und in seiner christlichen Überzeugungstreue nicht hatte irremachen können. Wohl wird man ihn, Maximos, trotz seines Einsatzes für die orthodoxe Kirche und die Rechtmäßigkeit der Suprematie des Patriarchats von Konstantinopel, nicht als „orthodoxen Reformator der russischen Kirche“[11] in einem Atemzug mit Luther nennen können; und in seiner Wirkung ist er nicht mit Augustin und Hegel zu vergleichen.[12] Aber er weist zweifellos geistige Verwandtschaft zum Protestantismus auf. Luther selbst blickt in seinem Kampf gegen Rom auf die Ostkirche, auf die Märtyrer, die Heiligen und die Kirchenväter des Ostens. Iwan IV. und Maximos der Grieche – das ist die Begegnung des absolutistischen, aller Skrupel ledigen Machtdenkens mit dem Denken eines religiösen, an das überlieferte christliche Wort gebundenen Humanismus.

Maximos findet bei Iwan IV. kein Gehör; es ist die Autorität seines Namens, die auch den mächtigen Zaren noch anzog; aber der Kirchenkampf war entschieden. Das „Dritte Rom“ war aufgerichtet, die Kirche an das Zarentum gebunden und selbständigen Wirkens weitgehend beraubt. Die typisch russische Religiosität erhält sich in Wanderpredigern, Eremiten-Mönchen, heiligmäßigen Männern, die durch das Land ziehen. Als jedoch Maximos im Jahre 1518 nach Moskau kam, trat er noch in eine Situation ein, die einerseits von der stärksten Gärung der russischen Kirche bestimmt war, in der andererseits die Lehre vom Dritten Rom sich durchzusetzen begann. Die innerkirchliche Auseinandersetzung, die diese Lehre vorbereitet und ihrem politischen Gehalt die religiöse Weihe gibt, war die zwischen einem mönchisch-asketischen und einem politisch-sozialen Christentum, zwischen einer Erneuerung des Mönchtums nach dem Gebot der Armut und einer Festigung der Kirche durch die Teilnahme an weltlicher Macht und weltlichem Besitz, ja durch den Universalanspruch der Identität von unsichtbarer und sichtbarer Kirche und deren Omnipräsenz.

[11] 47. 271.
[12] 47. 272.

Für die mystisch-asketische Form der Kirche trat Nil Sorskij, für die politisch-herrschaftliche Form der Kirche Josef Wolotzk, Abt des Klosters von Wolokolamsk, ein. Das Konzil von 1530 entschied gegen Nil Sorskij. Die Folge war die zaristische Theokratie. Jedoch wird die Bemerkung Stepuns zutreffend sein, daß „der Gegensatz zwischen diesen beiden Richtungen sich durch die ganze Geschichte der russischen Kirche und der russischen Christenheit hindurchzieht“[13], der Sieg Josefs von Wolotzk nicht die Faszination der Lehre Nil Sorskijs löschen kann.

Die Theokratie konnte sich durchsetzen, weil zur gleichen Zeit die Lehre vom Dritten Rom Moskau zum rechtmäßigen Nachfolger des Zweiten Rom, der byzantinischen Kirche, erklärte. Das war schon angebahnt, als 1472 Iwan III., der Großvater Iwans IV., die Nichte Zoë des letzten Kaisers von Byzanz und Tochter des Thomas Palaeologus, Despoten von Morea, heiratete. Zoë, im Russischen Sofia genannt, war die Schülerin des im gleichen Jahr 1472 verstorbenen Kardinals Bessarion; ihre Heirat wurde in Rom durch Papst Sixtus IV. in Gegenwart eines Vertreters des Zaren vollzogen. Dabei war der Papst von der Hoffnung auf eine dadurch zu bewerkstelligende Wiedervereinigung der Kirchen getragen. Noch 1519 wird Papst Leo X. den Vater Iwans IV., den Großfürsten Wassilij III., durch das Angebot eines selbständigen russischen Patriarchats für die kirchliche Union mit Rom zu gewinnen suchen.[14]

Sofia bringt nicht nur byzantinisches Zeremoniell und griechischen Hofstaat mit nach Moskau, sondern zugleich in ihrer Person als Erbin des byzantinischen Reiches den Anspruch, die Nachfolge auch des byzantinischen Reiches für Moskau behaupten zu dürfen. Weder zu der Wiedervereinigung der Reiche durch die Befreiung Konstantinopels von der Türkenherrschaft noch zur Wiedervereinigung der Kirchen ist es gekommen, wohl aber zu einer immer selbstbewußteren Behauptung des Moskowiter Reiches und eines damit verbundenen Anspruchs auf die Unabhängigkeit – oder den Primat – seiner Kirche.

So konnte in dem denkwürdigen Jahr 1492 Zosima, der Metropolit von Moskau, Iwan III. feiern als „den neuen Kaiser Konstantin in der neuen Konstantinsstadt Moskau, das allein das Weltende im Jahre 1492 überdauern werde, das Photios vorausgesagt hatte“[15]. Das heißt, der Untergang werde Moskau erspart, weil es nun der Mittelpunkt der Christenheit geworden sei. Auf diesem Gedanken aufbauend, kann zwanzig Jahre später der Mönch Filofei (Philotheus) aus Pleskau in einem Schreiben an Wassilij III. die Lehre vom Dritten Rom endgültig formulieren, indem er

[13] 126. 146.
[14] 114. 83f.
[15] 114. 50.

ihn den „Lenker der heiligen göttlichen Throne der Heiligen Ökumenischen Katholischen Apostolischen Kirche der heiligsten Gottesmutter" nennt und sagt: „Dies ist jetzt die Kirche des Dritten, Neuen Rom, Deines erhabenen Reiches Heilige Katholische Apostolische Kirche, die an den Enden des Erdkreises im orthodoxen christlichen Glauben auf der ganzen Erde heller als die Sonne leuchtet."[16] Und er wird etwa 1533 – also nach dem Entscheid des Moskauer Konzils und gegen die von Maximos vertretene Überzeugung –, an den unmündigen Zaren Iwan IV. gerichtet, noch deutlicher sagen: „Das ganze große Rom ist gefallen und leidet unheilbar durch den Unglauben der Ketzerei des Apollinaris. In das Neue Rom ist sie geflohen, das ist die Konstantinsstadt. Aber auch dort hat sie keine Ruhe gefunden, wegen der Vereinigung (der Konstantinopolitaner) mit dem Lateinertum auf der 8. Synode (Florentiner Konzil 1438 bis 1439). Seither ist die Konstantinopeler Kirche zerstört ... Sie floh weiter zum Dritten Rom, das ist in das Neue Große Rußland ... Sie allein leuchtet nun, die Katholische Apostolische Östliche Kirche ... Und allein auf der ganzen Erde der orthodoxe, große russische Zar ... lenkt die Kirche Christi und befestigt den orthodoxen Glauben."[17] Da ist der sich über Jahrhunderte erhaltende Anspruch der Zaren auf die griffige Formel gebracht: daß er von Gott beauftragt sei, die Weltherrschaft zu erhalten, weil er, der Zar, der rechtmäßige Erbe der Cäsaren des alten Rom sei; denn in ihm ist alle Macht zusammengefaßt, indem er zugleich der Wahrer des Glaubens und das Haupt der Kirche ist. Die Kirche ist dem Zaren unterworfen. Dem Cäsaropapismus östlicher Provenienz ist der Weg geebnet, die Trennung der Kirche besiegelt. Die autokephale russische Kirche besiegelt das Schisma, das ein abendländisches Schisma der Reiche bleiben wird.

Dagegen begehrt in einem historisch gewordenen Briefwechsel mit dem Zaren der Fürst Kurbski auf, der zunächst auf der Seite des Zaren und auf russischer Seite im Streit der Kirchen stand, dann aber gegen den Allmachtsanspruch des Zaren sich erhob und zum polnischen König und litauischen Großfürsten übertrat, um den Zaren in die Schranken zu weisen. Kurbski war ein Schüler des Maximos in dessen letzten Lebensjahren im Dreieinigkeitskloster geworden. Dieser wird ihm die Gedanken seines politischen Humanismus vermittelt haben, die sich gegen die Omnipotenz des Zaren, wenn auch ohnmächtig, erheben. Aber auch von seiner Gelehrsamkeit muß er ihm mitgeteilt haben. Er, „der tapferste und gelehrteste Mann Rußlands, ehemaliger Liebling des Zaren und ergebener Schüler des weitgereisten Griechen Maxim"[18], übersetzte die Kirchen-

[16] 114. 206f.
[17] 114. 213.
[18] 114. 118.

väter ins Russische. Er beschwor zugleich das heilige Rußland und sah – gerade durch den Zaren – das Dritte Rom vom Untergang bedroht. Der Briefwechsel zwischen dem Zaren und dem Fürsten zieht sich von 1564 an über ein Jahrzehnt hin. Der Humanismus, auch bei Kurbski mit einer fast mystischen Kraft gebunden an das russische Land, an die heilige Erde, wird vergeblich dagegen sich aufbäumen, daß der Zar den Glauben so gut wie das Volk zum Gegenstand seiner Willkür macht. Es war längst gegen den Humanismus – auch gegen die griechisch-orthodoxe Kirche und ihre Suprematie über Moskau – entschieden.

Noch als Maximus nach Moskau kam, war die Auseinandersetzung durchaus nicht entschieden. Und entschieden war auch der Weg der russischen Kirche durchaus noch nicht, die mit Wladimir im 10. Jahrhundert in Kiew das Christentum zur Religion der Russen gemacht hatte, die von den Tataren weitgehend ungeschoren geblieben, wenn auch bedrängt war und sich in unvergleichlichen Bauten wie der Sophienkathedrale von Kiew und in Klöstern wie denen von Susdal und Wladimir unvergängliche Denkmale gesetzt hatte. Doch schließlich gewann nicht Nil Sorskij, der selbst viele Jahre auf dem Berge Athos gewesen war und östliche Frömmigkeit tief in sich aufgenommen hatte, sondern der Abt von Wolokolamsk die Oberhand. Der aus dem Fürsten Andreas Kurbski sprechende, von Maximos vermittelte Humanismus, dem es um Menschenwürde und eine Kultur der Gebildeten ging, hatte sich bei den Zaren nicht verständlich machen können.

Auch Nil Sorskij (ca. 1433–1508) war ein gebildeter Mann, der das Griechische beherrschte, sicher die ganze Kirchenliteratur kannte und ebenfalls mit den antiken Schriftstellern vertraut war. Als er in einem Einödkloster das alles hinter sich ließ, um einer schlichten, aus dem Herzen kommenden, demütigen Religiosität zu leben, wurde er zum herausragenden Vertreter eines verinnerlichten russischen Mönchstums, dessen Religiosität im Volke – unterhalb der orthodoxen Staatsreligion – weiterlebte und die Hoffnung auf einen Erlöser wachhielt, der aus dem Volke kommen und ein Mensch inniger stiller Religiosität sein sollte. Die von ihm initiierte Mönchsrenaissance – wahrscheinlich stammen manche Übersetzungen in der Bibliothek seines Klosters von ihm – mußte gestützt werden auf ein Quellenstudium, aus dem heraus es sich zu rechtfertigen hatte vor den kirchlichen Traditionalisten. Sie brachte in der zweiten Hälfte des 15. Jahrhunderts gewiß keine humanistische Renaissance, wohl aber die wohlvertraute humanistische Haltung der Rückwendung zu den klassischen Texten hervor, „ein temperamentvolles Streben“, wie ein Beobachter meint, „ad fontes verbunden mit Textkritik und der Kritik an hochgeschätzten Schriften der mittelalterlichen Tradition“.[19]

[19] 77. 391.

Mit dieser Religiosität des Nil Sorskij trifft Maximos in der Gestalt des Vassian Patrikeev (gest. 1545), einem Schüler des Nil Sorskij, zusammen. Vassian war philologisch vorzüglich geschult und beherrschte zumindest die griechische Sprache, die ihm die Neuausgabe der kirchenslawischen Fassung des Nomokanon zum Zwecke der Kirchenreform im Sinne Nil Sorskijs ermöglichte. Maximos schließt sich der von einem kontemplativen Asketismus geprägten Strömung an und erklärt, daß die allgemeine Erneuerung der Kirche auch in Rußland – er wird dabei auf das Beispiel Savonarolas verwiesen haben – ins Werk gesetzt werden kann; er tritt damit ein in das Spannungsfeld der orthodoxen Kirche – um schließlich in diesem Ringen zu unterliegen. Es kann kein Zweifel sein, daß Maximos der Grieche eine der faszinierendsten Erscheinungen dieser kurzen Epoche ist, in der sich orthodoxe Theologie, zaristischer Herrschaftsanspruch und Humanismus in Moskau begegnen, wiewohl seine sichtbaren Spuren sich für den Europäer weitgehend verloren haben und nur noch wenige von ihm wissen. Immerhin war seine Wirkung so mächtig, daß er bald zu einer legendären Gestalt wurde, die eine fast heiligmäßige Verehrung genoß, eine menschliche – nicht politische – Autorität von solchem Ausmaß, daß „sich im Laufe der Zeit eine Anzahl Sagen über ihn bildete, der dann später ein regelrechtes Heiligenleben mit den erforderlichen Wundertaten folgte", wenn auch die offizielle Kirche, bezeichnend genug, eine derartige Anerkennung nie vollzogen hat.[20] 34 Wunder werden ihm schließlich zugeschrieben.

Als er nach Moskau kam, hatte er schon ein bewegtes Leben hinter sich, das ihn auf seine russische Mission gut vorbereitet hatte. Maximos wird als Michael Trivolis um 1470 in Arta im griechischen Epirus geboren, wo sein Vater vermutlich Militärgouverneur war, eine Stellung, die dem Sohn eine ausgezeichnete Bildung und Ausbildung ermöglichte. Sein Onkel Demetrius war befreundet mit dem späteren Schwiegervater Iwans III., Thomas Palaeologus, und stand in Beziehungen zu Bessarion. Nach frühen Studien in Korfu ging Michael Trivolis – wahrscheinlich mit Johannes Lascaris, der im Auftrag des Lorenzo di Medici nach Arta und Korfu zum Sammeln von Manuskripten gekommen war – nach Florenz. Lascaris wird ihn dort mit Pico della Mirandola, Marsilio Ficino, Angelo Poliziano, vielleicht auch mit Michelangelo bekannt gemacht haben. Er war nun an der Quelle der humanistischen Studien und im Zentrum des Platonismus. Vor allem der Einfluß von Pico muß beträchtlich gewesen sein. Für einen Winter hält er sich nach dem Tode Picos im Jahre 1494 in Bologna auf, um 1496 nach Venedig zu gehen. Hier arbeitete er mit Aldus Manutius zusammen, der

[20] 68. 179f.

einmal für den erasmischen Humanismus bedeutsam werden wird, hier aber den jungen Griechen mit der Buchdruckerkunst vertraut machte und ihm die Einübung in die Publikation griechischer Texte gestattete. Anregungen davon wird Michael Trivolis als Maximos der Grieche nach Moskau tragen. Sein Einfluß, in Rußland eine Druckerpresse einzurichten, ist zu vermuten, wenn er auch zu der Zeit schon zu alt war, um noch eine aktive Rolle zu spielen. Strahl berichtet, Zar Iwan IV. habe 1547 in Deutschland Buchdrucker anwerben und in Moskau ein eigenes Haus für die Buchdruckerei errichten und einrichten lassen; das erste in Rußland gedruckte Buch sei 1564 erschienen.[21] Unter den ersten Büchern, die von Iwan Fedorow nach 1560 gedruckt wurden, waren Maximos' Ausgaben der Evangelien, des Psalter und des ›Triodion‹.[22]

Er wird jedoch bei Manutius nicht allzu lange geblieben sein. Jedenfalls findet er sich 1498 in Mirandola, wo er in die Dienste des jungen Neffen des jung gestorbenen Pico, des Gianfrancesco Pico della Mirandola, tritt, in dessen Haus er sich mit patristischer Literatur befaßte. Er, der möglicherweise schon während seines Aufenthaltes in Florenz mit Savonarola in Berührung gekommen war – Savonarola wird ihm zeit seines Lebens ein immer wieder gerühmtes Vorbild sein –, tritt 1502 in das Dominikanerkloster von San Marco zu Florenz ein, dessen Prior Savonarola gewesen war. In der Chronik wird sein Eintritt mit dem Namen „Frater Michael Emmanuelis de civitate Arta“ vermerkt.[23] Er verläßt jedoch 1505 oder 1506 aus noch nicht geklärten Gründen Italien, um – erfüllt mit den humanistischen Wissenschaften, aber auch mit den Erfahrungen einer der renaissancehaften Weltlichkeit verfallenen Kirche – in das Vatopedi-Kloster auf dem Heiligen Berg Athos einzutreten. Er trägt nun den Namen Maximos Trivolis. Die Wahl fiel vermutlich auf dieses Kloster, weil es mit einer vorzüglichen Bibliothek ausgestattet war, die ihresgleichen auf dem Athos nicht hatte. Hier waren die griechischen Väter, Aristoteles, Augustinus und viele byzantinische Texte zugänglich. Unter den Mönchen waren Bulgaren, Mazedonier, Serben und wahrscheinlich auch Russen, deren Hauptkloster auf dem Athos allerdings Sankt Panteleimon war. Maximos lernte hier eine slawische Sprache, doch wird, wie aus seinen späteren Äußerungen zu schließen ist, das nicht Russisch gewesen sein. In einem Brief von 1516 wird gesagt, daß er nicht Russisch, sondern nur Griechisch und Latein kenne.[24] Vom Athos aus wurde er auf verschiedene Reisen geschickt.

[21] 128. 145.
[22] 45. 88.
[23] 45. 25.
[24] 45. 27.

In die Geschichte aber trat er ein, als der Großfürst Wassilij III. 1516 einen Brief zum Athos schickte, worin er um die Übersendung eines Übersetzers bat. Der Bericht hat alle Wahrscheinlichkeit für sich, Großfürst Wassilij „habe, als er auf den russischen Thron stieg ... auch in einigen seiner Gemächer eine so unzählige Menge griechischer Bücher gefunden, daß er deshalb nach Konstantinopel geschickt und sich von daher einen Mann auserbeten habe, der des Griechischen mächtig gewesen wäre, um sich durch denselben diese Bücherschätze beschreiben zu lassen“[25]. Ein Großteil der Bücher wird im Gefolge der Hochzeit der Großfürstin Sofia nach Moskau gekommen sein. Der Athos entsandte Maximos, „erfahren in den Heiligen Schriften und fähig zur Auslegung aller Arten von Büchern, kirchlicher wie sogenannter hellenischer, weil er von seiner Jugend an darin aufgewachsen und darin gebildet worden ist“[26]. Die Gesandtschaft, der Maximos zugehörte, verließ Konstantinopel 1516 und erreichte Moskau im März 1518.

Maximos betritt eine Welt der kirchlichen Auseinandersetzungen. Ein tieferer Grund, die Entsendung eines Mönchs vom Athos zu erbitten, waren die auseinanderstrebenden Tendenzen in der Kirche, die – was Moskau erschrecken mußte – von Nowgorod ausgingen, wo eine Schule am Hofe des Erzbischofs Gennadij, der im übrigen über außerordentliches Prestige kraft seines Amtes verfügte, um die Reinigung der überlieferten Texte bemüht war, damit um die Reinigung der Kirche. Hier wird eine vollständige russisch-kirchenslawische Übersetzung der Bibel unter Benutzung des griechischen Textes, des lateinischen Vulgata-Textes und eines hebräischen Textes der jüdischen Schriftgelehrten, der Masoreten, entstehen. Dem Protestantismus vergleichbare Strömungen breiteten sich aus, die Sekte der Judaisierenden stellte ebenso die Dogmen in Frage, wie sie sich gegenüber der Rolle der Kirche in der Gesellschaft kritisch verhielt. Diese Häresie bewegte die Gemüter in Moskau und Nowgorod gleichermaßen. Ihre Literatur[27] setzte sich aus Kirchenvätern, Bibelkommentaren, einer Übersetzung der Aristotelischen Logik des Maimonides sowie aus astrologischen und kabbalistischen Werken zusammen. Sie entwickelten einen Rationalismus, dessen Herkunft noch zu entschlüsseln bleibt, der nicht ohne verwandtschaftliche Züge mit der Platonischen Akademie zu sein scheint, aber zugleich ganz andere Elemente der Renaissance-Gedankenwelt enthält.

Das Bedürfnis nach einer Textexegese, die sich auf philologische Gelehrsamkeit und wissenschaftliche Methodik stützen konnte, war allgemein.

25 128. 110.
26 45. 33.
27 77. 393.

Einer der Mitarbeiter des Erzbischofs Gennadij in Nowgorod, an dessen Hof zur Zeit Iwans III. die Übersetzerschule blühte, war Dimitri Gerasimow, der als Dolmetscher eine Gesandtschaft nach Rom mit dem Auftrag begleitet hatte, Materialien für die Kalenderberechnung heranzuholen, da die verfügbaren Kalender mit dem Jahre 1492 endeten, für welches Jahr der Weltuntergang erwartet worden war. Daß man „in solch einer mathematisch-astrologisch bestimmten Frage in Rom ... die wissenschaftlich zuverlässigste Antwort vermutete“[28], wirft ein Licht auf den Ruhm Roms in Betracht der Gelehrsamkeit. Der konfessionelle Gegensatz blieb bezeichnenderweise außer Betracht.

Ohne dem hier weiter nachgehen zu können, muß nochmals Vassian erwähnt werden, der sich für eine Wiederherstellung der kirchlichen Literatur verwendete, auch in der antiken kirchlichen Literatur zu Hause war und dem Maximos zur Seite stehen wird, nachdem Erzbischof Gennadij sein Werk nicht vollenden konnte. Die Situation läßt vermuten, daß Maximos nicht nur um der Übersetzungsarbeit willen nach Moskau eingeladen oder auch entsandt worden ist. Die kirchlichen Kontroversen, die bei der immensen gesellschaftlichen Rolle des Christentums auf nichts weniger als auf eine Staatsumwälzung hinauslaufen konnten und deren Ausgang auch über die Bindungen des jungen Großfürstentums nach dem Westen oder nach Byzanz entscheiden mußten, machten auch auf der Seite der Orthodoxie philologische Arbeit notwendig. Die Gegensätze sollten auf dem Boden der Schrift ausgetragen werden. Daß Maximos der Verfälschung der Schriften und weitreichender Übersetzungsfehler, die den Sinn des traditionellen Glaubens entstellten, angeklagt wird, spricht für sich selbst. Er selbst hat zweifellos schon am Beginn seiner Arbeit seine Aufgabe viel weiter gefaßt. Zunächst freilich will es anders scheinen. Er vollendet bereits 1519 die Übersetzung des Psalters und der Kommentare vom Griechischen ins Lateinische, und begehrt, nach Athos zurückkehren zu dürfen. Er wird jedoch bis an sein Ende 1556 in Rußland bleiben müssen.

Er wird – mit Übersetzungen und selbständigen Schriften, die alle Formen humanistischer Literatur umfassen – zu dem „fruchtbarsten Schreiber im Rußland seiner Epoche. Der Umkreis seiner Schriften ist außerordentlich, seinen weiten Bereich von Interessen widerspiegelnd. Er bewegt sich von den schwierigen Argumenten zur Frage der Trinität bis zur Entdeckung Amerikas, von Trostbriefen bis zur Beschreibung der Pyramiden. Sein Wissen erstreckt sich von Platon und Aristoteles zur Astrologie und Magie. Er schreibt über zeitgenössische Probleme und Fragen der Ewigkeit, Unkenntnis vortäuschend, und doch wahrscheinlich mehr

[28] 77. 391.

von der Welt wissend als irgendein anderer Mann in Moskau"[29]. Maximos, wie sein Biograph überzeugend darlegt, war ein Mann, der zu wesentlich mehr geeignet war als nur zu Übersetzungen aus der griechischen Sprache, noch dazu in eine, die er offensichtlich nicht beherrschte. Es ist überliefert, daß er die Übersetzungen aus dem Griechischen ins Lateinische anfertigte und seine Mitarbeiter daraus die Übersetzung ins Russische bewerkstelligten. Erst später wird er vom Griechischen direkt ins Slawische übersetzen können. Er verfaßte Kommentare zu ausgewählten Bibelstellen, eine Reihe von Schriften zur Kirchenlehre, über das Mönchstum und über die Lehren der Häretiker und Ungläubigen, daneben auch Schriften gegen die Juden, die Mohammedaner, die Armenier, aber vor allem auch gegen die Lateiner, also die römische Kirche, gegen die Arianer, aber auch gegen die Astrologie. Das legt die Vermutung nahe, daß er nach Moskau geschickt wurde, um die Häresie zu bekämpfen und der Kirche gegen die „reformatorischen" Lehren beizustehen – was im übrigen erneut verbietet, ihn in unmittelbare Nachbarschaft Luthers zu stellen. Maximos war seiner Kirche durchaus ergeben. Er wird gerade in schwere Konflikte geführt werden, weil er sich im Einsatz für das Patriarchat von Konstantinopel gegen die Autokephalie der russischen Kirche, damit auch gegen den zaristischen Omnipotenzanspruch wendet.

Er wird tatsächlich immer mehr in die theologischen Kontroversen verstrickt und kann sich keineswegs – und will sich wohl auch nicht – auf philologische Arbeit beschränken, auf Übersetzungen und Wiederherstellung von korrumpierten Texten, auf Bibelkorrekturen und Textüberarbeitungen. Gerade diese erweisen sehr bald ihre kirchenpolitische Brisanz, werden von den Orthodoxen bald zum Gegenstand der Anklage gemacht und für Maximos schicksalhaft sein. Maximos, wenn man der Überlieferung glauben darf, will die Bibel „nach dem Geist und nicht nach der Tinte verstehen". Der kirchenreformatorische Anspruch ist damit formuliert. Sicher wird man sagen können, daß er im Verständnis der überlieferten Texte – und das eben bringt die Tragik in seinen Rußlandaufenthalt – „der westlich geformte Humanist bleibt, mit dem Sendungsbewußtsein des Savonarola, dem kritischen Sinn des Erasmus für innere Frömmigkeit gegen äußeres Kult- und Kirchenwesen, und einer luthernahen, enthusiastischen Überzeugung, vom Heiligen Geist inspiriert, gotterfüllt, in den geheimen Sinn der Hl. Schrift eingeführt zu sein"[30]. Er vermittelt dem Osten das Wissen über das lateinische und das orthodoxe Mönchstum, ohne von der Ablehnung der drei Häresien abzugehen, dem Glauben an das Fegefeuer, dem Gebrauch ungesäuerter Hostienbrote beim Abendmahl, dem

[29] 45. 91.
[30] 47. 277.

„filioque" bei der Ausgießung des Heiligen Geistes, jenen Streitpunkten, die die Union der östlichen mit der westlichen christlichen Kirche verhinderten. Er will Moskau wieder Byzanz zuführen und hält am Primat Konstantinopels fest.

Diese Wendung gegen die Lehre vom Dritten Rom wird mit seinen darin enthaltenen kritischen Einwänden gegen die Kirche, mit den gleichzeitigen Vorwürfen gegen die sozialen Mißstände im Großfürstentum, vor allem gegen den Machtanspruch des Großfürsten selbst zum Anlaß, ihm 1525 unter dem Vorsitz des Metropoliten Daniel und des Großfürsten Wassilij III. den Prozeß zu machen. Er wird in Ketten gelegt, zu Einzelhaft und zum Entzug aller Bücher und Schreibmaterialien verurteilt und ins Kloster Wolokolamsk gebracht, bis ihm 1531, nachdem er offensichtlich auch aus der Einzelhaft heraus weiter Sendboten und kritische Mahnschreiben geschickt hatte, erneut ein Prozeß, nun allerdings nur vor der Kirche, gemacht wird. Die erneute Verurteilung bringt ihn bis 1551 in Haft. In diesem Jahr darf er aus dem Kloster in Twer, wohin er nach dem zweiten Prozeß verbracht worden war, sich in das Troizy Sergijewa Lawra begeben, bis an sein Ende am 21. Januar 1556 lesend, lehrend, schreibend, aber aller Stellungnahmen zu den fortdauernden kirchlichen Gegensätzen sich enthaltend.

In den letzten Jahren noch lehrte er einen Mönch Nil Kurjatew[31] die griechische Sprache, so daß dieser aus dem Psalter kopieren konnte. In diesen Jahren auch wird er mit dem Fürsten Kurbski bekannt, dem er, wie dessen berühmter Briefwechsel mit dem Zaren zeigt, viel von seinem Geist vermittelt haben muß. An dem Konzil von 1551, welches wegen seiner Beschlüsse das Konzil der hundert Kapitel genannt wird und ausdrücklich die Notwendigkeit der Hebung des Bildungsstandes an den Anfang stellt, wird Maximos nicht selbst beteiligt gewesen sein. Ohne Einfluß darauf aber war er sicher nicht. Eine Forderung des Konzils, die Fehler in den kirchlichen Texten durch bessere Übersetzungen zu mindern, ist aus seinem Geist gesagt. Ähnliches gilt für die beschlossenen Maßnahmen gegen Wucher, Trunksucht, Sittenlosigkeit, Astrologie und Zauberei.[32] Auch daß hier zum ersten Mal in Moskau die Einrichtung von Volksschulen verlangt wird, läßt sich mit Maximos in Verbindung bringen. In einer seiner staatspolitischen Schriften, einem Diskurs über den idealen Staat nach dem Beispiel Platons und in Anlehnung an des Savonarola ›De ruina ecclesiae‹[33], entwickelt er nicht nur den Gedanken der Trennung von Kirche und Staat hinsichtlich ihrer Aufgaben einerseits für die Seele und

[31] 45. 87.
[32] 68. 187.
[33] 45. 164.

andererseits für die täglichen Bedürfnisse des Menschen; er fordert auch die Vorsorge für Erziehung und Bildung durch den weltlichen Herrscher und deshalb die Einrichtung eines Schulsystems.

Seine Reformvorschläge sind in bitterste Sozialkritik eingebettet, die Maximos als unerschrockenen, wohl eher besessenen Mann zeigen. So vergleicht er Moskau mit dem gefallenen Jerusalem und warnt es vor einem Fall wie dem der antiken großen Reiche, wie Rom, dem Ungerechtigkeit, Gewalt und Stolz zum Verhängnis geworden seien. Und er schreibt mit Jesajas I, 23: „Deine Fürsten sind Abtrünnige und Diebgesellen, sie nehmen alle gern Geschenke an und trachten nach Gaben. Den Waisen schaffen sie nicht Recht, und der Witwen Sache kommt nicht vor sie."

Nicht anders tritt er gegenüber der Kirche auf, die ihn aus guten Gründen verurteilt, und verlangt ihre Reform, eine freilich, die die Rückkehr zum rechten Glauben, zu einem heiligmäßigen mönchischen Leben, zur Unterwerfung unter die griechische Orthodoxie bedeutet. Auf die Frage nach dem Neuen Jerusalem antwortet er vor dem Gericht: „Nenne nicht irgendeine andere Stadt Jerusalem, selbst wenn sie das ganze Universum beherrscht. Es gibt nur ein Jerusalem auf der Erde und nur ein jüdisches Land." Aber er ruft auch den Großfürsten zur Befreiung der Griechen von der türkischen Herrschaft auf, damit jenen die Freiheit des Glaubens wiedergegeben werde, nicht um den weltlichen Herrscher über den Patriarchen zu stellen; denn „Priesterherrschaft und Königtum sind die beiden größten Gaben Gottes an die Menschen, aus seiner überwältigenden Menschenliebe gegeben. Von diesen beiden dient die Priesterschaft den göttlichen Dingen, das Königtum den menschlichen Dingen ..."[34].

Es ist ein leidenschaftlicher Kampf, der von Maximos geführt wird unter Berufung auf die humanistische Welt, der er entstammt, auf die Gelehrsamkeit der abendländischen Universität und auf die reine Lehre der Orthodoxie. Er bricht ein in eine Welt, in der sich schon verdächtig machte, wer Platon und die griechischen Philosophen kannte – und Maximos war, von seiner florentinischen Bildung und dem Umgang mit den beiden Pico della Mirandola her, ein Platoniker. Er forderte eine Umgebung heraus, die sich gerade der eigenen Macht zu versichern und staatliche Unabhängigkeit zu sichern begann – und Maximos wollte die dazu querliegende Ordnung der Patriarchate erhalten. Er erstaunte eine Geistlichkeit, die eben erst von der Übersetzerschule des Gennadij dem Lateinischen näher geführt und mit philologischen Methoden in Berührung gebracht war, mit seiner humanistischen Beherrschung der klassischen

[34] 45. 163.

Sprachen und der souveränen Handhabung aller Stilmittel, die bis zur Verfertigung von Gedichten reichte; er übersetzte griechische poetische Werke in russische Prosa und schrieb über Theorie der Poesie, wie er über die anderen Gegenstände des Humanismus schrieb. Seine literarische Hinterlassenschaft beläuft sich auf mehr als zweihundert gedruckte und weitere 164 im Manuskript erhaltene Schriften. Er wird zu einem politischen Humanisten, der vom Alleinherrscher Menschlichkeit fordert und – ganz in der Art der humanistischen Traktate zur Prinzenerziehung – eine Bildung vom Fürsten und seinen Ratgebern verlangt, die eine Verwaltung des Staates zum Wohle der Untertanen voraussetzen muß, die eine harmonische Gesellschaft schaffen kann, die – mit einem neuen modischen Wort, das dem Humanismus entlehnt ist – eine wahre Friedenspolitik gewährleistet.

Seine Schriften sind vielfältig: dogmatischer, polemischer, philosophischer, exegetischer, moralischer, religiöser Natur und erweisen seine Überlegenheit über eine Welt, die er nur als eine von Schülern betrachten konnte. Von humanistischer Bildung insonderheit zeugen seine philologischen Arbeiten: über die Verbesserung der russischen Kirchenbücher ebenso wie eine noch 1782 wiederaufgelegte Schrift ›Untersuchung über den Nutzen der Grammatik, Rhetorik und Philosophie‹.[35]

Maximos hat für seine Überzeugung gelitten. Man wird ihn deshalb nicht glorifizieren; denn er hat den Kampf nicht gesucht, hat immer wieder darum gebeten, auf den Athos zurückgeschickt zu werden. Man wird die Unerschrockenheit, der etwas Manisches anhaftet, dennoch bewundern dürfen, mit der er gegen die offizielle Kirche und gegen den weltlichen Herrscher sich stellte und für eine Ordnung eintrat, die ihm unter den Auspizien seiner Kirche die menschlichste schien. Wie die sich um ihn rankenden Legenden und die Hagiographien beweisen, hat er wohl nicht der Kirche ein verinnerlichtes Gesicht geben können und sie zur Unabhängigkeit gegenüber der weltlichen Macht nicht veranlassen können; wohl aber hat er dem Volke eine Religiosität vermittelt, die zwar dessen Leidensfähigkeit entgegenkam, aber zugleich ihm jenen christlichen Trost und jene religiöse Kraft gab, die das russische Christentum alle Zeiten überdauern ließ.

Er, Maximos, steht nicht nur in der politischen Situation Rußlands an der Wegscheide, nicht nur hinsichtlich der kirchlichen Verhältnisse, in denen über die Trennung von theologischer Orthodoxie und religiöser Innerlichkeit entschieden wurde; er selbst steht an der Wegscheide zwischen Mittelalter und neuer Zeit. Er verbindet eine weithin mittelalterliche Gedankenwelt, die in der Wissenschaft das Hilfsmittel für die wahre Theo-

[35] 128. 120.

logie und den wahren Glauben sieht, mit der Beherrschung humanistischer Methoden. Seine Kenntnis der neuen Geisteswissenschaften ebenso wie die der wiedererschlossenen Antike machte ihn seiner russischen Umgebung überlegen. Seine geistigen Beziehungen zu Marsilio Ficino sind aus seinen Schriften belegbar. Gedankengänge Ficinos über das Böse und über Gott kehren bei ihm in nahezu wörtlicher Übereinstimmung wieder.[36] „Die bescheidenen Anfänge in Philosophie, Rhetorik, Literaturkritik, Philologie und Poetik, die Maxims Beitrag für Moskau waren, würden in einem Elisabethanischen Zeitalter aufgeblüht sein, für Moskau freilich war ihre Zeit noch nicht gekommen."

Wir fügen jedoch hinzu, daß über den geringen Einfluß hinaus, den er zu Lebzeiten auf Kirche und Zar ausüben konnte, seine Erinnerung im Volke als die eines gelehrten Gläubigen lebendig blieb. Und seine polemischen, insbesondere gegen das Mönchstum der Zeit gerichteten Schriften sind nicht nur Dokumente eines streitbaren Humanismus, für den die Zeit noch nicht reif war; die Erinnerung an sie erhält sich in der Überlieferung bis hin zur Erneuerung Maximscher Gedanken über ein schlichtes, verinnerlichtes Christentum bei den Altgläubigen nach dem Schisma im 17. Jahrhundert. Auch seine philologischen Bemühungen sind nicht umsonst gewesen. Sie setzen sich fort in einer Grammatik des 17. Jahrhunderts, in welche auch Artikel aus seiner Feder aufgenommen sind.

Wie lebendig das Bild des großen Mönchs in Rußland geblieben ist, zeigt nicht nur die Beziehung zwischen seinem Christusbild und dem, das Dostojewski in der Szene mit dem Großinquisitor zeichnet; es zeigt sich auch in einer Gestalt, die bei Maxim Gorki nach der Ähnlichkeit mit Maximos dem Griechen beschrieben wird.[37] Es müßte reizvoll sein, sein Nachwirken in der aus dem Bolschewismus sich wieder erhebenden Kirche aufzuspüren. Der Ort seines Todes ist noch immer ein Mittelpunkt der russischen Orthodoxie und des neuen kirchlichen Lebens. Wahrscheinlich gehen Florilegien seiner Werke immer noch um.

Nichtsdestoweniger werden wir uns nicht verleiten lassen, eine lebendige Nachwirkung des Humanismus in Rußland daraus zu folgern. Adelung erwähnt in seiner ›Übersicht der Reisenden in Rußland bis 1700‹ Maximos nicht, was nicht nur daran liegen wird, daß Maximos der üblichen Kategorie von Reisenden nicht zuzuzählen ist. Doch findet sich bei Adelung eine Notiz über einen Hans Slitte aus Goslar, der 1547 nach Moskau kam und schließlich vom Großfürsten beauftragt wurde, „als russischer Gesandter in sein Vaterland zu reisen und nicht nur Ärzte, Apotheker, Buchdrucker, Handwerker und Künstler, sondern auch alter und neueren

[36] 45. 172ff. und für das Folgende 45. 183.
[37] 68. 227.

Sprachen kundige Gelehrte und selbst Theologen von dort nach Rußland zu bringen“[38]. Und es wird berichtet, daß Slitte mehr als hundert Männer zusammenbrachte, aber daran scheiterte, daß die Hanse ihn zu Lübeck ins Gefängnis werfen ließ, da sie fürchtete, „daß Rußland durch Aufklärung noch mächtiger und für die benachbarten Staaten gefährlicher werden könnte“[39]. Die Episode wirft ein Licht auf die Situation des Russischen Reiches.

Die Petrinischen Reformen, die mit dem Ende des 17. Jahrhunderts einsetzen, zeigen schließlich nur zu deutlich, daß alle Anstrengungen, eine profunde Bildung auch nur in engen Zirkeln zu erreichen, versandet waren. Soweit sich Gelehrtenschulen, die diesen Namen verdienen, behaupten, sind sie von einiger Wirkung auf die Heranbildung des kirchlichen Nachwuchses; mit einer humanistischen Bewegung hat das nichts zu tun. Immerhin erhalten sich Rudimente. So ist denn doch bemerkenswert, daß sich wenigstens in Kiew 1580 eine Schule unter Konstantin von Ostrog auftat, offenbar „als Teil einer allgemeinen Gegenreformation“, die zu weiteren Schulgründungen zwischen 1580 und 1650 führte.[40] Die Jesuiten hatten in den polnischen, aber auch in Kiew und einigen anderen russischen Städten Kollegien eröffnet, denen Schulgründungen protestantischer Provenienz folgten. Mögen auch Zweifel an deren Beständigkeit in einer von der orthodoxen Kirche beherrschten Welt erlaubt sein – Forschungen darüber stehen noch aus –, so ist doch nicht zweifelhaft, daß dadurch die Gründung der erwähnten Schule des Prinzen Konstantin von Orlog veranlaßt wurde. Konstantins Schule wird als die erste orthodoxe griechisch-lateinische Schule für den Unterricht in den Freien Künsten angesehen. Die Jesuitenschulen gaben das Vorbild für den Lehrplan ab. Soweit in diesem auch humanistische Einflüsse enthalten sind – in der zweiten Klasse werden die Kolloquien des Erasmus gelesen, Cicero steht im Mittelpunkt des Lateinunterrichts –, gehen diese in den Schulbetrieb der russischen Schule mit ein. Als lateinisches Grammatik-Lehrbuch ist das des Emmanuel Alvarez (1526–1582) vorgeschrieben, ›De Institutione Grammatica libri Tres‹, mithin das Werk eines Jesuiten und Lehrers am Jesuitenkolleg von Lissabon. Latein war auch hier die Unterrichtssprache. Die Schule behielt den Charakter eines Gymnasiums westlicher Prägung, bis 1693 auch Theologie in den Lehrplan aufgenommen und das Institut im Jahre 1701 in den Rang einer Akademie erhoben wurde.[41] Die Ansätze zu einer Bildungsreform, die Zar Peter veranlaßt, werden hierin Vorläufer

[38] 2. 206.
[39] 2. 207.
[40] 95. 109.
[41] 85. 113.

und Vorbilder finden, das um so mehr, als bekanntlich auch Peter sich westeuropäischen Einflüssen weit öffnet. Die damit verwobenen Gedanken der Aufklärung werden aber auch dann einen sichtbaren humanistischen Einfluß nicht zulassen.

Polen, Ungarn, Siebenbürgen

Als Fürst Andreas Kurbski 1564 in die Dienste des mit Polen verbundenen Litauen trat, um sich der Autokratie Iwans IV. zu entziehen und gegen diese seine leidenschaftlich anklagenden, eine gesittete Ordnung zurückfordernden Briefe zu schreiben, tat er es aus dem Geiste des politischen Humanismus heraus, den ihm Maximos der Grieche nahegebracht hatte – ungeachtet der adeligen Prätention, die seinem Kampf gegen Iwan IV. beigegeben war. Auch von Hochmut des Gebildeten sind die Briefe nicht frei, wenn er, der Übersetzer des Johannes Chrystomos und des Johannes Damascenus, das „Heilige russische Land" beschwört, das Iwans Tyrannei mit Füßen tritt und in den Abgrund reißt. Es geschieht aus einer Position heraus, die das Scheitern des Humanismus im Zarenreich schmerzlich erfahrbar machen mußte.

Kurbski tat es vor allem von einem Boden aus, auf dem humanistische Gedanken bereits weite Verbreitung gefunden hatten. Hier hatte sich, anders als in Rußland, ein Stand von Gebildeten geformt und gesellschaftliche Veränderungen veranlaßt; bedeutende Universitäten verbreiteten abendländisches Wissen und europäische Gelehrsamkeit. Zwar hatte der Grieche Maximos den Humanismus nach Moskau getragen und in seiner Person alle Facetten des Humanismus in dem Lande, das dem Westen weitgehend Terra incognita war und bis zu Peter hin seinen eigenen Weg gehen wird, aufleuchten lassen. Doch blieb das, im großen gesehen, Episode, die die selbständige, dem Westen abgekehrte Entwicklung Rußlands, der russischen Kirche zumal, hat nicht aufhalten können. Zudem hatte er, der trotz seiner italienischen Erfahrungen ganz in der griechischen Kirche wurzelte, eine Aufhebung des Kirchenschismas von Griechen und Lateinern gar nicht versucht. Sein Latein war nur Hilfsmittel einer Philologie, die in den Dienst der orthodoxen Kirche gestellt wurde; und stärker als die Humanisten, denen er in seiner Jugend begegnet war, wirkte in ihm, Lascaris und Manutius ausgenommen, Savonarola als kirchlich-politischer Reformer nach.

Anders als in Rußland, in dem die abendländische Tradition durch die griechische Kirche sich gleichsam als östliche Orthodoxie erhielt und Rußland seinen europäischen Charakter gleichsam apokryph bewahrte, verhält es sich in den Grenzländern des Ostens, deren östliche Grenze auch die Grenze zwischen den großen Kirchen ist – und es auch dann blieb, als der Protestantismus dorthin ausgriff. Sie saugen, wie schon bei Betrachtung der Universitätsgeschichte der humanistischen Epoche zu zeigen war, den Humanismus in sich auf. Das ist in Polen mit seinem gelehrten Zentrum Krakau nicht anders als in Ungarn und in dem von 1530 an für etwa eineinhalb Jahrhunderte selbständigen Siebenbürgen.

In diesen Ländern wird mit dem im Begriff des Humanismus liegenden Gedanken der Humanität als einer die Gegensätze ausgleichenden Menschlichkeit ernst gemacht. Die politischen Implikationen des Humanismus werden auch hier unabweisbar. Von dem Humanismus des Erasmus offensichtlich stark geprägt, setzt sich der Gedanke der Versöhnung der christlichen Konfessionen zwar nur für kurze Fristen durch, aber so doch immerhin, daß der Gedanke für den Ausgleich der Geister in diesen östlichen Gebieten immer wieder formuliert wird. Darüber hinaus finden sich in diesen Ländern, auch hier den Einfluß des Erasmus verratend, Humanisten am Werke, die die philologischen Methoden mit Texteditionen, Textkritik, Textkommentaren und mit Bibeleditionen in der Landessprache, in welcher der der Reformation vorausgehende protestantische Geist sich bekundet, heimisch machen. Die Beziehungen zum italienischen Humanismus sind offensichtlich. Überall gehen Italiener voran oder aber Männer, die humanistische Studien in Italien getrieben hatten. In Krakau ist es, diesen zuerst zu nennen, Filippo Kallimachus Buonaccorsi (1437–1496), der 1470 nach Polen kommt und Sekretär des Königs und Prinzenerzieher wird. Er macht sich einen Namen als Dichter und führt die lateinische Poesie in Polen ein. Er hält sich 1483 in Budapest auf, wo Matthias Corvinus eine vom humanistischen Geiste durchwehte Hauptstadt schuf.

Schon am Ausklang des europäischen Humanismus sind es in den östlichen Reichen drei andere Italiener, die, auf der Flucht durch Europa und auf der Suche nach einem unbehinderten Wirkungsfeld, vom lebendigen humanistischen Geist und der Atmosphäre des versöhnenden Ausgleichs und der Toleranz angezogen, sich in Polen und Siebenbürgen begegnen. Es sind Lelio und Fausto Sozzini, Onkel und Neffe, und Giorgio Biandrata. Sie gehören der Gruppe italienischer Häretiker an, die in einer großen Auswanderungsbewegung zwischen 1540 und 1560 Italien verlassen und in der Schweiz, im Rheinland, in Frankreich, aber auch in Krakau Emigrantengruppen bilden und sich dem Protestantismus des Valdes, Zwinglis und Melanchthons verwandt fühlen. Zum Kern ihrer Häresie wird die Ablehnung der Trinität, woraus sich ihr Name der Antitrinitarier ableitet: Die Trinität, so ihr Argument, kann vor der Vernunft nicht bestehen. Dem setzen sie einen strengen Monotheismus entgegen, der ihnen – zuerst in Siebenbürgen – den Namen der Unitarier einbringt. Von

Miguel Serveto, dem von Calvin grausam Hingerichteten, übernehmen sie „die Lehre von der Liebe, die dem Glauben überlegen sei, wie sie sich voll ausgebildet bereits bei Ficinus findet“[42]. Sie entwickeln daraus die „Konzeption einer offenen Gesellschaft“[43], in welcher Christus als einem sterblichen Menschen göttliche Verehrung zukommt; denn ihm ist die radikale Friedensidee zu danken. Dem kirchlichen „reformare homines per sacra“ setzen sie das von Ficino und seinem Florentiner Platonismus abgeleitete „reformare sacra per homines“[44] entgegen.

Lelio Sozzini (ca. 1525–1562), ein Sieneser, hatte sich schon in jungen Jahren der Täuferbewegung angeschlossen, als er auf Reisen ging, die ihn nach England, Polen, den Niederlanden, nach Wittenberg und schließlich an die Universität Basel führten, wo er bei Sebastian Münster, dem Humanisten und Kosmographen, wohnte. In Wittenberg trifft er 1550 Melanchthon, schreibt gegen Calvin und dessen protestantische Orthodoxie wegen der Hinrichtung Servetos. In Krakau trifft er mit dem Arzt Biandrata (1515–1588) zusammen, „der jene religiöse Bewegung ... unter dem Namen des Unitarismus ... wenn nicht geschaffen, so doch angeführt hatte“[45]. Dieser hatte in seiner Schrift ›De falsa et vera unius Dei cognitione‹ die Lehre verfochten, daß die orthodoxe Trinitätslehre „ein philosophisches, intellektualistisches und abstraktes Gedankengebilde des griechischen Geistes“[46] sei. Lelio Sozzini blieb nur einige Monate in Polen, wo auf dem Boden des Krakauer Humanismus sich der Antitrinitarismus entfalten konnte, um sich von dort über ganz Osteuropa zu verbreiten. Polen hatte sich unter dem Humanismus zu einem Land äußerster Toleranz entwickelt, das erst 1658 die Unitarier aus seinen Grenzen verbannen wird. Bis dahin war Krakau das Zentrum eines religiösen Kosmopolitismus.

Fausto Sozzini (1539–1604) fand in Polen den Boden durch seinen frühverstorbenen Onkel bereitet. Er hatte, als er dorthin gelangte, bereits ein unruhiges Leben hinter sich. Er vertritt einen exegetischen Rationalismus und humanistischen Moralismus, der von der Idee der Erlösung durch das Wort Christi ausgeht. 1578/79 hält er sich in Siebenbürgen auf, wo er mit Biandrata zusammentrifft, der am Hofe des Königs Sigmund von Siebenbürgen Hofarzt ist und den Individualismus des italienischen Humanismus vertritt. Ihm ist die Einführung religiöser Toleranz in Siebenbürgen zu danken, die den König dahin bringt, 1571 auf dem Reichstag

[42] 44. 21.
[43] 47. 515.
[44] 21. 6.
[45] 21. 392.
[46] 21. 304.

von Maros Vásárhely „eine völlige Gleichberechtigung für die Konfessionen, das heißt für Katholiken, Lutheraner, Reformierte und Unitarier“[47] unter die Grundgesetze des Reiches aufnehmen zu lassen. Es erweist sich wieder die enge Verflechtung des europäischen Humanismus mit dem religiösen Gedanken; das Ringen um die Durchsetzung des Humanismus ist immer auch ein Ringen um die Durchsetzung des rechten Glaubens, der – in seiner reinsten humanistischen Ausprägung – der eine Glaube ist, welcher in vielerlei Gestalt in Erscheinung treten kann.

Es ist eine Weise christlichen Glaubens, die sich glaubt auf Erasmus berufen zu können – und von ihren Gegner auch als erasmisch angeprangert wurde. So schreibt der Jesuit Antonius Possevinus in seinem 1593 erscheinenden Werk über ketzerische und häretische Schriften, ihm sei auf seinen zahlreichen Reisen Erasmus „vornehmlich in einer Gestalt begegnet: als eine der gewichtigsten Autoritäten des Antitrinitarismus in Polen, Ungarn und Siebenbürgen“. Offensichtlich ist Possevinus dort eine „Erasmusverehrung vor Augen geführt“ worden, die heute nur noch schwer erschlossen werden kann. Aber auch Kardinal Bellarmin führt bei Beschreibung des Arianismus Erasmus als herausragenden Häretiker an. „Eine Eingabe der unitarischen Pfarrerschaft an den König Johann Sigmund Zápolya von Siebenbürgen ... preist Erasmus als den ersten, der den Stein des Dogmas der Dreieinigkeit bewegt und damit Servet verdienstvoll vorgearbeitet habe.“[48]

Der jüngere Sozzini wird in Polen noch erleben, wie der Katholizismus zur Strenge seiner Orthodoxie zurückfindet. Er wird sich den Angriffen von Katholiken ausgesetzt sehen, die fast zu seinem gewaltsamen Ende geführt hätten. Gleichzeitig läßt auch die Wirkungskraft des Humanismus nach, wenn man nicht schon im Unitarismus einen Nachklang jener heftigen Zeit sehen will, die für den Humanismus neben den Kirchenkämpfen nur noch verschwindenden Raum läßt.

Lange bevor die Unitarier in Polen Zuflucht fanden, hatte, wie bekannt, der Humanismus dort Platz gegriffen. Von Conrad Celtis und seiner Sodalitas Vistulana war schon die Rede. Doch vor diesem schon hatte der Humanismus sich angekündigt. 1467 widmete ein unbekannter Pole einen Traktat, „ein Plagiat eines umfangreichen Briefes von Sylvius an den österreichischen Fürsten Sigismund“, dem Kronprinzen Kasimir; es ist „das früheste humanistische Werk über Erziehung in Polen“.[49]

Wir hören aber auch von dem 1423 zum Bischof von Krakau ernannten Sbigniew Olesnicky,[50] der sich einen Namen als Stilist gemacht hatte und

[47] 21. 310.
[48] 21. 362.
[49] 126. 27.
[50] 132. II. 327.

– wohl nach dem Vorbild des Coluccio Salutati – durch seine Staatsbriefe Aufsehen erregte. Er wird 1424 mit Francesco Filelfo (1398–1481) in Krakau zusammengetroffen sein, als dieser zur Hochzeit des Königs Wladislaw nach Polen kam. Filelfo kam aus Konstantinopel, wo er Griechisch bei Johannes Chrysoloras gelernt hatte und den Paläologen-Kaisern auffällig geworden war; sie benutzten ihn zu Gesandtschaften wiederholte Male. Olesnicky tauschte auch Briefe mit Aeneas Sylvius, damals Sekretär am kaiserlichen Hofe zu Wien und durch sein poetisches Talent, mit dem er Lebenslust und Sinnesfreude der Renaissance ein Denkmal setzte, um jene Zeit mehr hervorgetreten als durch den historischen und pädagogischen Humanismus, zu dem er später beitragen sollte. Die briefliche Bemerkung des Aeneas Sylvius an Olesnicky, „die Polen hätten den Ruhm, früher als die Deutschen und Ungarn am Quell italienischer Eloquenz geschöpft und sie bei sich eingeführt zu haben“[51], mag vor allem ein liebenswürdiges Kompliment sein, läßt aber doch vermuten, daß um die Mitte des 15. Jahrhunderts der polnische Kardinal mit seiner humanistischen Bildung in seinem Lande nicht allein stand. Johannes Dlugosz (1415–1480), der im Dienste des Krakauer Bischofs und Kardinals stand, mag erwähnt sein. Er ist der erste Geschichtsschreiber Polens. Seine ›Historica polonica‹ behandelt die Geschichte des Landes von den ältesten Zeiten an und ist trotz nationalistischer Grundhaltung – aus der heraus ja erst das historische Interesse erwachsen ist – eine aufschlußreiche Quelle. Und wenn schon nichts anderes, so weist ihn das historische Interesse als einen aus, der die Tendenzen des Humanismus in sich aufgenommen hatte. Aus dem literarischen Humanismus ist Gregor von Sanok, der 1477 gestorbene Lemberger Erzbischof, hervorgegangen. Er lehrte nach seinem Magisterium 1439 Poetik an der Krakauer Universität, las über lateinische Poesie und dichtete selbst. Einige Zeit vor der Übernahme des Erzbistums Lemberg wirkte er als Erzieher der Söhne des zum Reichsverweser in Ungarn bestellten Johannes Corvinus Hunyady und vermittelte dem 1458 gekrönten Matthias Corvinus die humanistische Bildung, der dieser in seinem Reiche zu Ansehen und Verbreitung verhalf.

Wesentlichen Anteil an der frühen Verbreitung des Humanismus in Polen – was den Polen bekanntlich den Ehrentitel „Italiener des Nordens“ eintrug – hatte die rege diplomatische Tätigkeit zunächst Kasimirs III., des Gründers der Krakauer Universität, und dann seiner Nachfolger, deren Gesandtschaften von Schreibern, Sekretären und Gelehrten besetzt waren, die an den italienischen Universitäten und bei italienischen Lehrern ihre Bildung gewonnen oder vervollständigt hatten.

Der Schüler Conrad Celtis', dieses Botschafters des italienischen Hu-

[51] 136. 328.

manismus, der aus dem niederschlesischen Neumarkt stammende Laurentius Corvinus (1462–1527), wird als Lehrer der Philosophie, Geographie und Verskunst – in dieser Kombination eine typische Erscheinung des Krakauer Humanismus, der den Naturwissenschaften von früh an zugewandt war – der offizielle Dichter der Universität. Er steht in Korrespondenz mit Copernicus, den er in einem Gedicht 1509 als „vir doctus ... rerumque latentes causas scit"[52] – als einen gelehrten und den verborgenen Ursachen der Dinge kundigen Mann – rühmt. Seine humanistische Bildung trägt er als Rektor in Breslau seit 1497, dort seit 1502 als Stadtschreiber nach Schlesien und bekundet sie nicht zuletzt durch ein Lehrbuch der lateinischen Sprache. Auch bei ihm behält der Humanismus seine christlich-reformatorische Komponente, wenn er zum Studium der Platontexte ermahnt, „da dessen Philosophie der christlichen Lehre am nächsten sei"[53]. Die geistige Verbindung zur Florentiner Akademie, die Celtis hergestellt hatte, trägt Früchte.

Ein Menschenalter später bringt der 1499 in Laski bei Petrikau geborene Johannes Laski den erasmischen Humanismus nach Polen. Sein „Weg hatte ihn durch nahezu das ganze Abendland geführt"[54], als er als Theologiestudent zuerst nach Bologna und dann nach Basel zog, wo er Aufenthalt bei Erasmus nahm. Mehrere Jahre hielt er sich in Basel auf. Erasmus schreibt ihm ebenso dankbar wie humanistisch liebenswürdig, nachdem Johannes a Lasco – wie er von Erasmus und den Zeitgenossen genannt wird – nach Polen zurückgekehrt war: „Du weisest auch die Bezeichnung ‚Schüler' nicht zurück, wenn man Dich nur für einen solchen Schüler hält, der bereit ist, um des Erasmus willen alles zu leiden und zu tun. Ich aber, lieber Johannes, würde zu anmaßend sein, wenn ich gestattete, daß man einen jüngeren Mann, der zum Höchsten geboren ist und schon jetzt auf jedem Wissensgebiete mir überlegen ist, für meinen Schüler hält. Doch wäre ich ein gänzlich undankbarer Mensch, wenn ich einen so liebevollen, treuen und lauteren Schutzpatron in dunkele Vergessenheit sinken ließe."[55] Mag sein, daß in diesem Brief schon der erste Widerhall der Schwierigkeiten zu vernehmen ist, denen der junge Propst von Gnesen bald zur Unerträglichkeit ausgesetzt war. Erasmus übrigens hatte ihm schon 1525 seine Bibliothek zugleich mit der Bedingung verkauft, sie weiterhin bei Lebzeiten behalten zu dürfen. Im Testament wird er dessen ausdrücklich gedenken. Drei Jahre später schreibt er ihm über den Zuwachs der Bibliothek.[56]

[52] 73. 164.
[53] 73. 164.
[54] 46. 209.
[55] 32. 395f.
[56] 32. 435.

Aus dem Geist des Erasmus heraus nämlich versucht er nach seiner Rückkehr in die polnische Heimat, 1526, zu einer gemäßigten Kirchenreform in Gnesen beizutragen, bricht, als diese Bemühungen scheitern, mit der Kirche, wendet sich – als Calvinist – nach Ostfriesland, wo er 1539 seßhaft wird und auf Wunsch der friesischen Gräfin Anna die Reformation einführt. Dazu schreibt er 1548 den Emdener Katechismus, geht 1549 nach England, das er nach der Thronbesteigung Maria Tudors der Katholischen – deren Lehrer Ludovico Vives gewesen war! – wieder verläßt, wird für ein Jahr Superintendent in Frankfurt am Main, um 1556 nach Polen zurückzukehren, wo er sich um eine Vereinigung der protestantischen Gruppen bemühte. Es sind nun, wir erinnern uns, die kurzen Jahre religiöser Toleranz, die den Sozinianern freie Religionsausübung ermöglichten und für kurze Zeit die Hoffnung auf Versöhnung der Konfessionen im toleranten Nebeneinander an den Grenzen Europas nährten. Laski stirbt 1560. Daß von ihm gesagt werden kann, er verkörpere „am reinsten jene enge Synthese von Humanismus und Reformation, wie sie an der Universitätsstadt Krakau Gestalt gewonnen und von dort aus weitere Kreise gezogen hatte“[57], mag sich vor allem darauf stützen, daß ihm die Impulse zur Sandomirer Generalsynode zu danken sind, in welcher die Konfessionen der Lutheraner, Calvinisten und Böhmischen Brüder einander im Consensus Sandomiriensis näherkamen.

Erwägenswert bleibt der Gedanke, daß es zu nicht geringem Teil der Wirkung des erasmischen Protestanten Laski zu danken ist, wenn gerade in den calvinistischen Niederlanden das geistige Erbe des Erasmus sich am stärksten erhielt und der Toleranzidee nicht zuletzt in der Gestalt Wilhelms von Oranien Ausdruck verlieh. Auf Laskis Anregung hin hatten sich englische Freikirchen in die freiere Luft der niederländischen Städte geflüchtet, nachdem Laski schon vor seinem Englandaufenthalt von Emden aus auf den niederländischen Calvinismus Wirkung ausgeübt hatte. Verführerisch ist der Gedanke, daß sich damit von Laski auch zu Comenius eine Brücke schlagen läßt, sollte diesem doch in der Studienzeit bereits Amsterdam zum Erlebnis, im Alter dann zur Zufluchtsstätte werden. Vorab muß es Vermutung bleiben, daß der Humanismus des Erasmus nicht zum geringsten durch den protestantischen Humanismus des Johannes Laski auf Comenius gekommen ist.

Andreas Modrzenski (1503–1572) schreibt unter dem Namen Fricius eine zunächst im Ausland gedruckte Staatsschrift, deren humanistischer Gehalt der Weltverbesserung schon im Titel ausgedrückt ist: ›De republica emendanda‹. „Das Vorbild dieses moralistischen, die Eintracht mit Inbrunst liebenden Humanisten ist Erasmus, nicht Luther. Gewiß hat er

[57] 46. 219.

mit diesem das – ja auch humanistische – Schriftprinzip gemeinsam, aber um Nuancen behutsamer zeigt er sich in der Beurteilung der Lehrtradition und der geschichtlich gewordenen Institutionen, Riten und Gebräuche …"[58] Unsere Aufmerksamkeit erregt das Wort, das das humanistische Denken immer wieder beflügelt, das von der Verbesserung – *emendatio* – der Dinge, das bei Erasmus eine gewichtige Rolle spielt, aber schließlich auch vom Bischof der Böhmischen Brüder, Comenius, zum Inbegriff seiner Bemühungen gemacht wird. Der Lehrer Comenius', Johann Heinrich Alsted, stirbt im Siebenbürgischen Weißenburg 1638 nach neunjährigem Wirken als Professor an der dortigen Akademie. Georg Rakoczy wünschte sich Comenius als Nachfolger. Dieser aber wird erst 1650 nach Siebenbürgen gehen, nachdem er dem Fürsten Sigismund Rakoczy einen Entwurf seiner pansophischen Schule gewidmet hatte. Bis 1654 wird er die Schule von Saros-Patak leiten. Das mag einer Geschichte des Humanismus nicht unmittelbar zugehören, seinen Nachwirkungen indes sollte es durchaus zugezählt werden.

In Ungarn, dem Matthias Corvinus in der zweiten Hälfte des 15. Jahrhunderts ein ungewöhnliches geistiges Zentrum gibt, verschaffen sich ebenfalls schon früh die italienischen Einflüsse Gehör. Ob „der venetianische Kreis Petrarcas bei der Gestaltung der Anfänge des Humanismus in der ungarischen Kanzlei eine ausschlaggebende Rolle"[59] spielt, ist nur schwer auszumachen, läßt sich aber doch aus der Bindung der Krone an Böhmen in der Person Sigismunds schließen. Diesem stand in Prag die humanistisch durchgebildete Kanzlei zur Verfügung; und mit der Universität Fünfkirchen war schon in der Zeit des böhmischen Frühhumanismus in Ungarn ein Bildungszentrum entstanden, in welchem italienische Einflüsse unverkennbar sind.

Vollends greifbar wird der Humanismus in Ungarn aber in der Person Pietro Paolo Vergerios (1370–1444). Er hatte in Padua und Florenz studiert, Freundschaft mit Coluccio Salutati geschlossen und bei Manuel Chrysoloras Griechisch studiert. In Venedig stellte er Verbindung zu dem Petrarca-Schüler Giovanni di Conversino da Ravenna her und gab Petrarcas ›Africa‹ heraus. Er trat in päpstliche Dienste, wurde als Sekretär und später als Gesandter beim Konzil von Konstanz verwendet. Damals hatte er schon seinen pädagogischen Traktat ›De ingenuis moribus et liberalibus adolescentiae studiis‹ geschrieben, das Guarino Guarini in seiner Schule zu Ferrara benutzte. Er tritt darin für eine Verbindung von humanistischer Allgemeinbildung und staatswissenschaftlichen Kenntnissen ein und wendet sich an die Regierenden, die Fürsten und ihre Verwaltungs-

[58] 118. 425.
[59] 64. 4.

beamten: Humanistische Bildung ist ein öffentliches Bedürfnis. Die Wirkung in literarischen Kreisen ist beträchtlich. „Die pädagogische Literatur der ganzen Renaissance ist weit mehr damit beschäftigt, den Entwurf Vergerios zu definieren, zu präzisieren und in Einzelheiten zu verbessern, als ihn zu verändern."[60] Seine Gelehrsamkeit mußte selbst in Humanistenkreisen auffallen: Er hatte die Doktorwürde beider Rechte, der Medizin und der Philosophie. Auch seine Dienste für die römische Kurie werden seinem humanistischen Liberalismus keinen Abbruch getan haben, wie sich aus den Wirkungen in Ungarn schließen läßt. Dorthin gelangte er, nachdem er am Ende des Konstanzer Konzils in die Dienste des Königs von Ungarn (seit 1387) und Böhmen (seit 1419), des nachmaligen Kaisers (seit 1433) Sigismund getreten war, der als Sohn Karls IV. eine sorgfältige Erziehung genossen hatte. Er soll sieben Sprachen beherrscht haben. Vergerio wird in Großwardein, ohne je nach Italien zurückgekehrt zu sein, sein Leben beschließen. In der Überlieferung wurde Sigismund zu einem Beispiel für die Lehren Vergerios, in denen die Vita activa der Vita contemplativa voranging, die Redekunst der Lebenskunst den Weg zu weisen hat, damit in dieser sich der Mensch zum Nutzen des öffentlichen Wohls heranbilde. Er nennt sie in einem Atemzug, die freien Geister und die für Staat und Gesellschaft Verantwortlichen, und empfiehlt ihnen das Studium der Geschichte und der Philosophie vor allem anderen, die Philosophie aber deshalb, weil sie freie Menschen hervorbringe („quod ejus studium liberos homines efficit").[61]

Der in Böhmen aufgewachsene Matthias Corvinus, 1458 zum König von Ungarn gewählt, gab durch die humanistische Kultur und das Gepränge der Renaissance, durch die Berufung italienischer Künstler und Gelehrter, woran vor allem seine zweite Gemahlin Beatrix von Aragon tätigen Anteil nahm, seiner Hauptstadt europäischen Glanz und machte sie den anderen Fürstenhöfen ebenbürtig. „So wie Matthias Corvinus damals sicher weit gelehrter war als alle anderen europäischen Monarchen – er sprach ungarisch, lateinisch, deutsch, italienisch, griechisch, türkisch und vermochte in diesen Sprachen auch zu lesen –, so war Beatrix unter den gekrönten Häuptern die bedeutendste humanistische Weltdame und hat darin den höchsten und berühmtesten italienischen Fürstinnen in nichts nachgegeben."[62] Matthias Corvinus gründete die Universität Preßburg 1467. Sein Kanzler Johannes Vitez, späterer Bischof von Großwardein und Kardinal, der – nach eigenen Studien in Italien – mit Vergerio an dessen Lebensende bekannt geworden war, wird „der eigentliche Be-

[60] 39. II. 30.
[61] 39. II. 196.
[62] 115. 64.

gründer der klassischen Studien in Ungarn“[63]. Er hielt mit Florenz Verbindung, ließ dort griechische Texte und humanistische Werke abschreiben und regte unermüdlich den König zu einem Mäzenatentum an, dessen bedeutendster Ausdruck wohl die Bibliotheca Corvina ist. 1472 errichtet in des Königs Auftrag der Deutsche Andreas Heß die erste ungarische Buchdruckerei. Johannes Vitez schickte Johannes von Csezmicze, seinen Neffen, der unter dem Namen Janus Pannonius (1434–1472) bekannt wurde, nach Italien, um bei Guarino Guarini in die Schule zu gehen und das Lateinische und Griechische zu lernen. Dieser hielt sich dort sieben Jahre auf, besuchte auch Florenz, wo er in Verbindung mit Cosimo di Medici und den Humanisten Argyropulos, Poggio und Marsilio Ficino trat, und trieb Rechtsstudien in Padua. Auf des Vitez Veranlassung wurde er 1459 schon als 25jähriger Bischof von Fünfkirchen, aber er war „so sehr Italiener und Schöngeist geworden, daß er sich im Vaterland wie fremd, ja wie ein Verbannter erschien“[64]. Allerdings war er durch ein freies Humanistenleben – schon Guarino war alles andere als ein asketischer Herr – der Kirche und Religion nicht weniger fremd geworden und war eher mit gelehrter und poetischer Korrespondenz denn mit kirchlichen Dingen beschäftigt. In eine Verschwörung gegen den König verstrickt, mußte er außer Landes gehen. „Guarini sagte über ihn: er hatte nie einen derart gelehrten und vortrefflichen Schüler als Pannonius es war; redete er lateinisch, glaubte man in Rom zu sein, sprach er griechisch, so dünkte man sich in das Athen des Perikles versetzt.“[65] Aber nicht weniger gilt wohl im Grunde: „Mit seiner glänzenden Bildung hatte er auch alle Leichtfertigkeit, Eitelkeit und Frivolität, kurz all den moralischen Unrat des italienischen Humanismus nach Ungarn gebracht.“[66]

Man wird ein solches strenges Urteil heute vielleicht nicht mehr unterschreiben und mit der Rede vom „moralischen Unrat“ zögernder umgehen wollen. Worauf Schaffran freilich sein Urteil stützt, Pannonius sei „ein Humanist edelster Gesinnung“[67] gewesen, bleibt unerfindlich. Immerhin ist eine solche Vita ein Bild für die Tendenz der Säkularisierung durch den Humanismus, die es leicht machte, ihn den protestantischen Bewegungen zu verbinden, oder aber ihn als zersetzende Kraft innerhalb der Kirche zu verstehen. Das Gelehrtentum, das sich einer kritischen Religiosität befleißigt – was man freilich von Pannonius nicht ohne weiteres wird sagen dürfen –, trägt auch hier nicht nur erneuernde, sondern auch

[63] 136. II. 316.
[64] 136. II. 321.
[65] 115. 57.
[66] 136. II. 322.
[67] 115. 57.

destruktive Kräfte in sich und kann nicht lange die Balance halten, die in einer kurzen historischen Stunde des Ausgleichs es dahin brachte, daß es auch in Ungarn „zahllose Übergangsstufen vom humanistisch gebildeten Kirchenreformertum über einen unkonfessionellen Evangelismus zu eindeutig reformatorischem Glauben gab“[68].

Der ersten Gruppe, der der humanistisch gebildeten Kirchenreformer, wird man Johannes Sylvester (1504/05–nach 1552) zurechnen können, dessen Spuren sich in Wien verlieren. Auch das ein symbolisches Bild: einer der letzten großen Humanisten Osteuropas entschwindet dem Blick in den Jahren, in denen die Naturwissenschaften an den Universitäten den Sieg über den Humanismus besiegeln, der, von reformatorischer und kurialer Orthodoxie vorbereitet, unausweichlich geworden war.

Sylvester studierte in Krakau, arbeitete später an einer lateinischen Grammatik, ›Rudimenta‹, die er mit ungarischem Text versah, womit er zum „Bahnbrecher der ungarischen grammatischen Literatur wird“[69], welche Einschätzung der Humanist durch Übersetzung des ›Neuen Testaments‹ ins Ungarische 1541 unterstreicht, wozu er sich der lateinischen Anmerkungen des Erasmus zu dessen Bibelausgabe bedient, um seinerseits textkritische und philologische Erläuterungen zu geben. Er entwikkelt sich zu einem Erasmianer, der auch in seiner Beziehung zur Kirche der erasmischen Haltung folgt. Bei seinem Aufenthalt in Wittenberg wird er von Melanchthon stark beeinflußt, während er Luther nie erwähnen wird. Immerhin ist in der Bibelübersetzung in die Volkssprache durchaus ein Einfluß Luthers und seiner Bibelübersetzung zu sehen. Nach dem Studium in Wittenberg wird er Rektor in seiner Heimat und veranlaßt die Einrichtung einer Druckerei, die ihre Arbeit mit seiner, Sylvesters, lateinisch-ungarischen Grammatik 1539 aufnimmt. 1542 schreibt er sich an der Universität Wien ein und wird dort 1543 Professor für Hebräisch. 1552 verläßt er Stadt und Universität und bleibt verschollen. Sein Biograph wird ihn „den bedeutendsten ungarischen Erasmisten, den ersten wirklichen Künstler des ungarischen metrischen Verses“[70] nennen. Wir bleiben dabei eingedenk, daß bis ins 19. Jahrhundert hinein Latein die Staatssprache Ungarns sein wird.

Die pädagogischen Auswirkungen des Protestantismus, insbesondere des Sozinianismus, in den Ländern des Ostens waren, wie man nicht verkennen kann, erheblich. Sie alle, „die Calvinisten, Lutheraner, Arianer und Böhmischen Brüder gründeten in den Städten, Städtchen oder Magnatenresidenzen Schulen, von denen einige ... durch ihr hohes Niveau

[68] 46. 214.
[69] 4. 22.
[70] 4. 19.

sogar die katholische Jugend anlockten"[71]. Zu nennen wären etwa das 1551 gegründete Gymnasium von Pozow, die um 1580 gegründete calvinistische Schule mit ihrem humanistischen Lehrplan, die noch keine zwanzig Jahre später wegen ihres ketzerischen Charakters wieder geschlossen wird, oder die 1602 als Hochschule gegründete Schule von Rakow, die bereits 1638 wieder geschlossen wird, da sie eine sozinianische Lehranstalt war.[72]

Die lateinische Herkunft der Sprache und die römische Tradition der politischen Geschichte sollte schließlich eine starke Entwicklung des Humanismus auch in Rumänien bzw. in den damaligen Fürstentümern Moldau und Walachei erwarten lassen; hier aber zeigt sich die Kraft des kämpferischen Protestantismus darin, daß sie den Humanismus, der erst spät Rumänien erreichte, zu keiner eigenen Entwicklung kommen läßt. Wir erfahren von einem Gelehrten, der mit Luther über die Herstellung einer Ausgabe des ›Neuen Testaments‹ in Polnisch, Deutsch und Rumänisch in Verbindung ist, auch von den Aufrufen Melanchthons, die das Grenzland zum Kampf gegen die Türken – eines der gemeineuropäischen Motive des Reformationszeitalters – auffordern. Bei Melanchthon war freilich auch ein privates Interesse im Spiel, sollte doch sein Schwiegersohn „bei dem kirchlichen Neubau in der Moldau mitwirken"[73]. Das blieb jedoch kirchengeschichtliche Episode. Die griechische Orthodoxie behauptete sich. Die Zugehörigkeit Rumäniens zum romanischen Sprachraum behält politische Bedeutung. Daß darin der Humanismus keinen dauernden Platz findet, ist ein kulturelles Phänomen, das weiterer Aufklärung bedürfte. Zweifellos wirkt sich die türkische Oberherrschaft über die Moldau seit 1513, die Abhängigkeit der Walachei von der Türkei seit dem 15. Jahrhundert ebenso aus wie der wiederholte Versuch des Patriarchen von Konstantinopel um die Wende vom 15. zum 16. Jahrhundert, sich die Kirche der Walachei unterzuordnen.

[71] 131. 50.
[72] 131. 83.
[73] 46. 217.

VI. HUMANISMUS IN SPANIEN

Bis in die Länder des Ostens hinein, ja bis nach Moskau – an dessen Aufbau schon unter Iwan III. italienische Baumeister wie Aristoteles Fioravanti mitwirken – läßt sich der italienische Humanismus verfolgen, der Einfluß nimmt auf die Ausgestaltung und Erneuerung der Studien und eine Schicht von Intellektuellen heranbildet. Deutlich prägen sich die Grundelemente des gelehrten Humanismus aus: die Übernahme der klassischen Sprachen und die Pflege klassischen Schrifttums, die Ausbildung einer einheimischen Literatur und die Einflußnahme auf die Hochsprachen der Länder. Daneben zeigt sich christlicher Humanismus in den starken religiösen Bewegungen am Werk, gibt Argumentationshilfen für die streitenden Parteien und setzt in seinen stärksten Gestalten dogmatischer Glaubenslehre eine unmittelbar am Wort orientierte Gläubigkeit entgegen. Stellenweise gelingt es ihm, eine Atmosphäre religiöser Toleranz zu schaffen. Der Humanismus in der doppelten Gestalt einer philologischen und einer christlichen Bewegung sieht sich verstrickt in die politischen Auseinandersetzungen, wird herausgefordert ebenso durch merkantile wie durch verwaltungsorganisatorische Bedürfnisse und trägt sein Credo von der Notwendigkeit der Bildung für die Staatsgeschäfte, für die Ordnung der kirchlichen Belange, für die Erfüllung bürgerlicher Pflichten, aber auch für die Vollendung eines Lebensgefühls, in dem der Mensch die ihm offenen geistigen Möglichkeiten erfahren will, in eine Welt, deren mittelalterliche Ordnungsbilder zerbrechen. Gewiß, er verbündet sich mit den Mächtigen; aber er wird doch gerade ihnen gegenüber – ob nun Filippo Buonaccorsi oder Johannes Vitez oder Maximos der Grieche – immer wieder die Stimme erheben; er wird den Fürsten, damit sie zum Wohle der von ihnen Abhängigen, der ihnen Ausgelieferten, ihre Pflicht tun, eine humanistische Bildung antragen. Sie, die Humanisten, fordern eine humane Erziehung gerade der Fürsten und halten ihnen in den Traktaten zur Prinzenerziehung wie in vielen Briefen den Spiegel vor, in dem sie ein von Humanität gezeichnetes Gesicht finden können. Das findet sich bei Piero Paolo Vergerio so gut wie bei Giorgio Biandrata, selbst schon bei Konrad Bitschin. Sie verweisen damit, selbst wenn sie sich selbst zumeist näherstanden als dem oft auch von ihnen kaum wirklich wahrgenommenen breiten Volk, auf die grundsätzlich unwiderlegbare Einsicht – die nach Jahrhunderten die Aufklärung beflügeln und damit diese in die Tradition des Humanismus verweisen wird –, daß nämlich ohne die vorgängige Bildung derer, die zu Einsicht befähigt und im Besitz des Privilegs eines weiten Bildungserwerbs durch Stand und Gelegenheit sind, die Bildung aller nicht zu erhoffen ist. Dem Humanismus ist allerorten nur eine kurze Frist vergönnt. Protestantismus und Gegenreformation sind stärker; und das politische Denken der Fürsten geht im Humanismus nicht auf. Auch Erasmus, dessen Gedanken allgegenwärtig sind, vermag dagegen letztlich nichts, zumindest nicht im Sinne durchschlagenden Tageserfolgs. Auch wird, im günstigen Falle, der philologische Humanismus sein Arbeitsfeld mit den aufbrechenden Naturwissenschaften, die in manchem dem Humanismus verpflichtet sind, teilen müssen. Copernicus ist das helle Beispiel. Oder er geht auf in neuem Sektierertum, wenn er sich nicht in – aller Gelehrsamkeit fernen, aber humanem Denken nahen – Volksbewegungen verbirgt, wie sie in der untergründigen Religiosität Rußlands weiterleben. Oder, leuchtender und kämpferischer und unverborgen, er überlebt im Mystizismus wie dem spanischen, der die Gegenreformation in ihrer Strenge und Unerbittlichkeit gleichsam aus sich selbst und von innen heraus überwindet. Die heilige Therese von Avila (1515–1582) steht schon jenseits des europäischen Humanismus.

Spanischer Humanismus

Auf der Iberischen Halbinsel, an der anderen Grenze der humanistischen Bewegung Europas also, verhält es sich nicht anders als in den Ländern des Ostens. Bis in die portugiesische Hauptstadt dringt er vor, hier vor allem am Studium des Arabischen interessiert. Der – freilich nur noch wenigen bekannte – Nikolas Clénard aus Brabant, Professor des Griechischen und Hebräischen in Löwen, zieht 1531 über Paris und Salamanca schließlich für fünf Jahre nach Lissabon und entfaltet eine breite humanistische Korrespondenz. Doch bleibt das in seinen Wirkungen begrenzt, wieviel Verwandtschaft seines pädagogischen Denkens sich auch mit den großen europäischen Zeitgenossen, Erasmus voran, nachweisen lassen wird.

Von nachhaltiger europäischer Wirkung hingegen wird der spanische Humanismus sein, wenn ihm auch nur kurze Dauer beschieden scheint. Nach einer Zeit des Übergangs, in der – schon im 14. Jahrhundert – der Humanismus seine ersten Boten schickt, folgt einer kurzen Blüte der jähe Sturz. Dem spanischen Humanismus antwortet eine neue Scholastik. Härter als anderwärts findet die Kirche zu dogmatischer Strenge und inquisitorischer Härte zurück.

Die geistige Situation Spaniens mitsamt ihrem politischen Untergrund, von dem der Humanismus sich abhebt, läßt sich an einem denkwürdigen

Gespräch und an einer symbolischen Gestalt ablesen, an dem Gespräch zwischen Bartholomé de Las Casas und Juan Ginez Sepulveda im Jahre 1550 und an Don Quijote.

Las Casas wird immer verehrungswürdig und unvergeßlich bleiben als jener Mann, der, vom christlichen Humanismus geprägt, den tapferen selbstlosen Kampf um die Rettung der Indianer führt und damit gegen koloniale Unmenschlichkeit. In ihm verkörpert sich die Ehrenrettung des Christentums gegenüber den Konquistadoren, die im Dienste der Allerkatholischsten Majestät ausgezogen waren aus schierer Eroberungssucht. Las Casas (1474–1566) war 1492 mit Columbus nach Amerika gesegelt, Dominikaner in Española geworden, erhielt später die Bischofswürde von Chiapa in Mexiko und schreibt sich in die Geschichte unvergeßlich ein mit seinen Anstrengungen, die ihn immer wieder zwischen der Neuen und der Alten Welt hin und her reisen lassen, den Indianern ein menschenwürdiges Leben zu sichern und sie vor der tödlichen Ausbeutung durch die Eroberer zu schützen. Daß er glaubte, sich für den Einsatz von Negersklaven, die er für robuster und widerstandsfähiger hielt als die Indianer, verwenden zu müssen, ist die Tragik dieses außerordentlichen Lebens.

Dieser Las Casas nun tritt vor Kaiser Karl V. ins Streitgespräch mit dem Hofhistoriker Sepulveda ein, seinem großen Widersacher, der, da die Indianer keine Christen seien, diesen auch kein Mitgefühl entgegenbringen kann und ihre Vernichtung für ein Gottesurteil hält, wenn sie nicht zum Christentum übertreten. Sepulveda (1490–1574), selbst ein hochgebildeter Mann, als welcher er sich durch seine historischen Werke über die Geschichte der spanischen Taten in der Neuen Welt und über das Leben Karls V. ausweist, begründet vor dem Kaiser das Recht auf Herrschaft und Eroberung, auf Unterwerfung und Gewalt; die sittliche Minderwertigkeit beruht auf dem Heidentum. Demgegenüber wagt der Dominikaner seine Stimme der Menschlichkeit zu erheben. Er fordert nicht Barmherzigkeit, sondern das Recht aller, auch der Indianer, da alle Menschen gleich seien vor Gott, frei geboren und alle das gleiche Recht auf Glück und menschenwürdiges Leben hätten auf der Erde, die Gott allen geschenkt habe. Wir wissen, daß das blinde missionarische Denken des Sepulveda auf lange hinaus das Denken derer, die an Macht überlegen sind, in den Kolonien beherrschen wird, selbst wenn der Kaiser sich unter dem Eindruck der eindringlichen Vorstellungen des Las Casas bemüht, das Schicksal der Eingeborenen Lateinamerikas zu mildern und ihnen Lebensraum zu geben.

Der Humanismus hatte schon keine – politische – Gewalt mehr, die ihm ohnehin nur für wenige Jahre zugefallen war; und die geistige Dominanz war ihm entwunden worden namens der streitbaren, ihre Herrschaft behauptenden Kirche. Immerhin stand Las Casas nicht allein: die Universitäten von Alcalá und Salamanca sprachen sich gegen die Schrift Sepulvedas über den gerechten Krieg gegen die Indianer aus. Das Werk wurde nicht gedruckt. Die Gedanken des Las Casas aber gehen in das Völkerrecht ein.

Die große symbolische Gestalt aber des in Intoleranz versinkenden Spaniens – schon weit jenseits der Epoche des Humanismus und doch dieser noch einmal einen Widerschein gebend – ist Don Quijote, der Ritter von der traurigen Gestalt. Diese Romanfigur steht für die Suche nach Größe und Glanz einer vergangenen Zeit und ist die Verkörperung einer Mannhaftigkeit und Ritterlichkeit, die in ihrer Einfalt ein Fremdling in der Zeit geworden ist. Der Ritter steht für den Einsatz der Starken für die Leidenden, wie das vom Christlichen her Las Casas verstanden hat, für den Streit der Herren gegen die Ungerechtigkeit, der die Schutzlosen ausgeliefert sind. Es ist ein ernstes Leben, dessen Los die Skurrilität ist, wie sie von dem schlichten Sancho Pansa auf seinem Esel unterstrichen wird, der die Welt mit gesundem Menschenverstand nüchtern sieht und doch sich von der im ritterlichen Idealismus gelebten Menschlichkeit seines Herrn bezaubern läßt. Denn dahinter steht, so nur lassen sich die Abenteuer der beiden lesen, die große Konfession nicht nur von einem untergegangenen und in seinem Untergang verklärenden Rittertum im Sinne von tollem Wagemut und schierer Kampfesfreude, sondern die Idee des Menschen, der sich für die Preisgegebenen und die Wehrlosen einsetzt, eine Idee, aus der sich eine edle – was ja bekanntlich mit „Adel" verwandt ist – Ordnung der Welt bilden soll, eine Idee, die in der Gestalt des Ritters Don Quijote verkörpert, daß diese humane Welt, wenn sie denn schon möglich und denkbar gewesen wäre, nun schon lange zurückliegt – oder aber eine utopische Welt ist und bleibt. Der Ritter ist die Erscheinung der Humanität, die sich lächerlich macht, weil sie sich nicht mehr verständlich machen kann und über alle Enttäuschungen hinweg doch nicht aufgibt. Sie läßt sich nicht beirren und bleibt eine große Möglichkeit des Menschen.

Vielleicht läßt sich, den ›Don Quijote‹ des Cervantes so gelesen, etwas von den Möglichkeiten ahnen, die auch in dem vom Humanismus berührten Spanien lagen, ehe es zum Land der Inquisition wurde. Auch hier hat der Humanismus eine lange Geschichte, mag diese auch hinter dem düsteren Spanien Philipps der Wahrnehmung sich immer mehr entzogen haben. Die Verbindungen zum italienischen Humanismus sind schon im 14. Jahrhundert zu beobachten. Das ist noch in der Zeit, in der Spanien, vor seiner kastilischen Epoche, das Land der drei Ringe war, in welchem unter einer milden Maurenherrschaft die Versöhnung der Geister, der Ausgleich der Religionen, der Austausch der Gedanken und die wechselseitige Befruchtung lebhaft war, bis dann, schrecklich genug, das Nebeneinander von Christen, Juden und Mohammedanern durch den spanischen Sieg von 1492 zerbricht und die Aufrichtung einer universalen christlichen Herrschaft mit der Vertreibung der Juden beginnt.

Der Humanismus Spaniens konnte durch die politische Verflechtung mit dem ganzen Mittelmeerraum sich schon sehr früh entfalten. In Katalonien und in Aragon, im Norden Spaniens also, jenem Gebiet, das von der Maurenherrschaft sich freigehalten hatte, entwickelte sich durch die politischen Kontakte mit Sizilien ein Humanismus griechischer Prägung. Basis waren die Verbindungen des Hauses Aragon zu dem alten ehemaligen Groß-Griechenland, dem Sizilien jener Zeit, dem späteren Königreich beider Sizilien, aus dem das Königreich Neapel wird. Peter von Aragon war nach der Sizilianischen Vesper im Jahre 1282, dem Aufstand gegen die Franzosenherrschaft des Hauses Anjou, zum König von Sizilien erhoben worden; Sizilien wird 1442 durch Alfons V. von Aragon wieder mit Neapel vereinigt werden. Die Kontakte nach Neapel führen an den Hof König Roberts, der Petrarca vor dessen Dichterkrönung prüfte und zum „clericum et familiarem nostrum domesticum“ ernannte.

Dante, Petrarca, Boccaccio, das Florentiner Dreigestirn, werden in Spanien gelesen und erarbeitet. Iñigo Lopez de Mendoza, Marquis de Santillana (1398–1458), veranlaßt eine Übersetzung der ›Göttlichen Komödie‹, aber auch Übertragungen der ›Aeneis‹, der Ovidschen ›Metamorphosen‹ und der Tragödien Senecas. Ihm werden die ersten spanischen Sonette, die Versform ist bekanntlich Petrarcas Schöpfung und verweist insofern auf die Verbindung zum italienischen Humanismus, zugeschrieben. Von Juan Hernandez de Heredia werden die Werke des Thukydides, des Plutarch und mancher Geschichtsschreiber ins Spanische übertragen. 1388 taucht eine Übersetzung der lateinischen Übertragung Petrarcas der ›Griseldis‹-Novelle Boccaccios ins Katalanische auf; wir sind ihr schon häufig – auch bei Bitschin – begegnet. Auch Übersetzungen der ›Ethik‹ und ›Oekonomie‹ des Aristoteles, ebenso der Schriften Ciceros, Senecas, der Geschichtswerke des Caesar, des Livius und des Tacitus sind am Ende des 14. Jahrhunderts nachweisbar; das philosophische und historische Interesse des Humanismus wird sichtbar. Die 1428/29 erscheinende Übersetzung der ›Göttlichen Komödie‹ ins Katalanische ist die erste vollständige Übertragung dieses Gedichts, das an der Wegscheide zwischen Mittelalter und Neuzeit steht, in Europa überhaupt. Im romanischen Spanien zeigen sich die frühen Arbeiten des Humanismus offensichtlich weniger in einer gelehrten Strömung als vielmehr in den Impulsen, die auf die Volkssprache und deren Ausbildung ausgehen, ein humanistisches Motiv, das bei den großen Florentinern bekanntlich mit den Ideen eines politischen Humanismus Hand in Hand geht.

Zur führenden Gestalt des gelehrten und damit auch den Bildungsgedanken des Humanismus ganz in sich aufnehmenden spanischen Humanismus und zum Motor der geistigen Bewegung wird Francisco Ximénes de Cisneros (1436–1517). In ihm zieht sich aber auch wie in einem

Prisma das geistige Schicksal Spaniens zusammen. Er ist seit 1492 der Beichtvater der Königin Isabella, wird 1495 Primas von Spanien und schließlich 1507 der Großinquisitor des Landes. Er ist die überragende Gestalt des spanischen Hofhumanismus und wird dann nicht weniger die überragende Gestalt des spanischen Katholizismus, der dem spanischen Humanismus ein jähes Ende bereitet. In ihm wird wiederum für einen kurzen historischen Augenblick die Hoffnung sichtbar, daß sich dieser philologische, gelehrte Humanismus mit dem religiös-christlichen Humanismus verbinden könnte zu einer Lebensform der Toleranz auf der Grundlage eines zu sich selbst gekommenen, überlegenen humanen Geistes. Für einen Augenblick scheint es, daß, wenn man es ein wenig pathetisch ausdrücken darf, die Idee menschlicher Bildung das Ordnungsdenken der eng verflochtenen herrschaftlichen Kirche und der weltlichen Macht auf das Maß einer menschlichen Ordnung zurückführen könnte. Ximénes aber lebt in der Gestalt des Großinquisitors fort, die Dostojewski unsterblich gemacht hat in der Gestalt, die als herrscherlicher Typ die streitbare Kirche, die *ecclesia militans* vertritt und den Anspruch der Kirche gegen den Anspruch eines lebendigen Glaubens. Der liebende, allen Menschen gleichermaßen zugeneigte Christus gehört nicht in die Welt, die Ximénes vertritt, in der für den persönlichen Glauben, die unmittelbare Ergriffenheit, die Innigkeit des Gottesgefühls und die Demut aller kein Platz ist, weil sie die Ordnung der Kirche bedrohen, wenn nicht zerstören. Es kann nicht der Verkünder des Glaubens neben dem Sachwalter des Glaubens stehen, und das Gefüge der Institution, das der Großinquisitor hüten muß, läßt sich nicht vereinbaren mit der Milde eines Glaubens, der ohne Institutionen glaubt auskommen zu können. Dieser Großinquisitor Ximénes de Cisneros wird Tausende aufs Schafott schicken. Er wird zum Menetekel für jegliche Unduldsamkeit werden, die sich im Recht glaubt, weil ihr der strenge Bau der Institution, in der sich nur Ordnung erhalten kann, wichtiger als der Mensch ist. Der Staatsmann wird über den Humanisten siegen.

Denn es ist derselbe Ximénes de Cisneros, der 1498 die Universität von Alcalá gründet, um den neuen Studien eine Heimstatt zu geben, hielt er doch, zur Reform der Kirche und des Klerus aufgerufen, durchaus eine Bildungsreform für unentbehrlich. Und diese sollte das Gesicht des Humanismus tragen: Philologie und Rhetorik mußten entwickelt werden. Gewiß, seine Universität unterscheidet sich von allen anderen Universitäten, die in diesen Jahren neu entstehen, dadurch, daß sie mit einer Schärfe und Prägnanz wie keine andere auf die Theologie ausgerichtet ist und daß hier der Scholastik Raum gelassen wird. Es werden hier Lehrstühle für Thomismus, Scotismus und Nominalismus eingerichtet, damit daraus sich eine gereinigte Theologie entwickele. Immerhin kann der Nominalismus, der die Lehre von der doppelten Wahrheit, der Glaubenswahrheit und der philosophischen Wahrheit, in sich schließt, vorgetragen werden: Die Auseinandersetzung der Geister ist noch wichtiger als das Dogma und die überlieferte Autorität. Daneben gar beruft Ximénes für Rhetorik den von Erasmus herkommenden Hernando Alonso de Herrera und läßt damit nicht nur die neue Wissenschaft selbst, sondern den Humanismus ein. Cisneros steht sogar in Briefwechsel mit Erasmus, dem Fürsten des Humanismus, und lädt ihn 1517 ein, an der Universität in Alcalá zu lehren und an der Bibelarbeit mitzuwirken. Das ist schon in seinem Todesjahr und bleibt notwendig ohne Folgen. Aber es bekundet die merkwürdige Zwiespältigkeit dieses Mannes, der über sein unbeugsames Handeln als Staatsmann hinweg das Vertrauen in die Kraft des Humanismus nicht aufgegeben hatte; es ist jedoch auch ein Zeichen für die ihn begleitende Sorge um sein Werk, die Universität, die sich unter seinem Einfluß zu großer Bedeutung aufgeschwungen hatte.

Das eindrucksvollste Beispiel für die vorzügliche Gelehrtenarbeit an der Universität ist die polyglotte Bibel, die nach 15jähriger Arbeit, von 1502–1517, kurz nach des Kardinals Tode vorliegt. Sie stellt den hebräischen (im ›Alten Testament‹), den lateinischen und den griechischen Text nebeneinander. Übrigens hatte die Universität neben Lehrstühlen für die drei heiligen Sprachen auch solche für Arabisch und Syrisch. Ximénes veranlaßte – um das Bild abzurunden – auch Übersetzungen vieler für Laien bestimmte Schriften wie die Nachfolge Christi des Thomas a Kempis, welche zur Devotio moderna gehört, deren Gedankenwelt zu nicht geringem Teil in den Humanismus eingeht. Auch Übersetzungen von Petrarca, von Cicero, Boethius und Seneca werden hergestellt. „Klosterreformator, Staatsmann, Inquisitor und Förderer der Wissenschaften zugleich, hatte der Kardinal Ximénes durch seine Universitätsgründung humanistischen Studien den Boden geebnet“[1], diesen aber nur Raum lassen wollen, soweit sie sich in den Dienst der Kirche stellten, insbesondere der Ausbildung des Klerus dienten. Auch sein Werk der ›Complutenser Polyglottenbibel‹ (Complutum = Alcalá) galt diesem Zweck allein.

Erasmus lehnt seine Einladung ab. Er habe sich in seiner Arbeit nicht stören lassen dürfen, erklärt er bald darauf einem Freund,[2] und deshalb all die Einladungen, die von weltlichen und kirchlichen Fürsten an ihn ergangen seien, ausschlagen müssen. Aber er spürt wohl auch, daß er gegen den orthodoxen Katholizismus sich durchzusetzen zu schwach war und dann auch nicht mehr hätte über den Parteien stehen können. Etwa zur gleichen Zeit, 1522, trägt ihm Zwingli das Bürgerrecht von Zürich an, um

[1] 78. 5.
[2] 32. 192.

ihn an die Stadt zu binden und der Reformation zu verpflichten; und auch diesem erteilt Erasmus eine Absage mit der Begründung, daß er Weltbürger sei und seine Gedanken allen gehörten. Zudem hatte der Toleranzgedanke des Erasmus in Spanien eine Verbreitung gefunden, die der Kirche gefährlich zu werden begann und sie Front machen ließ gegen den Erasmianismus, der nicht ohne häretische Züge war. So war der spanische Boden für Erasmus ohnehin nicht günstig.

Auch Kaiser Karl V., der künftige Herrscher auch über Spanien, schien von Erasmus beeindruckt; jenem gegenüber hatte Erasmus die Forderung nach einer Verbreitung des Evangeliums in allen Volkssprachen erhoben. Ihm hatte er, 1516, eine Philosophie angeraten, unter der er „Befreiung von falschen, allgemein verbreiteten Ansichten und schlimmen Leidenschaften, Wegleitung, nach dem Vorbild der ewigen Gottheit richtig zu regieren" verstehe.[3] Die Allerkatholischste Majestät verrät in ihrer Politik freilich nichts vom Geiste des Erasmus. Man fühlt sich an die Begegnung Petrarcas mit Karl IV. erinnert. Die Politik wird obsiegen; der Geist, ins Apokryphe abgedrängt, wirkt nichtsdestoweniger weiter. Mit seinen Schriften wird Erasmus auch in Spanien „die Seele und der Geist einer religiösen Revolution, die die Universitäten und alle jene ergreift, die sich nach Reform der Kirche sehnen"[4]. Aber nicht nur sein 1527 in Spanisch erscheinendes ›Handbüchlein des christlichen Streiters‹ ruft mit seiner Absage an Aberglaube und Massenwahn, mit seiner Verteidigung der Toleranz die Verteidiger der alten Kirche auf den Plan. Seine ›Colloquia familiaria‹ ebenso wie sein ›Encomium Moriae‹ werden so aufmerksam gelesen wie das erwähnte ›Handbüchlein des christlichen Streiters‹, sie alle voller Kritik an der Kirche, am Mönchswesen, an Heiligenverehrung und Mißständen der Zeit. Hier wehte reformatorischer Geist, und noch dazu vorgetragen in jener spottlustigen, satirischen und zudem unerschrokkenen Form, die dem Geist des Volkes durchaus entgegenkam. Allein „die beinahe kritiklose Bewunderung berühmter und strenggläubiger spanischer Theologen für Erasmus, die Nachsicht gegen seine Schriften" – ein päpstliches Breve von 1527 bedroht alle mit Exkommunikation, die die Schriften des Erasmus angreifen! – „der fast fanatische Eifer, mit dem sich die höchsten kirchlichen Instanzen – an ihrer Spitze der Großinquisitor Manrique – zum Schutze dieses ebenso geistvollen wie scharfen Kritikers katholischer Bräuche einsetzten"[5], mußte die dem Gespött preisgegebene Geistlichkeit, die so heftig angegriffenen Mönche auf den Plan rufen. Die Gegnerschaft wird mächtig. Die Universität von Vallodolid verurteilt

[3] 32. 134.
[4] 47. 290.
[5] 78. 7.

seine Lehren, die Rechtgläubigkeit seiner Schriften wird in Zweifel gezogen; religiöse Orden sammeln häretische Äußerungen von ihm. Eine Versammlung von Theologen verhandelt unter dem wohlwollenden Großinquisitor Manrique über den ketzerischen Inhalt seiner Schriften. Von den Kanzeln herab wird gegen ihn gepredigt. Prozesse gegen seine Anhänger werden angestrengt. Die Erasmianer müssen Spanien verlassen. Geradezu prophetisch hatte Erasmus 1527 an Karl V. geschrieben: „Jetzt, wo die Luthersache eine andere Wendung zu nehmen beginnt, ... brechen bei Euch in Spanien gewisse Leute los, die unter dem Vorwand, es handle sich um die Religion, die Sache ihres Bauches und ihrer Tyrannei führen ... und das sonst in vieler Beziehung so glückliche Spanien mit willkürlichen Wirren beunruhigen. Aus solchen Plänkeleien entstehen bisweilen die schlimmsten Katastrophen."[6]

Aber Karl V. wird für Erasmus nichts mehr tun. Er hatte in den sieben Jahren seines Spanienaufenthalts 1522–1527 viele Humanisten an den Hof gezogen, um der neuen sozialen Ordnung das geistige Fundament zu geben. Die erasmische Lehre, daß alle Menschen – ob Heiden, Juden, Christen oder Moslems – zunächst in ihrer Menschlichkeit geachtet und die Religionen als demgegenüber sekundär angesehen werden müssen, mußte gerade im Vielvölkerland und im Land der Begegnung der drei großen Religionen für die soziale Befriedung wichtig sein. Und schon gar nicht konnte danach die – durchaus als notwendig verteidigte – Christianisierung der Welt ein Vorwand für Krieg und Verfolgung sein. Der Erasmianismus, dieser milde, kluge, besonnene Humanismus muß in Spanien der Gewalt der Gegenreformation weichen. 1551 werden die Schriften des Erasmus in Spanien verboten. Aber es ist, als ginge die christliche Philosophie des Erasmus, wenn man so sagen darf, in den Untergrund. Um Theresa von Aquila bildet sich eine religiöse Laienbewegung. Spiritualismus und Mystizismus bieten Zuflucht. Das aber ist jenseits eines universalen Bildungsprogramms, wie es im Humanismus des Erasmus, der Spanien für kurze Zeit ergriffen hatte, angelegt ist. Aber in zwei anderen Geistern wird der Humanismus Spaniens fortleben und, wenn auch in durchaus unterschiedlicher und den Humanismus eigenständig verarbeitender Weise, zu Weltgeltung gelangen, in Ignaz von Loyola, dem Gründer des bedeutendsten Schulordens der Geschichte, und in Luis Vives, dem bedeutendsten Pädagogen seiner Zeit.

[6] 32. 404f.

Ignaz von Loyola

Ein Zusammenhang, wenn auch zufällig, ist symptomatisch für den Verteidiger der Kirche: Aus den Schriften des Cisneros lernt Ignatius die Devotio moderna auf einer Pilgerreise kennen. Der Humanist, der zum militanten Großinquisitor wird, vermittelt ihm die Gedankenwelt der Schulbrüder, aus der ihm seine ersten – wie wir heute vielleicht sagen dürfen – religionspädagogischen Gedanken zuwachsen. Ignatius vollzieht die Wandlung Spaniens mit. Während der ersten Verfolgungen der Erasmianer wird auch Ignatius ins Gefängnis geworfen und geht nach seiner Entlassung nach Frankreich. Aber des in Utrecht erzogenen Augustiners, Johannes Mombaert, 1491 erschienenes ›Rosetum exercitiorum spiritualium‹ wird ein Vorbild für des Ignatius ›Exercitia spiritualia‹, die das Regelbuch für den Orden der Jesuiten werden, das Lehrbuch für ein dem Dienste an der Kirche geweihtes Leben. Die Imitatio Christi des Thomas a Kempis wird ihm kostbar sein. Die aus mystischem Erleben kommende Spiritualität, die Ignatius und Thomas a Kempis gemeinsam haben, wird freilich bei dem Jesuitengeneral ganz andere Konsequenzen haben, als sie aus der Devotio moderna mit ihrem dem Eigenwert allgemeinmenschlicher Bildung zugeneigten Geist hervorgehen. Ignatius, seine Herkunft als Offizier nie verleugnend, sie vielmehr ins kirchliche Leben transportierend, wird zeit seines Lebens Soldat bleiben und an soldatischen Regeln festhalten. Wir erkennen diese wieder im strikten Gebot des unbedingten Gehorsams, welches auch ein Gebot des Gehorsams im Geiste ist und die absolute Unterwerfung unter die Lehrmeinung der Kirche, aus welcher Christus selbst spricht, fordert.

Iñigo López de Onaz y Loyola (1491–1556), der sich seit seinem Pariser Studium Ignatius nach dem Bischof Ignatius von Antiochien nennen wird, entstammte baskischem Adel, wurde Offizier, als solcher 1521 bei Pamplona schwer verwundet, hatte sein Erweckungserlebnis, das ihn fortan begleiten wird und in den Visionen von der christlichen Erneuerung der Welt ihn von Grund auf wandelt. Noch ohne jede tiefergehende Bildung empfing er den Ruf, dem er fortan folgte. Er wendete sich dem Studium zu, zunächst in Barcelona, dann in Alcalá, kurz in Salamanca, schließlich an der Sorbonne in Paris, um seinem religiösen Impetus den wissenschaftlichen Unterbau und ein Fundament gelehrter Bildung zu geben. Wahrscheinlich ist er am Collège Montaigu, an dem ein Menschenalter zuvor Erasmus studiert hatte, Calvin, dem anderen reformatorischen Eiferer, begegnet. In Paris schart er 1534 eine Gruppe von sechs Männern um sich; sie alle erwarben den Magister artium, werden deshalb später auch die „Pariser magistri“ genannt werden, nachdem sie die humanistisch geformte Universitätsbildung genossen haben. Mit ihnen, die am 15. 8. 1534 gemeinsam das Gelübde der Heidenmission und des unbedingten Gehorsams gegenüber dem Papst abgelegt hatten, macht er sich, das unbestrittene Haupt der Bewegung, auf, seinen Beitrag zur Erneuerung der christlichen Welt zu leisten, jener Erneuerung, von der an den Universitäten, die er durchwandert hatte, so viel die Rede war. Er fordert das Gelöbnis von Armut (ohne die Form der Bettelorden) und das Gelöbnis der Keuschheit, fordert die Wallfahrt zum Heiligen Land, fordert den Gehorsam gegenüber dem Heiligen Vater, und er fordert eine hohe wissenschaftliche Bildung. Er verzichtet auf Ordenshabit und Chorgebet – der einzelne hat sich den religiösen Exerzitien zu unterwerfen, verbietet die Annahme von kirchlichen Ämtern, will nicht die Bindung an ein Kloster, sondern die Beweglichkeit und freie Verfügbarkeit, wodurch dem missionarischen Gedanken gedient werden kann.

Die ihn zutiefst bewegende Frage, die doch die Frage der Zeit war, hier aber eine überzeugt katholische Antwort findet, ist die: Wie schafft man neue Menschen? Oder auch: Wie wird der Mensch neu? Es ist die Frage, die nach Antwort sucht auf die Zerrissenheit, den Streit, die Uneinigkeit der Zeit, auf den Zwiespalt der Gläubigen in der Verfolgung der Kirche durch die, die sich von ihr abgewandt haben, und der Verfolgung durch die Kirche, die die Abtrünnigen wiedergewinnen will. Seine Antwort ist: Der neue Mensch kann nicht in klerikaler Abgeschlossenheit, nicht in mönchischer Klausur entstehen; der Mönch kann nicht so, wie er sich der Christenheit darstellt, Vorbild des Christen sein. Der neue Mensch muß sein Christentum in der Welt bewähren. Und die Kirche wird nur bewahrt durch den christlichen Streiter, als welcher er sich empfand – wenn auch in anderer Weise, als ihn Erasmus in seinem Handbuch geschildert hatte. Die milde, versöhnliche, auf Ausgleich bedachte Weise des Erasmus ist nicht die seine.

Aber mit Erasmus, den er, wenn er ihn schon verstanden, so doch nie geachtet hat, gibt er die andere, die das Jahrhundert durchziehende Antwort: daß der neue Mensch nur geschaffen werden könne durch Bildung, durch Lernen, durch Wissen, mag er, Ignatius, diese Aufgaben auch erst dann erkennen, wenn er erfährt, daß die Schüler den neuen Schulen und Universitäten der Protestanten zulaufen. Es geht nicht an, ist seine Überzeugung, sich nur dem Gefühl anzuvertrauen, und es geht gewiß nicht an, sich dem weltlichen Schwert anzuvertrauen, sondern die rechte Kenntnis von einem rechten Leben ist notwendig, die Einsicht in den Glauben, die aus dem Wissen kommt und über das Wissen den Menschen zu vermitteln ist. Ignatius war überzeugt, daß die rechte Erkenntnis bei der Lehre der Kirche, beim Papst sei, dessen Wort, einem berühmten Wort des Ignatius zufolge, auch dann richtig sei, wenn es das Schwarze für weiß erkläre.

Daß in jesuitischer Lehre viel Scholastizismus ist, läßt sich nicht verkennen, aber es ist doch einer, der sich dem neuen Geist gründlicher Bildung in den Humaniora geöffnet und die humanistische Gelehrsamkeit in sich aufgenommen hat. Das Gründungsdekret für das römische Jesuitenkolleg um 1551 enthält die Formel, daß das Kolleg gegründet werde als Schule für „Grammatik, Humanität und christliche Lehre". Es war gedacht für die höhere Bildung der Priester, wie das Collegium Germanicum 1552 der höheren Bildung der deutschen Kleriker dienen sollte, letzteres übrigens ausdrücklich geöffnet auch für Angehörige der niederen Stände. In der Formel ist enthalten, wofür der Orden 1540 gegründet worden war: für die Herrschaft der streitbaren Kirche – „regimini militantis ecclesiae" –, wenn er auch nicht – der verbreiteten Mißdeutung werden wir uns nicht schuldig machen – als ein Schulorden gegründet worden und die Aufgabe der Jugenderziehung Ignatius und seinem Orden erst unter der Bedrängnis der Kirche zugewachsen ist. Da konnte er der Einsicht sich nicht mehr verschließen, daß auch für die, die außerhalb des Ordens, aber innerhalb der Kirche stehen, Bildungsmöglichkeiten geschaffen werden müssen. Wohl legte er dann für die Pädagogik der Jesuiten den Grund in den Konstitutionen der Gesellschaft Jesu; die außerordentliche Verbreitung seiner Gesellschaft und ihrer Pädagogik in Kollegien und Schulhäusern hat er nicht mehr erlebt. Zu seinen Lebzeiten aber schon gehen im Jahre 1542 Jesuiten nach Indien, einige Jahre später nach Japan und Brasilien; seit 1563 arbeiten Jesuiten in China. Zu Berühmtheit gelangten die Reduktionen der Jesuiten in Paraguay.

Die ›Ratio studiorum‹, die sich aus den Richtlinien des Ignatius entwikkelt, ist in ihrer Formulierung von 1599 eine außerordentliche pädagogische Leistung. Ihr, die ohne Zweifel vom Geist ihres Gründers inspiriert ist, ist zu danken – man stehe dazu, wie immer man wolle –, daß „die Schlacht der Gegenreformation auf den Schulbänken entschieden worden ist"[7]. Ein Werk des Humanismus ist sie nicht; aber ohne den Humanismus wäre sie auch nicht. Er hatte die Bahn bereitet, mochte Ignatius auch Erasmus ebenso wie Vives abgelehnt haben. Man wird nicht fehlgehen in der Feststellung, daß sich Ignatius' spanisches Erbe vielfach mischt und daß in ihm die mit dem Humanismus untergründig verbundene Katholizität Spaniens zur entschiedensten Wirkung kommt. Das humanistische Erbe schwingt nach in der Vereinigung von Wissenschaft und Religion, wie überhaupt in der Wertschätzung der Wissenschaften, wenn sie auch bei Ignatius nicht jenen Eigenwert erhalten wie bei den Humanisten; er lebt fort in der philologischen Methode wie im Gebrauch des Latein; und mit dem Humanismus gemeinsam ist die vorrangige Bedeutung höherer

[7] 37. 69.

Bildung, die, anders als im protestantischen Humanismus, zu keiner Volkspädagogik führt. Und auch die Einbindung des Christlichen in praktische Weltbewältigung im Zeichen „menschlicher“ Bildung, der Humanität, ist humanistischer Besitz. Wie wenig jesuitische Zucht und Bildungsarbeit humanistischer Gelassenheit hinderlich sein mußte, zeigt sich hundert Jahre nach Ignatius bei dem Jesuitenpater Balthasar Gracian (1601–1658), Rektor des Kollegiums zu Tarragona, dessen ›Handorakel und Kunst der Weltklugheit‹ Arthur Schopenhauer ins Deutsche übertragen wird. Er schließt darin mit dem Satz, in dem von Ferne noch die Grundmaxime von „Grammatik, Humanität und christlicher Lehre“ anklingt, gemildert – oder auch geschwächt, je nach Standpunkt – durch eine skeptisch-pessimistische Überlegenheit, in der stoische Elemente enthalten sind: „Drei Dinge, welche im Spanischen mit einem S anfangen, machen glücklich: Heiligkeit, Gesundheit und Weisheit.“ Das steht im letzten Abschnitt seines Werkes, der mit dem Satz beginnt: „Mit einem Wort, ein Heiliger sein, und damit ist alles auf einmal gesagt.“ Wenn dazu aus jesuitischer Sicht gesagt wird, daß dieses Werk wie andere pädagogische Literatur aus demselben Umkreis „ ein konzessionsloses humanistisches Bildungsideal, freilich mit letztlich eindeutig religiöser Zielsetzung als Hintergrund hat“[8], wird man dem nur mit Einschränkung zustimmen wollen. Weder wird man der Schrift, die Montaigne und den französischen Moralisten näher steht als den Repräsentanten eines entschieden vorgebrachten Bildungsideals wie Morus oder Reuchlin, um nur zwei zu nennen, humanistische Konzessionslosigkeit bescheinigen, noch läßt sich die eindeutig religiöse Zielsetzung herauslesen aus einem Text, der in seiner Wirkungsgeschichte tatsächlich als ein Handbuch der Weltklugheit, der weltlichen Klugheit verstanden worden ist. Immerhin ist es höchst bemerkenswert deshalb, weil es nun seinerseits auf der Grenzscheide steht, weder christlichen Glauben noch Humanismus verleugnend, beide aber in ihrer Form der weltmännischen Distanziertheit schon auf der Schwelle in die neue Zeit einer aufgeklärten Epoche weitergebend. Christian Thomasius, am Anfang der Aufklärung im Jahre 1687, wird mit der Ankündigung einer Vorlesung in deutscher Sprache die akademische Welt aufregen und das Ärgernis dadurch noch steigern, daß er die Vorlesung über des Gracian ›Handorakel der Weltklugheit‹ zu halten verspricht, um die Frage zu beantworten, inwieweit den Franzosen nachzueifern sei. Als die wichtigsten Züge des vollkommenen, des weisen Menschen stellt er ehrenwerte Gelehrsamkeit, Schönheit des Geistes, guten Geschmack und Höflichkeit (das unübersetzbare «galanterie»!) heraus, ähnlich dem Worte Balthasar Gracians, daß drei Dinge „die höchste Gabe göttlicher Freigiebigkeit“

[8] 37. 186.

ausmachen: ein fruchtbares Genie, ein tiefer Verstand und ein so angenehmer wie erhabener Geschmack. Die Linie zurück zu dem Hofmann des Baldesar Castiglione, diesem Inbild humanistischer Bildung, ist nicht schwer zu erkennen. In seinem Buch über die Erziehung eines Helden bietet er das Gegenstück zu Castigliones Werk. Der allegorische Roman Gracians ›El Criticon‹ regt in seiner englischen Übersetzung Defoe zum ›Robinson‹ an. Dort wird bekanntlich der Gedanke der Humanität in das Bild vom „edlen" Wilden gefaßt.

So wird jesuitische Geistigkeit doch breit genug angelegt, um am Brükkenschlag humanistischen Geistes mitzuwirken.

Luis Vives

Wenden wir uns der großen Zeit des europäischen Humanismus wieder zu, so muß uns noch ein Spanier beschäftigen, der seine Wirksamkeit wie Ignatius von Loyola – der ihm im übrigen nie Verständnis entgegengebracht hat – außerhalb Spaniens entfaltet: Luis Vives (1492–1540), der sich humanistisch Ludovicus nennt. Wenn er gern als der größte Pädagoge seiner Zeit bezeichnet wird – ein Titel, mit dem wir vorsichtiger umgehen möchten –, so deshalb, weil er seine Erziehungsweisheit und seine pädagogische Erfahrung zu einem pädagogischen Werk zu verbinden weiß, das in seiner umfassenden Systematik über die Erziehungsschriften der Zeit weit hinausgeht und eine ausdrücklich auf Anthropologie gestützte pädagogische Theorie entwickelt. Er eilt damit seiner Zeit voraus und wird zum Repräsentanten eines pädagogischen Humanismus, in dem sich Gelehrsamkeit und Erziehungsweisheit verbinden.

Juan Luis Vives, in Valencia geboren, studiert an der eben erst, 1500, gegründeten Universität zu Valencia und vollendet ab 1509 seine Studien an der Sorbonne zu Paris. Hier in Paris kommt er in enge Berührung mit dem Humanismus erasmischer Prägung und wird davon so fasziniert, daß er sich 1512 nach Brügge wendet, um Erasmus nahe zu sein und zugleich in jener niederländischen Welt der Devotio moderna leben zu können, aus der auch Erasmus hervorgegangen war. An der Universität von Löwen, die mit seinem Collegium trilingue zu einem Zentrum des Humanismus geworden war, las er über Vergil und Cicero. Er trat in engen freundschaftlichen Verkehr mit Erasmus, während er sich zu einem Mann von erstaunlicher Kenntnis ausbildete, was ihn Erasmus als Erzieher für den 17jährigen Kardinal Croy empfehlen ließ. „Es gibt", erfahren wir von Erasmus, „keinen Teil der Philosophie, in welchem er nicht Kenntnisse besitzt, die das gewöhnliche Maß weit überschreiten. Seine Ausdrucksweise in Rede und Schrift ist derartig, daß ich heute niemanden mit ihm vergleichen könnte".[9] Vives entfaltet zur gleichen Zeit eine rege schriftstellerische Tätigkeit, auf theologischem, auf philosophischem, auf humanistischem Gebiet; er verfaßt einen Kommentar zu Ciceros ›De senectute‹ und einen zu den ›Georgica‹ des Vergil. 1518 bringt er unter dem Titel ›De initiis, sectis et laudibus philosophiae‹ eine Schrift heraus, die als erste, soweit bekannt, den Versuch einer Darstellung der Philosophiegeschichte unternimmt – dem philosophischen Interesse des Humanismus das neu erwachte historische Interesse hinzufügend, wobei ihm auch die Abscheu vor einer blinden Verehrung der klassischen Philosophen, ob nun Cicero oder Platon oder Aristoteles, die Hand geführt haben wird. Vives hat in sich den Stolz des Humanisten auf die Gelehrsamkeit seiner Zeit und vertraut sich ebenso den Klassikern wie den Modernen bei kritischer Prüfung an. In ihm ist, wie ein Biograph sagt, mehr Verwandtschaft zu Montaigne als zu Erasmus,[10] ungeachtet dessen, daß sich Vives selbst immer wieder als einen Schüler des Erasmus betrachten wird. Die Beschäftigung mit der Philosophie schlägt sich auch in einer Schrift nieder, die sich 1519 gegen die Scholastiker wendet, gegen die „Pseudodialektiker", deren Sprachgebrauch ein Verständnis der in guter Sprache schreibenden Kirchenväter geradezu unmöglich mache. Er, der zeitlebens der Kirche treu bleiben und dem Zweifel des Erasmus nicht ausgesetzt sein wird, zeigt sich schon hier in der Bahn des christlichen Humanismus, der zu den kirchlichen Quellen und zu den Kirchenvätern als den Interpreten des heiligen Wortes zurückdrängte. Wir erinnern uns der Rolle, die Augustinus für Petrarca und den frühen Humanismus gespielt hat. Vives veröffentlicht einen Kommentar zum Gottesstaat Augustins, der weite Verbreitung findet; Erasmus hatte ihn dazu angeregt. Die Vielseitigkeit der Interessen, der humanistische Universalismus, der um christlicher Lebensführung willen um die Wissenschaften sich aufbaut, äußert sich in der Rede über die Reform der Wissenschaften, die er einem Kommentar zum ›Somnium Scipionis‹ des Cicero beigibt; hier wird Platon über Aristoteles gestellt. An Cicero orientiert, hält er Vorlesungen über juristische Fragen und bringt Schriften juristischen Inhalts heraus.

Der Tod des erst 21jährigen Kardinals bringt ihm materielle Schwierigkeiten, aber eine um so intensivere schriftstellerische Tätigkeit. Das pädagogische Interesse führt 1523 zu der in ihrer Zeit einzigartigen Schrift über die Erziehung der Christin, ›De institutione feminae christianae‹. Sie erwirbt ihm die Gunst der Königin Katharina, die ihn zur Erziehung ihrer Tochter Maria nach England ruft. Hier wird er fünf Jahre bleiben. Man wird die Leistung des Vives hinsichtlich der Mädchenerziehung, auch

[9] 135. 133.
[10] 144. 200.

wenn sie als Fürsten-Erziehung auftritt, in ihrem ungewöhnlichen Einsatz würdigen müssen, gab es doch zwar schon Mädchenschulen zu jener Zeit, doch wurde die Bildung der Mädchen nicht sonderlich ernst genommen; und nicht nur Erasmus stand der Fähigkeit der Frau zu geistiger Bildung skeptisch gegenüber. Auch das, was Vives fordert, mutet uns noch bescheiden genug an, und es lohnte nicht, ihn in dieser Hinsicht besonders hervorzuheben, wäre es bei der Erklärung der Schrift von 1523 geblieben: „Das einzige Ziel der weiblichen Bildung ist die Sittenreinheit.“[11] So aber geht er über die bis dahin gängigen Konzeptionen häuslicher Erziehung hinaus, beeindruckt sicher von dem Wandel, der sich im Italien der Renaissance im sozialen Status der Frau vollzog und schließlich nicht nur in Italien, sondern auch nördlich der Alpen Beispiele humanistischer weiblicher Gelehrsamkeit hervorbrachte. Er erklärt: „Auf den Unterricht der Mädchen muß meines Erachtens viel mehr Sorgfalt verwendet werden, als die meisten Menschen glauben“[12] – und gibt, anders als viele, die vor ihm zur Mädchenerziehung sich geäußert haben, praktische Ratschläge für den Unterricht, wobei er, humanistischer Übung folgend, eine Vielzahl von Beispielen für gelehrte, sittlich reine, christlich untadelige Frauen anführt und zugleich die Lektüre antiker Autoren anrät. Im ganzen bleibt die Schrift ohne Breitenwirkung; dem rückschauenden Betrachter ist sie ein Signal für eine humanistische Pädagogik, die auf eine allgemeine Bildung aller Menschen ohne Unterschied des Geschlechts und des Standes abzielt.

Biographisch ist es der Bemerkung wert, daß Vives in Oxford als Professor lehrt und mit Thomas Morus und den englischen Humanisten Grocinus und Linacre in engen Kontakt kommt. Im Jahre 1523 erscheint eine seiner pädagogisch bedeutsamsten Schriften ›De ratione studii puerilis‹. Bei einem kurzen Aufenthalt in Brügge 1524 trifft er mit Ignatius von Loyola zusammen, doch werden sich beide nicht nahekommen. Wohl aber verfaßt er eine dem Senat von Brügge gewidmete Schrift ›De subventione pauperum‹, „die erste durchdachte und in völliger Klarheit entwickelte Theorie einer öffentlichen, staatlichen Armenpflege“[13], ein Dokument einer humanistischen zeitkritischen Haltung, die von pädagogischer Hoffnung beflügelt ist und um die öffentliche Verantwortung weiß, ein anderer Beleg aber auch für ein Denken, das alle Bereiche der Pädagogik zu umfassen strebt. Es ist der humanistische Dienst am Menschen, der hier sozialpädagogisch zum Ausdruck kommt, was freilich seiner Zeit weit vorauseilt, ohne große Nachfolger bleibt, aber doch der städtischen Ar-

[11] 135. 362.
[12] 135. 370.
[13] 135. 148.

menfürsorge in Straßburg, Lyon, Venedig, Antwerpen, Paris zur Orientierung dient.[14]

Der Konflikt mit dem englischen König wird unvermeidlich, als er ein Gutachten über die vom König in Frage gestellte Rechtsgültigkeit seiner Ehe mit Katharina von Aragon, der Protektorin des Vives, verfaßt – die Frage, die bekanntlich Morus auf das Schafott bringen wird. Vives, der von seiner Katholizität nie gelassen hat, bekennt sich zum Sakrament der Ehe und muß deshalb London verlassen. Er nimmt seinen Sitz wieder in Brügge, findet nun allerdings nicht mehr die enge Bindung zu Erasmus, wiewohl sie in manchem auch fernerhin durchaus die gleichen Ziele verfolgen. Vives vermochte die Rolle des Schiedsrichters über die Parteien, in die Erasmus immer mehr hineingewachsen war, nicht zu teilen. Aber er schreibt – und das geschieht durchaus in erasmischem Geiste – an Karl V. unter dem Titel ›De concordia et discordia‹ eine Mahnung zum Frieden, der er eine Schrift gleicher Art über die Befriedung der Welt, ›De pacificatione‹, folgen läßt. Es ist die Klage so vieler Humanisten über die verworrenen, not- und leidvollen Verhältnisse der Zeit und über die dem christlichen Geist entfremdeten Fürsten. In einem Brief an Erasmus aus dem Jahre 1528 beklagt er – und man spürt die Ohnmacht humanistischen Geistes – die Heillosigkeit der Welt: „Unter den Fürsten ist Krieg, in der Wissenschaft Streit, bei den Humanisten völlige Raserei, in der Religion keine Einheit, dagegen Gehässigkeit statt christlicher Liebe ...“[15] Seine reiche philosophisch-theologische Schriftstellerei versucht, dem entgegenzusteuern durch das Beispiel eines lauteren humanistischen Lebens.

1531 endlich erscheint sein Hauptwerk ›Libri de disciplinis‹, die Arbeit über die Wissenschaften, deren zweiter Teil ›De tradendis disciplinis seu de institutione christiana‹ sein pädagogisches Bekenntnis werden wird. Diesem Werk folgen noch viele Schriften aus der Feder des Rastlosen, die aufzuzählen müßig wäre, theologische Schriften insbesondere, die nun mit Entschiedenheit gegen die Reformation Stellung nehmen und die Stimme gegen die Wiedertäufer erheben. Und schließlich mündet seine immense Arbeit in die fünf Bücher von der Wahrheit des christlichen Glaubens, ›De veritate christiana‹, die er freilich nicht mehr zum Abschluß bringen kann. Nach Aufenthalten in Paris und in Beda war er erneut nach Brügge zurückgekehrt und vollendet hier sein Leben.

Die Lebensdaten zeigen eine bewegte Existenz, von der gleichen Unruhe getrieben, die so viele Humanisten erfaßt hatte, ein Leben, das ebenso dem Dienste für die Kirche wie für die neuen Wissenschaften gewidmet ist, erfüllt mit literarischer, wissenschaftlicher und theologischer

[14] 47. 300.
[15] 135. 153.

Arbeit, die in seinen pädagogischen Gedanken kulminiert. Während seiner Arbeit ist er begleitet von den Anregungen und Impulsen, die er von Erasmus und seinen Freunden empfangen hatte und die ihm auch noch wertvoll blieben, als er Erasmus glaubte nicht mehr folgen zu können, da dieser immer noch Luther nahezustehen schien und schließlich auch, was ihm an der Reformation rechtmäßig dünkte, verteidigte. Wie beschwörend schreibt er ihm: „Die dich für einen Lutheraner halten, tun das nur aus Neid und Haß, um dich auf diesem bequemen Weg um deinen Ruhm zu bringen ..."[16] Und schreibt ihm, ihm sein auf öffentliche Anerkennung bedachtes Wirken vorhaltend: „Ich bin überzeugt, daß man besser und lobenswerter handelt, wenn man durch seine Geistesarbeit jemand bessert, als wenn man sich den Beredtesten und den Gelehrtesten nennen hört."[17]

In seinem pädagogischen Werk sammelt er die Quintessenz des Humanismus und bringt sie in der großen Schrift über die Wissenschaften zu einem systematischen Abschluß. Das Echo, wie wir nicht verkennen, auf seine Schriften war gering; es ist schwer auszumachen, wieviel davon wirklich in die zeitgenössische Pädagogik einging. In der katholischen Welt war der Einfluß eines Ignatius ungleich größer; daneben konnte sich eine andere Stimme, die noch dazu für keine Institution sprach, nicht behaupten. Und den protestantischen Landen muß eine Pädagogik, die sich selbst ohne Kompromisse in den katholischen Raum stellte, verschlossen bleiben. Aber sein Denken ist eine Brücke zu neuzeitlichem Denken, schafft, wenn das nicht doch noch zu hoch gegriffen ist, die Voraussetzungen für ein systematisches pädagogisches Denken, das als solches erst mit den großen Didaktikern Ratke und Comenius für Erziehung und Bildung bestimmend werden wird. Manches nimmt es ihnen vorweg. Er lehrt die Pädagogen, daß ohne ein anthropologisches Denken, ohne einen Begriff vom Menschen Pädagogik ohne Fundament bleibt, und er lehrt die Pädagogen, wie sich pädagogische Theorie mit pädagogischer Praxis verbinden kann. Die Lehrer sollen „zusammenkommen, um sich gegenseitig über die Anlagen ihrer Schüler auszusprechen und zu beraten und dann jeden der Wissenschaft zuzuweisen, zu welcher er ihnen am geeignetesten erscheint"[18]. Die Modernität des Satzes ist offenkundig. Er macht klar, daß der pädagogische Auftrag der ist, die Vermittlung der Wissenschaften zu lehren und darzustellen. Eben darin ist er Humanist: daß er im Pädagogischen selbst *vita activa* und *vita contemplativa* aufeinander zuzuordnen sucht.

[16] 135. 159.
[17] 135. 159f.
[18] 135. 214.

Wenn Dilthey von Vives sagt, er sei „der erste große systematische Schriftsteller auf dem Gebiet der Anthropologie“[19], so verweist er damit ebenso auf den Zusammenhang humanistischen Denkens, in dem Vives steht und den er zu formulieren unternimmt, wie auf die neue Weltanschauung, die selbst in einem dezidiert katholischen Denker wie Vives sich nicht verleugnen läßt: den Menschen nämlich aus sich selbst heraus verstehen zu wollen und aus diesem Verständnis heraus die Notwendigkeit der (pädagogischen) Maßnahmen abzuleiten, die den nun erst klarsichtig entdeckten Bedürfnissen des Menschen – nicht als Bürger, nicht als Staatsangehöriger, nicht als Privilegierter der Gesellschaft – gerecht werden.

In der 1539 erschienen Schrift in drei Büchern ›De anima et vita‹ läßt er die bis dahin fortwirkende antike Seelenlehre, die nach dem Wesen der Seele fragt, hinter sich, um nach der Eigenschaft der Seele und deren Wirkungen zu fragen. Die bewegenden Kräfte liegen in der Seele selbst; die Gesetze menschlichen Handelns liegen in seiner Natur; im Menschen selbst liegt sein Entwicklungsgesetz. „Da das Individuum seinen Sinn weder aus einer hierarchischen Finalität noch aus einer vorbestimmten Harmonie nehmen kann, muß es ihn aus sich selbst nehmen.“[20] Darin findet die Pädagogik ihren Auftrag, deren Norm das Individuum ist, das sich nach seinen inhärenten Möglichkeiten voll entwickeln soll und kann. Wird der Sinn der menschlichen Existenz auch von Gott bestimmt, so ist es doch der Mensch selbst, der dem ihm innewohnenden Gesetz als der je einzelne zu folgen hat. „Die Natur“, interpretiert Dilthey, „hat nun den Menschen mit den Affekten ausgestattet, welche ihn antreiben, zu erreichen und festzuhalten, und vorsichtig und tapfer machen in der Abwehr“.[21] So wächst die Pädagogik des Vives aus der Beobachtung der menschlichen Zustände, sie gewinnt von daher ihre Lebendigkeit und ihre Überzeugungskraft. „Man muß den ganzen Menschen inwendig und auswendig kennen und im Innern die Gedanken und Leidenschaften. Man muß wissen, wodurch die letzteren angeregt und vergrößert, sowie auch, wodurch vermindert und zum Schweigen gebracht werden, d.h. der Mensch muß sich selbst kennen.“[22]

Schon der erste Satz von ›De tradendis disciplinis‹ enthält das pädagogische Programm, die göttliche Verpflichtung zum Wissen und die Aneignung der richtigen Methode, um die ganze Fülle des Wissens zu erlangen: „Wir sehen, daß dank der überwältigenden Güte Gottes wir begabt sind mit der Fähigkeit des Denkens und des Forschens, wobei wir nicht nur be-

[19] 27. II. 423.
[20] 12. 78.
[21] 27. II. 428.
[22] 135. 327.

obachten und sehen, was gegenwärtig vor uns liegt, sondern auch über die Dinge der Vergangenheit und Zukunft nachdenken. So ist es unser rechtmäßiger Anspruch, diese Kräfte bei der Prüfung aller Tatsachen und Wahrheiten einzusetzen, sie miteinander vergleichend und ordnend, um so das ganze Universum zu durchforschen, als wäre es unser Eigentum – selbst wenn wir es ohne rechtes Wissen durchstreifen und deshalb nicht das richtige Verständnis erlangen."[23] Aber die Wissenschaft ist nicht nur um ihrer selbst willen da; ihr muß ein Charakter entsprechen, der den rechten Gebrauch zu machen weiß. Wissenschaft muß sich umsetzen in praktisches Handeln. Dieses wird von der „pietas" geleitet, die weit mehr ist als Frömmigkeit; sie ist zugleich sittliche Haltung. Die Beziehung zur christlichen Philosophie des Erasmus ist unverkennbar. „Doctrina cui non respondet vita res est perniciosa ac turpis" – eine Lehre, der das Leben nicht entspricht, ist ebenso schädlich wie schimpflich.[24] Das ist der Grund, warum auch bei Vives der Moralphilosophie ein bedeutender Rang eingeräumt wird: „Sie lehrt Gerechtigkeit, Lebensklugheit, Tapferkeit, dazu Bescheidenheit und Maß in Worten und Taten"[25] – also das Viergespann der klassischen Tugenden, das Thomas von Aquin erneuert hat. Moralphilosophie als Sittenlehre umfaßt denn auch – im Ausgriff auf das praktische Leben in Staat, Familie und Gesellschaft – „zunächst die Ethik ... ferner die Ökonomik ... dann die Politik, welche die Grundsätze für den öffentlichen Verkehr der Völker aufstellt. Dazu kommt dann als weiterer Teil die Behandlung spezieller Pflichten, die sich nach Sitten und Erziehungsweise der verschiedenen Völker verschieden gestalten."[26]

In seiner Schrift über die Wissenschaften, deren zweiter Teil seine Pädagogik enthält, holt er denn auch weit aus. Er schildert zunächst, warum es zum Verfall der Wissenschaften kommen mußte: Das scholastisch verengte Denken wird angeklagt. Er geißelt, wie sein Biograph bemerkt, „die Unkenntnis auf dem Gebiete des Altertums und überhaupt der Geschichte, den Mangel an Chronologie, die tendenziöse Darstellungsweise, das urteilslose Nachsprechen der Ansichten älterer Autoren, das Unbekanntsein mit der Textkritik, die Entartung der wissenschaftlichen Disputationen, die Geldsucht der Gelehrten, den Handel mit akademischen Würden, besonders auch die Unwissenheit in der Philologie und Grammatik"[27]. Darin ist, ex negativo, das ganze Programm des Vives zusammengefaßt: Kenntnis der alten Sprachen und der Geschichte, Überwin-

[23] 144. 188; vgl. 135. 183.
[24] 144. 189.
[25] 16. 201.
[26] 135. 328.
[27] 135. 166f.

dung der Scholastik und ihrer Form der Autoritätsmethode, Entwicklung eines selbstkritischen Verstandes an der Textkritik, neue Formen des Lehrens und Lernens, Würde und Haltung des Lehrers, des Universitätslehrers zumal, Erneuerung der gelehrten Studien in erneuerter Anstalt. An anderer Stelle wird noch geraffter formuliert: „Unter Erfolg des Unterrichts verstehe ich das, was der letztere bei dem Schüler und dieser durch ihn bei anderen wirkt: nämlich, ob der Schüler besser oder schlechter, klüger oder dümmer, körperlich stärker oder schwächer, schöner oder häßlicher wird ...“[28] Das sagt, daß die Bildung und Erziehung sich auf seelisch-sittliche, geistig-wissenschaftliche, körperlich-physische Ziele zu richten habe.

Daß diesem pädagogischen Programm eine christliche Überzeugung zugrunde liegt, braucht nicht mehr betont zu werden; der Titel des Werkes, des zweiten Teils der ›Bücher über die Wissenschaften‹, sagt es unmißverständlich: ›De tradendis disciplinis seu de institutione christiana‹ – die Übermittlung der Wissenschaften ist identisch mit der christlichen Bildung. „So ist also die Religiosität der einzige Weg zur menschlichen Vollkommenheit“, heißt es schon im zweiten Kapitel, um dem die Bemerkung anzuschließen: „Daher sind alle übrigen Wissenschaften und Künste im Grunde Kinderspiel, nur die Religion nicht.“[29] Die Wissenschaften bieten die Einübung in die Religion, helfen, in ihr sich zu orientieren, erhalten aus ihr die Maßstäbe; aber die Wissenschaften haben doch auch einen Wert in sich. Die Vernunft übt sich in ihnen, und mittels ihrer wird der Mensch dem göttlichen Auftrag gerecht: in der Welt seine humane Welt zu bauen und sich selbst Gesetze zu geben. „In der menschlichen Gesellschaft muß nach Ordnung und Vernunft gehandelt werden“[30], heißt es, und dazu muß der Mensch von allen lernen, die ihm helfen können, auch von den Heiden, den Griechen und Römern, die im Dienste der Wissenschaft arbeiten. Wissenschaft selbst ist – eine erstaunliche Bemerkung Vives', die dem Positivismus-Streit unseres Jahrhunderts entnommen sein könnte – neutral, wertindifferent und vom Erfahrungswissen zu unterscheiden: „Wissenschaft ist die Zusammenstellung allgemeiner für das Erkennen, Handeln und Tun dienlicher Regeln auf einer gewissen breiten Grundlage eines Zweckes.“[31] Die beiden Fähigkeiten des menschlichen Geistes: zu beobachten und zu urteilen, geben die Ordnungsstruktur der Wissenschaften ab, die in eine Gruppe beobachtender Wissenschaften und der Wissenschaft vom Geistigen gegliedert ist. Vorgeordnet ist diesen die

[28] 135. 193.
[29] 135. 187.
[30] 135. 185.
[31] 135. 191.

Wissenschaft, die dem Grundbedürfnis des Menschen dient: dem nach Geselligkeit, ohne welche er Mensch nicht sein kann. Und zu deren Förderung „ist den Menschen die Sprache verliehen“[32]. Sprache wiederum ist einmal Sprache der Praxis, der es weniger auf Schönheit als auf Genauigkeit ankommt, und sodann Sprache im Dienste des geistigen Vergnügens, der es aufs Ästhetische ankommen muß; zu beiden Arten der Sprache kommt dann noch die Eigentümlichkeit des Stils hinzu, die sich den verschiedenen Zwecken anpaßt und verschiedenen Bedingungen und Abhängigkeiten unterliegt, wie sie von der Rhetorik gelehrt wird. Wird Sprache ganz aus dem Geiste eines seiner selbst gewissen Humanismus so als die Befähigung festgestellt, in welcher die eigentlichen Hilfswissenschaften zu Hause sind, so kennt doch Vives – im humanistischen Versuch, den Kosmos der Wissenschaften auszuschreiten – auch die anderen, die klassisch-propädeutischen Hilfswissenschaften, die der Mathematik, die in den Freien Künsten auch ihm vorgegeben waren.

Die Bedeutung der Sprache für die Bildung findet dort ausführliche Würdigung, wo Vives die formale Bildung, die der Umgang mit Sprachen vermittelt, heraushebt – und die Bedeutung der Sachkenntnis als der materiellen Bildung damit ebenso – und sodann den Eltern den sorgfältigen Umgang in der Muttersprache im Verkehr mit den Kindern zur Pflicht macht. Man kann es aus seinem Denken heraus nicht treffender sagen: „Die Sprache ist das Heiligtum des Unterrichts.“[33] Daß er sodann den Rang der lateinischen Sprache für die Wissenschaft, für den Umgang mit den antiken Schriftstellern, für die Aneignung von historischer Bildung, für die Geselligkeit und die Fundierung einer christlichen Gesellschaft, schließlich für den wissenschaftlichen Austausch, wie wir sagen würden, begründet, konnte erwartet werden. Darüber hinaus gibt er das philologische Argument, daß die Beschäftigung mit Latein den romanischen Völkern helfen werde, ihre eigene Sprache immer besser auszuformen. Aber auch das Griechische findet seine Würdigung wegen der Möglichkeit, die antiken Schriftsteller in dieser Sprache zu lesen – doch außerdem – ein keineswegs selbstverständliches Argument – weil es „eine fein durchdachte und reiche Sprache ist“[34]. Hier klingt humanistischer Ästhetizismus an. Auch das Hebräische, wenn auch nicht ohne Einschränkung hinsichtlich der Texte, läßt er ausdrücklich zu. Doch nicht nur, wie er sich ausdrückt, in den bekannten drei Sprachen – Lateinisch, Griechisch und Hebräisch – soll unterrichtet werden, sondern auch „die Sprache der Sarazenen“ solle gelernt werden. Wir erinnern uns, daß Löwen – so wie Paris und vor diesen

[32] 135. 200.
[33] 135. 232.
[34] 135. 235.

beiden noch Alcalá, die spanische Reformuniversität – ein Collegium trilingue hatte, daß Spanien, des Vives Heimat, der Begegnungsraum der Araber mit den Christen war, Spanien auch viel früher als das übrige Europa mit der arabischen Wissenschaft und arabischer Philosophie bekannt wurde. Sind in solchen weitgreifenden Anregungen die Erfahrungen des spanischen Humanismus aufgenommen, so zeigt sich der italienische Humanismus – und in diesem das Erbe der praktischen Pädagogik Vittorinos – in dem Ratschlag des Vives, bei der örtlichen Lage der Schule darauf bedacht zu sein, daß sie auf dem Lande oder doch am Rande der Städte liege, fern dem Lärm des Verkehrs und dem Geräusch der Handwerker, fern auch dem königlichen Hof und seinen Verführungen. Und aus Vittorinos Geist – wie auch dem des Erasmus – ist die andere treffende Bemerkung, daß wichtiger noch als der Ort die Lehrer seien, die, so Vives, ebenso die notwendige Gelehrsamkeit wie die Befähigung zum Unterrichten mitbringen müßten und in sittlicher Hinsicht ein Vorbild zu sein hätten; und humanistischer Morallehre ist die Forderung zu danken, daß der Lehrer auch Weltklugheit besitzen müsse. Werden wir, nebenbei gefragt, hier ein dem Gracian vorgängiges Denken heraushören dürfen? Um ihm Sicherheit zu geben, wünscht Vives, daß der Lehrer vom Staat ein Gehalt beziehe.

Auch in Hinsicht des Schülers gibt er kluge Regeln, die an Vittorino erinnern: daß richtige Ernährung und ausreichende Erholungszeiten dem Lernen förderlich seien, daß der Schüler seinen Geistesanlagen gemäß zu bilden sei, der Unterricht also individualisierend zu verfahren und eine Auslese für die höheren Studien der Begabung entsprechend zu erfolgen habe. Er entwickelt, nachdem er von den Hauptgestalten der Bildungsarbeit gesprochen hat, ein wissenschaftliches Programm, das von der religiösen Unterweisung ausgeht und sich auf das Studium der Sprachen ausweitet, wobei von der Muttersprache auszugehen ist, er sich aber der Unzulänglichkeit eines bloßen Sprachstudiums bewußt bleibt und deshalb nach dem Studium der Geisteswissenschaften und der Philosophie – unter die empfohlenen neueren Schriftsteller ordnet er Philipp Melanchthon ein – auch die Naturkunde einbezieht.

Die Mathematik nimmt einen bedeutenden Raum im Studienprogramm ein; das ist Tradition. Humanistisch aber ist die Forderung eines Geschichtsstudiums, dem er solchen Rang einräumt, daß er bemerkt, es habe den Anschein, „als ob die Geschichte alle übrigen Wissenschaften überträfe“[35], sei sie doch die Quelle aller Wissenschaften. Die Geschichte leitet über zur Beschäftigung mit der Moralphilosophie als der Lehre, „ wie die

[35] 135. 317.

Leidenschaften der Vernunft untergeordnet werden können"[36], wobei er unter den Neueren Petrarca, Erasmus und Thomas Morus, dessen ›Utopie‹ das Beispiel für die Leitung des Staates durch Philosophen sei, der Beschäftigung des Studierenden empfiehlt. Er schließt seine Betrachtungen über die Erziehung, das Studium und den Nutzen der Wissenschaften mit dem großartigen Gedanken, der im Humanismus virulent geworden ist, daß bei guten Sitten nur noch wenige Gesetze notwendig seien und deshalb eine von sittlichen Maximen geleitete Jugenderziehung die einzige Gewähr sei, daß die Verhältnisse im Staate sich bessern; die Sorge des Staates, der nicht nur durch Gesetze die Menschen unter sich zwingen will, muß daher eine gute Jugenderziehung sein. In dieser hat er den Freiraum zu schaffen, dessen der kritische Geist bedarf, um die Wahrheit aus eigenem Urteil zu finden. Daß freilich Vives in Sorge um die Reinhaltung christlicher Religiosität, die doch das Ziel seines Erziehungsprogramms ist, auch eine Reinigung der Bücher von allem Anstößigen, Unsittlichen, Verletzenden fordert, zeigt die Begrenzung dieses Mannes, die ihm ein entschiedenes Bekenntnis zu seiner Kirche auferlegt. Darüber kann nicht gestritten werden, daß auch jener andere Geist seines Heimatlandes, die Unbeugsamkeit des Bekenntnisses zur Kirche und die Gläubigkeit gegenüber der Lehre, sein Teil ist.

Aber in dieser Mischung, dem spanischen mehr als jedem anderen Geist einwurzelnd, bleibt Vives ein eminenter Repräsentant seiner Zeit, der des offenen Humanismus. Und in der Verarbeitung dieser beiden Bewegungen in seinem Werk ist er vielleicht noch eindrucksvoller als in den klugen, umsichtigen, vorwärtsweisenden Darlegungen seiner Pädagogik. Der Hintergrund seines Bildungsgedankens ist in aller Christlichkeit doch der der Versöhnung der Geister und die Einsicht in die Notwendigkeit eines gemeineuropäischen Denkens. Er wußte um die Not dessen, dem sein Heimatland verschlossen ist, und trug mit sich die Erinnerung an den Tod des Vaters auf dem Scheiterhaufen und die Entweihung der sterblichen Reste seiner Mutter, einer Jüdin. Aber er trug auch mit sich das große spanische Erbe: das der arabischen und jüdischen Kultur, dem sich gerade durch die Vermittlung dieser beiden Kulturen das lateinische und griechische Erbe hinzugesellen konnte.

Ein anderer Heimatloser, der in seiner Friedenssehnsucht ständig auf der Flucht ist und doch der große Ratgeber Europas während der Glaubenskriege sein wird, der von der Verbesserung der menschlichen Dinge durch eine „Allunterweisung" besessene Jan Amos Comenius, wird sich in seinem pädagogischen Werk wiederholt auf Vives berufen, der Bischof der Böhmischen Brüder auf den Katholiken: Bekundung gemeinsamer

[36] 135. 327.

christlicher Grundüberzeugung und gemeinsamer humanistischer Verwurzelung, Bekundung damit eben auch der über seine Konfession weit hinausreichenden Nachwirkung des Ludovico Vives. In der ›Didactica magna‹ des Comenius finden sich manche Berufungen auf Vives, wie freilich auch auf zahlreiche andere klassische wie zeitgenössische Schriftsteller, nicht zuletzt auf Erasmus. Das mochte den Bräuchen der Gelehrsamkeit entsprechen. An anderer Stelle wird doch Vives von Comenius herausgehoben: „Nachdem das unselige Schicksal der Verbannung mich, von Beruf einen Theologen, zum Dienst der Schule gedrängt hatte ... traf es sich, daß ich unter anderem auf des Ludovico Vives Bücher ›Von der Erteilung des Unterrichts‹ geriet. Da ich hierin die heilsamsten Meinungen bezüglich der Philosophie und der Umgestaltung des gesamten Studienbetriebs gefunden hatte, fing ich so sehr zu bedauern an, daß ein so scharfsinniger Mann, nachdem er so viele der augenscheinlichsten Abwege bemerkt hatte, nicht selbst Hand angelegt habe, diese Abschüssigkeiten zu ebnen."[37] Die Anregungen zu seiner pädagogischen Revision gehen – neben dem überragenden Einfluß seines Lehrers Alsted – offensichtlich auch auf die Lektüre Vives' zurück. Sein Spruch wird zudem überliefert: „Vives vivet, quoad litterae vivent"[38] – Vives lebt, solange die Wissenschaften leben. Mag daher die Beobachtung, die pädagogischen Schriften des Vives „haben wenig nachweisbaren, direkten Einfluß auf die zeitgenössische Pädagogik, schon gar nicht auf die der Jesuiten, gehabt"[39], schwer widerlegbar sein, so bleibt nichtsdestoweniger seine Nachwirkung in der Epoche der großen Didaktiker erkennbar. Gerade über diese, die sich jeder Belehrung willig öffnen, wird die gern ein wenig abfällig betrachtete pädagogische Schriftstellerei, hier die des Vives, in pädagogischer Praxis wirksam.

[37] 23. 139.
[38] 91. 14.
[39] 37. 183.

VII. HUMANISMUS IN FRANKREICH

Drei Herrscher bestimmen das politische Geschehen in der Epoche des Humanismus: Karl V., der als spanischer König 1519 deutscher König und römischer Kaiser wird – und in seiner Bindung an die Katholizität sich immer als römischer Kaiser fühlen und verstehen wird; Heinrich VIII., der als englischer König die privaten Interessen mit den nationalen verknüpft und die anglikanische Kirche hervorrufen wird; Franz I., der französische König, der dem Absolutismus in seinem Lande den Weg bereiten wird, der kühne Gegenspieler Karls V. In das Leben aller drei Herrscher wirkt der Humanismus hinein. Alle drei fordern den politischen Humanismus heraus. In den drei Ländern findet der Humanismus große Repräsentanten, die den Königen zur Seite treten: Erasmus ist zeitweise in der Begleitung des Kaisers, Thomas Morus steht in Diensten des englischen Königs, Guillaume Budé erfreute sich der Gunst des französischen Königs. Unmittelbar nach dessen Thronbesteigung hatte er ihm, wie es Erasmus im gleichen Jahr mit seiner Schrift über die ›Erziehung des christlichen Fürsten‹ für den späteren Kaiser Karl V. getan hatte, eine Schrift ›De l'institution de prince‹ gewidmet. Die Schrift wurde freilich erst 1546 gedruckt, zeigt jedoch die großen Erwartungen, mit denen die Thronbesteigung Franz I. verknüpft war, Erwartungen der Humanisten, die der junge König anfangs auch nicht enttäuschen wird, wenn freilich ihm auch eher ein höfischer denn ein wissenschaftlicher Humanismus genehm war. Der Übersetzer des ›Neuen Testaments‹ in die Volkssprache, der Picarde Lefèvre d'Etaples, wird, als ihn die Sorbonne aus Paris wies, vom König nicht gestützt; er mußte zu Margarete von Navarra fliehen. Bei beiden wird bald auch Calvin für kurze Zeit Schutz vor König und Kirche suchen. Franz I. wird zum blutrünstigen Ketzerverfolger.

Frankreich rang zu Beginn des Jahrhunderts, das den kurzen Siegeszug des Humanismus durch Europa sehen wird, noch um sein Profil, um Eigenstaatlichkeit und nationale Anerkennung, hatte mit dem Italienzug Karls VIII. sich die italienische Renaissance erschlossen und gleichzeitig das Ende der italienischen Unabhängigkeit eingeleitet. Er setzte den Prozeß der französischen Vormacht in Europa in Gang, welche über alle Kriegsschauplätze hinweg schließlich ihren Ausdruck darin finden wird, daß die französische Sprache als Resultat humanistischer Bildung und nationaler Literatur zur Sprache der Gebildeten und der politischen Öffentlichkeit, zur europäischen Umgangssprache werden wird, ungeachtet dessen, daß sich das Lateinische als Sprache der Gelehrten noch lange behaupten wird.

Am Hofe Ludwigs XII. begann sich – durchaus analog zu dem früheren „Vulgärhumanismus“ in Italien – der französische Nationalismus durch die Übersetzungsarbeit von Claude de Seyssel (1450–1520) die geistigen Grundlagen zu schaffen. 1509 erklärte er programmatisch: „Indem die Römer sich die griechische Literatur aneigneten, machten sie ihre eigene Sprache mächtig und schufen damit ein Mittel zur Weltherrschaft; uns obliegt es, Latein zu übersetzen und eine mächtige, französische Literatur zu schaffen.“[1] Französisches Selbstbewußtsein begann, sich über die Alten zu setzen.

Um 1500 aber ist es noch so, daß Spanien zur Weltmacht aufsteigt, nachdem es sich gerade über den Ozean hin ausgebreitet hat und, Frankreich umgreifend, seine Macht in Italien und in Flandern behauptet. Auf der anderen Seite findet sich das Reich noch im Besitz des Imperiums, wenn auch in seiner territorialen Zerrissenheit und den über die Grenzen ausgreifenden Interessen schon mit schwankender Kraft, die sich in den konfessionellen Auseinandersetzungen verzehrt. In Oberdeutschland entwickelt sich, polar zu Flandern, das Zentrum der wirtschaftlichen Macht dank der Städte, die ihre Unabhängigkeit als freie Reichsstädte zu erobern und zu bewahren wissen und sich ein Wirtschaftsmonopol erwerben, von dem die Mächtigen der Zeit abhängig werden. Italien ist zwar noch das Land päpstlicher Macht und kurialer Suprematie über die Geister, kann sich aber nur behaupten, weil es sich des Schutzes Spaniens erfreut, das ja denn auch bald zum stärksten, zum unangefochtenen Hort des Katholizismus wird, indem es am unerbittlichsten – und erfolgreichsten – sich der reformatorischen Einflüsse zu erwehren weiß. Frankreich, noch geschwächt vom Hundertjährigen Krieg, ist das Land der Religionskriege, das Land der Hugenotten und Calvinisten, noch ehe der große Religionskrieg über Deutschland kommt, und wird mit der blutig-schauerlichen Säuberungsaktion der Bartholomäusnacht schließlich den Kämpfen ein schreckliches, verlustreiches Ende setzen.

Aber Frankreich ist auch das Land der Sorbonne. Es hatte damit den theologischen Mittelpunkt des Mittelalters in seiner Hauptstadt, war damit zum Land des Studiums geworden, der Universität, die über Jahrhunderte unangefochten ihre Vormachtstellung im Reiche des Geistes behaupten konnte, die, da anderwärts längst der Humanismus Fuß gefaßt hatte, an mittelalterlichen Lehrformen festhielt und den Katholizismus verteidigte wie keine andere, aber doch das Zentrum der europäischen Wissenschaft war, das an Anziehungskraft nichts eingebüßt hatte – und

[1] 101. 127f.

nun zur Herausforderung der Humanisten wurde, die sich ihren eigenen Raum der Wissenschaft schaffen wollten, wiewohl es wenige namhafte Humanisten gibt, die nicht an der Sorbonne studiert hatten.

Guillaume Budé, zum königlichen Bibliothekar 1522 von Franz I. ernannt, vermochte den König zur Einrichtung der Bibliothek von Fontainbleau und einer Königlichen Druckerpresse 1526 und vor allem zur Gründung des Collège Royal, des späteren Collège de France, zu bewegen, das mit Lehrstühlen für Griechisch und Hebräisch, für Mathematik und Latein versehen wurde und bald zum Zentrum der humanistischen Studien herangewachsen war, das auch Lehrstühle für die orientalischen Sprachen, aber auch für Mathematik und Medizin, Wissenschaften, die im Begriff standen, ihre moderne Form zu finden, besitzen wird. Janos Laskaris, der im Leben des Maximos des Griechen anläßlich seiner Suche nach griechischen Manuskripten in Griechenland und auf dem Athos im Auftrag Lorenzos di Medici eine einflußreiche Rolle spielt, hatte während seiner drei Aufenthalte am französischen Hof tatkräftig zur Gründung des Collège Royal und zur Kenntnis der griechischen Sprache in Frankreich beigetragen. Er stand in enger Beziehung zu Budé.

Dieser, der Inaugurator des Collège, war selbst ein Meister des Griechischen und schuf ein lange gebrauchtes Lehrbuch der griechischen Sprache. Seiner allgemeinen Darstellung der klassischen Altertumswissenschaft gibt er bezeichnenderweise den Titel ›De philologia‹.[2] Budé (1468–1540) war einer jener universalen Geister, an denen die Epoche nicht arm war, beherrschte nicht nur die klassischen Sprachen, sondern auch Mathematik, Philosophie, Medizin und Theologie, stand mit nahezu allen großen Geistern der Epoche in Korrespondenz, brachte Übersetzungen von Plutarch und Basilius heraus, schrieb eine Arbeit über das römische Recht, trat mit einer Studie über das römische Geld- und Wirtschaftssystem hervor, ›De asse ejusque partibus‹, das zum Handbuch des römischen Münz- und Meßwesens wurde, verfaßte das schon erwähnte Werk über die Prinzenerziehung und schließlich die berühmten ›Commentarii Linguae Gracae‹, worin er den Plan des Collège als einer „Mission“ entwarf. Indem er seine Dienste dem jungen König widmete, wurde er zum großen Organisator des Humanismus in Frankreich und entschiedenen Gegner der „Obskuranten“ der Universität. Seine Argumente sind die der Humanisten: daß zwischen Religion und klassischer Wissenschaft kein Widerspruch gesehen werden müsse, daß die Studien des Griechischen und Lateinischen mithin nichts mit Häresie zu tun hätten, daß das Studium der Geschichte unentbehrlich sei, daß Kenntnisse der Sprachen und der Rhetorik für eine öffentliche Wirksamkeit geboten seien und daß der

[2] 101. 130; vgl. auch 34.

Fortschritt in den Wissenschaften für die Gesellschaft dringend erforderlich sei. Auch in ihm, wie zu sehen, kreuzen sich klassische Philologie, christliche Glaubensüberzeugung und nationales Bewußtsein, das aber in so eigener Weise, daß er ein «bourgeois Parisien» genannt werden darf.[3] Seine Leistung für die Entwicklung der Philologie und eines nationalen französischen Humanismus bleiben im humanistischen Bildungsgedanken wirksam, mochte gegen sein Lebensende auch „das Gleichgewicht zwischen antiker Weisheit und christlicher Offenbarung"[4] zugunsten des letzteren erschüttert werden. Mit ihm setzt sich im Kosmos der Wissenschaften die Philologie an die Stelle der Philosophie.

Calvin

Nach Budés Tod verzieht seine Frau nach Genf und schließt sich Calvin an. Wir schließen daraus, daß zwischen dem Humanisten und dem Reformator der Kirche von dessen Aufenthalt in Paris her enge Beziehungen nach dort bestanden, zumal schon 1532 Calvin unter Berufung auf Erasmus und Budé einen Kommentar zu Senecas ›De clementia‹ herausbringt, um den König für sich einzunehmen, wurden ihm doch Verbindungen zu häretischen Strömungen in Paris nachgesagt; und sicher drängt Calvin schon früh auf Reformen, wobei er zweifellos auf den Humanismus setzt. Jean Cauvin (1509–1564), der sich Calvin nennen wird, kam, ein Picarde, aus Noyon und erhielt seine Bildung am Collège Montaigu in Paris, dessen Schüler auch Ignatius von Loyola war und dessen harte Zucht „den Abscheu des Erasmus und Rabelais erregt"[5]; später studierte er in Orléans die Rechte und legte den Grund zu einem Rechts- und Staatsdenken, das seinesgleichen zu seiner Zeit nicht hatte. Aber es ist doch zunächst und allem voran diese explosive Atmosphäre der Hauptstadt, deren geistige Spannung zwischen den Polen der Sorbonne und des Humanistenkreises um den König ausgelegt war. Calvin erhält seine Prägung davon: eine profunde humanistische Bildung und eine unerbittliche, unnachsichtige Strenge in Fragen des Glaubens, Gelehrter und Asket zugleich, Souverän des Geistes in seiner profunden Kenntnis aller theologischen und juristischen Probleme, der eben diesen Geist der äußersten Zucht aussetzt, um ihn ohne Abstriche dem Glauben zu unterwerfen. Er mußte das Entsetzen des überschäumenden Rabelais hervorrufen und dem milden Erasmus geradezu ein Monstrum reformatorischen Glaubens

[3] 101. 129.
[4] 15. 193.
[5] 47. 245.

sein, wiewohl sie im Grundverlangen, der Erneuerung der christlichen Welt, anfangs einander nahestanden, der eine allerdings schon auf die Erfahrungen mit der lutherischen Reformation zurückblickend, der andere schon in eine neue Reformation hineinblickend, die der Reformation überhaupt erst ihren Sieg, wo immer sie ihn errungen hatte und noch erringen wird, sichern sollte.

Wie Calvin selbst 1533, nach einem kurzen Besuch bei der Königin von Navarra und ihrem literarischen Humanistenkreis, Frankreich verlassen mußte, so wird der Calvinismus Frankreichs Zuflucht suchen müssen in den europäischen Ländern, die ihn aufnehmen, in Holland, Schottland, Genf, in der Pfalz – aber er wird gerade in der Emigration seine Stärke zeigen. Es entsteht das, was man die „calvinistische Internationale" genannt hat,[6] die sich zwischen die katholischen Fürsten des Westens und Burgunds und die lutherischen Fürsten Deutschlands und des Nordens legt. Sie wurde gebildet von den Emigranten aus allen Ländern der spanischen Monarchie, aus dem Italien der Gegenreformation, aus Frankreich, von Emigranten, die ebenso den Geist wirtschaftlicher Tüchtigkeit und unternehmerischer Energie aus den aufblühenden Städten mitbrachten, wie sie aus erasmischem, einem tätigen christlichen Leben verpflichteten Geiste wirkten. Der stützte sich auf die religiöse Berufung der Laien und maß den täglichen beruflichen Besorgungen nicht weniger Wert bei als einem klerikalen Leben, gar einem weltabgewandten mönchischen (bei dem auch Erasmus keine Frömmigkeit entdecken konnte). Diese als kapitalistische Arbeitsweise in den Handelszentren in Erscheinung tretende Verbindung zwischen beruflicher Arbeitsamkeit und „kapitalistischem" Erfolg einerseits und calvinistischem, dem erasmischem Denken entlehnten Streben nach Erfüllung göttlichen Gesetzes andererseits hat bekanntlich Max Weber zu der immer wiederholten These verleitet, im Calvinismus – und nicht etwa im Protestantismus unter Einschluß des Luthertums – den Ursprung des Kapitalismus sehen zu wollen. Die These ist freilich nicht haltbar, wenn man erkennt, daß durch Calvin nicht ein völlig neuer Menschentyp in Wirtschaft und Handel entsteht, sondern vielmehr „die alte wirtschaftliche Führungsschicht in die Ketzerei getrieben" wurde.[7] Danach ist der Vorgang gerade umgekehrt plausibel. Diese andere Perspektive führt, an gleicher Stelle, zu der erstaunlichen Bemerkung des Historikers: „Hätten sich die römische Kirche und der spanische Staat nicht plötzlich dazu entschlossen, die Lehren des Erasmus und des Vives, Ochinos und Vermiglis, Castellios und Sozzinis zu verfolgen, so hätten die Handelsaristokratien Antwerpens, Mailands, Luccas

[6] 132. 42.
[7] 132. 36.

und sogar Sevillas ohne Zweifel – so wie Venedig – weiterbestanden, ihre Rechtgläubigkeit bewahrt und diese nur mit feinem Unterschied weiter ausgeübt." Wie aber sollte eine Kirche, die sich nicht selbst aufgeben wollte, eine Rechtfertigung allein aus dem Glauben zulassen können? Wird nicht auch Luther, der Logik seines eigenen Anspruchs folgend: die evangelische Wahrheit zu sehen und die Menschen ihr zuzuführen – eine neue, die lutherische Orthodoxie nicht verhindern können? Und wird nicht Calvin, der nichts anderes als die reine Kirche im Dienste des heiligen Wortes und die Anerkennung der Absolutheit göttlicher Gnadenerweise will, ein Regiment heraufführen, das ihm den Namen eines „Terroristen des Geistes Gottes"[8] einträgt?

Gerade an Calvin ist abzulesen, wie geistige Prozesse ihre eigene Dynamik entfalten und in den Bildungsprozessen, die die einzelnen durchlaufen, das Ziel noch nicht enthalten ist, in das sie schließlich münden. Als Calvin in die Weltgeschichte eintritt, ist der Humanismus längst zur geistigen Macht geworden, ist, wie wir heute sagen, in vielen Bereichen verinnerlicht und Gegenstand der Bildung geworden, einer Bildung, die eine Horizonterweiterung außerordentlichen Ausmaßes bewirkt hat und sich transformiert in den Arbeiten und Berufen, Verrichtungen bei Hofe und Tätigkeiten in den Institutionen, die alle dieser Bildung ihre immense Ausweitung und ihr Gefüge verdanken.

Wie sehr über das Schicksal des Humanismus entscheidet, womit er sich vermischt und von welchen anderen Impulsen er aufgenommen wird, läßt sich an eben dem historischen Moment ablesen, der in Paris die drei Extreme humanistischer Geistesform – oder sollte man sagen: Schülerschaft? – nebeneinanderstellt. Hier begegnen sich Ignatius, Calvin und Rabelais in einer von erasmischem Denken bewegten geistigen Gemeinschaft. Ignatius wird zum großen Strategen der Gegenreformation, der dem Katholizismus Land um Land zurückerobert, erst durch missionarischen Eifer, dann durch seine Bildungsanstalten, die Anstalten höchster geistiger Zucht gewesen sind, der Devise getreu, daß ohne umfassendes Wissen und gründliche Bildung nichts sich stark erhalten kann. Calvin, der wesentlich gelehrter ist als Ignatius, welcher nie ein Wissenschaftler war noch sein wollte, Calvin entfaltet ein asketisches Christentum in der eigentümlichen Vermischung von Weltbewährung und Verinnerlichung, das den Ländern, in denen es sich durchsetzt und durchhält, ein unverwechselbares Gesicht bis in die Architektur hinein geben wird. Rabelais, dieser hinreißend ungestüme, allzu menschliche Dichter der französischen Sprache, der wie vielleicht kein anderer in seiner Zeit dieser Sprache Fülle, Vielfalt, Geschmeidigkeit, Eleganz und Biegsamkeit gegeben hat,

[8] 47. 374.

hervorgehend aus einer Bildung, der keine Wissenschaft fremd war, nimmt alle menschlichen Leidenschaften in seinen Humanismus hinein. Jeder der drei übt auf seine Weise Kritik an Welt und Gesellschaft, an Wissenschaftsbetrieb und Machtmißbrauch der Kirche oder – wie Ignatius – am Machtverlust durch eigene Schuld. Und keiner der drei ist ohne das Rüstzeug humanistischer Bildung denkbar.

Bei Calvin, ähnlich wie bei Ignatius, scheint der Humanismus völlig überlagert von theokratischem Denken, und man wird die Zeugnisse seiner Arbeit in dieser Hinsicht nicht überstrapazieren wollen, kann aber doch nicht verkennen, daß in ihm das Erbe des Erasmus weiterlebt: in seinem Glauben an eine reformierte Kirche, wenn auch unvergleichlich streitbarer als Erasmus, wie aber auch in der meisterhaften Beherrschung des Latein, die ihm alle Kenner bescheinigen. Humanistische Verstiegenheit zu reinem Vernunftglauben ist ihm fremd, Erkenntnis kommt nur aus der Anerkenntnis Gottes. Anders als Morus und Erasmus – und natürlich deren Vorbild Platon – will er nicht den König (wie jeden Herrscher) als Philosophen, sondern nur als Christen. Daß ihm von der Versöhnlichkeit des Erasmus nichts bleibt, ist die Schuld einer Theologie, die sich aus der Erkenntnis des Bösen in der Welt, aus der Leugnung einer Harmonisierung durch den Menschen, aus der Bestreitung eines natürlichen Moralgesetzes entwickelt und Vorsehung und Gnade an die Stelle der humanistisch gedachten „fortuna“ und der religiös gedachten „providentia“ setzt. Aber diese Theologie macht Westeuropa calvinistisch. Noch ehe er Pfarrer in Straßburg wird, hier mit Johannes Sturm, dem Schulorganisator des Humanismus, und in Frankfurt am Main mit Melanchthon zusammentrifft, verfaßt er sein Hauptwerk, das 1536 in Genf herauskommt, die ›Institutio religionis christianae‹, welches dereinst „die schriftstellerisch und formalwissenschaftlich am meisten vollendete Darstellung“ des Christentums[9] seit dessen Beginn genannt werden wird, ein Werk des 27jährigen im übrigen, das ihn als einen der bedeutendsten lateinischen Schriftsteller der Epoche ausweist und erkennen läßt, warum Calvin zum Meister auch der französischen Prosa geworden ist. Aber in der glasklaren Schärfe dieses dogmatisch-politischen Denkers kann keine Religion der Liebe gedeihen, und das Sittengesetz ist als göttliches von der äußersten Strenge, dem unbedingter Gehorsam geschuldet wird. Diesem dient eine eigene Art der Inquisition. Über allem wacht der unermüdliche Calvin, der 1564 an Erschöpfung stirbt, zu der die immense theologische Tätigkeit in Predigten, Kollegien, Konsortien, Gutachten, Bibelkommentaren, Briefwechsel geführt hatte. Daneben erscheint es wie ein Nebenprodukt, daß er 1559 in Genf die erste reformierte Universität gründet, aber sicher hat die Beob-

[9] 27. II. 229.

achtung alles für sich, daß er als Theologe und Humanist in einem „sein eigener Luther und Melanchthon"[10] gewesen ist.

In seine Glaubenslehre eingeschlossen und damit ein Kernstück seiner rigoristischen Theologie ist seine theologische Pädagogik. Humanistische Weite wird man hier vergeblich suchen. Sie geht aus von der Lehre, daß Selbsterkenntnis zur Gotteserkenntnis führe und im Bewußtsein der Vergänglichkeit des Lebens der Mensch fromm werde. Die in der Predigt vorgetragene Lehre (doctrina) ist das Fundament der Kirche, ist das Erziehungsinstrument der Kirche. Die religiöse Unterweisung – nicht anders als bei den katholischen Pädagogen – steht am Anfang und Ende. Die Wissenschaften – aber das ist nicht anders als überall im Humanismus – sind unentbehrlich. Reformatorisch ist freilich die Forderung Calvins, daß der Unterricht in der Muttersprache zu halten ist und dem Lateinischen, da es römisch-klerikal sei, nicht der gleiche Rang wie in den Gymnasien Sturms, dem er ansonsten sich sehr annähert, zugemessen wird. Doch das sind Einzelheiten, die zurücktreten gegenüber dem großen erzieherischen Auftrag, der seiner Lehre immanent ist und dem er selbst mit staunenswerter Arbeitskraft nachgekommen ist.

Der Calvinismus fließt von dem theokratischen Genf Calvins zurück nach Frankreich und wird schließlich zu einer Macht werden, die in der Herausforderung an den Katholizismus den Bürgerkrieg heraufbeschwört, schließlich in das gräßliche Massaker der Bartholomäusnacht 1572, die dem Humanisten Montaigne zur furchtbaren Erfahrung werden wird, mündet, wo die Intoleranz calvinistischer Konfessionstreue, die im innersten der Omnipotenz des Staates sich entgegenstellen wollte, zurückschlägt.

In dieser Epoche religiöser Unduldsamkeit war es schon viel, daß sich für eine kurze Zeit am Hofe der dem Protestantismus zugetanen, wenn auch diesem nie beigetretenen Königin Margarete von Navarra, der Schwester Franz I., so etwas wie eine humanistische Insel erhalten konnte, ein Refugium ästhetischer Geister und Literaten, die die Königin in Béarn um sich scharte. Im Schutze der Königin Margarete, zu der er sich 1517 zurückgezogen hatte, befand sich früher schon Jacques Lefèvre d'Etaples (1450–1536), der als Faber Stapulensis zu humanistischem Ruhm gelangt. Geprägt von der Devotio moderna, ging er nach seinem Theologiestudium nach Italien, hielt sich in Florenz, wo er mit Ficino Gespräche führte, und in Venedig auf, wo er eine reiche Editionstätigkeit entfaltete. 1511 begegnete er Erasmus in Paris, 1513 wendete sich Reuchlin an ihn, der zu einem berühmten Meister der Pariser Universität geworden war, mit der Bitte um Vermittlung im Streit mit Pfefferkorn. Er übersetzte Aristo-

[10] 47. 256.

teles, arbeitete an einer Ausgabe der Werke des Nikolaus von Kues und übersetzte in den zwanziger Jahren seines Jahrhunderts die ganze Bibel ins Französische: ein humanistisches Gelehrtendasein, das sich von den theologischen Konflikten nicht freihalten kann, wiewohl ihm nichts anderes lieber gewesen wäre als ein zurückgezogenes Studium im Kloster. So aber hielt er – wie Erasmus an seiner Kirche trotz aller kritischen Aufgeschlossenheit immer festhaltend – Kontakt mit allen religiösen Richtungen, durch seine Gelehrtentätigkeit mehr die Versöhnung zwischen Humanismus und Christentum als einen christlichen Reformismus darstellend.[11]

Die Königin selbst schreibt, ein schönes Zeugnis musischer Frauenbildung der Renaissance, das ›Heptameron‹ im Geiste Boccaccios. Die Dichtergruppe, deren Mittelpunkt sie war in Nachahmung des italienischen höfischen Ideals, wurde zur berühmten Plejade; deren berühmtestes Mitglied wurde Pierre de Ronsard. Du Bellay aber schrieb der Gruppe das Manifest mit seiner Schrift ›Verfeinerung und Verteidigung der französischen Sprache‹. Das entspringt italienischen Vorbildern wie nicht anders die Hofhaltung Margaretes: die Pflege der Volkssprache als des Mittels, für eine neue Dichtung neue Formen zu finden und von der gelehrten Poetik zur ästhetischen Poesie zu gelangen.

Bei Calvin hinterließ die von spielerisch-ästhetischer Anmut eher denn von politischer Energie geprägte Neigung zum Protestantismus, die er bei der Königin kennengelernt hatte, keine Spuren. Sein Genie war allem voran staatsmännischer Natur. Man mag es mit seinem politischen Willen, der seiner Theologie alle blutvolle Wärme nahm, erklären, wenn man es auch nicht verstehen, schon gar nicht billigen wird, daß er sich an Miguel Serveto y Reves (1511–1553) schuldig machte und seine Erinnerung damit für immer verdüsterte. Seitdem kann nicht von Calvin gesprochen werden, ohne nicht auch diesen Michael Servet zu nennen, der von Calvin, bei dem er Schutz sucht, dem Feuertode ausgeliefert wird. Der Scheiterhaufen wird zu einem Fanal für die Orthodoxie, die, gleich welcher Prägung, nicht tolerant sein kann – und deshalb den Freigeistern und Schwärmern nicht nur, sondern auch den kritischen Köpfen und den distanzierten Humanisten immer mißtrauisch gegenübersteht. Zur Verfolgung ist es nur ein Schritt. Wie wenig Calvin allein steht, macht die Billigung Melanchthons, deren sich Calvin bei seinem Urteil versichert sieht, klar.

Servet entstammte als später Nachfahre des apokryphen spanischen Humanismus dem spanischen Navarra, vollendete seine Studien wahrscheinlich in Paris und wuchs zu einem Theologen, Juristen und Medi-

[11] 83. 39.

ziner heran, der mit allen namhaften Humanisten in Briefwechsel stand. Auch als Astrologe tat er sich hervor. Er hielt sich eine Weile am Hofe Karls V. auf und war im letzten Lebensjahr der Leibarzt des Wiener Erzbischofs. Er war unvorsichtig genug, im Jahre 1531 – also als Zwanzigjähriger, wenn sein Geburtsjahr richtig überliefert ist – eine Schrift ›De erroribus trinitatis libri VII‹, über die Mißdeutungen der Trinität also, herauszubringen, und fügte dieser ein Jahr später die andere häretische Schrift ›Dialogorum de trinitate libri duo‹ hinzu. Die Titel verraten es: Er nimmt hier, einem protestantischen Aufklärungsdenken folgend, die als Antitrinitarismus der beiden Sozzini und der Sozinianer bekannt gewordene Haltung ein. Im letzten Lebensjahr, schon von der Inquisition verfolgt, veröffentlicht er eine ›Restitutio Christianismi‹, eine Erneuerung des Christentums. Von der Inquisition verfolgt, flüchtete er in das Genf Calvins, wo ihm sein schauerliches Ende bereitet wird. Der unerhörte Anspruch, mit dem Servet gegen die Kirche auftrat, wird im Gesamttitel seines Hauptwerkes ausgesprochen: ›Restitutio Christianismi, totius ecclesiae apostolicae est ad sua limina vocatio, in integrum restituta cognitione dei, fidei Christi, justificationis nostrae, regenerationis baptismi et coenae domini manducationis‹. Er verficht einen universalen Theismus, der gegen jegliches Dogma gerichtet ist und Christus nur als Mensch sehen kann, eine „Lehre von der Liebe, die dem Glauben überlegen sei, wie sie sich voll ausgebildet bereits bei Ficinus findet“[12]. Er hatte dem Sozinianismus eine Basis gegeben, indem er den humanistischen Gedanken beim Wort nimmt, daß der Mensch sich vor seiner eigenen Vernunft, nicht vor dem Wort der Kirche zu rechtfertigen habe. Das, was Dilthey „das Epochemachende im socinianischen System“ nennt, findet sich im Bekenntnis des Servet versammelt: nämlich die „Durchführung des Prinzips, daß das neue protestantische Christentum sich vor der humanistischen, erasmischen, historisch-kritischen, formalen und moralischen Vernunft des großen vorwärtsschreitenden Jahrhunderts rechtfertigen müsse“.[13]

Das in der Tat ist die Forderung, die seit der Zeit des Humanismus nicht aufhört fortzuwirken und von Servet mit dem Tode besiegelt worden ist: daß in allem menschlichen Wirken die Stimme der Vernunft zu hören sei und ihr Gefolgschaft geleistet werde. Natürlich zeigt sich hier in aller Klarheit die Umkehr des Denkens, daß nicht mehr die postulierte göttliche Vernunft mit der menschlichen in Einklang gebracht werden könne und daß die Vernunft der Offenbarungswahrheit nicht der Vernunft des Menschen widersprechen dürfe. Es ist die „historisch-kritische Vernunft“, die über die Vernunft eines verborgenen Gottes urteilt – und im übrigen die

[12] 21. 41.
[13] 27. II. 131.

göttliche Vernunft nicht leugnet, aber als solche nur anerkennt, was die menschliche Vernunft zu erkennen vermag. Dafür standhaft den Feuertod zu erleiden, wird nur den wenigsten gegeben sein. Aber um so eindrucksvoller leuchtet der Scheiterhaufen des Servet weiter, der im Namen beider Konfessionen errichtet ist und unendlich nachdenklich stimmen kann über die Beziehung von Wort und äußerer Gewalt. Das bleibe dem Leser überlassen, der die Realität des Glaubens zur Kenntnis zu nehmen hat und seinen lebenspendenden wie tödlichen Sinn, als welcher er erfahren wird. Das Problem des Menschen ist das Problem des Geistes. Dieses stellt sich dem Nachdenklichen, der dem Humanismus nachspürt und nach der Kraft der Vernunft fragen wird, welcher keine äußeren Machtmittel gegeben sind, die aber inwendig im Menschen so kraftvoll zu sein vermag, daß die von ihr gewährten Einsichten um keinen Preis fallengelassen werden. Sie verlangt immer wieder Bekennen – ob solches von der Art des Servet, steht freilich dahin.

Von Rabelais ist das Wort überliefert, man müsse alles sagen und alles wagen – außer dem Feuertod.

Rabelais

Wenn „die Renaissance die Epoche ist, in der das pädagogische Ideal ausgearbeitet wurde, von dem Frankreich ausschließlich vom 16. bis zum Ende des 18. Jahrhunderts gelebt hat“[14], dann hat wesentlichen Anteil daran François Rabelais (1495–1553), der sich zeit seines Lebens als Schüler des Erasmus verstanden hat, wiewohl ihn in Lebenshaltung und geistiger Eruptivität Welten von diesem trennen. In die Verstrickungen eines unbedingten Christentums hat sich sein Humanismus nicht verirrt.

Er studierte am Collège Montaigu, an das er sich später mit Entsetzen erinnerte, nachdem er als Kind eine klösterliche Erziehung genossen hatte, die ihm seine in seinem unsterblichen Roman geschilderten Erfahrungen mit den Mönchen vermittelt hatte. Er studierte dann an vielen Universitäten, um sich zu einem enzyklopädischen Kopf heranzubilden. 1520 zum Priester geweiht, trat er in Briefwechsel mit Budé, dem Meister des Griechischen, welcher Briefwechsel dann auch in griechischer Sprache geführt wurde. Das klösterliche Leben mußte ihm zu eng werden. Er warf die Kutte ab, studierte in Montpellier Medizin und ließ sich in Lyon als Arzt nieder. Das gewährt ihm dennoch genug Zeit zu reicher schriftstellerischer Tätigkeit als Übersetzer, Herausgeber, Kalendermacher. Schon Leibarzt des Bischofs von Paris, Jean du Bellay, erwarb er noch den medizinischen Doktorhut 1537 in Montpellier, wurde dann Stadtarzt in Metz,

[14] 28. 165.

ging vorübergehend nach Rom, bis er wenige Jahre vor seinem Ende wieder in das Gewand des Priesters schlüpft, um 1551 eine Pfarre in Meudon zu übernehmen, wo er als ein Geistlicher von Welt und weltmännischer Güte in die Erinnerung eingeht.

Es klang ein Leben aus, das von Wissenschaft erfüllt war wie wenige, dazu bestimmt, in einem großen Roman das ganze Panorama der Zeit festzuhalten und damit zugleich das Denken seines Volkes zu prägen. Rabelais, das eben zu erwähnen, bewegte sich in Theologie, Philosophie, Jurisprudenz und Medizin gleichermaßen, hatte also alle Fakultäten der Universität durchlaufen, kannte sich aus in Astrologie, beherrschte die alte wie die neuere Literatur und war ein Sprachgenie, das Lateinisch, Griechisch, Hebräisch, Italienisch, Spanisch, Arabisch und Deutsch sich angeeignet hatte. Aber das alles wäre mit ihm vergangen, wenn ihm nicht das Meisterwerk der Zeit, das seit 1532 in großen Abständen und unter manchen Anfeindungen der Kirche und der Sorbonne erscheint, gelungen wäre: ›Gargantua und Pantagruel‹, das Werk eines Mannes der Geistesfreiheit, ein Werk der Zote, der Ironie, des Sarkasmus, der Spottlust, als eminent zeitkritisches Werk dem ›Lob der Torheit‹ des Erasmus verwandt und wie dieses, jedoch aus der prallen Kraft des unerschöpflichen Dichters, ein Sittenbild der Zeit. Calvin freilich, der Rabelais wegen seiner Gelehrsamkeit achtete, ihn wohl auch den Freunden der Reformation zuzählte, rechnet den Roman unter die pornographischen und verbotenen Bücher und sagt sich von Rabelais los.

Wenn eine Einschränkung überhaupt erlaubt ist für das witzige, geistvolle Zeitpanorama, das scharfsinnige Verkleidungsstück des Gargantua, dann möchte man den Roman einen Bildungsroman nennen, machen doch Erziehung und Bildung des Gargantua den wesentlichen Teil aus. Auch durchzieht der Gegensatz von Scholastik und Humanismus, von – natürlich reichlich einseitig und satirisch überzeichneter – alter Lernweise und neuer Bildungsform den Roman. Letztendlich geht es darum, die Befreiung des Menschen zu schildern, an der ihn eine begrenzte, gehemmte, Welterfahrung verkehrende Erziehung gehindert hat. Rabelais gibt mit seinen Riesen die Allegorie vom unstillbaren Wissensdurst und gibt, in den Zügen einer überschäumenden Renaissance, das Ideal des *uomo universale*, das der italienische Humanismus vorgegeben hatte – und in Rabelais selbst zur Darstellung kommt.

An Gargantua wird die neue Bildung erprobt; die alte, die er in seiner Kindheit erfahren, muß ihm ausgetrieben werden: „Meister Theodor ... purgierte ihn kanonischerweise mit anticyrischem Hellebor und fegte ihm durch das Medikament alle liederliche und schädliche Angewohnheit aus dem Hirn. Damit vertrieb ihm Ponokrates auch das Gedächtnis an alles, was er sich unter seinen ehemaligen Lehrern angeeignet hatte ... Dann teilte er den Tag so ein, daß er keine Stunde davon verlor und all seine Zeit den Wissenschaften und ersprießlichen Studien widmete."[15] Im Brief an seinen Sohn Pantagruel blickt Gargantua auf seine Jugend zurück, in welcher die Wissenschaften noch darniederlagen und dem Studierenden keinen Nutzen brachten, und beglückwünscht seinen Sohn, in eine neue Zeit hineingeboren zu sein, in der die Künste und Wissenschaften wieder heimisch geworden seien. Er entwirft das bekannte neue Erziehungsprogramm, das keine Wissenschaft ausläßt: Bemächtigung der alten Sprachen, Geometrie, Arithmetik und Musik, Astronomie und bürgerliches Recht, Philosophie und Naturkunde, Medizin, zu der „fleißige anatomische Untersuchungen"[16] gehören, und „zu gewissen Stunden" die heiligen Schriften. Damit nicht genug, soll der junge Mann sich auch in allen ritterlichen Fähigkeiten üben. Nichts wird ausgelassen, wie man sieht; das Glück findet sich im Umgang mit den Wissenschaften. Der Mensch, dessen Natur keine Fesseln angelegt werden sollen, muß sich frei entfalten können. Dann wird ihm ein heiteres, zufriedenes Leben geschenkt sein.

In dem utopischen Bild der Abtei Thélème schildert Rabelais die Gemeinschaft freier Geister, die sich ungebunden entfalten können. Es ist eine, der gängigen Zeitkritik entsprechende Kritik des Mönchstums, die sich mit dem Wunsch, eine humanistische Lebensgemeinschaft als Gegenbild zu einem nicht mehr zeitgemäßen Mönchstum zu entwerfen, verknüpft. Die Abtei wird eingerichtet für einen Mönch, der nach dem Herzen Rabelais' ist: „Sie brummeln wohl einen Haufen Litaneien und Psalmen herunter, daß man keine Silbe versteht. Sie plappern eine Kette von Paternostern herab und spicken sie mit Ave Marias, indes ohn' alle Andacht. Aber der Herr sei mit ihnen, wenn sie wenigstens für ihn beteten und zehnmal eher fürs tägliche Futter und eine fette Suppe. Jeder brave Christ bittet den Herrgott überall, immer und bei jedem Geschäft. Und so hält's unser Bruder Hannes ... Er ist kein Mucker und kein Hetzapostel. Er ist ehrlich, klug und umgänglich. Er arbeitet und schafft, verteidigt die Bedrängten, tröstet die Betrübten, heilt die Bresthaften und hütet den Klostergarten."[17]

Die Abtei, die dem Bruder zum Geschenk wird, ist frei von Satzungen, Regeln und Paragraphen, sondern ist nur dem freien Willen und nach der Laune derer geordnet, die darin ein ungezwungenes Leben führen. Die einzige Regel ist: „Tu, was du willst."[18] Und sie kann die einzige sein, weil Rabelais der Natur vertraut, die von Grund auf gut ist. Sie wird gerade, weil ihr keine fremden Bestimmungen auferlegt sind, die Menschen dazu

[15] 105. 72.
[16] 105. 72.
[17] 105. 119.
[18] 105. 151.

führen, aus eingeborenem Ehrgefühl, aus dem Hang zum Guten, aus der natürlichen Abneigung gegen das Schlechte nur zu tun, was auch den anderen angenehm ist. Wissensdurst und Lebensfreude müssen entbunden werden, um eine harmonische Gesellschaft herzustellen. „Wackere, gut erzogene, gesunde und umgängliche Menschen haben von Natur aus einen Hang zum Guten und eine Abneigung gegen das Schlechte.“[19] Zur Abtei Thélème gehören eine Rennbahn, ein Hippodrom, ein Schwimmbad, ein Theater, Plätze für Ballspiele, Schießstände für Bogen, Armbrust und Hakenbüchsen, Hundezwinger und Vogelhäuser.

Sicher ist da ein humanistischer Optimismus am Werke, dem doch ein leichter ironischer Unterton beigemischt ist, der aber, und das ist für Rabelais wesentlich, an der Überzeugung festhält, daß nur ein sich frei entwickelnder Mensch dem anderen dienlich sein kann. Doch das ist nur gültig, wenn dem Menschen damit auch der Weg zur Bildung freigehalten wird. Unter den in der Abtei Thélème Lebenden war keiner „so tölpelhaft oder schlecht erzogen, daß er nicht lesen, schreiben, singen, musizieren und in mehreren Sprachen reden oder gar reimen konnte“[20]. Wird man da nicht an den Humanistenkreis in Florenz, den Cristoforo Landino in den ›Camaldulensischen Gesprächen‹ so lebhaft schildert, erinnert?

Aber auch an Thomas Morus' ›Utopia‹ wird man erinnert, selbst wenn sich Rabelais nicht ausdrücklich darauf beriefe. Die ›Utopie‹ des Thomas Morus, das klassische Werk utopischen Denkens, war erst wenige Jahre zuvor erschienen; die verwandten Züge sind unverkennbar. Bei Rabelais aber noch deutlicher als bei Morus findet sich über die Zeitkritik hinaus ein Bild, wenn man es mit unserem Wort ausdrücken darf, des Bildungsniveaus, das jener Zeit erreichbar war, und das Spektrum möglicher wissenschaftlicher Erkenntnis, das der Humanismus entfaltet hatte.

Rabelais wird dadurch, wie leicht zu sehen, nicht nur der unbekümmerte, derbe Analytiker seiner Zeit, die er in ihren Verfehlungen wie in ihrer Größe darstellt, sondern auch deren Interpret: der Darsteller eines Lebensgefühls, das die ganze Welt geöffnet vor sich liegen sieht, und eines Erkenntnisdranges, der wohl immer wieder im Studium der Bücher Erfüllung findet, aber sich doch auf die Welt und alles, was Natur heißt, bezieht. Wenn Rabelais von Sorbonne und Parlament verurteilt und zur Flucht ins Ausland gezwungen wird, dann geschieht das nicht wegen der Obszönität, der vulgären Derbheit, der Rustikalität und unbekümmerten Sinnlichkeit seines Werkes, sondern weil darin die Anklage an die Zeit sich der explosiven Forderung verbindet „nach echter christlicher Nächstenliebe, nach wahrer Toleranz und Widmung an die edlen Wissenschaften,

[19] 105. 151.
[20] 105. 151.

nach einem neuen Christentum in der Welt, das ohne die mönchische Askese und Weltverachtung die frohe Botschaft des Paulus-Evangeliums lebendig machte"[21]. Fast könnte man paradox sagen, Askese ist in Sachen Theologie zu üben, um dem unersättlichen Wissensdurst Platz zu machen, der nach allen Wissenschaften verlangt: „So wie es für Erasmus häßlich ist, eine unelegante Sprache zu sprechen, so ist es für Rabelais häßlich, nichts zu wissen. Die Wissenschaft spielt für ihn eine ähnliche Rolle wie die Kunst des Schreibens für die Humanisten."[22] Das mag ein verzerrtes Urteil sein; denn gerade in der Kunst des Schreibens erweist sich Rabelais als Humanist. Aber zutreffend ist, daß in der Betonung des Wissens ein aristokratischer Zug enthalten ist, der auf die Unwissenden zurückschlägt. Doch die Folgerung kann nur sein, möglichst alle an dieses universale Wissen heranzuführen.

Die Verwirklichung des Menschen vollzieht sich auch bei Rabelais über die Wissenschaft. In ihr findet der Mensch zu sich selbst. Daß darin auch wieder der Hochmut der Humanisten anklingt, der nur im Wissenden die Vollendung des Menschen sieht, ist unverkennbar. Aber unverkennbar ist auch die zutiefst humanistische Haltung, daß der Mensch über alle Widerwärtigkeiten des Daseins hinweg nur bestehen kann, wenn er sich die Gelassenheit und Heiterkeit des Geistes erwirbt, die es ermöglicht, hinter die Zerrbilder des Menschlichen zu sehen und sich ein Lächeln auch noch angesichts des Unabwendbaren zu erhalten. Darin berührt sich mit Rabelais der Humanist, der die Geistesepoche in die neue Zeit hinüberführt: Montaigne.

Montaigne

Montaigne geht andere Wege als Rabelais in seinem pädagogischen Denken, wie auch sein Lebensgang ein völlig anderer ist. Auch gehört er, der ein Menschenalter erst nach Rabelais zu schreiben beginnt, einer anderen Zeit an. Der Humanismus bestimmte nicht mehr das Denken, war längst eingegangen in die Institutionen. Eine „dritte Kraft" war er nicht mehr. Aber in keinem anderen Franzosen hält sich humanistische Haltung so eindrucksvoll durch. „Man mag darum zögern, ihn noch einen Vollhumanisten zu nennen. Immerhin wird man ihm aber zugestehen, ‚eines der vollendetsten Bildungsprodukte des Humanismus zu sein', wie Ivo Bruns gesagt hat."[23] In Montaigne wirkt schon die Erfahrung des Scheiterns des Humanismus als einer Gelehrtenrepublik und nimmt ihm das

[21] 108. 96.
[22] 28. 202.
[23] 38. 55.

Vertrauen in eine rein literarische Bildung. Er ist „der noch katholische, aber auch schon skeptisch-kühle, tolerante Humanist“[24], der die humanistische Moralphilosophie in sich aufgenommen hat und Lebensphilosophie zum Instrument der Weltbewältigung entwickelt. Er ist eine Erscheinung des Übergangs, die an der Antike sich ausrichtet und die so gewonnene Gesinnung weitergibt: „Er ist Sokratiker, Stoiker, Schüler der Tusculanen, des Seneca und Plutarch. Aber er ist mehr ... In seiner Seelenstimmung und Lebenshaltung ist er das Vorbild für Descartes und wirkt auch in vielen einzelnen Sätzen auf diesen.“[25]

Montaigne (1533–1592) zeichnet den Menschen einer neuen Zeit; er steht an der Schwelle der Neuzeit. Das Menschenbild der Renaissance: der Mensch als Herr der Welt, der Mensch als das von seiner Vernunft bestimmte Wesen, der Mensch als gottähnlich in seinen Erkenntnismöglichkeiten, der Mensch auf Vollendung hin angelegt, die sich erfüllt in Befolgung der selbstgeschaffenen Gesetze der Moral und des bürgerlichen Rechts, der Mensch aber zugleich als *animal religiosum* – dieses Menschenbild ist nicht mehr das Montaignes. Er stellt die Frage neu: Was ist der Mensch? Oder besser: Er gibt darauf eine neue, die Antwort seiner Zeit. „Ich trage vor, was ich mir mit meinem Verstand so ausdenke, nicht, was ich nach Gottes Weisung zu glauben habe; wie ich es sage, ist ganz unkirchlich, nicht theologisch, aber immer sehr fromm.“[26]

Montaigne wuchs in einem Milieu auf, das die Wandlungen der Gesellschaft durch die humanistische Renaissance spiegelt. Die Kaufmannsfamilie der Montaigne kommt zu Wohlhabenheit, der Vater hält sich in Italien auf, kommt dort mit den neuen Ideen der Bildung in Berührung, steigt zum Bürgermeister von Bordeaux auf, der dem Sohn eine solide Bildung angedeihen lassen kann, und dieser wird sich nach dem Tode des Vaters nach dem vom Vater ererbten Schloß Michel Seigneur de Montaigne nennen. Später wird er das Amt des Bürgermeisters wie sein Vater innehaben, nun aber nicht mehr von der Position des angesehenen Handelsmannes aus, sondern von der des weltklugen Weisen, des juristisch Gebildeten, der die ›Theologia naturalis‹ des Raymundus Sebundus herausgegeben hat und auf politische Vermittlerdienste in den Religionskriegen seines Landes verweisen konnte.

Dem spanischen Philosophen Raymundus Sebundus, der bis 1436 in Toulouse als Professor der Theologie, Philosophie und Medizin tätig war und in seiner ›Theologia naturalis‹ eine Rechtfertigung der Offenbarung durch die menschliche Vernunft versucht hatte, widmete übrigens Mon-

[24] 122. 363.
[25] 27. II. 38f.
[26] 87. 133.

taigne einen seiner umfangreichsten Essais, eine „Apologie des Raimond Sebund", die alle seine Grundgedanken enthält,[27] so eine Anthropologie: „Das unseligste und gebrechlichste aller Geschöpfe ist der Mensch, und immer wieder auch das stolzeste"; seine Verachtung eines rein spekulativen Wissens: „Ich habe in meinem Leben Hunderte von Handwerkern und Arbeitern kennengelernt, die weiser und glücklicher waren als die Universitätsprofessoren"; seine Theologie: „Diejenige von diesen Vorstellungen scheint mir noch die wahrscheinlichste und entschuldbarste, die in Gott eine unverstehbare Macht sieht, den Schöpfer und Bewahrer aller Dinge"; seinen Naturbegriff: „Das Menschenauge kann von der Wirklichkeit nur erfassen, was seiner Aufnahmefähigkeit entspricht"; seinen Geistbegriff: „Unser Geist ist ein Arbeitsgerät, unruhig, gefährlich und vermessen; er fügt sich nur schwer der Ordnung und dem Maß"; seinen Skeptizismus: „Unser Erkenntnisvermögen kann uns bis zur richtigen Erklärung mancher Dinge führen; es hat jedoch bestimmte Grenzen; aber außerhalb dieser Grenzen es einsetzen zu wollen, ist Vermessenheit"; seinen Individualismus: „Ich belauere mich aus der Nähe, und meine Augen sind ununterbrochen auf mich gerichtet, da ich sonst nichts Wesentliches zu tun habe"; schließlich das ihm so wichtige Verhältnis zum Tode: „Wir haben schon soviel Vergehendes erlebt und erleben es immer wieder, daß es recht unklug ist, wenn wir eine bestimmte Art des Vergehens, den Tod, fürchten."

Der Betrachter dieses zwischen öffentlicher Wirksamkeit und zurückgezogener Kontemplation hin- und herpendelnden Lebens sieht sich an die großen Beispiele des italienischen Humanismus erinnert, deren Ideal die Versöhnung von *vita activa* und *vita contemplativa* ist. Anders als diese freilich, die an Höfen und in Kanzleien, bei Fürsten und Prälaten zu finden sind, wird Montaigne gegen Ende seines Lebens eine Stellung am Hofe Heinrichs IV. ablehnen, wiewohl ihm der König geistig durchaus nahe stand und zwischen beiden durch die Vermittlungstätigkeit Montaignes, auch durch Besuche Heinrichs von Navarra auf Schloß Montaigne, enge Beziehungen und Einvernehmlichkeit hinsichtlich der Befriedung des von den Religionskriegen zerrissenen Landes bestand. Aber als der König ihn rief, hatte Montaigne auch schon die Stellung des Weltbetrachters gewonnen, der nur durch das Prisma der eigenen Seele auf die Dinge hinblicken wollte und sein ureigenes Thema zur Vollendung brachte: sein Selbst. „Alle die Mühe", heißt es im zweiten Buch der ›Essais‹, „die andere Menschen auf andere Interessen verteilen, auf eine Riesenmenge von Freunden und Bekannten, auf ihr eigenes Ansehen und auf ihr Fortkommen, die verwende ich ganz und gar auf die Ruhe meines Gei-

[27] 87. 191.

stes und auf die Erkenntnis meines Selbst".[28] Indem er sein Selbst zum Thema macht, macht er den Menschen zu seinem Thema – und damit Erziehung und Bildung des Menschen.

Er hatte eine nicht ungewöhnliche Bildung genossen, bekanntlich aber das pädagogische Experiment an sich erfahren, daß er vom zweiten Lebensjahr an nur in lateinischer Sprache erzogen wurde, was ihn auf die Ausbildung an den humanistisch orientierten Collège de Guyenne vorzüglich vorbereitete, im Verein damit aber ihm eine frühreife Gelehrsamkeit vermittelte, die er in seinen späteren pädagogischen Reflexionen skeptisch betrachtet. Das Studium in Toulouse gibt ihm eine juristische Ausbildung, die ihn in öffentlichen Diensten ebenso zu Ansehen gelangen läßt, wie dies die seit 1580 erscheinenden ›Essais‹ tun werden. Die vielen Reisen, teils in diplomatischer Mission, teils als ungebundener Beobachter der Welt und der Menschen, tragen zu seiner Bildung, also zu der unverwechselbaren Ausformung seines Wesens bei, dessen Charakteristikum ist, ohne Anfechtungen durch die Ereignisse hindurchzugehen, an sich selbst zu arbeiten, um die Stärke für ein Wirken in der Öffentlichkeit zu finden und so eine Lebenskunst zu entwickeln, die aus ständiger Selbstbeobachtung – Selbsterfahrung würden wir heute sagen – zur Selbstbeherrschung und besonnener Weltüberlegenheit führt. Formalismen bedeuten ihm nichts, so wenig wie eine schal gewordene literarische Überlieferung. Er ist nicht Christ, sondern Moralist; er ist nicht heroisch, sondern tapfer; er ist kein Polyhistor, aber ein gebildeter Mensch. Aber er bleibt ein distanzierter Katholik, und er moralisiert nicht als Moralphilosoph, sondern erkundet die „mores", die Sitten – und nach ihm werden alle französischen Moralisten das gleiche im gleichen Sinne tun, wie sie die neue Ausdrucksform, den Essay, von Montaigne übernehmen, im Begriff schon die neue Methode und Denkform übernehmend: den Versuch, worin die Preisgabe des humanistisch-renaissancehaften Anspruchs liegt, alles wissen zu wollen und in der Erkenntnis und in der Beschreibung der menschlichen Dinge zu einem Abschluß, gar zu letzter Klarheit zu gelangen.

Der Essay, der „Versuch" der Annäherung an das beobachtete Subjekt, ist der genuine Ausdruck einer demütigen Skepsis, der Weltverachtendes und Menschenverachtendes durchaus beigemischt ist, der aber damit der ehrliche und illusionslose Versuch ist, den Menschen über sich soweit immer möglich nicht im Unklaren zu lassen. Es ist der Anfang einer neuen Wissenschaft, die sich im Prinzip der methodischen Vorsicht unterwirft, mit der den Dingen – und dem Menschen – auf den Grund gegangen werden soll. Eben daher kann Dilthey auf die geistigen Beziehungen des Descartes zu Montaigne verweisen. Und eben daher kommt doch wohl die

[28] 87. 250.

entscheidende Wirkung Montaignes, sein Beitrag zur Prägung des neuen Menschen und zur Ausprägung eines neuen Verhältnisses des Menschen zu sich selbst. Das humanistische Erbe darin ist das Interesse am Menschen, am Schicksal des Einzelnen, das die Wissenschaften vom Menschen auf eine psychologische Anthropologie hin konvergiert, und das natürlich den scholastischen Syllogismen so wenig wie einer spekulativen Metaphysik etwas abgewinnen kann. Sokrates, Seneca, die Stoiker sind Montaignes Väter. Und mit diesen ist das humanistische Erbe das pädagogische Interesse, das die Betrachtung des Menschen und der Verhältnisse, die er heraufbeschworen hat, weckt. Aber es ist noch weit entfernt vom „Dogmatismus des gesunden Menschenverstandes, der sich eine für alle verbindliche Evidenz zuschreibt, und alles verwirft, was ihm nicht einleuchtet“[29]. Er steht auf der Grenze, humanistische Bildung sich erarbeitend, aber sich ihr nicht ausliefernd, um statt dessen – bezeichnenderweise verwirft er Rhetorik und Dialektik als Propädeutikum des Wissens – einer weltoffenen, auf kritischer Einsicht basierenden Vernunft durch die Erziehung zu ständiger Selbstprüfung den Weg zu bereiten. Der Umgang mit der Antike ist ihm selbstverständlich; antikes Gedankengut ist großzügig in alle Reflexionen verwoben. Aber er macht es sich dienstbar in der Souveränität des Geistes, dem es um freie Humanität geht und nicht um philologische Akribie, um Anverwandlung eines sittlichen Denkens ohne die Dogmatik der Nachahmung. Er beschränkt das Wissen, um es auf den Menschen konzentrieren zu können. „In einer nicht nur pädagogischen Bedeutung hat Montaigne jene chaotische Polyhistorie erledigt, zu welcher der spätere Humanismus entartet war und über die fünfzig Jahre früher ein Rabelais noch nicht Herr werden konnte.“[30] Montaigne ist in diesem Sinne Erasmianer. Er macht sich dessen Sprachgesinnung zu eigen, wie sie im ›Ciceronianus‹ eindringlich ausgesprochen war und gegen jeden sprachlichen Formalismus sich richtete. Anders als Erasmus freilich gibt er der sprachlichen Bildung nicht mehr überragendes Gewicht.

Erasmianer aber ist er in vielleicht noch strengerem Sinne auf anderem Feld. Denn unverkennbar in der humanistischen Tradition – diese nun freilich schon auf die Aufklärung hin öffnend und ihr vor allem die religiöse, aber auch die philologische Stringenz nehmend – steht der Friedenswille, der sich auf ein Weltbürgertum zubewegt, steht die Konfessionsfreiheit, die in die Kultur der Heiterkeit des Geistes und der nur sich selbst verantwortlichen Sittlichkeit übergeht.

Wie hätte ein nüchterner, illusionsloser, nicht parteiisch engagierter, um den Menschen und sein Wohl besorgter Betrachter anders als skeptisch

[29] 38. 169.
[30] 38. 117.

sein können? 1560 endet die Verschwörung von Amboise mit Massenhinrichtungen; 1562 findet das von Franz von Guise angeführte Gemetzel unter den Reformierten in Paris statt; 1563 wird Franz von Guise von den Protestanten ermordet; 1572 folgt auf die Ermordung des Admirals de Coligny die Niedermetzelung tausender Hugenotten in der Bartholomäusnacht; 1588 läßt König Heinrich III. Heinrich von Guise und den Kardinal Karl von Lothringen ermorden; 1589 ermordet der Mönch Jacques Clément den König Heinrich III. 1610 wird Heinrich IV. ermordet werden, dies freilich schon jenseits der Lebenszeit Montaignes. Die schreckliche Reihe steht für die moralische Zersetzung seiner Zeit, die im Namen des Glaubens die Menschen mit Unglück überzog. Das philosophisch-pädagogische Denken Montaignes bezieht sich immer wieder darauf.

Daß dieses Denken jedoch „in einem mehr oder weniger starren pädagogischen Nihilismus"[31] mündet, wird man schwerlich sagen können. Der Skeptizismus – „auch Zweifeln hat sein Gutes nicht weniger als das Wissen"[32] – ist etwas ungleich anderes. Er meint zunächst die Zurückhaltung gegenüber einem Glauben an ein allgemeines Glück, die jedoch die Überzeugung von der Möglichkeit sinnvoller Lebensgestaltung nicht aufgibt. „Das Meisterstück eines Menschen, auf das er besonders stolz sein kann, ist, sinnvoll zu leben."[33] Das bedeutet nun nichts anderes, als daß der Mensch sich selbst ernst nehmen muß, um diesem, seinem Leben Sinn zu geben. Die Selbstverständigung wird zur dringenden, zur einzig möglichen Aufgabe. In der Wendung auf sich selbst lernt der Mensch; Lebenserfahrung muß fruchtbar gemacht werden: „Ich möchte lieber von mir etwas Richtiges verstehen als von Cicero. In der Erfahrung an mir selbst finde ich genug Stoff, aus dem ich Weisheit schöpfen könnte."[34] Darin liegt zugleich das Wissen um die Grenze.

Die Grenzen des Menschen sind vielfältig gezogen. Sie liegen in den Verhältnissen und Bedingungen, denen der Mensch als Zeitgenosse ausgesetzt ist, und sie liegen – daran knüpft die Pädagogik Montaignes an – in der Natur des Menschen selbst, die dem humanistischen Ideal der Vollkommenheit so wenig entspricht wie der Meinung, daß der Mensch „quasimodo omnia" sei. Aber er beruft sich auf das berühmte Wort aus den Episteln des Horaz, das auch Melanchthon zur Devise gemacht hatte und Kant zum Wahlspruch der Aufklärung erheben wird: Sapere aude! „Wage es nur vernünftig zu sein, fang nur damit an; wer die Stunde hinausschiebt,

[31] 28. 207.
[32] 87. 54.
[33] 87. 380.
[34] 87. 366.

in der er mit dem vernünftigen Leben anfängt, der gleicht dem Toren, der wartet, bis der Fluß abgeflossen ist; aber er strömt weiter und wird in alle Ewigkeit strömen."[35]

„Gegen die natürliche Anlage läßt sich schwer etwas erreichen", heißt es in dem Essay über Erziehung[36] – aber das bedeutet nicht Resignation für den Erzieher, der unentbehrlich bleibt, nur freilich weder sich überschätzen noch den Zögling überfordern darf. Schließlich geht es nicht darum, Wissenschaftler heranzubilden und aus jedem Menschen einen Gelehrten zu machen. Erziehung ist darauf abzustellen, den Menschen die Wahrheit in seiner Subjektivität finden zu lassen, ihn kritisch zu machen gegenüber dem Wort anderer, wer immer es ausspricht. „Reines Bücherwissen", heißt es, „ist ein trauriges Wissen",[37] und nichts wird dadurch glaubhafter, daß es im Buche steht. Die Philosophie, deren lebenspraktische Theorien durchaus nützlich sind, muß sich an der Erfahrung bewähren. Erst muß der Mensch von den Sachen etwas verstehen, die ihn der tägliche Umgang lehrt, „die Worte kommen dann von selbst"[38].

Aber das Wichtigste ist doch, daß der Mensch sich selbst versteht, um sein Leben selbst führen zu können. In dem Einstehen für sich selbst aus Selbsterkenntnis heraus nur wird er zu seiner Würde finden, wird begreifen, daß es nicht auf den Rang oder die Geburt, nicht auf die Stellung im Leben ankommt, sondern auf die reine „Menschlichkeit". Das ist nicht Egozentrik, sondern die Einsicht, daß das Entscheidende das Menschenleben in seiner individuellen Gestalt ist, losgelöst von den Zufälligkeiten des Rangs und der gesellschaftlichen Position. Der Einzelne hat Maß und Rang in sich selbst. „Cäsars Leben ist nicht lehrreicher für uns als unser eigenes Leben; ob es in kaiserlicher Höhe oder in Niedrigkeit verläuft, immer ist es ein Menschenleben; alles, was dem Menschen zustoßen kann, geht es an."[39] Und dem hat die Erziehung zu dienen, die der Praxis vor der Kontemplation den Vorrang einräumt. Dafür gibt es nur das pädagogische Beispiel und keine formale, von den individuellen Affekten, Wünschen, Möglichkeiten absehende Lehre. „Ich wollte richtiges Handeln, nicht richtiges Schreiben erzielen. All meine Mühe ging darauf aus, mein Leben zu gestalten."[40] Und alle Erziehung – fügen wir in seinem Geist hinzu – muß darauf ausgehen.

Das ist natürlich auch ein persönliches Geständnis und Bekenntnis, und zwar das eines Mannes, der auf alle Schulmeinungen herabsieht, ob es nun

[35] 87. 60.
[36] 87. 51.
[37] 87. 55.
[38] 87. 66.
[39] 87. 367.
[40] 87. 273.

Aristotelismus oder Platonismus, Sophistik oder Scholastik ist, der sich nicht ins abstrakte System pressen lassen will, sondern in der Gestaltung des eigenen Lebens aus wachsender, immer tiefer durchdachter Erfahrung die Aufgabe sieht. Die Entdeckung des Selbstbewußtseins – in dem ursprünglichen, von aller Arroganz freien Sinne – wird erst möglich, nachdem alle sich objektiv gebenden Ansichten und Auskünfte über den Menschen relativiert sind in bezug auf die eigene Person und das Nachdenken über den Menschen – also über sich selbst – sich die erwünschte Freiheit der Überlegung geschaffen hat. Diese Freiheit ist eine, die jedem anderen ebenso zuzubilligen ist; denn nichts ist bedenklicher für den Menschen als die Abhängigkeit von anderen. Das mag äußerlich oft mißlingen, innerlich muß es Bedingung sein. Zu gewinnen ist diese sich auf Sokrates berufende Freiheit durch eine Entspanntheit des Geistes, die sich den Wechselfällen des Lebens gegenüber nicht verkrampft, die vor allem – Montaigne kommt wiederholt darauf zurück – den Gedanken an den Tod in Weltbetrachtung und Lebensführung einbezieht. Das Beispiel des Sokrates im Angesicht des Todes ist ein Beispiel für die Gesinnung, die dem Tod gegenüber würdig ist. Aber das Beispiel des Sokrates ist auch jenes, das im Gastmahl Platons gezeichnet wird: der Denker, der sich nicht selbst überhöht, sondern den Menschen auf sich selbst zurückführt, um ihn so zu sich selbst zu befreien. Sokrates ist das Beispiel für echte Weisheit, deren Signum gelassene Heiterkeit ist und darin die Spiegelung echter Humanität. Gerade das sokratische Element in Montaignes Denken wird im französischen Bildungsbewußtsein fortwirken. In der Tat, „es gibt im europäischen Schrifttum des 16. Jahrhunderts und davor nichts, was mit der Wiedergeburt des Sokrates in den Essais vergleichbar wäre“[41]. Man wird sich erinnern, daß das 18. Jahrhundert sich als ein sokratisches Jahrhundert verstehen wird. Darin ist Montaigne lebendig.

So bewahrt sich eine Lebensauffassung, die die Verwiesenheit des Menschen auf sein kritisches Denken im Angesicht der Vergänglichkeit wachhält. Gerade diese Vergänglichkeit des Lebens ist im Bewußtsein lebendig zu halten, um es nicht als alleinigen Wert zu nehmen. Weitab von aller Melancholie und allem Pessimismus bedeutet die Einbeziehung des Todes in die Lebensphilosophie, „sich auf die Freiheit einrichten: wer zu sterben gelernt hat, den drückt kein Dienst mehr“[42]. Greift es zu weit, hier eine Haltung vorgeformt zu finden, die Comenius bald ein Jahrhundert später als die letzte der Schulen die „Schule des Todes“ in seine ›Pampaedia‹ aufnehmen läßt, selbst wenn, anders als bei Montaigne, für Comenius das Christliche unabdingbar ist?

[41] 38. 72.
[42] 87. 27.

Die in dem Philosophieren Montaignes anwesende pädagogische Vernunft führt zu einer Vernünftigkeit, deren Folge eine Bildungskultur ist, in der das bürgerliche Individuum seine Form finden wird. Der Humanismus mit seiner Sorge um den Menschen, mit seiner „Epochè" den Institutionen gegenüber, mit seiner Verarbeitung ciceronischen und stoischen Gedankenguts ist darin noch immer lebendig. Aber es ist darin auch lebendig geblieben die der Skepsis verwandte ironische Weltbetrachtung, die aus dem Verständnis des Menschlich-Allzumenschlichen hervorgeht. Darin setzt sich, wie schwer ansonsten auch der Einfluß von Erasmus auf Montaigne sich nachweisen lassen mag, deutlich erasmische Geisteshaltung fort. Wir halten fest, daß es über andere Parallelen hinaus Montaigne und Erasmus gemeinsam ist, „daß sie die ethische Unbedingtheit ablösen durch eine Humanität bescheidener Durchschnittlichkeit und den Menschen in einer Weisheit bergen, die jenseits der belanglos gewordenen Gegensätze von Vernunft und Unvernunft liegt"[43]. Beide haben der menschlichen Eitelkeit und der menschlichen Torheit Betrachtungen gewidmet, und beide haben dem Menschlichen nachgesonnen, um dem Ausgleich unter den Menschen, dem Gemeinsamen und dem bei anderen zu Duldenden auf die Spur zu kommen. Bei beiden ist Menschenbildung als Auftrag der Erziehung nichts anderes als eine als human zu bezeichnende Haltung. „Jeder Mensch gilt mir als Landsmann; nicht weil Sokrates es gesagt hat, sondern weil ich, vielleicht sogar etwas übertrieben, es so empfinde, und ich umarme einen Polen wie einen Franzosen, weil für mich die nationale Bildung hinter der allgemein menschlichen zurücktritt."[44]

[43] 38. 382.
[44] 87. 334.

VIII. HUMANISMUS IN ENGLAND

Englischer Humanismus

Der französische Humanismus klingt aus mit Montaigne, mit dem sich die eigene französische Weise sprachlicher Brillanz mit dem Skeptizismus verbindet, der jener ernüchterten Weltbetrachtung und Menschenbeurteilung entspringt, wofür ein reformatorisch enttäuschter Humanismus die Impulse gab. Die französische Eigenart des europäischen Humanismus, hinter welcher die Erfahrung eines hundertjährigen Krieges und eines weiteren Jahrhunderts von Religionskriegen steht, triumphiert in der Inthronisation der französischen Sprache als der Sprache der Gebildeten. Daraus entsteht der französische Typ des humanistischen Gebildeten, der „honnête Romain".

Der englische Humanismus – auch er europäisch in seinen religiösen, politischen, philologischen und pädagogischen Komponenten – wird seinerseits am Ende einer kurzen Blüte humanistischen Geistes eine typische, und zwar nun typisch englische Erscheinung hervorbringen, nämlich die Gestalt des Gentleman in der unverwechselbaren Mischung von Weltläufigkeit und Bildung, von Distanz zur Umwelt und Wirklichkeitssinn, diese speziell englische Prägung des „Hofmannes" durch die Mitwirkung in öffentlichen Geschäften und den kühlen Abstand im Individuellen. „Der Humanismus wurde das Mittel der Bildung des englischen Selbstbewußtseins, das sich zur Heraufführung des in der ›Utopia‹ geschilderten neuen Goldenen Zeitalters berufen wußte, indem man die christlichen Ideen zum Besitz der Nationen machte"[1], indem man aber auch – ganz nach dem Bilde der „Utopier" von Morus – auf Grund moralischer Überlegenheit sich zu Landnahme und Koloniegründungen berufen glaubte, indem man Kriege durch ökonomische Überlegenheit zu verhindern trachtete, indem man – so die Utopier ganz gegen die eigene Lebensführung des Thomas Morus – die religiöse Toleranz bis zur Indifferenz steigerte, indem man sich die Möglichkeit der Sklavenhaltung offenhielt, indem man sich im Besitz staatenordnender Gerechtigkeit wähnte, indem man kommunistischer Eigentumslosigkeit vieler die Privilegierung weniger entgegenhielt. Man kann die Kehrseite des utopischen Denkens, das mit Morus ins englische Denken einfließt, nicht übersehen – wobei

[1] 108. 109.

gänzlich unklar bleiben muß, wieweit Morus utopisches Denken in die Realität vortreiben wollte – oder ob nicht auch dabei ihm Ironie und humanistische Menschenkenntnis die Feder führten.

Daß die neue Führungsschicht sich von Morus bestätigt sehen konnte, ist kaum zweifelhaft, zumal er von der Kritik an der alten ausgeht. Sein Schüler Thomas Elyot gibt dem die letzte, die gültige und in die englische Gesellschaft sichtbar eingegangene Form: der Führende als Gentleman. 1531 erscheint ›The Boke Named the Governor‹ von Thomas Elyot (1499?–1546), in welchem eben die Erziehungsgrundsätze niedergelegt sind, die für die Ausbildung des Gentleman-Ideals charakteristisch werden. So wie am Ende des italienischen Humanismus das Buch vom Hofmann des Baldesar Castiglione steht, so hier das Buch vom Gentleman, das nicht anders als das italienische Beispiel ebenso Zusammenfassung des Ertrags der Epoche wie Tradierung dieses Ertrags in eine künftige hinein ist. Die Wirkung der Schrift Elyots ist unschwer zu verfolgen; seine Gedanken werden die pädagogischen Gedanken des Jahrhunderts bewegen und in manchen Veröffentlichungen aufgegriffen werden, die die englische Erziehung für ein öffentliches Leben auf der Basis einer gründlichen Gelehrsamkeit – immer wieder im Rückblick auf das Werk Castigliones – explizieren. Die an Lord Fitzwater, den späteren Earl of Sussex, von einem Unbekannten gerichtete Schrift ›Institution of a Gentleman‹ von 1555 trägt schon im Titel den maßgeblichen Begriff; ähnlich ›The Institution of a Young Nobleman‹ von Cleland (1607), bei dem sich italienische nun auch mit scholastizistisch-puritanischen Einflüssen mischen, bei dem aber die für den englischen Humanismus typische Auffassung der Pflicht zur öffentlichen Wirksamkeit hervorsticht. Auch Humphrey Gilberts ›Queen Elizabeth's Academy‹ (1572) verfolgt die gleichen pädagogischen Intentionen, wobei „ wenig oder nichts Castiglione hinzugefügt wird“, was das Leben bei Hofe anbelangt.[2]

Der italienische Einfluß, im ersten und maßgeblichen Buch dieser Prägung, dem von Elyot, unverkennbar, verweist auf die humanistische Bildung seines Verfassers; diese läßt ihn zu Empfehlungen kommen, welche in dem Hofleben Englands, in dem er tätig war, eine Spiegelung finden. Nicht ohne Grund wird das englische humanistische Ideal gern als ein “court humanism” an Stelle eines “civic humanism” bezeichnet. Die Fortentwicklung des „cortegiano“, des Hofmannes also, ist schon im Begriff zu erkennen. Eine ähnliche Entwicklung führt in Frankreich zum Ideal der «courtoisie», die das noch im Bild des Hofmanns von Castiglione angelegte Urbane der Bildung fast ganz verdrängt hat. Heinrich VIII. von England, wir erinnern uns, war mit den gleichen Erwartungen wie Karl V.

[2] 144. 319.

in Deutschland und Franz I. in Frankreich begrüßt worden. So rühmt ihn John Fisher, Kanzler der Universität Cambridge und Freund des Erasmus, als den Retter der Bildung in England;[3] und noch 1517 schreibt Erasmus an Heinrich VIII., der 1509 den Thron bestiegen hatte, daß er bewundere, wie „kaum ein Tag vorübergeht, an dem Du nicht etwas Zeit auf Bücherlesen verwendest und gern mit jenen alten Weisen ins Gespräch kommst, die am allerwenigsten nach dem Munde reden“[4]. Er war in der Tat anfänglich ein kräftiger Förderer des Humanismus und des mit diesem einhergehenden gesellschaftlichen Wandels gewesen. Der etwas rührend anmutende Glaube der Humanisten, der tatsächlich hochgebildete Heinrich VIII. könnte so etwas wie eine humanistische Renaissance und einen Humanistenhof nach florentinischem Muster in England einbürgern, ist zwar utopisch, doch offensichtlich nicht ganz grundlos. Thomas Elyot, aus angesehenem Hause, hatte selbst eine umfassende Bildung der Zeit genossen, war in seiner Jugend mit dem Kreis um Thomas Morus bekannt geworden und erlernte bei Linacre das Griechische, bekam eine Stellung bei Hofe, war auch in diplomatischen Missionen unterwegs auf dem Festland, fand jedoch genug Zeit nicht nur zu literarischer Tätigkeit, sondern vor allem zu umfassendem Studium der klassischen und der italienisch-humanistischen Schriftsteller. Neben seiner berühmten Schrift beschäftigte ihn ein lateinisch-englisches Wörterbuch, das erste seiner Art in England; andere Publikationen sind Übersetzungen aus dem Griechischen, eine Schrift des Isokrates und vor allem die Erziehungsschrift des Plutarch. Erasmus übrigens hatte eine von ihm gefertigte lateinische Übersetzung der Schrift des Plutarch ›Über Art und Weise, einen Schmeichler von einem Freund zu unterscheiden‹ Heinrich VIII. dediziert.[5] Von Elyots Kenntnis der lateinischen Schriftsteller wird berichtet. Vor allem aber beschäftigte ihn die politische Theorie des Humanismus, die ihn die These übernehmen ließ: daß eine Umgestaltung der Gesellschaft und der staatlichen Verwaltung eine Erziehung derer verlange, die dafür Verantwortung zu tragen haben. Er entwickelte, an die frühen Kanzler-Humanisten erinnernd, das Ideal des Dienstes am Staat und der Gesellschaft, das nicht mehr das des schwertführenden Ritters und Kämpfers ist, sondern das des durch Bildung Überlegenen, der sich dadurch Autorität verdient und mit Autorität handeln darf. Als Beispiele gelten ihm – ein typischer Denker des Humanismus – Moses, Alexander, Scipio, Caesar, Hadrian, Cato und Cicero, auch Karl der Große, sie alle als Beispiele dafür, daß auch höchst gebildete Menschen durchaus zur Führung der Staats-

[3] Vgl. 33. 19.
[4] 32. 177.
[5] Vgl. 32. 178.

geschäfte geeignet seien.[6] Daß enge Verbindungen zwischen Elyots Gedanken und denen des Erasmus bestehen, verwundert nicht; sein Biograph zeigt viele Übereinstimmungen Elyots mit den Erziehungsschriften des Erasmus. Das ist hier, ebenso wie der Lehrplan, den Elyot entwirft, von geringerem Interesse als vielmehr das Vertrauen selbst in die humanistische Ausbildung, der Elyot beredten Ausdruck gibt, wenn er erklärt, daß Kinder, die nach seinen humanistischen Plänen aufgezogen sind, von so ausgezeichneter Weisheit und Bildung sein werden, daß dem Gemeinwohl keine besseren Ratgeber erstehen können.[7] Die neue Bildung hatte sich gefunden, war in eine lehrbare Form gegossen, in welcher alle Elemente humanistischer Pädagogik – die religiöse Erziehung ausgenommen – vereinigt und die Einsichten der namhaften Humanisten, allen voran Erasmus, verarbeitet waren: Der Humanismus hatte sich durchgesetzt und wird die Insel über dieses ihr eigene Erziehungsideal prägen: die Verbindung körperlicher Übungen mit der Erziehung in Umgangsformen, die Verbindung klassischer Sprachbildung mit Kenntnis in den Erfahrungswissenschaften, die Vorbereitung auf eine Tätigkeit im öffentlichen Beruf – an Stelle der auf eine in der Zurückgezogenheit der Klosterzelle oder der Gelehrtenstube – und der gründliche Umgang mit der Muttersprache. Ist des Thomas Morus ›Utopia‹ etwa gleichzeitig noch in Latein geschrieben, so gibt Elyot mit seinem Werk bereits ein Beispiel für den geschmeidigen Gebrauch der englischen Sprache und wird damit, hier in Verwandtschaft mit Thomas Morus' ›Geschichte Richards III.‹, ein Muster werden für die Darstellung des Humanismus in der englischen Sprache. Die Folgen des Humanismus für die Ausbildung einer „Volkssprache" sind auch hier offenkundig. Man glaubt die Einflüsse der frühen italienischen Humanisten, bei denen manche bildungshungrigen Engländer in die Lehre gegangen waren, deutlich wahrnehmen zu können.

Auch die Folgen waren in England ähnlich. Mit dem neuen Erziehungsprogramm „entstand eine laizistische Kultur, eine höfische Gesellschaft, eine Öffentlichkeit, die sich ihr Eigenrecht neben und alsbald vor dem Hof zu erkämpfen suchte. Die Gentlemen des Unterhauses – von ihren ständischen Vorfahren, den Knights, nicht zuletzt durch Erziehung weit unterschieden – drängten in die politische Mitverantwortung"[8]. Es war gerade dieses laizistische Element, welches dem Humanismus mehr als in den anderen Ländern Europas eine starke Fortwirkung sicherte, die sich kontinuierlich bis in unsere Tage erhalten konnte. Die Gesellschaft – nun

[6] 144. 272. – Die in der Philosophischen Bibliothek bei Meiner als Band 106 von Hanns Studnicka vorgelegte Auswahl aus Elyots Schrift vernachlässigt leider das pädagogische Element zugunsten der politischen Philosophie Elyots.

[7] 144. 389.

[8] 44. 31.

als „Gesellschaft“ in dem auszeichnenden Sinne, in welchem man davon spricht, dieser oder jener gehöre „zur Gesellschaft“ – die Gesellschaft schuf sich ihre humanistisch geprägten Bildungseinrichtungen, aus denen der politisch agierende, politisch mitverantwortliche, sich vollendet ausdrückende, „elegante“ Gentleman hervorging, in welchem das humanistische Bildungsideal sich manifestierte. Der Humanismus auf der Insel behielt seine Eigenart und erhielt diese durch die Zurückdrängung des gelehrten Elements zugunsten einer auf gesellschaftliche und politische Praxis gerichteten Erziehung.

Zeigt sich im Fortleben des englischen Humanismus in der Gestalt des Gentleman der italienische Einfluß noch im Ausgang der Epoche, so steht der italienische Humanismus nicht weniger am Anfang. Die Einflüsse in England sind nicht geringer als in den anderen Ländern Europas, sicher nachhaltiger als in Frankreich; sie reichen von Guarino über Poggio, dessen Englandaufenthalt 1418–1422 allerdings nicht die erwartete Wirkung hatte, bis zu Pico della Mirandola. In der zweiten Hälfte des 15. Jahrhunderts setzt eine wahre Pilgerschaft namhafter Engländer nach Italien ein, sicher ebenso angeregt durch Poggio und die Konzilien, an denen auch englische Gesandtschaften mitwirkten, wie durch die italienische Literatur selbst. Es wäre den Verbindungen nachzugehen, die zwischen den Reformbestrebungen eines Wyclif und der Devotio moderna bestanden, die auch in den Lollarden, Wyclifs Anhängern, Wirkungen hinterlassen haben muß. Doch bleibt das weitgehend im Dunkeln: „Sie trugen die Fackel, aber sie haben sie nicht den Nachfolgern übergeben, sondern mit sich ins Dunkel hinabgenommen.“[9] Der englische Frühhumanismus zeigt sich verstreut bei einzelnen Persönlichkeiten, das Geistesleben wird davon (noch) nicht beeindruckt.

Ein englischer Humanismus als eine das gesellschaftliche Leben prägende Kraft wird erst mit jenen Italienfahrern sichtbar, die bei den italienischen Gelehrten humanistische Studien betreiben, oft jahrelang sich an das Land fesseln lassen und ihre Meister an humanistischer Bildung erreichen, wenn nicht gar übertreffen werden. William Grey (1408–1478), der spätere Schatzkanzler, verbringt mehr als ein Jahrzehnt in Italien und geht längere Zeit bei Guarino in die Schule. Er führt bei seiner Rückkehr nach England viele humanistische Manuskripte mit sich und ist „der erste dieser Zeit, der aus humanistischem Interesse Italien aufsucht“[10]. William Selling (ca. 1430–1494) wird drei mehrjährige Aufenthalte in Italien verbringen, griechische Studien bei Chalkokondylas und Politiano betreiben und „will das Canterbury-Kloster zur Pflanzstätte humanistischer Stu-

[9] 116. 153.
[10] 116. 121.

dien machen"[11]. Er ist der erste Engländer, der Griechisch lernt. Die ersten Vorlesungen über Griechisch hält William Grocyn (ca. 1446–1519) in Oxford, wohl bereits vor seinem Italienaufenthalt zwischen 1489 und 1491, währenddessen er auch bei Chalkokondylas und Politiano in Florenz Griechisch studierte. Sein Schüler war Thomas Morus, John Colet stand ihm nahe. Ihn ebenso wie William Latimer (1460–1545), der um die Jahrhundertwende sich längere Zeit in Italien aufhielt, wird Erasmus als bedeutenden Gelehrten im Lateinischen und Griechischen rühmen, diesen Latimer als „einen echten Theologen, will sagen: charaktervoll und gebildet zugleich" hervorheben.[12] John Free (1425?–1465) durchstreifte zehn Jahre lang Italien, war in Ferrara, Florenz, Padua und stirbt in Rom, ein universaler Kopf, der Latein, Griechisch, Hebräisch, Naturwissenschaften, Jurisprudenz und Medizin studiert hatte, einer der Humanisten, „der durch Gelehrsamkeit und Eloquenz von Armut zu Wohlhabenheit gelangte – ein Humanist von Beruf gewissermaßen", wenn auch wegen der räumlichen Ferne für England selbst letztlich ohne Bedeutung.[13] Mit John Free trifft John Tiptoft, Earl of Worcester (1427–1470) in Padua zusammen, steht wie dieser mit Guarino in Verbindung und hört Vorlesungen bei Argyropulos in Florenz. Bei diesem freilich, dem rücksichtslosen Oberrichter, beschränkt sich der Humanismus auf einen ästhetischen Formen- und Sprachkult ohne moralische Schranken. Als Rudolf Agricola 1476 seine Antrittsrede in Ferrara hält und den Ruhm Guarino Guarinis als „unser aller Lehrer" singt, nennt er auch die Engländer, die Guarino die humanische Bildung verdanken: William Grey, Robert Flemming, John Free und John Gunthorp.[14] Agricola selbst, bekanntlich der Devotio moderna nahestehend, wirkte auf den englischen Humanismus ein. John Fisher schreibt Erasmus in einem Brief vom März 1515 nach der Lektüre von Agricolas ›De inventione dialectica‹, daß er niemals etwas Entzückenderes und zugleich Gelehrteres dieser Art gelesen habe: „Hätte ich ihn in meiner Jugend als Lehrer haben können, ich hätte das ohne jede Frage einem jeden Erzbistum vorgezogen."[15]

Vor diesen allen schon war Herzog Humphrey von Gloucester (1391 bis 1447) zum „Wegbereiter des Humanismus in England, und zwar durch sein Mäzenatentum" geworden[16]: er hatte humanistische Manuskripte gesammelt, einen Briefwechsel mit Leonardo Bruni unterhalten und sich humanistisch gebildete italienische Sekretäre gehalten. Er verfügte über eine

[11] 116. 160.
[12] 32. 167.
[13] 116. 121.
[14] Vgl. 39. II. 33f.
[15] 33. 47.
[16] 116. 27.

der bedeutendsten Bibliotheken der Zeit. Blieb hier der Humanismus noch äußerlich, Dekor gewissermaßen, so kommt der englische Humanismus zu einem ersten Höhepunkt mit Thomas Linacre (1460–1524), der nicht weniger als 14 Jahre in Italien verbringt, wo er vor allem medizinische Studien treibt und in Padua den medizinischen Doktor erwirbt, daneben aber nicht versäumt, Griechisch zu lernen und mit dem Erzieher der Kinder der Medici, Politiano, lateinische und griechische Studien zu treiben, auch bei Chalkokondylas studiert und mit Ermolao Barbaro befreundet ist. Aldus Manutius, der berühmteste Drucker seiner Zeit und selbst ein bedeutender Gelehrter, konnte von ihm sagen, er sei „homo et Graece et Latine peritissimus, praecellensque in doctrinarum omnium disciplina" – ein im Griechischen und Lateinischen höchst gebildeter Mann, der in der Kenntnis aller Wissenschaften ausgezeichnet sei.[17] Seine Galenübersetzung wurde bahnbrechend und bildete die Grundlage für den Rang, den er als Mediziner erwarb. Er wurde Hofarzt Heinrichs VIII. und richtete in Oxford und Cambridge medizinische Professuren ein. Er war ein Gelehrter bereits modernen Typs, der mit der humanistischen Bildung in der Zuwendung zur Naturwissenschaft englischen Realismus des Denkens zu verbinden wußte.

Ein humanistischer Geist drang in die Schulen ein, führte zu Umbildungen und Neugründungen. 1440 wird die Eliteschule Englands, das Eton College, gegründet. Etwa zur gleichen Zeit ruft Thomas Langton eine Schule nach dem Muster der Casa Giocosa des Vittorino da Feltre ins Leben; er nennt sie eine „schola domestica". Auch private Grundschulen werden geschaffen und Handelsschulen entstehen. Und John Colet (1467 bis 1519) gründet St. Paul's School an der Londoner Kathedrale, mit der nicht nur die Reform des englischen Schulwesens entscheidend vorangetrieben wird, für die auch Erasmus selbst Lehrbücher schreibt, welcher damit nicht zum geringsten an der humanistischen Reform des englischen Schulwesens mitgewirkt hat. 1511 widmet Erasmus Colet und seiner Schule die Programmschriften ›De ratione studii‹ und ›De duplici copia rerum et verborum‹. 1518 erhält der Freund Melanchthons, Richard Croke, die erste Griechischprofessur in Cambridge.

John Colet

Erasmus ist, als er 1499 das erste Mal in England weilt, noch wesentlich Nehmender, wiewohl seine Bildung schon abgeschlossen scheint. Er tritt in eine Atmosphäre ein, die in ihrer humanistischen Prägung sein ganzes

[17] 116. 165.

Entzücken ist. In einem Brief an Robert Fisher spricht er die Freude dessen aus, der in eine ersehnte und in ihrer Geistesschönheit doch unerwartete Welt eintritt: „Soviel Geistesadel und Bildung, nicht die abgedroschene und banale, nein, die sorgsam gepflegte, alte, lateinische und griechische, so daß ich Italien kaum vermisse. Wenn ich meinen Colet höre, glaube ich Plato selbst zu hören. Wer sollte in Grocin nicht den Universalisten bewundern. Gibt es etwas Schärferes, Tieferes, Witzigeres als die Urteilskraft Linacres? Was hat die Natur Milderes, Lieblicheres oder Glücklicheres geformt als das Genie des Thomas Morus? Was soll ich die übrigen der Reihe nach aufzählen? Es ist wunderbar, wie hier allenthalben dicht die Saat der alten Wissenschaft sprießt."[18] Während zwischen Erasmus und Morus eine enge freundschaftliche Bindung entstehen wird und die Anregungen der verwandten Geister wechselseitig sein werden, wird der von Erasmus kaum minder geschätzte Colet von tiefem Einfluß auf ihn sein. Mit Colet bekommt der englische Humanismus sein eigenes Gesicht; die englische Philologie wird von Colet entscheidend geprägt und von diesem an Erasmus vermittelt.[19]

Colet hatte in Oxford, in Frankreich, schließlich drei Jahre in Italien studiert, wo er Schüler Marsilio Ficinos und Pico della Mirandolas war; ihm waren die Kirchenväter so gut wie Mathematik, Jurisprudenz und Geschichte vertraut. Er wurde Dekan von St. Paul's und hielt theologische Vorlesungen in Oxford, in denen die Anregungen Ficinos fortwirkten. Daraus entstanden seine Kommentare zum Römerbrief, die wohl auf dem Kommentar des Marsilio Ficino fußten, durchaus selbständig aber die humanistische Methode der Interpretation aus dem Lebenszusammenhang des Schreibers heraus entwickelten. Er stellte sich damit in die Reihe der Reformer der Kirche – den Lollarden wird er nahe gestanden haben – und rückte mit seiner Theologie in die Nähe des lutherischen Protestantismus. Von seiner Idee, die Einheit der Seele bestehe in der gläubigen Hoffnung als der Begründung unserer Existenz, läßt sich ablesen, „wie die zentrale Doktrin des Protestantismus hier aus dem Neuplatonismus der Renaissance entwickelt ist"[20]. Er wirkt damit an jener Bewegung mit, die von Wyclif ihren Ausgang nahm, der für die Wiederherstellung der apostolischen Armut der Kirche und gegen deren hierarchischen Aufbau eintrat und die Schrift wieder zum alleinigen Gesetz der Kirche und der Gläubigen machen wollte. Damit wurde die Trennung von Rom vorbereitet, die dann von Heinrich VIII. als ein staatspolitischer Akt vollzogen wurde.

In diesen Zusammenhang von nationaler und politischer Kirchen-

[18] 32. 47.
[19] 101. 90.
[20] 11. 16.

reform gehört die englische Bibelübersetzung von Tyndale, die dieser 1525 begann und Coverdale 1535 abschloß. Mit Colet aber zeigt sich die enge Verflechtung von Humanismus und Reformation auch in England; wenn auch in einem erasmianischen Geist, dem Kirchenspaltung fremd ist. Durch ihn gewinnen die englischen Gelehrten die Sicherheit, „das Wort und die Weisheit Gottes ganz vorurteilslos auf sich wirken zu lassen“[21]. Kirchenkritik ist auch in England Teil des Humanismus, mochten hier auch Mißbräuche und Aberglaube durchaus geringer sein als in anderen Ländern, allen voran Italien, und auch in England verbindet sich die humanistische Kritik mit dem erstarkenden Nationalismus, der eine Lösung von Rom forderte und förderte. In einem Brief an John Fisher (1469 bis 1535), mit dem Erasmus während seines dritten Englandaufenthalts mehrere Jahre in Cambridge zusammenlebte und -arbeitete, nennt Erasmus England „den wahrscheinlich am wenigsten verdorbenen Teil der Christenheit“, zu dem er seine Zuflucht nehmen wolle, wenn es einmal leichter sein sollte, sich mit der Türkenherrschaft abzufinden als mit den „Fürsten, diesen Erzbetrügern, und der Römischen Kurie, diesem unverschämten Pack“.[22] Aber auch Morus, der Kirche immer ergeben, erklärte, niemals den Papst über das allgemeine Konzil gestellt zu haben.[23] Hinzu kam jener kritische Geist, der sich nicht mehr in blinder Abhängigkeit sehen wollte und vor allem nun auch auf die sich bildende Mittelklasse übergriff, die mit ihrem Wohlstand, der dem wirtschaftlichen Aufschwung zu danken war, einerseits Bildungsmöglichkeiten und andererseits sich seine Lebensform schuf, die der Familie und der privaten Häuslichkeit gegenüber dem monastischen Ideal einen eigenen Wert zumaß, mehr auf die Verbesserung der Lebensbedingungen als auf die Praxis des Asketentums sann. Die Bewegung zur Weltlichkeit hin hatte ihr Pendant in der Bewegung von der Heiligkeit oder Gottwohlgefälligkeit weg. Freilich verstand Heinrich VIII. auf seine Weise, die Reformation in Grenzen zu halten.

Diese ging von des Königs Ablehnung der päpstlichen Autorität und seiner Wertschätzung humanistischer Bildung als eines unscholastischen Wissens aus. Sie führte schließlich zu theologischen Modifikationen, die den katholischen Kern der Lehre unberührt ließen. Man ist geneigt zu sagen, daß darin etwas von dem maßvollen Geist des Erasmus wirkte, dem, ähnlich dem König, das Mönchswesen suspekt war, ohne damit die Kirche selbst aus den Angeln heben zu wollen. Das Ziel, die Kirche vom Staat zu trennen, freilich erreichten die Humanisten nicht, wie heftig auch

[21] 96. 161.
[22] 33. 61. – Brief vom 5.3.1518.
[23] 90. 240.

insbesondere Colet „gegen das Staatskirchentum als Quelle aller kirchlichen Übel, besonders gegen die Besetzung aller wichtigen kirchlichen Posten durch den König" protestierte.[24]

John Colet war es auch, der Erasmus zu seiner ersten theologischen Schrift ›Disputatiuncula de taedio, pavore et tristitia Jesu‹, ja überhaupt zu gründlicher theologischer Arbeit anregte. Vor allem aber erfährt Erasmus durch die Theologie des Colet, „daß klassische Bildung und philologische Methode neue Möglichkeiten des Zugangs besonders zum Neuen Testament eröffnen"[25]. Seine ›Vorreden zum Neuen Testament‹ (In Novum Testamentum Praefationes) sind aus der Begegnung mit Colets Gedankenwelt hervorgegangen. Sie zehren deutlich von der philologischen Sichtweise Colets, die bei aller Herkunft vom Florentiner Kreis Ficinos nicht bei platonisierender Philosophie stehenbleibt, sondern den Sinn der Texte ohne symbolische Auslegung zu deuten und zu verstehen sucht. Von Colet könnte der Satz des Erasmus sein: „Wem scholastische Kämpfe gefallen, der verfolge auch weiterhin, was er in den Schulen gelernt hat. Wenn aber einer mehr in der Frömmigkeit als in der Disputation unterrichtet sein will, so halte er sich vor allem zuvörderst bei den Quellen auf, er halte sich bei den Schriftstellern auf, die unmittelbar aus den Quellen geschöpft haben. Was man bei den Syllogismen Zeit gespart hat, das kommt dem Gebet zugute."[26] Colet übrigens verstand kein Griechisch, hat aber, gerade weil er diesen Mangel immer als Makel empfand, Erasmus zu gründlichem Griechischstudium angespornt. „Ohne Griechisch sind wir gar nichts"[27], hatte Colet bekannt, und Erasmus stellte an den Anfang des Studienprogramms die Erlernung der drei klassischen Sprachen Latein, Griechisch und Hebräisch.[28]

In den Vorreden zu seiner Ausgabe des ›Neuen Testaments‹ entwickelt Erasmus seine *„Philosophia Christi"*, die als die eigentliche humanistische Theologie bezeichnet werden darf – gerade weil sie sich von aller Dogmatik frei hält: „Diese Art von Philosophie hat ihren Sitz eher in den Affekten als in den Syllogismen, sie ist eher Leben als Gelehrtengezänk, eher Einsprechung als Bildung, eher Lebensverwandlung als Vernunft."[29] Sie, diese Philosophie, ist nach des Erasmus Worten nichts anderes „als die Erneuerung der gut geschaffenen Natur"[30].

Der Zusammenhang zwischen Florentiner Neuplatonismus und De-

[24] 11. 25.
[25] 31. III. XIII.
[26] 31. III. 77.
[27] 98. 97.
[28] 31. III. 43.
[29] 31. III. 23.
[30] 31. III. 23.

votio moderna und die darin liegenden gemeinsamen Berührungspunkte zwischen Colet und Erasmus werden noch greifbarer, wenn man sich die Erkenntnis zu eigen macht, daß Erasmus den Begriff „Philosophia Christi" von Agricola übernommen hat, um damit die Verbindung von antiker Weisheit und christlicher Frömmigkeit auszudrücken.

Meint nun Erasmus mit seiner Rede von der Erneuerung – bekanntlich der Schlüsselbegriff des Zeitalters – die Erneuerung des Menschen, wobei die Anklänge an eine platonisierende Religiosität und auch die Ablehnung scholastischer Theologie ebenso unverkennbar sind wie der Geist einer von der Devotio moderna herkommenden Frömmigkeit, so hatte Erasmus selbst die Vermittlung des platonischen Gedankenguts der Florentiner Akademie durch Colet in einem Briefe an eben diesen ausgesprochen. Er rühmt ihn darin, „mit diesem schmutzigen und hochnasigen Theologenproletariat ... den Kampf aufgenommen" zu haben, „um die alte und wahre Theologie, die in den Verschlingungen jener Spitzfindigkeiten verstrickt ist, in früherem Glanz und alter Würde, soviel in Deinen Kräften steht, wiederherzustellen ..."[31].

In der Wiederherstellung einer dem praktischen Leben dienenden Frömmigkeit begegnen sich die Italiener mit der Devotio moderna, die Erasmus in seiner Jugend geprägt hatte und nun in Colet zu Formulierungen kam, die der Denkweise des Erasmus einleuchten mußten. Bald nach seiner Ankunft in England (1499) schreibt Erasmus aus Oxford an Colet das – mit humanistischer Emphase ausgesprochene – Bekenntnis: „Dein England ist mir besonders deshalb lieb, weil es reich ist an dem, was mir allein lieb ist, an wissenschaftlichen Größen, unter denen ich Dich, ohne Widerspruch befürchten zu müssen, anstandslos als den Fürsten zähle ..."[32] Wie sehr sich Erasmus von Colet verstanden und mit ihm eines Sinnes wußte ebenso im religiösen wie im pädagogischen Humanismus, welche beiden, wie schon gesagt, zwei Seiten der einen „Philosophia Christi" sind, lassen seine Worte anläßlich des Todes von Colet 1519 erkennen. Kein Verlust der letzten dreißig Jahre habe ihn tiefer getroffen als dieser, schreibt er an John Fisher am 17. 10. 1519 und fährt fort: „Wenn meine Schreibereien (scripta) irgend etwas wert sind, dann werde ich nicht dulden, daß die Erinnerung an ihn unter der Nachwelt ausstirbt."[33]

[31] 32. 40.
[32] 32. 38.
[33] 33. 73.

Thomas Morus

Nennt Erasmus Colet einen Fürsten des Geistes und unterstreicht damit auch die Bedeutung des Engländers für ihn selbst, so wird er etwa zehn Jahre später über den Umgang mit Thomas Morus sagen, daß er sterben wolle, „wenn mir je im Leben etwas Angenehmeres begegnete“[34]. Hier spricht sich eine freundschaftliche Verehrung aus: Morus wird für Erasmus zur reinsten Verkörperung des Humanismus als jener Verbindung von *vita activa* und *vita contemplativa*, deren Anspruch seit Petrarca den Humanismus begleitet, als jener Verbindung von Buchgelehrsamkeit und Lebenshaltung, in der philologischer und moralischer Humanismus zusammenfließen, als jener Verbindung von ernstem Dienst für Staat und Volk und tiefinnerer Heiterkeit der Weltbetrachtung, die humanistischen Witz zu weltweisem Humor vertieft.

Vielleicht kann man Morus nicht nur aus der Sicht der katholischen Kirche, die ihn heiliggesprochen hat, sondern auch aus der des Betrachters der humanistischen Bewegung als einen Märtyrer des Humanismus bezeichnen – in anderer Weise als Servet, der der Inquisition und Calvin zum Opfer fällt um der theologischen Doktrin und religiösen Überzeugung willen. Anders erleidet Morus den gewaltsamen Tod aus der Überzeugung einer Gewissensentscheidung, aus der Nötigung heraus, die Freiheit wahren zu müssen, das für Unrecht Erkannte nicht billigen zu dürfen. Thomas Morus fällt einem Staatsentscheid zum Opfer, hinter dem theologische Fragen zweitrangig werden. Er hält am Katholizismus fest in einer zunehmend von der katholischen Kirche sich abwendenden Welt voller humanistischer Freigeistigkeit, in einem Lande, das sich schließlich von der römischen Kirche und von päpstlicher Autorität ablöst – und er hält nichtsdestoweniger zur gleichen Zeit, in welcher er den wahren Glauben, besser noch: den Gehorsam gegenüber der Kirche bekennt, an der humanistischen Offenheit fest, die aus der Überlegenheit des Geistes gespeist wird und Autoritäten gegenüber kritisch bleibt. Er übertrifft an dieser Stelle seinen Freund Erasmus – der zu seinem Tod auch nur merkwürdig leise Töne vernehmen läßt –, indem er in eigener Weise Humanismus und Katholizität zu verbinden und dabei deutlich zu machen weiß, wie sehr die Läuterung der Kirche einhergehen könne mit der Läuterung des Geistes, ohne von der Sicherheit der eigenen Entscheidung bis zur letzten Konsequenz sich etwas abhandeln zu lassen. Die katholische Kirche, wenn sie auch Morus heiligsprechen wird, geht andere Wege als die, die auf der Bahn des Morus liegen. In Morus erhält der Humanismus eine eigene Größe, indem er, anders als Erasmus, in seinem geschichtlichen Augen-

[34] 32. 88.

blick die Notwendigkeit unbedingter Entscheidung vorlebt und vorstirbt. Vielleicht vermochte Erasmus diese Größe wirklich nicht zu erkennen, er, der sich auch durchaus zu seinem katholischen Glauben bekennen wollte und doch die Weltoffenheit humanistischen Denkens und Handelns mit ihren reformatorischen Implikationen immer wieder einfließen ließ, um sich stets erneut zwischen den Fronten zu finden, wo ihm die Rolle des Schiedsrichters zuwuchs, die ihn ihrerseits von Parteinahme entband, aber auch die von ihm erwartete entschiedene Klärung des Standpunktes verkümmern ließ.

Während der englische Frühhumanismus „ein ausschließlich christlich-puritanisches Gepräge" hat,[35] auch Colet davon nicht auszunehmen ist, bleibt der bedeutendste Vertreter des englischen Humanismus immer katholisch. Thomas Morus (1478–1535), ein typischer Vertreter des aufstrebenden englischen Bürgertums, das zu den einflußreichsten Plätzen im Staate strebte und die in politischen Diensten stehenden Kirchenmänner ablöste, kam während seiner Studien in Oxford mit Grocyn, Colet und Linacre in Verbindung; letzterer weckte in ihm die Begeisterung für die Griechisch-Studien. Er wurde Rechtsanwalt und stieg zum Friedensrichter auf, eine Stellung, die wohl keinem eher auf den Leib geschrieben war als ihm, wird 1518 Mitglied des Geheimen Rats und zu diplomatischen Verhandlungen auf das Festland nach Frankreich und in die Niederlande geschickt, steigt schließlich – als erster Laie in diesem Amt – zum Lordkanzler auf, wird damit zum engsten Mitarbeiter Heinrichs VIII., legt aber schon 1532 seine Ämter nieder, weil er die damals lautwerdenden Forderungen des Königs nicht mittragen wollte, die auf die Anerkennung der Suprematie des Königs über die Kirche hinausliefen und vor allem die Anerkennung der Scheidung des Königs von Katharina von Aragon bewirken sollten. Die Einwilligung in die Scheidung der Ehe war ihm aus der Überzeugung der Unlöslichkeit der Ehe unmöglich, und die vom König damit verbundene politische Intention der Loslösung der englischen Kirche von der Suprematie des Papstes und die damit verbundene Bindung der Kirche an den Staat konnte er aus kirchenrechtlichen Gründen nicht billigen. Freilich, als er hingerichtet wurde, war die Reformation schon in vollem Gange. Die Bildung der anglikanischen Kirche, geistlich vorbereitet von Wyclif und seinen Anhängern, den Lollarden, wurde von Thomas Cromwell, dem Ratgeber des Königs, rücksichtslos vorangetrieben. Cromwell (1485–1540) setzte die Absichten seines Königs hemmungslos durch. Er ist die reinste englische Verkörperung des skrupellosen Renaissance-Menschen: Sohn eines verrufenen Kneipiers, aus den dunklen Vierteln Londons stammend, steigt er zu den höchsten Stel-

[35] 116. 6.

lungen auf und setzt, seit 1534 Minister, die Reformation, die noch wesentlich die Suprematie der Kirche bedeutete, durch, treibt die Entwicklung zu einem zentralistischen Staate voran, mehrt die Reichsschätze durch Klosterenteignungen, fördert die Verwaltungsreform, gelangt gar in den Rang eines Lordsiegelbewahrers, um schließlich gegen Ende seines Lebens zum katholischen Glauben zurückzukehren und, durch eine Reihe von Verfehlungen vor Gericht gezogen, enthauptet zu werden.

Das Schicksal Cromwells, mit dem Absolutismus Heinrichs VIII. aufs engste verknüpft, diesem dienend und ihm schließlich selbst zum Opfer fallend, mag hier nur am Rande interessieren. Es beleuchtet aber die Szene; er war der Gegenspieler des Thomas Morus. Da der gelehrte, zarte, im Grunde ganz unkämpferische, aber mannhafte Thomas Morus, der zum Kritiker einer desolaten, auf Ausbeutung und Gewinn angelegten Gesellschaft wird – dort der Renegat Thomas Cromwell, der dieses Land mit Brutalität, Rücksichtslosigkeit und Skrupellosigkeit auch zu seinem eigenen Nutzen umgestaltet – der Humanist gegen den Condottiere, der Mann der Bildung gegen den Mann der Macht. Am Ende behauptet sich doch der – scheinbar unterlegene – Humanist: Seine Staatsgedanken wirken fort, sein Bildungsideal wird erneuert werden.

Thomas Morus hat über alle Katholizität hinweg sich einen weiten Geist bewahrt. Colet hatte ihn mit dem Neuplatonismus der Florentiner bekannt gemacht und ihn offensichtlich zur Übersetzung der Biographie des Pico della Mirandola veranlaßt. Mit seinem Werk über das Leben Richards III. wird er zum Wegbereiter der englischen Geschichtsschreibung. Erasmischer Geist ist in ihm lebendig, wie Erasmus in einem Brief an Ulrich von Hutten aus dem Jahre 1519 bezeugt, in welchem er Morus seinen „bei weitem liebsten Freund" nennt, von ihm sagt, „kaum jemand dürfte glücklicher improvisiert sprechen", ihn einen „sorgsamen Verehrer echter Frömmigkeit" heißt, seine „Geistesgegenwart" rühmt, ihm nachsagt, er sei „bei Disputationen der Scharfsinn selbst", seine Lebensführung – „Freude an einfacher Lebenshaltung (aber Verachtung von) Seide, Purpur oder goldenen Ketten" – bewundert und John Colet zitiert, der Morus als das einzige Genie Englands preist.[36]

An das Zeugnis des Erasmus lehnt sich ein Berichterstatter unseres Jahrhunderts an, wenn er von Morus in treffender Komprimierung sagt, er war „ausgezeichnet durch eine seinem durchdringenden Verstand ebenbürtige Leichtigkeit der Sprache, eine große Milde und zugleich eine nie verletzende, entzückende Schalkhaftigkeit, die ihn selbst auf dem Schafott nicht verläßt"[37], ein Mann mithin, der lebenslang sich gleichermaßen als

[36] 32. 249ff.
[37] 122. 310.

Christ wie als Humanist bewährte, wie er es gleichermaßen von Natur und Bildung immer war. Der Humanist Morus stellt sich die Frage, was der Humanismus sei, und gibt darauf die Antwort: „Es ist die Heranbildung des gebildeten Laien, eine allgemeine Übereinstimmung unter den Laien, sich zu erheben über die Unmündigkeit und gesittet zu werden, zurückzukehren zu den Quellen und wiederzuentdecken, was gut und wünschenswert war."[38] Er entwickelte aus diesem Geist heraus, das Florentiner Beispiel aufgreifend, sein Heim in Chelsea zu einem geistigen Mittelpunkt der Geselligkeit, das zuweilen als eine geistlich-platonische Akademie bezeichnet wurde, wie es Erasmus tat: „Es scheint eine Art schicksalhaftes Glück dieses Hauses zu sein, daß jeder, der dort lebt, gefördert wird, niemand irgendwie an seinem Rufe Schaden erleidet."[39]

Man wird sich von diesem anziehenden Wesen des Humanisten nicht nur durch solche Beschreibungen und Zeugnisse belehren lassen müssen, sondern davon etwas unmittelbar spüren, wenn man sich in sein Werk einläßt und sei es auch nur, beiseite gelassen seine philosophischen und religiösen Traktate und seine historischen Schriften, mit dem Werk, welches ihm Weltruhm brachte, das zuweilen als das einzige Werk des englischen Humanismus von Weltgeltung[40] bezeichnet wird, das „Utopia" genannte „wahrhaft golden Büchlein von der besten Staatsverfassung und von der neuen Insel Utopia nicht minder heilsam als kurzweilig zu lesen, verfaßt von dem hochberühmten Thomas Morus, der weltbekannten Stadt London Bürger und Vicecomes mit Hilfe des Magisters Petrus Aegidius aus Antwerpen und dank der Kunst des Theodorus Martinus von Aelst, Druckers der Hohen Akademie zu Löwen, jetzt zum ersten Male aufs sorgfältigste herausgegeben". Die Schrift entstand in demselben Jahr, in dem Machiavelli seinen ›Fürsten‹ vollendete und Erasmus die ›Institutio principis christiani‹ herausbrachte, und wird ein Jahr darauf, 1516, erscheinen. Machiavelli wird den ›Fürsten‹ erst viele Jahre später veröffentlichen; er teilt mit Morus das eine: daß sie nämlich beide völlig aus dem Rahmen der bislang üblichen Schriften zur Staatstheorie und zur Belehrung der Fürsten herausfallen. Bei Erasmus ist und bleibt noch alles in den herkömmlichen Bahnen einer Prinzenerziehung, wie sie gleichzeitig auch von anderen Humanisten verfaßt wird, ist nicht politisch, sondern moralisch-pädagogisch. Mit Machiavelli stellt sich eine Staatsphilosophie vor, die frei von allen humanistischen Bedenken nüchtern auf Staatsraison sinnt und die Selbständigkeit politischen Denkens, selbständig insbesondere von moralischen Erwägungen, aus den Bedingungen der mensch-

[38] Zit. bei 122. 311.
[39] 32. 255.
[40] 116. 8.

lichen Natur heraus entwickelt. Im Werk des Thomas Morus wird das Bild eines Staatswesens entworfen, hinter dem „der bescheidene Wunsch des Humanisten“ steht: „Ich möchte einen Ort haben, wo ich mich behaglich fühle“[41] – worauf auch ein Epigramm des von Morus in seinem Vorwort angesprochenen Petrus Aegidius anspielt, daß nämlich der richtig lautende Name nicht Utopia, sondern Eutopia – „der Ort, wo es recht ist“ – sei.

Erasmus schafft zur Utopie des Morus das satirisch-kritische Gegenstück mit dem ›Lob der Torheit‹, das bekanntlich Morus gewidmet ist. Beide hatten sich schon Jahre zuvor in den heiter-spöttischen Geist, der gleichsam die helle Kehrseite des Humanismus ist, eingeübt mit der gemeinsamen Übertragung ausgewählter Toten-, Götter- und Meergöttergespräche des Lukian: ›Luciani opuscula ... ab Erasmo Roterdamo et Thoma Moro ... in Latinorum lingua traducta‹ vom Jahre 1506. Der Spötter aus hellenistischer Zeit, gebildet wie die ihn rezipierenden Humanisten, war diesen willkommenes Vorbild für die Entlastung des zeitkritischen Menschen durch das leichte, ironische Wort, mit dem sich Verlogenheit und Unaufrichtigkeit, Hohlheit und Phrasenhaftigkeit, Scheinheiligkeit und Aberglauben geißeln ließen. Für die besondere Beliebtheit Lukians im europäischen Humanismus zeugen die vielen Übersetzungen Willibald Pirckheimers, des Vertreters des griechischen und eines großbürgerlichen Humanismus in Deutschland.[42]

Morus freilich, sowenig wie den anderen Humanisten, bleibt ein Leben heiterer Geistigkeit im Kreise der Freunde und Familie nicht vergönnt. Seine öffentliche Wirksamkeit stellte ihn in die Spannungen seiner Zeit und seines Landes unmittelbar hinein; er entzog sich ihnen nicht. Bei aufmerksamen Hinsehen wird man in seinem Meisterwerk davon die Resonanz heraushören. Es sind die Spannungen, die den Humanismus ebenso begleiten, wie sie von diesem zeitkritisch provoziert sind. Sie sind dreifacher Art: die Spannung zwischen Tradition und Freiheit, die zwischen Individuum und Staat, die zwischen Weltzugewandtheit und Gotteszugewandtheit oder, wenn man so will, zwischen Immanenz und Transzendenz.

Die Spannung zwischen Tradition und Freiheit wird bei Morus unmittelbar deutlich, wenn wir uns seines Prozesses erinnern, in welchem er die Freiheit des Gewissens für sich beansprucht und wahrt, gleichzeitig für die Tradition einer Bindung einsteht, die sich nicht nur in dem seine Souveränität im Staat durchsetzenden König fragwürdig geworden war. Wir sehen die Spannung zwischen Tradition und Freiheit als das Thema des

[41] 67. 12.
[42] 53. 120ff.

Humanismus – und des Morus –, wenn er, poetisch zu sprechen, der Freiheit eine Gasse schlagen will gegenüber jenem mittelalterlichen Denken, das der aufbrechenden Zeit reformatorischer Erneuerung nicht mehr angemessen war und durch seine Autoritätenmethode den Geist in Fesseln schlug, ihn bannte, statt ihn zu lösen, dabei nun die Tradition durch den Rückgriff auf die Antike hereinrufend und gerade mittels der Tradition versuchend, dem erwachten Denken ein weites Feld unabhängigen Urteils zu verschaffen. Es sind gerade die alten Schriften, es ist gerade die antike Philosophie, es sind gerade die Kirchenväter der frühen christlichen Jahre, auf die sich die Humanisten berufen – die Spannweite reicht von Lukian bis zu Augustinus, von Platon bis zu Cicero, von Plutarch bis zu Hieronymus –, und es sind eben diese Schriftsteller und Denker, die dem Humanismus die Möglichkeit geben, frische Luft in die Stuben der Gelehrten hereinzuholen. Aber sie werden auf der anderen Seite dadurch gezwungen, neue Traditionen zu schaffen, machen durch ihr Wissen, das dem aufstehenden Bürgertum Fundamente gibt und zur Handreichung der Könige in der Verwaltung der Länder wird, ihrerseits den Rang der Traditionen deutlich – und setzen damit dem anderen, der Freiheit des Denkens und der kritischen Distanz, erneut Grenzen. Die Spannung ist unaufhebbar, ist in der gerade von den Humanisten entdeckten Geschichtlichkeit des Menschen begründet und kann nicht aufgelöst werden, es sei denn – was freilich eine persönliche Entscheidung und keine Lösung des Problems ist –, indem man die Freiheit des Gewissens buchstäblich bis zum Ende sich bewahrt und in dieser für eine Tradition eintritt, in der man das Höchste und Unverzichtbare aufgehoben sieht.

Damit eng verbunden ist die andere Spannung, die zwischen Individuum und Staat, die sich bei Morus auf die Frage kapriziert, ob er seine Erkenntnis unterdrücken soll oder darf, die hinsichtlich des Gemeinwohls eine andere als die des Königs und seines Ministers ist; sie ist im Grunde ebenfalls unlösbar und nur mit einer persönlichen Entscheidung zum Schluß zu bringen. Und mit Thomas Morus stellt sich erneut die brennende Frage, ob dann, wenn die Verbindung zwischen dem Interesse der Mächtigen und der Einsicht des Einzelnen nicht mehr aufrechtzuhalten ist, von dem Einzelnen der Mut verlangt werden kann, dafür das Äußerste, auch das Leben, einzusetzen. Wieweit kann der Einzelne im Recht sein und Recht behalten? Wieweit kann er sich allgemein setzen? Es ist die unerhörte Spannung, die in jedem Humanismus, der nicht nur ein philologischer ist, lebendig werden muß. Es ist die Spannung, die schließlich schon lange vor der Reformation, aber diese ankündigend, zu den religiösen Eruptionen geführt hat, weil jedes kritische Denken, wie es der Humanismus in seinem Zweifel gegenüber bestehender Ordnung inauguriert, zur Förderung der Individualität und zur Distanz von den anderen führen muß und zu jener Selbständigkeit des Urteils geleitet, die sich mit Bestehendem aus besserer Einsicht nicht mehr abfindet. Es ist die Spannung, die der politische Humanismus hervortreibt, der sich auf Moralität beruft und eine Gemeinschaftsordnung sucht, in der die sittliche Entscheidung des Einzelnen maßgeblich ist. Sie wird damit zu jener Spannung zwischen Moralität und Politik, die Morus in seiner ›Utopie‹ beschäftigt. Es ist letztlich die Spannung, die keinem wahrhaft Gebildeten erspart bleibt: in sich die „schönere" Welt des Geistes zu erfahren und diese doch mit der äußeren Ordnung der Welt in Einklang bringen zu müssen, indem er zur „Verbesserung" des Lebens aller beiträgt.

Schließlich ist es das dritte Spannungsfeld eines jeden Humanismus, das sich bei Morus so deutlich zeichnet wie selten, das zwischen Weltzugewandtheit und Gotteszugewandtheit, welches anthropologisch die unaufhebbare Spannung zwischen Immanenz und Transzendenz und eine Prononcierung der humanistischen Zweiheit von *vita activa* und *vita contemplativa* meint, welche im europäischen Humanismus immer die religiöse Erfahrung einschloß; diese Erfahrung freilich verdoppelte gleichsam dieses Spannungsfeld, indem es die Spannung zwischen religiöser individueller Entscheidung und traditioneller theologischer Bindung mit umfaßte. Mit Colet, der ihm wohl in diesen Gedanken voranging, sah Morus den Menschen als die bindende Mitte dieser beiden Sphären – oder Spannungspole – seiner Wirklichkeit.

Morus, der, wie bekannt, zum höchsten Amt im Staate aufstieg trotz aller Neigung zu Büchern, zum schönen und geistvollen Wort, trotz der Hingabe auch und gerade an seine Familie und ein harmonisches Familienleben – darin war er bürgerlich –, Morus, der dem Staate und dem König im besten Sinne des Wortes, zugleich, möchte man sagen, protestantisch diente, so lange er konnte (und durfte), sieht sich zugleich immer gegenüber dem Absoluten, das Gehorsam im Glauben fordert; er lebt in der Spannung, hier das eigene Handeln und das tätige Leben für die anderen verantworten zu müssen und sich zugleich selbst verantworten zu müssen vor dem Absoluten, vor seinem Gott, der dem Menschen gegenüber steht, vor der Transzendenz, der man sich nur in Kontemplation oder in der Meditation anzunähern vermag. Es ist der Anspruch, den er freilich als Humanist auch nur zu vernehmen mag, wenn er durch alle Dogmen, Lehrmeinungen und theologischen Streitigkeiten hindurch selbst die Erfahrung der Transzendenz macht. Diese immer neue Erfahrung ist ihm unentbehrlich, sie hilft ihm, im irdischen Jammertal sich zu bewähren – und es dann auch hinter sich zu lassen.

In dieser Erfahrung überwindet der Humanismus die konfessionellen Grenzen, macht sie zumindest sekundär. Diese Erfahrung bleibt gültig und ist unberührt von welcher konfessionellen Tönung auch immer, gehört zur *conditio humana*, der der Humanismus dort gerecht wird, wo er sich zur Haltung der Demut erzieht, die aus dem Bewußtsein entspringt, daß der Mensch vom Diesseits nicht reden kann ohne das Jenseits, daß er die Immanenz nur kennen kann, wenn ihm die Transzendenz zur Realität geworden ist. Auch daraus zieht humanistische Bildung ihre Nahrung, mehr noch, sie vollendet sich erst darin. Weit davon entfernt, ihn lebensuntauglich zu machen – auch wenn er seine Utopie sich träumt –, hilft sie ihm, sich in dieser Welt zu bewähren.

Vom Humanismus weiß nichts, wer zu erkennen meint, „die Bildung an den idealisierten Werten der Antike" – die im Humanismus das als ursprünglich verstandene Christentum mit einschloß – müsse „in ihrem neuen literarischen Formalismus bei weitgehender Vernachlässigung der Realien ... zur Formierung einer gesellschaftlich abgehobenen leisure class führen, für die praktische Tätigkeit nicht mehr in Frage kam"[43]. Thomas Morus lehrt das Gegenteil. Er glaubte an die Möglichkeit der Versöhnung des humanistischen Geistes mit den Geboten christlicher Demut, an den Ausgleich zwischen Humanismus und hierarchischer Katholizität, zwischen freier Bibelauslegung und wissenschaftlicher Theologie, kurz, zwischen Bibel und Amtskirche, auch zwischen humanistischer Bildung und staatlichen Erfordernissen, welche letztere, wie seine Sozialkritik zeigt, Erfordernisse des Menschen in der Gesellschaft sind. „Sorgt, daß nicht so viele vom Müßiggang leben! Ruft den Ackerbau wieder ins Leben, erneuert die Wollspinnerei; das gäbe ein recht ehrsames Geschäft, in dem sich mit Nutzen jener Schwarm von Tagedieben betätigen könnte, die bisher die Not zu Dieben gemacht hat ... Denn wenn ihr die Menschen in jämmerlicher Erziehung aufwachsen, ihren Charakter von zarter Jugend an verderben laßt, um sie dann hinterher zu bestrafen ... was tut ihr anderes, als daß ihr selber sie erst zu Dieben macht und dann die Richter spielt."[44]

Gegen Ende seines Lebens gestand Morus seinem Schwiegersohn Roper gegenüber, für welche Ziele er zu sterben bereit wäre. Es sind drei: zum ersten, daß die christlichen Fürsten, die sich in tödlichen Kriegen untereinander zerfleischen, in einem allgemeinen Frieden lebten – „denn erstens beschäftigen sich die Fürsten selbst meist lieber mit militärischen Dingen (von denen ich nichts verstehe und nichts zu verstehen wünsche), als mit den heilsamen Künsten des Friedens"[45]; zum anderen, daß die Kirche Christi, die augenblicklich von schweren Irrtümern heimgesucht ist, Ruhe und vollkommene Einheit des Glaubens hätte – „da lassen

[43] 93. 99.
[44] 88. 20.
[45] 88. 12f.

sich ... manchmal sogar Äbte, heilige Männer, nicht mehr genügen an den Erträgnissen und Renten, die ihren Vorgängern herkömmlich aus ihren Besitzungen zuwuchsen; nicht genug damit, daß sie faul und üppig dahinleben, der Allgemeinheit nichts nützen, eher schaden ... lassen sie nur die Kirche im Schafstall stehen ...“[46]; zum dritten, daß die Angelegenheit mit der Ehe des Königs, die inzwischen zu einem Problem des Staates geworden war, zur Zufriedenheit Gottes, aller Beteiligten und zur Ehre Gottes einen guten Ausgang nähme; denn verhängnisvoll ist eine „Tugend des Fürsten, weit erhabener als die des Volkes, aber in ebenso weitem Abstand auch freier, so daß ihr alles erlaubt ist, was sie sich erlaubt“[47]. Nun, die Angelegenheit nahm, wie man weiß, keinen guten Ausgang im Sinne des Thomas Morus, und er starb für die Gewissensfreiheit, welche er als das Recht verstand, dort wenigstens schweigen zu dürfen, wo das Gewissen die Zustimmung verbietet. Mehr wollte er nicht als dieses: die äußerste Reduktion der Gewissensfreiheit, hinter die er nicht zurückkonnte, an etwas nicht teilzuhaben, was er nicht billigen konnte. Aber selbst diese Gewissensfreiheit ist eben dem Absolutismus suspekt und gefährlich, den er schon in seiner ›Utopia‹ angegriffen und gegeißelt hatte: „Als einzelner in Vergnügen und Genüssen zu schwimmen, während ringsumher alle anderen zu stöhnen und zu jammern haben, das heißt nicht König, sondern Kerkermeister sein.“[48]

Die ›Utopia‹ war, viel mehr als die gleichzeitige Schrift des Erasmus, voller politischer Substanz und Brisanz und Aggressivität, die sich freilich gegenüber der Theorie des Machiavelli nicht durchsetzen konnte, war eine Schrift gegen die Laster und Übel der Zeit, gegen die völkermordenden Kriege, für welche er das Beispiel der Kriegszüge des französischen Königs nach Italien vor Augen hatte, und war eine Schrift für das Glück des Menschen. Welchen Zweck Morus letztlich damit verfolgte, wird schwer zu entschlüsseln und wohl immer streitig sein; auch stehe dahin, wieweit ihm das Utopische als das nicht erreichbare Vollkommene bewußt war; und wie viele Widersprüche gar auch dieser Schrift anhaften, muß hier nicht aufgedeckt werden. Sicher dachte auch Morus „zugleich hierarchisch und egalitär wie alle Utopisten und betrachtete die Welt und ihre Ordnungsmöglichkeiten vom Selbstbewußtsein humanistischer Intellektualität“ aus[49] – und ein wirkliches Verständnis für ökonomische Zusammenhänge hat Morus sicher nicht aufgebracht. Befremdlich bleibt die seinen Utopiern anhaftende niedrige Gesinnung gegenüber anderen Völ-

[46] 88. 17.
[47] 88. 87.
[48] 88. 34.
[49] 120. 29.

kern, befremdlich bleiben manche reaktionären Züge, die sich mit humanistischer Toleranz nicht vereinbaren lassen. So läßt sich die ›Utopia‹ auch lesen als Lehrstück gegen alle Utopien.

Es bleibt jedoch der eudämonistische Grundzug, der echt humanistisch im Genuß geistiger Güter besteht: „Zu den Freuden der Seele rechnen sie die Verstandestätigkeit und die süße Empfindung, die der Betrachtung der Wahrheit entspringt."[50] Denn das wahre Glück des Lebens liegt darin, „für alle Bürger möglichst viel Zeit freizumachen von der Knechtschaft des Leibes für die freie Pflege geistiger Bedüfnisse"[51]. Das führt zu einer Freisetzung der Gelehrten im Interesse des Staates. In einer solchen *ordo litteratorum* wird sich ein freies Denken entfalten, dem das „utopische" eben seinen Stempel aufdrückt. „Allerdings, für diese doktrinäre Art der Philosophie, die da meint, jeder beliebige Satz sei überall anwendbar, ist dort kein Platz; aber es gibt noch eine andere, mehr weltläufige Art von Philosophie (philosophia civilior), die den Schauplatz ihres Auftretens kennt, sich ihm anzupassen und ihre Rolle in dem Stück, das gerade über die Bretter geht, gefällig und mit Anstand zu spielen weiß; diese ist es, an die du dich halten mußt."[52] Wer freilich es in der Bildung zur Vollkommenheit bringt – und nur der –, ist würdig, bis zu den höheren, schließlich zum höchsten Amt im Staate aufzusteigen. Hier ist Morus der Schüler Platons. Humanistisch aber ist der Lehrplan, der die Literatur heraushebt, aber auch Musiktheorie, Astronomie, Mathematik, Dialektik und Moralphilosophie kennt.

Nehmen wir das – alle Überspanntheiten, gar Unerträglichkeiten des Utopischen beiseite lassend – als die Botschaft des Thomas Morus, dann läßt sie sich mit seiner „civilen Philosophie", wie sie ihm Bedürfnis war, durchaus vereinen: „Komme ich heim, so muß ich mit meiner Gattin plaudern, mit den Kindern schäkern, mit dem Hausgesinde sprechen; das rechne ich alles zu meinen Verpflichtungen, weil es geschehen muß ... man muß sich überhaupt Mühe geben, sich den Menschen, die einem Natur oder Zufall oder eigene Wahl zu Begleitern auf dem Lebensweg mitgegeben hat, so freundlich als nur möglich zu erweisen ..."[53]

Und so bleibt denn doch bei allen Vorbehalten gegenüber dem Utopischen ein reicher Ertrag. Das Fazit nicht nur der ›Utopia‹ – die manche Verwandtschaften zur utopischen Abtei Thélème des Rabelais aufweist –, sondern Morus' Leben insgesamt, läßt sich mit den Worten eines Altmeisters der Humanismusforschung ziehen: „Humanistisch ist das soziale

[50] 88. 73.
[51] 88. 53.
[52] 88. 20. Einleitung von H. Oncken.
[53] 88. 4.

Verantwortungsgefühl gegenüber dem Nächsten und der Gesellschaft ...; humanistisch der Glaube an den Sieg der Vernunft ...; humanistisch die Forderung nach einem lebensbezogenen Wissen ...; humanistisch die Überschätzung des Intellekts und damit der pädagogischen Funktion des Wissens, die dort ihre Grenzen findet, wo sich die zwischenmenschlichen Beziehungen und das Verhältnis des Individuums zur Gesellschaft und zum Staat der Rationalisierung entziehen."[54]

Am 6. Juli 1535 wurde Morus hingerichtet. Der englische Humanismus lebte weiter ebenso in der Lebensform, die ihm Morus gegeben hatte und im Werk Elyots seine Formulierung fand, wie in der klassischen Erziehung, denen, den Anregungen des Erasmus folgend, Colet in St. Paul's den ersten, für lange Zeit gültigen Rahmen gegeben hatte. Wenige Tage vor Morus, am 22. Juni 1535, war sein Mitgefangener, der Bischof John Fisher, hingerichtet worden. Auch er vermochte seinem Gewissen keine Billigung der Handlung Heinrichs VIII. abzugewinnen. Er starb weniger als ein Märtyrer der alten Kirche denn als Mitglied der humanistischen Friedenspartei, die den stärksten Einfluß auf das politische Denken des Erasmus ausgeübt hatte. Mochten lange Zeit die Humanisten „trotz ihrer kritischen Haltung die verwöhnten Lieblinge der Könige und Päpste" gewesen sein[55] – es bleibt der Ruhmestitel der englischen Humanisten, daß sie über alle Gelehrsamkeit hinaus in ihren großen Repräsentanten nie die einem christlichen Humanismus innewohnende politische Moral vergaßen und der sittlichen Verpflichtung vor dem Gewissen gehorsam blieben.

[54] 16. 250f.
[55] 11. 28.

IX. DER HUMANISMUS UND DER GEIST DER ZEIT

Wo immer man den Spuren des europäischen Humanismus folgt, man stößt auf den Namen des Erasmus von Rotterdam. Der europäische Humanismus ist nicht sein Werk, er verdankt sich durchaus dem italienischen Humanismus. Aber Erasmus gibt ihm sein Gesicht; er wird das unbestrittene Haupt einer Bildungsbewegung, in der in der Tat die Bildung des Menschen und nichts anderes zum Generalthema wird. Um seine exorbitante Stellung zu verstehen, wird eine Besinnung auf die Zeit nützlich sein, in der er zwar nie zum „praeceptor" ernannt war, wohl aber zum bewunderten „magister reductionis" werden wird.

Es wird deutlich, wie, gleichsam sich zwischen Renaissance und Reformation drängend und beide entscheidend beflügelnd, der die europäischen Länder ergreifende Humanismus mit seinen Bildungsideen dem sich zum Europa der Neuzeit wandelnden Abendland tief eingrabende Züge gibt. Über ganz Europa breiten sich die neuen Ideen aus, ausgehend von der Gewißheit, daß es gelte, die klassischen Sprachen, zuerst das Latein, dann das Griechische, bald auch das Hebräische zurückzugewinnen. Die Philologie wird zur maßgeblichen Wissenschaft, indem sie in den drei klassischen Sprachen die Texte der Antike und damit auch die Texte des antiken Christentums wie die ›Heiligen Schriften‹ selbst wiederherzustellen unternimmt. Die Idee ergreift von den Geistern, denen sich die neue Welt des Wissens öffnet, Besitz, daß es gelte, eine neue Form der Bildung zu schaffen, wenn es nicht überhaupt so ist, daß Bildung nun erst in gültiger Weise konzipiert wird in der Form systematischer, schulmäßiger Wissensvermittlung. Denn wesentlich wird die neue Methode der Vermittlung des Wissens durch die Überwindung der Scholastik an den Universitäten, zumindest in den humanistischen Fächern, durch die Überwindung der unkritischen Abhängigkeit von den Autoritäten. Und es geht damit die Schaffung neuer Lehrfächer und die methodische Neugestaltung der alten einher: Rhetorik, Poetik, Geschichte, Sprachwissenschaften insgemein, wodurch die neuen Universitäten im 15. und 16. Jahrhundert langsam ein neues Gesicht erhielten. Der Vorrang der Theologie, wie er in den frühen Universitäten zu beobachten ist, wird zunehmend aufgelockert, wenn auch nicht preisgegeben; in gewisser Weise gerät die Theologie in Abhängigkeit von den neuen Wissenschaften, den „studia humanitatis", die doch nicht zufällig die menschlicheren Studien, „studia humaniora", genannt werden.

Wohl hat man für das Neue den Namen noch nicht; aber man erlebt an der Wende vom 15. zum 16. Jahrhundert das Neue unmittelbar, fühlt sich von ihm ergriffen und trägt es fort in dem Gespräch der humanistisch bestimmten und gestimmten Geister, in welchem jene Bewegung der Gelehrten und Gebildeten voranschreitet, die ihre Überlegenheit aus ihrer Sprachkundigkeit beziehen. Sprachbeherrschung ist die Devise der Bildung. Das ist von den Anfängen her überkommen. Nun ist es fast müßig, noch einmal zu wiederholen, daß der italienische Humanismus, wie er von Petrarca zuerst und dann von einer langen Reihe von Gelehrten geprägt wurde, lateinischer Humanismus ist und sich dezidiert an der Sprache orientiert. Dafür wird dann vor allem in Florenz und Rom, aber gewiß auch an den Schulen Vittorinos und Guarinos, die Adaption des Griechischen ein eindrucksvoller Nachweis sein. Der Gedanke setzte sich fort, als die Bewegung übersprang auf Europa, auf Spanien, Frankreich und England, auf die nordischen Länder, auf die Länder des Ostens bis hin nach Moskau, wo Maximos der Grieche seine Übersetzungsarbeiten leistet.

Es kommt dahin, daß diese Bildungsbewegung mit ihrem impulsiven Drang nach Selbständigkeit kritischer – zuerst eben sprach- und textkritischer – Geister es vermag, nun von den drei Mächten sprechen zu müssen, die miteinander im Streite liegen, wo es um die Neuordnung der europäischen Welt geht: vom Imperium, vom Sacerdotium, und, das ist das Neue, vom Studium als drei gleichberechtigten Kräften. Das Imperium als das weltliche Reich, verkörpert durch den Kaiser und die weltlichen Herrscher, rang schon über Jahrhunderte um den Primat im Abendland mit der anderen großen, der geistlichen Macht, verkörpert durch Papst und Kirche, die selbst immer mehr zur weltlichen Macht geworden waren. Und zwischen die beiden nun drängt sich als die dritte Kraft das Studium, verkörpert durch die Universitäten und die Zunft der Gelehrten, in deren Händen die Macht des Geistes ist, welche Macht die Summe jahrhundertealter Erkenntnis und zugleich deren denkerische und forscherische Erneuerung war. Es ist ihre Tragik, daß die Macht des Geistes, wie die nicht endenden Zerwürfnisse und Kämpfe der beiden anderen Mächte schicksalhaft zeigen, immer auch die Ohnmacht des Geistes bekunden muß, die aber dennoch immer wieder ihre Selbständigkeit gewinnt und im Konzert der Mächte ihr eigenes Wort spricht, mahnend, warnend, wegweisend, Hoffnung aufrichtend, dem Menschen selbst zugewandt. Das Wort, das aus solcher Ohnmacht und Macht des Geistes gesprochen wird, ist Humanitas. Spätere werden dafür Humanität setzen.

Dieser Macht bleibt nur der lange, mühsame Weg der Bildung, auf dem sich Veränderungen nur langsam vollziehen. Und sie formuliert auf diesem Weg immer deutlicher und entschiedener, wie der Stimme des

Menschen, eben der Humanität, Gehör verschafft werden kann und was notwendig ist, um den Menschen selbst als jenen einzelnen dafür aufkommen zu lassen. Sie versucht zu zeigen, wie in jedem einzelnen Humanität lebendig werden könne – mit dem Ziel, daß unter den Menschen Frieden auf Dauer hergestellt werde, damit jeder das seiner würdige Leben führen könne. Das ergreifende Dokument dieses humanen Willens ist die ›Klage des Friedens‹, die das Haupt dieser zweiten Epoche der humanistischen Bewegung, Erasmus von Rotterdam, vorbringt. Ein Grundton wird angeschlagen, mit welchem Erasmus, so wie Petrarca auf seine Weise die erste Epoche bestimmt hat, nun diese Epoche bestimmen wird. Sein Einfluß ist so mächtig, daß dieser Kampf der drei Lebensmächte und Kulturkräfte – Staat und Kaiser, Kirche und Papst, Studium und Universität – unter dem Einfluß des unter Erasmus geführten Humanismus sich wandeln wird im Zeitalter der Reformation, der Zeit der Glaubenskämpfe und Umbrüche, zu dem Kampf zwischen den Katholiken, den Protestanten verschiedenster Färbung und den Erasmianern, den humanistisch gesonnenen Anhängern des Erasmus. Diese sehen sich nun leibhaftig zwischen die Fronten gestellt, manchmal umworben von beiden und in Dienst genommen, und manchmal ausgestoßen von beiden. Und beiden werden sie immer wieder verdächtig, während die meisten im Grunde heimatlos bleiben wie alle kritischen Geister, denen die einfachen Lösungen widerstreben.

Immer wieder werden die Erasmianer zu Schiedsrichtern aufgerufen, ob es nun Friedrich der Weise ist, der Erasmus um Rat fragt, oder der englische König, ob Reuchlin im Streit um die Judenbücher zum Gutachter bestellt wird, ob Budaeus der Ratgeber seines Königs wird oder ob der englische König für seine Handlungen das Votum des Thomas Morus begehrt; und auch Melanchthon ist zuerst Vermittler und dann Reformator. Immer wieder verknüpft sich auf seiten der Humanisten damit die Hoffnung, daß der Sinn der Mächtigen bewegt werden könnte, und immer wieder schwingt der Gedanke mit, daß über eine humane Bildung der Mächtigen eine Besserung der Welt zu erreichen sei. Erasmus wird, wie eigentlich alle, die sich entschieden einer solchen Bewegung verschreiben, enttäuscht sein müssen, weil die stärkeren Mächte seinen Gedanken schließlich ihr Ohr doch nicht leihen. Aber der Gedanke der Humanitas wird sich erhalten, und die Fackel des Geistes, wie es ein anderer großer aus der Welt der Bildung, Comenius nämlich, nennen wird, die Fackel des Geistes wird doch weitergetragen. Doch greift das vor in die Zeiten, in denen die Nachwirkungen und Erneuerungen des Humanismus aufzusuchen sind. Noch ist es ein helles, ein blendendes Licht.

Will man sich die Zeit des Erasmus vergegenwärtigen, ist es nützlich, in die ›Querela pacis‹ des Erasmus von Rotterdam einen Blick zu werfen,

1516 geschrieben, gedacht als eine Mahnschrift für den Friedenskongreß, der für 1517 in Cambrai geplant war. Die Schrift wurde schon bald mehrfach gedruckt und in viele Sprachen übersetzt. Das gehört zwar in die Gedankenwelt des Erasmus selbst hinein. Hier jedoch können einige Sätze der Verdeutlichung der Situation dienen. Es wird einsichtig, worum es einerseits dem Humanismus und den Humanisten jener Zeit gegangen ist, welchen Auftrag andererseits der Humanismus aus der Zeit abgelesen und wie er ihn verstanden hat, schließlich, wie man auch heute den Humanismus in zeitlos gültiger Form verstehen kann. Er ist, wie erneut zu erinnern ist, eine Bildungsbewegung, die nicht nur von Humanität in einer blassen und unbegriffenen Allerweltsformel spricht, sondern vielmehr ein Programm entwirft, wie über die Bildungsanstrengung, an der schließlich alle teilnehmen sollen, Humanität lebendig werden kann. Dahinter steht das bewegende Thema des Verhältnisses von Politik und Moral: Wer auf seiten der Moral steht, muß die Versittlichung des Menschen und seiner Handlungen durch Bildung wollen. Und auch die anderen Spannungen, die sich am Schicksal des Thomas Morus ablesen lassen, stehen dahinter.

„Nimm den Geist aus dem Körper", ist bei Erasmus zu lesen,[1] „und sogleich wird das ganze Gefüge der Glieder zerfallen. Nimm den Frieden weg, und die ganze Gemeinschaft eines christlichen Lebens geht aus den Fugen. Die Theologen behaupten, daß heute durch viele Sakramente himmlischer Geist ausgegossen werde. Wenn sie die Wahrheit verkünden, wo ist die Wirkung jenes besonderen Geistes, nämlich ‚ein Herz und eine Seele'? Wenn das Märchen sind, warum erweist man ihnen dann eine solche Ehre? Aber ich möchte das nur sagen, damit sich die Christen mehr ihrer Sitten schämen, nicht um die Sakramente in irgendeiner Weise zu verunglimpfen. Da er beschloß, daß das christliche Volk Kirche genannt werden solle, was ist das anderes als eine Mahnung zur Einmütigkeit? Wie aber verträgt sich das Feldlager mit der Kirche? Diese gibt das Signal zur Eintracht, jenes zur Zwietracht. Wenn du dich aber rühmst, ein Glied der Kirche zu sein, was hast du dann mit Kriegen zu tun? Und wenn du dich von der Kirche getrennt hast, was hast du dann mit Christus zu tun? Wenn ein und dasselbe Haus alle umfaßt, wenn ihr einen gemeinsamen Herrn habt, wenn ihr alle in seinem Dienst steht, wenn ihr durch den gleichen Eid eingegliedert wurdet, wenn ihr euch über dieselben Gaben freut, wenn ihr von demselben Sold lebt, wenn man sich um die allen gemeinsame Belohnung bemüht, was stiftet ihr untereinander Aufruhr?"

Das ist die Klage des Friedens, der Jammer des Friedfertigen. Der Frieden selbst spricht und wendet sich, wie es nicht anders in der Zeit reformatorischen Ringens sein kann, an die geistlichen Mächte, und so-

[1] 31. V. 395.

weit er den Kaiser anspricht – durch den Mund des Erasmus –, da ist es die geistliche Gesinnung, die geistliche Einheit, zu der aufgerufen wird. Denn diese Auseinandersetzung zwischen Kaiser und Papst, die das Mittelalter entschieden geprägt hatte, ist nun längst der anderen gewichen, die zu immer neuen Kriegen, zu immer neuen Grausamkeiten und Verfolgungen, zu immer neuen Spaltungen geführt hat bis zu den gräßlichsten Metzeleien hin, gewichen der Auseinandersetzung um die rechte Lehre und damit um den Anspruch der Kirche, im Besitz der Wahrheit zu sein, ohne sich noch rechtfertigen zu müssen. Erasmus beschwört sie alle, die weltlichen und die verweltlichten Mächte, um der Einheit der Christenheit willen. Da ist gewiß utopische Hoffnung enthalten, die nicht verzagt und sich doch ihre Schwäche eingestehen muß, aber dennoch über kein anderes Mittel verfügt als über den Geist, der sich mitteilen muß und die Augen für die Verantwortung der Starken öffnen will. „Ich wende mich an euch", ruft Erasmus auf,[2] „Ihr Herrscher, von deren Walten meistens das Los der Menschen abhängt, die ihr das Bild Christi, des Herrn, unter den Menschen darstellt, erkennt die Stimme eueres Königs, der zum Frieden ruft, bedenkt, daß die ganze Welt, die durch die lange Dauer des Elends erschöpft ist, das von euch fordert. Wenn einer auch jetzt noch immer beleidigt ist, ist es angemessen, das dem gemeinsamen Glück aller zu opfern. Die Sache ist zu groß, als daß man sie aus nichtigen Gründen verzögern könnte. Ich wende mich an euch, ihr Priester, ihr Gottgeweihten, damit ihr mit aller Anstrengung das darstellt, von dem ihr wißt, daß es Gott am willkommensten ist, damit ihr das vertreibt, was er am meisten haßt. Ich wende mich an euch, ihr Theologen, verkündet das Evangelium des Friedens, predigt es immer den Ohren des Volkes! Ich wende mich an euch, ihr Bischöfe, und an andere kirchliche Würdenträger, möge eure Autorität imstande sein, den Frieden mit ewigen Banden zu festigen. Ich wende mich an euch, ihr Obrigkeiten und ihr Beamten, daß euere Willigkeit die Weisheit der Könige und die Frömmigkeit der Priester unterstütze. Ich wende mich ohne Unterschied an euch, die ihr für Christen gehalten werdet, verschwört euch einmütig auf dieses Ziel! Zeigt, wieviel Eintracht der Menge gegen die Tyrannei der Mächtigen vermag!"

Das ist ausgesprochen vor dem großen Eklat, noch vor der unheilvollen endgültigen Spaltung der Kirche, vor dem Ausbruch der großen Glaubenskriege im Herzen Europas, in die sich die starken sozialen Bewegungen mischen; aber es ist doch schon gesprochen in der klarsichtigen Erkenntnis, daß diese Kämpfe nahezu unvermeidlich sind und daß es einer vielleicht letzten, gemeinsamen Anstrengung bedürfe, dem Unheil zu wehren, wo immer man kann.

[2] 31. V. 447.

So steht denn bald Erasmus und der ganze Humanismus, wie zwischen Kaiser und Papst, so zwischen Papsttum und Luthertum, zwischen Kirche und Reformation. Das wird ihn, Erasmus, zu einer seiner eindrucksvollsten Schriften herausfordern, in der er beim Ringen von Papst- und Luthertum, zwischen Katholizismus umd Protestantismus, zwischen Kirche und Gegenkirche Partei ergreift. Da ist es freilich schon nicht mehr nur das Luthertum; die anderen protestantischen Strömungen werden mächtig, die gegen die Kirche anbranden, verbunden mit den Namen Calvins und Zwinglis, auch mit dem der Sozinianer und anderer, geringerer.

Zwischen allen Fronten steht der Humanist, und auch wo er entschieden Partei ergreift, wie etwa Melanchthon, gibt er den Wunsch nach Versöhnung, das Bemühen um Ausgleich nicht auf. Gerade Melanchthon belegt, wie sehr sich das humanistische Denken gegen Parteiungen auflehnt und die Hoffnung auf Versöhnung nicht nur, sondern vor allem auf den Frieden, für den die Überwindung der Gegensätze nur die Voraussetzung ist, nicht aufgibt. Noch 1528, unter dem Eindruck der Wirkungen der Reformation auf die Bildung und den gelehrten Unterricht, aber auch noch im Schatten der Bauernkriege und unter dem Eindruck der Abspaltungen der Täuferbewegungen von der evangelischen Sache schreibt er im ›Unterricht des Visitatoren‹, in welchem es ihm um die Bildung der Geistlichkeit geht: „Man soll auch die Leute unterrichten, wie ein gut köstlich Ding Friede sei; denn im Krieg können die Armen nicht Nahrung suchen, auch kann man nicht Kinder auferziehen. Es werden Jungfrauen und Weiber geschwächt, es geschieht allerlei Mutwillen, nicht allein von Feinden, sondern auch von Freunden, Recht und Gericht, alle Zucht und Gottesdienst gehen unter in Kriegen."[3]

So auch steht der Humanismus zwischen den weltlichen Fronten, zwischen den königlichen Gestalten von Karl V. auf der einen Seite und Franz I. auf der anderen, die ihrerseits um politische Vormacht ringen und Europa, widerwillig oder nicht, mit den furchtbarsten Kämpfen überziehen, die meisten davon übrigens auf italienischem Boden, in dem der Humanismus seine Macht verloren hat. Am Ende steht das Scheitern des Versuchs, das Abendland als ein ganzes Reich zurückzugewinnen im Namen zugleich der christlichen Kirche und des christlichen Glaubens, der verzweifelte Versuch Karls V., der mit der Resignation im Kloster zum Schluß kommt.

Erasmus und Erasmianer stehen auch zwischen den Theologen und den Christen einer Laienfrömmigkeit, zwischen den Schriftgelehrten auf der einen Seite, die glauben, die Wahrheit der Schrift zu kennen, im Besitz der Wahrheit der Verkündigung zu sein, und jenen anderen, die nicht in der

[3] 85. I. 264.

Theologie, sondern in der Religion das Heil suchen und nun ihrerseits selbst dem Wort sich zuwenden wollen. Und die Anstrengung des Humanismus jener Zeit wird wesentlich dieser Aufgabe gelten, das Wort, das biblische Wort wie das geschriebene Wort überhaupt in allen Texten, die verfügbar werden, den Menschen so darzubieten und so zu erschließen, daß sie es sich selbst in einem kritischen Verständnis gegenüber den Theologen aneignen können. Darin liegt seine historische Kraft. Auch wo sich der Humanist endgültig auf eine Seite gestellt hat – oder auf eine Seite gezwungen ist –, bleibt sein Anliegen das der Versöhnung und des Ausgleichs; und es bleibt ihm das Verlangen, nichts anderem als der Bildung, die aus Gelehrsamkeit erwächst, zu dienen. Immer geht es darum, den Menschen über alle Dogmen hinweg zum Menschen zu führen, die Gemeinsamkeit des Geistes herzustellen.

Es lohnt, noch einen Blick auf das Papsttum zu werfen, um die Wandlung zu verstehen, an deren Vollzug der Humanismus beteiligt ist. Das Papsttum selbst durchläuft seine stärkste Wandlung in diesen Jahrzehnten des Zerfalls abendländischer Einheit. Es wird seine tiefste, nie wieder überwundene, nie wieder einzuholende Niederlage erleiden; denn am Ende dieser Kämpfe steht mit der endgültigen Spaltung, die eben nicht nur eine Glaubensspaltung ist, sondern auch eine politische, die ganz Europa durchzieht, auch der Verlust des Primats des Papstes über weite Teile der Christenheit, der Verlust der umfassenden Katholizität; und es steht am Ende für das Papsttum der Verlust Englands, das seine anglikanische Kirche erhält, es steht der Verlust Frankreichs am Ende durch die pragmatische Sanktion mit den Privilegien, die den französischen Königen zugestanden werden, und natürlich steht am Ende der Verlust der protestantisch gewordenen Länder. Das Papsttum selbst hat sein gerüttelt Maß an Schuld. Mit der schönen Formulierung von Joël läßt sich bündig sagen, das verweltlichte Papsttum wird „immoralisch in Alexander VI., kriegerisch in Julius II., schwelgerisch, ja freigeistig in Leo X.“[4]. Sie bestimmen das Gesicht des Papsttums in jener Epoche, und das kurze Pontifikat des Freundes des Erasmus, Hadrians VI., wird daran nichts mehr ändern. Der Borgia Alexander VI., während dessen Regentschaft Savonarola seinen Aufstand zur Läuterung der Kirche und zur Wiederherstellung einer christlich-asketischen Gemeinschaft versuchen wird, der Borgia, dessen Sohn Cesare zum Schrecken der Zeit wird – und zum Prototyp des Fürsten Machiavellis, ist selbst schon ohne alles Christentum; und so nimmt es nicht wunder, daß nach ihm das Papsttum kriegerisch wird, wie es heißt, mit Julius II., der ganz nach außen gewendet um seinen Kirchenstaat kämpft und die weltliche Macht mit aller Pracht, die er ihr verleiht,

[4] 61. 272.

höher schätzt als das geistliche Regiment, die Kirche eher als eine politische denn als eine geistliche Institution versteht. Damit verträgt sich, daß er, wie schon Alexander VI. und dann Leo X., einer der großen Mäzene des Jahrhunderts war, insoweit eher ein Renaissancefürst als ein Papst und sicher eher ein Herrscher als ein gläubiger Mensch. Unter Julius II. beginnt die Neugestaltung des Petersdoms, der in seinen gigantischen Dimensionen Machtdemonstration ist und viel eher denn ein Gebäude des Glaubens, ein Gotteshaus, ein Raum der Besinnung und der christlichen Innigkeit ein Renaissance-Palast von erdrückenden Ausmaßen ist, ein Wunderwerk der Architektur, das die Größe des Papsttums demonstriert. Und es ist schließlich Leo X., der Mediceer, Sohn Lorenzos des Prächtigen aus Florenz, der nun ganz und gar als ein weltlicher Herr den Musen, den schöngeistigen Dingen, der Kunst und der Literatur sich zugewandt hat, ebenso mit Verschwendungssucht wie mit Freigeistigkeit regiert, womit er nun gewiß nicht die Widerwärtigkeit Alexanders VI. erreicht, aber weitab ist von jenem Auftrag, der mit dem Stuhl Petri verbunden sein sollte. Ausgerechnet unter diesem Papst, der – nicht unähnlich, wenn auch in gesteigerter Form, dem Ästhetizismus des späten italienischen Humanismus – den Genüssen der Welt und den Künsten zugewandt war, wird die zu jener Zeit ernsteste Sache der Christenheit ausgefochten, nämlich der Aufstand Luthers und die aus der Kirche sich lösende Reformation.

Gewiß, auch die Päpste sind nichts anderes als Kinder der Zeit, verkörpern in extremer Form den Lebensstil der Epoche, die eine Zeit auch der Wiedergeburt der Musen, der Künste, der literarischen Wissenschaften geworden war, Zeit der Renaissance, wie nun schon ihr Name inzwischen heißt – auch das unter dem Vorantritt der Humanisten, die von ihrem Geist den Päpsten mitgeteilt haben. Die Liberalität, die aus ungebundenem Denken hervorbricht, hat auch das Papsttum ergriffen, aber es reißt, indem es von den anderen Kräften des Humanismus sich nicht bändigen lassen kann, das ganze Abendland mit in den Strudel.

Unter der – neben allem Schrecklichen und Abstoßenden – glanzvollen Selbstdarstellung der Kirche, wir wissen das zur Genüge, brechen nicht nur neue Denkformen auf, sondern machen sich auch neue Lebensformen breit und bilden sich neue Kräfte aus, die bis dahin in Zaum gehalten, unterdrückt worden waren und sich lange nicht artikulieren konnten. Es wird, mit anderen Worten, dieses Zeitalter nicht nur das Zeitalter der Wiedergeburt, sondern – das ist ihr anderes Signum – ein Zeitalter der Befreiung werden, wie es sich wiederum im humanistischen Denken deutlich darstellt, insofern die alten Fesseln des dogmatischen Lehrgebäudes aufgebrochen werden, nicht nur eine Erneuerung des Alten stattfindet, sondern eine Erneuerung des Geistes schlechthin. Und gewiß ist die Verwandtschaft des Humanismus mit den reformatorischen Bewegungen in diesem

Moment der Befreiung zu suchen, als eine Befreiung von der fragwürdig gewordenen Kirche, die in sich selbst zugleich die Kräfte ihrer Erneuerung entband, aber doch sich gegenüber sah der Befreiung von der Unehrlichkeit, von der Falschheit und Unaufrichtigkeit ihrer Repräsentanten; und die Reformation, in der der kritische Geist des Humanismus lebte, wurde erlebt als die Befreiung von Ketten, die verhindert haben, daß der Mensch seine eigene unverstellte Gläubigkeit finden kann, daß er sich selbst vor Gott hinstellen kann, wie Luther es gesehen hat, ja selbst unmittelbar zu Gott wird.

Damit aber wird die Zeit eine Zeit des Individuums werden, die sich nicht nur in den gewaltsamen Gestalten der Renaissance darstellt, sondern auch in jenen – und in diesen zuletzt –, die sich um die Schrift bemühen, um sich um den Glauben bemühen zu können. Erasmus wird der Individualist schlechthin sein. Mit dieser Lösung von alten Abhängigkeiten, von Überkommenem und nicht Hinterfragtem, wird nun freilich dem Einzelnen zunehmend mehr auferlegt von einer Last, sich selbst mit Gott ins Reine zu bringen, seinen Platz selbst in der Gesellschaft zu finden und sich selbst zu behaupten. Der Mensch ist aufgerufen, in sich selbst die Instanz aufzubauen, die wir das Gewissen nennen, um sich so zu einer Haltung hinzuführen, mit der er in der Welt und vor Gott bestehen kann. Thomas Morus ruft sich in Erinnerung. Der Anruf, der an den Einzelnen ergeht, der zugleich die ganze Last der Reformation ist, wird zum Auftrag ganz neuer Art. Es ist der Auftrag, den die Humanisten formulieren und mit Inhalt erfüllen: den Menschen auszurüsten mit dem, was er braucht, um selber bestehen zu können, dem Menschen das geistige Material an die Hand zu geben, um anstelle der Dogmen, der einfachen Lehrsätze, des blinden Gehorsams gegenüber den Geboten, sich nun selbst prüfen zu können auf das hin, was er als Individuum zu leisten vermag und was er zu verantworten hat, sich also nicht mehr einfach freikaufen zu können von Sünden und Missetaten, Verfehlungen und Irrtümern. Sich vor die Instanz des Gewissens gestellt zu sehen, bedeutete nicht weniger als das Gebot, durch die Läuterung des Herzens zur Besserung der Welt und des Miteinanders beizutragen. Erasmus hatte es mit der Klage des Friedens ausgesprochen.

Insofern eben ist die Befreiung zugleich Last, die nämlich, Persönlichkeit werden zu müssen. Das meint nichts anderes, als um die eigene Bildung besorgt sein zu müssen. So freilich wird dieses Zeitalter der Befreiung auch ein Zeitalter der Selbständigkeit des Menschen, der sich dabei auf andere Weise der Welt ausgeliefert sieht: sie nämlich selbst in die Hand nehmen zu müssen. Das „tu, was du willst", ausgesprochen von Rabelais, ist die späte Formel für den entbundenen Individualismus. Der Mensch wird entdeckt: die Porträtkunst entfaltet sich, Michelangelo erklärt den nackten Körper zum einzigen würdigen Gegenstand der Kunst,[5] die Schrift wird individuell, das Faustische wird zum Symbol. Aber es zieht, das läßt sich nicht verkennen und wird auch den Humanismus belasten, mit dem Individualismus, der der Sozialität des Menschen nicht genügend Raum läßt trotz aller Warnungen, die aus dem Kreis der Humanisten kommen (wofür sich etwa Vives zitieren ließe), und zugleich mit der äußeren Spaltung der verschiedenen Bekenntnisse auch eine andere, im Menschen selbst gelegene ein, die von der neuen Situation herrührt, in die sich der Mensch gestellt sieht, einerseits eben dem Bekenntnis einer Kirche verbunden zu bleiben und andererseits doch schon ganz auf sich verwiesen zu sein.

Mit der neuen Kraft des Individualismus und seiner kritischen Geistigkeit, die sich der Welt bemächtigt, wird die Hybris des Menschen erfahren, sich immer mehr von Bindungen zu entfernen, ohne die er schließlich doch nicht sein kann, um sich selbst allein und ganz in den Mittelpunkt zu stellen, wie das schon, vielleicht noch mit einigen Vorbehalten, von Pico della Mirandola in seiner berühmten Rede am Ende des 15. Jahrhunderts ausgesprochen worden war. Da ist der Mensch schon nahezu Gott, und es wird der Mensch sich nicht mehr zurücknehmen können, wird nur in immer neuen Anläufen, wie es sich bei Erasmus und vielen Humanisten beobachten läßt, versuchen können, diese in sich selbst auszurichtende Instanz des sittlichen Maßes mit einem Absoluten zu verbinden, von dem die unbedingte Forderung an den Menschen ausgehen kann, sich seiner Gottähnlichkeit würdig zu erweisen.

Es wird damit diese Zeit zu einem Zeitalter der Lösung von dem Alten und der Bindung an die neuen Kräfte, die der Mensch in sich wachsen fühlt; der Lösung von den universalen Ordnungsmächten und der Bindung an den individuellen Auftrag.

Es ist die Zeit der Unruhe des Geistes. Sie wird nicht mehr zur Ruhe kommen. Die städtische Plebs steht auf in den Wiedertäufern, die Propheten, die dem Volke das Heil bringen wollen, durchziehen das Land. Die Bauern stehen auf. Und die Gärung des Geistes, wie sie in den Gelehrten am Werke ist, verlangt nach Bildung, in welcher der Mensch „humane“ Form gewinnt.

[5] Vasari, vgl. 60. 288.

X. ERASMUS VON ROTTERDAM

Wenn in der zweiten Epoche der großen Kirchenkämpfe und Religionskriege, ja an deren Ausklang schon und einmündend in das Zeitalter der Aufklärung, in der Mitte also des 17. Jahrhunderts, Comenius, der letzte Bischof der schrecklich dezimierten Böhmischen Brüder, zu einer allgemeinen Beratung über die Verbesserung menschlicher Dinge aufruft, zu einer „consultatio catholica de emendatione rerum humanarum", dann greift er ein Wort auf, das zu Beginn der ersten Epoche der Kirchenkämpfe am Anfang des 16. Jahrhunderts das Haupt des europäischen Humanismus, Erasmus von Rotterdam, ausgesprochen hat. Es findet sich im ›Enchiridion militis christiani‹, was üblicherweise mit ›Handbüchlein des christlichen Streiters‹ wiedergegeben wird; doch wird man sich dabei die Doppeldeutigkeit des Begriffs gegenwärtig halten müssen, meint er doch einmal als „Handbüchlein" das, was in der Hand liegt, was zur Hand ist, zum anderen aber auch eine „Handwaffe" schlechthin, das Werkzeug, den Glauben und christliche Lebensführung zu verteidigen mit den Mitteln des Geistes und der Überzeugung durch das Wort. In diesem Büchlein nun, mit dem der christliche Streiter zu seinem Feldzug gerüstet werden soll, um ein Leben zu führen, das Christi würdig ist,[1] in diesem Büchlein findet sich der Satz, der sich wie ein Motto des Humanismus und dessen, der ihm das Gepräge gab, liest: „Humanitate emendandi sunt homines non decipiendi" – zu bessern sind die Menschen durch Menschlichkeit und nicht zu enttäuschen –, wobei man nicht weniger übersetzen kann: daß sie nicht zu täuschen seien, kurz, daß sich die Verbesserung des Menschen nicht mit Unwahrhaftigkeit vertrage, diese Besserung selbst als den Auftrag des Humanismus genommen.

Der Satz – „Humanitate emendandi sunt homines non decipiendi" – steht am Ende einer längeren Passage, in der sich Erasmus für das Bemühen um Wahrhaftigkeit, vielleicht sollten wir sagen: um Redlichkeit einsetzt und diese verknüpft mit dem Zentralbegriff der Epoche, wenn man so will, mit dem Herzwort der ganzen Bewegung, das dieser schließlich den Namen gibt: *Humanitas*. Und indem er es in Verbindung setzt mit der Wahrheit, stellt er es in die Tradition des abendländisch-christlichen Denkens, das die zweifache Seite der Wahrheit kennt, die geistliche einerseits als die von der Kirche in Obhut genommene (oder usurpierte?) reli-

[1] 31. I. 57.

giöse Wahrheit, die geistige Wahrheit andererseits als die eines Denkens, das sich für den Menschen selbst verantwortlich weiß. Man wird diesem, dem christlichen Leben inhärenten, von der Scholastik auf die Spitze getriebenen Bemühen, der einen Wahrheit in seiner Doppelbedeutung auf die Spur zu kommen oder auch die beiden Wahrheiten zu einer zu verbinden, bei Erasmus immer wieder begegnen, wenn er sich auch ganz anderer Denkformen als die Scholastik bedient. Man wird auch sein der christlichen Tradition verpflichtetes Denken, soweit es der „conditio humana" sich zuwendet und das Leben des Menschen zu bestimmen sucht, auf die Formel bringen dürfen: Es gilt herauszufinden, wie sich Wissen und Glauben miteinander vereinen lassen, wie sich eine religiöse Überzeugung und die damit gegebene religiöse Bindung mit der wissenschaftlichen Wahrheit verbinden läßt. Dort, wo Erasmus als christlicher Ethiker auftritt, wird eben diese Verbindung das bewegende Thema sein, und er wird immer wieder versuchen, diese Verbindung auf den Begriff der Humanität zu bringen. Das, was der Gelehrte unter „humanitas" versteht, wird immer auch als christlicher Auftrag verstanden. Wenn von christlichem Humanismus gesprochen werden kann, dann an dieser Stelle, dann im Blick auf Erasmus. Das Christliche ist nicht nur Zutat, nicht *epitheton ornans*, nicht gar Tautologie; denn Humanitas und Christianitas sind keineswegs identisch. Das Christliche aber ist das Element, in das dieser Humanismus eingebettet ist. Wenn man es nicht versteht, wird man diesen Humanismus nicht verstehen; denn dieser ist entschieden mehr als Philologie und Buchgelehrsamkeit. Er ist, modern gesprochen, Bildungstheorie, insofern es ihm um die Verbesserung des Menschen auf dem Wege der Anleitung zu einem humanen Leben geht. Der Mensch muß nicht, wie bei Erasmus immer wieder zum Vorschein kommt, Christ sein, um gut zu sein – wie sonst hätte die Antike vom Humanismus absorbiert werden können! Aber er muß sich am christlichen Anspruch messen lassen und davor bestehen. Der Begriff der Humanitas erhält von daher seine Färbung. Die Pädagogik des Humanismus mündet in der Religionspädagogik Philipp Melanchthons. Das Pädagogische gewinnt im Christlichen seine Maßstäbe.

Das muß deutlich werden, indem der Begriff immer erneut umkreist und aufgehellt wird im Hinblick auf den Sinngehalt dieser dem Erasmus eigentümlichen Humanitas. Unglücklich ist nach der Überzeugung des Erasmus der, „welcher Christus nicht kennt", und wieweit er ihn kennt, soll er durch seine Sitten ausdrücken.[2] Sicher geht es zu weit, schon diesen Gedanken der Christianitas als das Programm dieses die Zeitgenossen faszinierenden Gelehrtenlebens zu bezeichnen, als ein wesentliches Motiv

[2] 31. I. 301.

wird es sich allemal identifizieren lassen. Dem ist nur jener Begriff zu verbinden, mit dem das Ringen um Wahrheit und Erkenntnis ebenso wie das Ringen um die Verbesserung der menschlichen Dinge ausgesprochen ist: die Humanitas, welche mit einem viel zu unvollkommenen Wort Menschlichkeit genannt wird, womit vielmehr eine Fülle von Dingen, Vorstellungen und Einsichten zu verknüpfen sind, die darin zusammenlaufen. Welchen Inhalt ihm Erasmus gegeben hat, wird sich vergegenwärtigen lassen, wenn der Gang seines Lebens nachgezeichnet wird, wobei dann immer deutlicher werden mag, wie sich dieser Begriff zur *Humanitas christiana* verdichtet und konkretisiert, welche Geistesströmungen er in sich aufnimmt, welchen Gedankenbewegungen er sich öffnet und wie er in der Konzeption des Erasmus konkrete Gestalt gewinnt. Es wird sich zugleich zeigen, wie dieser christliche Humanismus, wie es das Wort von der Verbesserung des Menschen unverkennbar ankündigt, von einem pädagogischen Impetus vorangetrieben wird, der zwar wissenschaftliche Systematik vermissen läßt, aber um so stärker aus der pädagogischen Leidenschaft lebt. Das erasmische Denken entwickelt seinen Stil, der typisch für eine Gelehrsamkeit werden wird, deren Zentrum die Reflexion über den Menschen ist, deren Stärke mehr im Be-denken als in der Analyse liegt.

Lebensgang – Humanistische Positionen

Das Geburtsjahr des Erasmus von Rotterdam ist ungewiß. Nach den einen ist er 1469, nach den anderen 1466 geboren. Er selbst läßt uns darüber im unklaren. Auch am Geburtstag gibt es Zweifel. Wahrscheinlich ist es der 27. Oktober, an dem Erasmus als Sohn eines Geistlichen und einer Arzttochter zur Welt kommt. Nach den damaligen Begriffen, und das festzuhalten ist durchaus wichtig, wird er damit in sogenannter Illegitimität geboren. Dieser Makel der Geburt wird ihn sein ganzes Leben lang begleiten und belasten. Den damaligen Regeln und Vorstellungen zufolge wird ihm dadurch nur auf Umwegen der Zugang zum Studium erschlossen, der wiederum den Zugang zu den geistlichen Weihen und schließlich damit den Zugang zu jener Stellung einer unabhängigen Gelehrtenexistenz ermöglichte, welche er sich mühsam genug im Laufe seines Lebens erobert und ebenso mühsam bewahrt hat.

Sein Name ist ursprünglich Geert Geertsz. Er sucht ihn humanistisch philologisch abzuleiten vom niederländischen „geern“, begehren; so kann er ihn übersetzen in den lateinischen Desiderius, woraus das griechische Erasmus wurde, dem dann noch, häufiger Übung der Zeit folgend, die Herkunftsbezeichnung Rotterdamus angefügt wurde. Damit war der Name Desiderius Erasmus von Rotterdam gegeben, der in die Geschichte eingehen wird. Nach einigen anderen, auch das soll hier nicht unerwähnt bleiben, erhielt er den Taufnamen Erasmus nach einem der vierzehn Nothelfer – was im übrigen nicht weniger seiner philologischen Neigung entgegenkäme, in seinen Namen eine doppelte Bedeutung hineinzulegen: sich nämlich einmal eben als einen Nothelfer zu verstehen und zum anderen mit dem griechischen Wort dem Vaternamen selbst tieferen Sinn zu verleihen. Der Verbindung des Priesters Gerardus Rogerius, aus dem niederländischen Gouda stammend, mit der Arzttochter ist im übrigen noch ein drei Jahre älterer Bruder des Erasmus entsprungen.

Mehr noch als die Herkunft aus illegitimer Verbindung ist von Bedeutung, daß Erasmus in den Niederlanden aufwächst, kommt er doch dadurch als Knabe an die St. Lebuinschule in Deventer, die den Frater-Herren gehörte und von diesen, den Brüdern vom gemeinsamen Leben, geleitet wurde. Er tritt damit in die pädagogische Welt jener Glaubensbrüder ein, die „auf die Reform des abendländischen Bildungswesens ... entscheidenden Einfluß gewinnen konnten“[3]. Es war die Welt der Devotio moderna, die seine christliche Haltung nachhaltig bestimmen wird, jene religiöse Bewegung, die anders als die vielen Sekten und religiösen Konventikel, anders auch als die geistlichen Orden, gänzlich anders gar als die Erleuchteten, die Propheten und die Weltveränderungsapostel, die allenthalben die Geister beunruhigten, sich einem Leben der Devotion, einem dienenden, bescheidenen Leben verschrieben hatte. Aus diesem tätigen Dienst am Menschen heraus war durch die Devotio moderna eine große, wenn nicht die größte Schulbewegung der Zeit entstanden, ins Leben gerufen von Geert Groote, der 34jährig, eben in Deventer, wo Erasmus mehr als hundert Jahre später zur Schule gehen wird, 1374 ein Haus zur Aufnahme hilfsbedürftiger Menschen, ein Brüderhaus, stiftet, um so aus christlichem Geist heraus den Bedürftigen, den Armen und den Schlechtweggekommenen zu helfen, ein christliches Leben zu führen. 1379 stiftet Geert Groote die Bruderschaft vom Gemeinsamen Leben, die sich bald, ausgehend von den deutschsprachigen, damals Burgund zugehörigen Niederlanden über ganz Deutschland verbreiten und bis in den Osten hinein ausgreifen wird.

Nur einiges ist hier zu erinnern. Die Spuren der Bruderschaft und ihre Schulen fanden sich, als der Blick dieser Untersuchung sich den Anfängen des Humanismus in den Ländern Osteuropas zuwandte. Gegründet zunächst gegen die Seuchen und die Geißel der Pest, wandte sich die Bruderschaft bald dem Bildungszerfall zu, um daher Bildungsstätten zu eröffnen, die allen zugänglich sein sollten. Den Brüdern vom Gemeinsamen Leben gehört als der namhafteste Thomas von Kempen an, dessen

[3] 37. 67.

Schrift über die ›Nachfolge Christi‹ der Religiosität der Devotio moderna den nachhaltigsten Ausdruck gegeben hat; sie wurde nicht nur zu den meistgelesenen Schriften des ausgehenden Mittelalters und der frühen Neuzeit, sondern zu dem nach der Bibel am häufigsten gedruckten Werk. Thomas a Kempis, dessen Lebensspanne fast ein Jahrhundert umgreift (1380-1471), vom Niederrhein herkommend, war Schüler der Schule der Brüder vom Gemeinsamen Leben in Deventer gewesen, ehe er dem Augustinerorden auf dem St. Agnetenberg bei Zwolle beitrat, huldigte dem Gründer der Brüderschaft in seiner ›Vita Gerardi Magni‹ und verfaßte neben der Kopierarbeit, der er sich fleißig hingab, eine Vielzahl religiöser Schriften. In der Andachtsschrift ›De imitatione Christi‹ formuliert er den „devoten" Grundgedanken eines demütigen, bescheidenen, im Dienste an anderen aus dem Geiste christlicher Liebe sich erfüllenden Lebens. Das Werk ist zudem ein Beispiel für die von den Brüdern vom Gemeinsamen Leben gepflegte Meditation: „Ich suche dich, mein Gott, nicht mit den leiblichen Sinnen oder in äußerlich sichtbaren Bildern, sondern über die Erkenntnis des Verstandes hinaus in mir, wo du meinen Geist erleuchtest."[4] Von Erlinghagen werden wir daran erinnert, daß es wahrscheinlich eine von Kardinal Ximénes de Cisneros in Auftrag gegebene Übersetzung der ›Nachfolge Christi‹ ins Spanische war, die Ignaz von Loyola las und „von der er nicht mehr lassen konnte"[5]. Die Schrift erscheint damit am Kreuzungspunkt des erasmischen Humanismus Spaniens und der Religiosität des Jesuitenordens.

Die Kernbegriffe der Brüder vom Gemeinsamen Leben, die in verschiedenen Veröffentlichungen immer wieder auftauchen, sind: *caritas, disciplina, studium* – die christliche Nächstenliebe, die liebende Fürsorge und die Gottesliebe zuerst, sodann die Ordnung und die Unterordnung unter das göttliche Gebot, die gehorsame Annahme des Dienstes, schließlich die Hingabe an die göttliche Weisheit und an Bildungsgüter, die für ein christliches Leben hilfreich sind. In diesem Sinne sind die Brüder Samariter, Prediger in dem von ihnen verstandenen Gottes-Dienst und Lehrer. Ihre Haltung, die sie lehrend zu vermitteln unternahmen, läßt sich auf die Formel bringen: „Der Mensch wird Mensch nur durch Humilität und Simplizität."[6] Die in der sprachlichen Wurzel angezeigte, in der pädagogischen Praxis umgesetzte Verbindung von Humilitas und Humanitas – von Demut und Menschlichkeit – ist damit ausgesprochen. Sie läßt sich wohl aber noch besser fassen in dem Wahlspruch der Bruderschaft, der sich im Werk des Thomas von Kempen findet und die Aufforderung ausspricht, es

[4] 66. 517.
[5] 37. 45.
[6] 52. 229.

zu lieben, unbekannt zu sein und für nichts gehalten zu werden, denn, so fährt er an anderer Stelle mit entscheidender Wendung fort, die Demut des Herzens ist gleichsam das Fundament aller Tugend und Tüchtigkeit: „Humilitas cordis quasi fundamentum omnis virtutis.“[7] Es war dieses Fundament, das diese nicht klösterlich gebundene, sondern nach der Welt hin offene, dem selbstgestellten Auftrag verpflichtete Gemeinschaft trug. Geistesgeschichtlich bedeutsam wird, daß der bedeutendste Denker der Epoche vor Erasmus von Rotterdam, Nikolaus von Kues, ein Schüler der Brüder vom Gemeinsamen Leben war; der Gedankenkreis der Devotio moderna findet in diesem auf Ausgleich und Versöhnung gerichteten Geist, auch in dessen Gottesverständnis und in dem mit dem Begriff von der *coincidentia oppositorum* ausgesprochenen Weltverständnis gedankliche Vertiefung.

Die Wirkung der Tätigkeit der Brüder läßt sich aus der Beobachtung ablesen, daß in den Niederlanden während der frühen Jahre des 16. Jahrhunderts kaum eine Schule gefunden werden konnte, die nicht in Verbindung mit den Schulen zu Deventer und Zwolle stand.[8] Diese dienten nicht nur der Verbesserung der Bildung der Geistlichkeit, sondern ebenso der Vorbereitung auf das Universitätsstudium, wie sie schließlich auch eine große Zahl von Lehrern in andere Städte entsandte.

In diese Welt der Devotio moderna nun tritt der junge Erasmus ein und erfährt hier seine erste Begegnung mit dem, was wir einen begrenzten Humanismus nennen können, einen begrenzten insofern, als hier nicht ausdrücklich humanistische Gelehrsamkeit in ihrer philologischen und rhetorischen Bemühung, auch nicht in ihrer poetisch-ästhetischen Ausprägung gepflegt wird, ein entwickeltes humanistisches Bildungsprogramm nicht zur Debatte steht. Wohl aber stellt sich diese Frühform humanistischen Lebens und Arbeitens in der vergleichsweise bescheidenen Gestalt eines allgemeinen Unterrichts dar, den in den Humanismus eingehenden Anspruch aller Menschen auf Bildung, auf Herstellung des Menschen und des spezifisch Menschlichen durch Bildung tatkräftig umsetzend. Bei der Auslegung des biblischen Wortes greifen zugleich die Brüder reformatorischen Gedanken vor, insofern sie die Predigt in der Muttersprache pflegen und so das Wort der Schrift allen zugänglich und verständlich machen wollen. Daneben pflegen sie, darin den Humanisten eng verwandt, das Abschreiben ebenso wie das Sammeln von Büchern – dafür war uns Thomas von Kempen ein Beispiel, wenn auch bei diesem nicht minder die alte klösterliche Tradition sich lebendig erhält. Damit ging einher die Verbreitung von Büchern, alles immer wieder im Dienste einer Reformation

[7] 66. 37. und 496.
[8] 57. 121.

des christlichen Lebens. In Erasmus wird sich dieser leise und geduldig wirkende Geist, der, trotz allen immer wieder am Menschen selbst scheiternden Bemühens um das Ernstnehmen der christlichen Botschaft, an der Liebe, der *caritas*, festhält, bis in weltpolitische Dimensionen hinein Geltung verschaffen. Und es mag, wie wir schon hier bemerken wollen, an diesem Geist, von dem er nachhaltige Prägung erfährt, gelegen haben, daß Erasmus nicht eine eigene Theologie entwickeln, sondern die „menschliche Art, über Gott zu denken"[9] in seiner Philosophia Christi pflegen wird. Als nichts anderes fassen die Brüder vom Gemeinsamen Leben Philosophie auf. Der Ausdruck Philosophia Christi ist in dieser Form vielleicht von Rudolf Agricola, dem Freund des Alexander Hegius, gefunden worden. Hegius war Lehrer des jungen Erasmus. Der Einfluß auch des Agricola auf das Denken des Erasmus war erheblich. Daß von daher der Begriff Philosophia Christi auf ihn gekommen ist, kann als sicher angenommen werden.[10] Die Verbindung dieser Auffassung von Philosophie als einer christlich-humanistischen Weltanschauung zur Devotio moderna zeigt sich auch an dieser Stelle. Der Begriff an sich mag älter sein. Immerhin findet sich in einer der Programmschriften des Zisterzienserordens die Bezeichnung des Mönchslebens als einer „Christiana philophia"[11].

Aber freilich ist es nicht nur eine Weise der Erbauung und der christlichen Humanität, mit der Erasmus in Deventer vertraut wird, sondern nicht minder nachhaltig wirkt die Begegnung mit der neuen Form des Studiums, der Umgang mit klassischen Texten, an dem sich der Geist des Erasmus entzündet. Besonders beeindruckt ihn Alexander Hegius (1433 bis 1498), der in seinem letzten Schuljahr der Leiter der Schule ist. Er war einer der führenden Humanisten des frühen europäischen Humanismus, und die Anziehungskraft, die er als Schulleiter ausübte, mag berechtigen, ihn „den größten Erzieher des transalpinen Europa im 15. Jahrhundert" zu nennen.[12] Noch als Lehrer in Emmerich zwischen 1475 und 1483 wurde er mit Rudolf Agricola bekannt, von dem er sich ins Griechische einführen ließ, das er zwar nicht selbst völlig beherrschen, wohl aber seinen Schülern empfehlen und – vermutlich als der erste Schulleiter überhaupt – als Unterrichtsfach einführen wird. Erasmus nennt Hegius den „würdigen Schüler eines solchen Meisters", des des Lateinischen und Griechischen gleichermaßen kundigen Agricola, rühmt des Hegius hervorragendes Latein und bescheinigt ihm, er verstehe „allerlei vom Griechi-

[9] 52. 239.
[10] Vgl. 101. 94f.
[11] Vgl. Einl. von Winkler zu 31. III.
[12] 57. 119.

schen"[13]. Agricola, mehr als zehn Jahre jünger, hatte bekanntlich als erster, nachdem er bei Guarino zu Ferrara in die Schule gegangen war, das Griechische, das dem Abendlande Jahrhunderte lang verschlossen geblieben war, nach Norden getragen. Hegius wird sich noch im Alter dazu bekennen, Schüler Agricolas gewesen zu sein. Dieser ließ sich, als er Hegius 1484 besuchte, von Erasmus ein von diesem verfaßtes ›Carmen bucolicum‹ vortragen, was ihn nach längerem Gespräch mit dem jungen Schüler zu dem Ausruf veranlaßte: „Du wirst ein großer Mann werden"[14] – eine hübsche Anekdote, die auf den Geistesstand des jungen Erasmus ein bezeichnendes Licht wirft.

Die Schriften des Hegius sind fast alle verschollen. In seinen Schülern lebt er weiter, und zwar eben in dieser Verbindung der Geisteshaltung der Devotio moderna mit dem humanistischen Lerneifer, der sich auf die klassischen Schriften und die Schriften der Kirchenväter richtet, auch in der gleichmäßigen Übung in den klassischen Sprachen und in der Volkssprache, in der doppelten Haltung des Lehrers und Gelehrten einerseits, des hilfsbereiten Christen andererseits, im Bemühen um die Wiederherstellung alter Texte ebenso wie in der Aufmerksamkeit, die er den Armen, den Kranken, den Bekümmerten zuwandte. In der Tat unterschied er, Hegius, sich dadurch von den italienischen Humanisten, denen er durch die Vermittlung Agricolas viel verdankte.

Der italienische Humanismus wird Erasmus schon bald wieder begegnen. Er tritt, nachdem er die Schule absolviert hat, 1487 in das Kloster der Augustiner-Regularen in Steyn ein, wohl weniger aus Neigung zum klösterlichen Leben, das ihn tatsächlich nicht lange binden konnte, als vielmehr um der Möglichkeit willen, sich durch Priesterschaft gesellschaftliche Anerkennung zu erwerben. Zeit seines Lebens wird er nicht nur wegen seiner Beobachtungen bei den Augustinern in Steyn, sondern aus zunehmend kritischer Distanz zu einem der christlicher Demut nicht entsprechenden Mönchsleben heraus das Klosterleben immer wieder brandmarken; die Mönche werden ein bevorzugter Gegenstand seiner Angriffe, seiner Kritik an der Kirche und seiner starken Zweifel an der Christlichkeit der Kirchenvertreter der Zeit werden. „Monachatus non est pietas", heißt eines der immer wieder zitierten Worte des Erasmus – die Frömmigkeit liegt nicht im mönchischen Leben, liegt nicht in Übungen, die veräußerlicht sind und die Durchdrungenheit von christlichem Geist vermissen lassen. Im ›Lob der Torheit‹ wird er von den Religiösen und Mönchen sagen, daß „die meisten unter ihnen von Religion gar nichts an sich haben und kaum einer so sehr Gesellschaft sucht"[15]. Ausgesprochen

[13] 32. 9.
[14] 19. 217.
[15] 35. 233.

wird das wohl erst vom gereiften Erasmus, doch vorbereitet wird er durch den frommen Geist der Devotio moderna, der den Eintritt ins Klosterleben evoziert; und wir sehen ihn hier nun eintauchen in die Welt kritischer Studien, die der Zugang zu den lateinischen Schriftstellern, auch zu den humanistischen Texten von Filelfo, Poggio, Guarino erschließt. Vor allem sind es die Schriften des Laurentius Valla (1407-1457), des größten Philologen in der Mitte des 15. Jahrhunderts und Erneuerers der lateinischen Sprache,[16] in die sich Erasmus vertieft; die Verbindung geschliffener Eloquenz und sprachlicher Akribie beeindruckt den Zwanzigjährigen tief: „In der Feinheit der Form", bekennt er gegenüber einem Freunde, „schenke ich niemandem so Vertrauen wie Laurentius Valla, an Geistesschärfe und geschichtlicher Treue ist er unvergleichlich"[17]. Valla, ein Römer, der in den Diensten des Königs Alfons von Aragon, des Regenten in Neapel, später in Diensten der Kurie unter Papst Nikolaus V. stand, war zu Lebzeiten schon durch seine Kontroversen mit Poggio, mehr noch durch seine Bibelkritik, auffällig geworden, mit der er kühn für die kritische Unabhängigkeit des Gelehrten eintrat, die auch vor der Vulgata, dem von Hieronymus stammenden lateinischen Text der Bibel, nicht haltmachte. Lange vor dem Streit zwischen Erasmus von Rotterdam und Luther über Freiheit oder Unfreiheit des Willens trat er für das „liberum arbitrium" ein und verteidigte die Entscheidungsfreiheit des Menschen gegenüber der strikten Anbindung an das dogmatische Wort, wie es die Kirche verkündete. Bahnbrechend wurden seine Bücher über die lateinische Sprache ›Elegantiarum linguae latinae libri sex‹, womit er die Erneuerung des Lateins nach den Regeln Ciceros und Quintilians und damit die Darstellung des humanistischen Lateins unternahm. Wir verstehen, daß er als des Erasmus „einziger würdiger Vorgänger auf dem Gebiet biblischer Textkritik" gerühmt wird.[18] Erasmus wird ihm in seiner Sprachlehre folgen, wird dessen reinem Philologismus aber die Überzeugung hinzufügen, daß mit der Reinigung der Sprache auch die Reinigung des Charakters und die sittliche wie religiöse Erneuerung einhergehen müsse.

Die philologische Bibelkritik des Valla begegnet Erasmus in ihrer reifsten Form, als er 1504 im Prämonstratenserkloster Parc bei Haverlee die Handschrift von Vallas ›Annotationes in Novum Testamentum‹ entdeckt, die Anmerkungen also zum ›Neuen Testament‹. Da war Erasmus schon mit seiner lateinischen Übersetzung des ›Neuen Testaments‹ beschäftigt. Er berichtet über seinen Fund an den päpstlichen Protonotar in Rom, Christoph Fischer: „Als ich im vergangenen Sommer in einer sehr alten

[16] 101. 60.
[17] 32. 8.
[18] 101. 101.

Bibliothek auf Jagd war ..., da geriet in meine Netze eine absonderliche Beute, die Anmerkungen des Laurentius Valla zum Neuen Testament. Sofort hatte ich den lebhaften Wunsch, alle Wissensdurstigen daran teilnehmen zu lassen ... Aber es schreckte mich die bekannte alte Mißgunst gegen den Namen des Laurentius etwas ab ... Ich werde in ihr [der Vorrede, mit der er dann 1505 das Werk herausgab – G. B.] ... über Art und Nutzen dieses Werkes sprechen, doch zuvor kurz die allgemeine Mißgunst gegen den Namen des Laurentius aus dem Wege schaffen."[19] Er bekundet darin, daß ihn Valla auf das Feld der kritischen Theologie geführt und ihm Ermutigung gegeben habe, sich nicht überkommener dogmatischer Lehre zu verschreiben, sondern selbst, aus eigenem Entschluß und eigener Urteilskraft, aus der im Sprachstudium erworbenen Kritikfähigkeit heraus sich den Texten zuzuwenden, die die Grundlage allen Lebens sein sollten. Vor allem aber lernt Erasmus von Valla, daß man nicht, wie über Jahrhunderte hin getan, von der ›Vulgata‹ des Hieronymus als dem unbefragten lateinischen Text, sondern daß man von dem viel älteren griechischen Text auszugehen habe, hätten die griechischen Texte doch das Wort viel unmittelbarer bewahrt als der lateinische, der noch dazu philologischer Bearbeitung bedürftig sei. Das wird dann zehn Jahre später zu der von Erasmus mit aller Gründlichkeit vorbereiteten Ausgabe des griechischen ›Neuen Testaments‹ vom Jahre 1515 führen, eine Arbeit, die zusammen mit der lateinischen Übersetzung als der Höhepunkt der theologisch-philologischen Arbeit des Erasmus, wenn nicht des Humanismus bezeichnet wird. In den ›Vorreden zum Neuen Testament‹ beruft sich Erasmus auf Vallas Vorarbeiten: „In der Nachfolge des Laurentius Valla, dem die guten Wissenschaften nicht nur in dieser Hinsicht verpflichtet sind, in der Nachfolge des Jacobus Faber [Faber Stapulensis, der französische Humanist, der 1523 das ›Neue Testament‹ ins Französische übersetzte – G. B.], jenem Meister aller Tugend und Gelehrsamkeit, habe ich mich mit dieser Arbeit weder ohne Grund noch ohne Erfolg abgemüht."[20] Freilich schon „die Veröffentlichung der ›Annotationes‹ durch Erasmus bildet die Grundlage für die moderne kritische Bibelwissenschaft"[21].

Mit dem griechischen ›Neuen Testament‹ wird zum ersten Mal den Humanisten das Heilige Wort in der griechischen Sprache als der Ursprache zur Verfügung gestellt – eine kleine Stelle ausgenommen, die Erasmus selbst durch eigene Übersetzung glaubte einfügen zu müssen. Zugleich aber findet sich am Anfang dieser immensen Leistung in einer Briefstelle das humanistische Programm, mit welchem Bibelarbeit und

[19] 32. 80f.
[20] 31. III. 115.
[21] Winkler in: 31. III. XIII.

Philologie verbunden werden: „Ich glaube, nicht einmal die Königin der Wissenschaften, die Theologie, wird es für unwürdig halten, wenn ihr von der Grammatik als Dienerin Handreichung getan und der schuldige Dienst geleistet wird; sie steht zwar an Ansehen hinter manchen Wissenschaften zurück, ist aber notwendiger als die anderen alle.“[22] Es ist das – 1505 ausgesprochene – Bekenntnis zum sorgfältigen, gewissenhaften Umgang mit der Sprache, zur philologischen Akribie, welche allen Interpretationen vorauszugehen hat.

Die Erneuerung des Glaubens aus der Wiederherstellung des Wortes ist das Ziel. In der Tat lassen sich, wie ihr Herausgeber zutreffend bemerkt, ›Paraclesis ad lectorem pium‹, ›Methodus‹ und ›Apologia‹ – Aufruf, Methode und Rechtfertigung –, die Erasmus seinem ›Neuen Testament‹ mitgeben wird, „als Kapitel einer größeren Abhandlung über die Erasmische philosophia Christiana“ lesen.[23] Sie sind Beiträge zur Kirchenerneuerung aus erasmischer Religiosität.

Damit ist aber nun doch dem Gang seines Denkens, der sich an der Biographie orientiert, weit vorgegriffen, verleitet durch die beiden maßgeblichen Einflüsse, von denen er zutiefst geprägt wird, der Frömmigkeit der Devotio moderna und der Philologie des italienischen Humanismus, insbesondere der des Laurentius Valla.

Wir wenden uns noch einmal den Anfängen seiner Studien im Kloster zu Steyn zu und bemerken, daß er bereits in der frühen Klosterzeit um 1490 eine Schrift mit dem Titel ›Antibarbari‹ entwirft. Im Brief an Johannes Witz vom Juni 1520, kurz nach dem nun erfolgten Druck seiner Schrift, berichtet Erasmus: „Ich war noch nicht zwanzig Jahre alt, als ich dieses Werk in Angriff nahm. Wenige Jahre später schien es mir gut, den Gegenstand in einen Dialog umzuformen, damit die Lektüre weniger beschwerlich wäre ...“[24] Auch hier findet sich manches von Absichten und Haltung des späteren Erasmus vorgebildet: die Lust an Spott und Ironie, die Aversion gegen Heuchelei und Verstellung unter dem Deckmantel des Glaubens, die Leidenschaft für die Sprache, die Verteidigung des Rechts auf eine Bildung, die diesen Namen verdient, die Überlegenheit über die Scholastik, für die er Verständnis nicht aufzubringen vermag, der er übrigens hinsichtlich der Kraft systematischen Denkens und philosophischen Scharfsinns unterlegen ist. Es ist der erste Angriff gegen die Gelehrsamkeit, die gegen den Humanismus stand, besser: gegen die der Humanismus angetreten war. Die Antibarbari – die Feinde also der barbarischen Scholastiker, der Ungebildeten insgesamt – sind die Freunde der *bonae lit-*

[22] 32. 82.
[23] 31. III. XX.
[24] 32. 269.

terae, als welche die humanistischen Studien bezeichnet werden, die zur Verteidigung einer humanistischen Bildung berufen sind, von der Erasmus überzeugt war, daß sie zur Freiheit des Geistes hinzuführen befähigt sei.

Erasmus zeigt sich hier noch ganz dem italienischen, durch Agricola vermittelten Humanismus verpflichtet, wie er ihm schon in seinen ersten Lehrern begegnet war. Das zeigt sich in der Konzeption des ganzen, allem voran schon in dem immer wieder einmal aufgegriffenen Satz, der sich im frühen Entwurf der Schrift findet. Er sagt darin mit der jugendlichen Begeisterung dessen, dem sich die neue Welt des Geistes und der Bildung öffnet und der die Lust des Austausches der Geister in lebendigem Gespräch auskostet: „Tota vitae nostrae ratio epicurea est" – der ganze Sinn unseres Lebens ist epikuräischer Art –,[25] wobei er ebenso an den Garten Epikurs wie aber auch an die humanistischen Zirkel und Gesprächskreise der italienischen Renaissance denken mag; die Platonische Akademie bietet ja das Grundmodell eines gelehrt-heiteren Gedankenaustausches. So sind denn auch die „Antibarbari" Menschen, die er sich in einem Landgut in den Niederlanden treffen läßt, wo sie sich zusammenfinden, um über die Grundprobleme humanistischen Lebens zu sprechen, über Rhetorik und Poesie zumal. Das zentrale Gesprächsthema geht darum, inwieweit sich klassische Texte und deren Studium mit christlicher Gesinnung vertragen, wie denn also Texte, die lange vor dem Christentum geschrieben, also gar nicht christlichen Geist atmen können, dennoch christendienlich sein können. „Kann man nicht", so lautet wohl die Frage, „für seine Prosa Cicero und für seine Verse Horaz zum Vorbild nehmen und im Leben trotzdem ein guter Christ sein?"[26] Natürlich sinnt schon hier Erasmus auf die Vereinbarkeit beider; bei den Brüdern vom Gemeinsamen Leben hatte er einen ersten Begriff davon erhalten. Die Reflexion darüber ist aber bereits Gedankenleistung des Erasmus selbst.

Das war der erste Eintritt in die Welt der Gelehrsamkeit, erste Andeutung und Skizzierung eines humanistischen Programms, das eben diese beiden Komponenten immer wieder umfassen und die Mitte erasmischen Denkens und Mühens darstellen wird: Antike und Christentum, und beide zur Versöhnung gebracht in einem gelehrten Leben, das der Bildung dient und – um es fast tautologisch zu sagen – eben der Versöhnung.

Im europäischen Schicksalsjahr 1492 wird Erasmus in Utrecht zum Priester geweiht. Es folgt, von 1493 an, seine Tätigkeit als Sekretär des Bischofs von Cambrai, Heinrich von Bergen. 1495 wird wieder zu einem wesentlichen Datum für seine Entwicklung. Er wendet sich nach Paris

[25] 129. 37.
[26] 19. 268.

zum Studium am Collège Montaigu, dessen Zucht und Strenge, die sich in Lebensführung wie in der Form des Studiums niederschlugen, ihn körperlich überforderten und geistig abstießen, so daß er, für kurze Zeit zwar nur, wieder in seine Heimat zurückgeht. Das Collège Montaigu ist bekanntlich auch dadurch berühmt geworden, daß eben dort auch Calvin seine Ausbildung genossen hat; wenn von der Strenge, der Härte Calvins immer wieder in seiner Theologie etwas spürbar wird, werden wir uns dieses Collège Montaigu erinnern, das diese Strenge und Härte atmete, mit welchen Dogma und Glaubensregeln, also die rechtmäßige Lehre der Kirche auf dem Wege einer asketischen Theologie durchgesetzt werden sollten.

Die Atmosphäre mußte dem zarten, sich selbst noch suchenden, eigene Sicherheit noch nicht besitzenden Erasmus zuwider sein. An der Sorbonne wird er sein Studium fortsetzen, 1498 das Bakkalaureat erwerben, Vorlesungen halten und sich mit Griechisch und Hebräisch beschäftigen. Eine Zeitlang wird er als Privatgelehrter und als Hauslehrer sein Brot verdienen. Auch dem scholastischen Lehrbetrieb an der Sorbonne, an der von humanistischem Geiste nichts zu spüren war, blieb er fremd. Er findet grimmige Worte darüber im Briefe an John Colet im Oktober 1499: „Wenn Du sagst, dieses junge Theologengeschlecht, das über seinen bloßen Spitzfindigkeiten und sophistischen Redereien greisenhaft verkalkt, gefalle Dir nicht, so denkst Du ganz wie ich. Nicht, daß ich da die Studien verurteile, Studium findet stets Lob bei mir, aber da sie allein stehen und nicht irgendwie auf ältere und feinere Wissenschaft sich gründen, können sie meines Erachtens Halbwisser und Streithähne erzeugen, aber schwerlich einen Weisen.“[27] Da spricht der Humanist nicht nur, da spricht schon der Geistesverwandte und Freund des großen Engländers.

Die Freundschaft wurde geknüpft beim ersten Englandaufenthalt des Erasmus 1499/1500, der nicht länger als ein halbes Jahr dauerte. Diesem Aufenthalt werden noch zwei weitere folgen, der eine in den Jahren 1505/1506, der andere von 1509 bis 1514. England – wie sich schon daran zeigt, daß er immer wieder und für immer längere Zeit zurückkehrte – faszinierte ihn stets aufs neue. Die englischen Jahre sind nicht nur die vielleicht fruchtbarsten hinsichtlich seines Eindringens in die Geisteswelt des Humanismus, die dort früher gereift war als in Zentraleuropa, es sind die englischen Jahre wohl auch die entspanntesten seines Lebens gewesen, es sind Jahre beglückenden Studiums und erwartungsvollen Lernens. Es sind vor allem die Jahre, in denen er die dauerhafteste und tiefste Freundschaft schloß, die ihm gewährt wurde, eine Freundschaft, die eine der

[27] 32. 38.

menschlichen Beziehung, der menschlichen Wärme und Nähe ebenso wie eine der geistigen Bruderschaft und des reichsten Gebens und Nehmens gewesen ist, nämlich die mit Thomas Morus. Lange Zeit wird er im Hause des Morus Wohnung nehmen, um die gemeinsame humanistische Arbeit fortzuführen und in engem Gespräch miteinander sein zu können. Daneben ist es, noch vor der Begegnung mit Morus, die Freundschaft zu John Colet, dem führenden Haupt der englischen Humanisten, dem Erasmus wesentliches theologisches Verständnis verdankt.

Bei der Gelegenheit erinnern wir uns der frühen humanistischen Bewegung in England, die noch lange bevor der europäische Humanismus sich unter der Führung des Erasmus stark und eigenkräftig entfaltete, ihre Impulse von Italien, dem Mutterland des Humanismus, erhalten hatte, nicht zuletzt durch die Vielzahl von Engländern, die in Italien, insbesondere an der Platonischen Akademie zu Florenz studiert hatten. Auch Colet hatte in Italien studiert.

Erasmus tritt in England in einen Kreis ein, der vollends von dieser neuen Weise humanistischer Geistigkeit durchdrungen war und ihn mächtig inspirieren wird. Insbesondere ist hier schon die ganze Latinität lebendig, die auch für Erasmus so bezeichnend, ja entscheidend wird. Die beschwingte Stimmung, in die Erasmus sich versetzt sieht, spiegeln seine Briefe: „Wenn Du genügend wüßtest", schreibt er an Faustus Adrelinus im Sommer 1499, „was England zu bieten hat, lieber Faustus, Du würdest beflügelten Fußes hierher eilen, und wenn Dein Podagra es nicht zuließe, würdest Du gerne ein Dädalus werden".[28] Und im gleichen Jahr schreibt er an William Blount, seinen Gönner, dem er seine ›Adagia‹ widmen wird: „Es ist gar nicht zu sagen, wie mir Dein England lieb wird, teils dank der Gewohnheit, die alles Schwierige zu mildern pflegt, teils dank der Liebenswürdigkeit von Colet und dem Prior Charnok, die den angenehmsten, liebsten und gütigsten Charakter haben."[29]

Erasmus lebt auf, er gewinnt den Blick für seine Aufgaben; es ist, als erführe er an sich selbst den Humanismus unmittelbar. Und gleichsam als ein Dank an seine englischen Freunde beginnt er Sprichwörter und Redensarten zu sammeln unter dem Namen ›Adagia collectanea‹; der Titel wird sich dann wandeln in ›Chiliades Adagiorum‹, was eben nichts anderes heißt als Sammlung von mehr als tausend Sprichwörtern. Es ist „sein Geschenk an das humanistische England"[30], und er wird zeit seines Lebens nicht aufhören, diese Sammlung zu bearbeiten und zu vervollständigen. Das Unternehmen hat ihn in der Tat immer begleitet, als habe er die

[28] 32. 37.
[29] 32. 43.
[30] Payr in: 31. VII. XIII.

›Adagia‹ zum Forum seiner ganz persönlichen Bekenntnisse machen wollen. An Jakob Batt, seinen Freund in Bergen, schreibt er im März 1500: „Ich stecke ganz in wissenschaftlicher Arbeit und habe im Sinn, eine Sammlung der Sprichwörter der Alten mit Erläuterungen zusammenzustellen, schleunigst. Ich sehe, es werden einige tausend sein, aber ich will nur zwei-, höchstens dreitausend herausgeben."[31] Und tatsächlich, nachdem er in der ersten Ausgabe mehr als achthundert solcher Sprichwörter herausgegeben hat – und zwar kurz nach seinem ersten Englandaufenthalt 1500 schon –, wächst die Sammlung der ›Adagia‹ in immer neuen Auflagen und immer verbesserten Editionen auf weit über fünftausend an. Bis zu seinem Lebensende zählt man nicht weniger als 28 Ausgaben der Sprichwörter. Das zeigt freilich nicht nur das Vergnügen des Erasmus an diesem Werk, die Leidenschaft der Arbeit daran, es zeigt auch, wie rasch die gelehrte Welt und schließlich das gebildete Publikum seine Intention, solcherart über humanistischen Geist belehren zu wollen, erfaßte und sich auf die Lektüre stürzte. Noch im 18. Jahrhundert sind die ›Adagia‹ als Schullesebuch im Gebrauch. Sie werden in viele Sprachen übersetzt werden.

Goethe schreibt an Schiller am 16. 12. 1797: „... würde zugleich raten, sich die Adagia des Erasmus anzuschaffen, die leicht zu haben sind. Da die alten Sprichwörter meist auf geographischen, historischen, nationellen und individuellen Verhältnissen ruhen, so enthalten sie einen großen Schatz von reellem Stoff." Und es ist eben dieser reelle Stoff, der sie zu einer der beliebtesten Schriften der humanistisch gebildeten Leser werden läßt. Wir erinnern uns, daß sie schon Mutianus Rufus zur fleißigen Lektüre empfiehlt. Darüber hinaus sind sie für uns ein Spiegel erasmischen Geistes und seines Denkens.

Aus der humanistischen Atmosphäre Englands erwachsen, sind sie nicht nur die erste größere Publikation des Erasmus, sie sind bereits in ihrer Struktur wie ein Programm humanistischer Arbeit. Die Betonung des Wertes der ›Adagia‹ als eines rhetorischen Kunstmittels ist dabei noch das mindeste. Wichtiger ist, daß sie Anlaß geben zu Reflexionen politischen, moralischen und religiösen Inhalts, zu philosophischen Untersuchungen und zu humanistischen Erläuterungen. Einige dieser Betrachtungen weiten sich zu ganzen Abhandlungen aus, die später als selbständige Arbeiten erschienen sind. Die Mehrzahl der Einzelstücke der Sammlung ist freilich relativ kurz.

Um sich mit der Gedankenwelt des Erasmus vertraut zu machen, ist eine Beschäftigung mit seinen ›Adagia‹ immer hilfreich. Es geht in ihnen um die Verbindung antiker Lehren und Weisheiten mit christlichen, insbe-

[31] 32. 58.

sondere biblischen Sprüchen. Zunächst sind es die antiken Schriftsteller, die ausgewertet werden und deren „geflügelte Worte", um Büchmanns auf Homer zurückgehenden Begriff zu gebrauchen, gesammelt und geordnet werden. Es handelt sich freilich, worin Theresia Payr[32] zuzustimmen ist, um weit mehr als um „geflügelte Worte" oder eine bloße Sprichwörtersammlung, ist es doch daneben gewiß „ein Florilegium der antiken Literatur und ein Kompendium der klassischen Altertumswissenschaft", in den Dienst der Ausbildung der Eleganz der Sprache und eines humanistischen Bildungsprogramms gestellt. So wird sich das Werk auf die ganze humanistische Literatur ausweiten, indem zunächst wohl die Antike vorgestellt wird, dann aber die geistigen Beziehungen nicht nur zwischen den klassischen Schriftstellern, sondern auch zwischen diesen zu den Zeitgenossen des Erasmus gezeigt werden. Es werden verwandte Worte und Ausdrücke nebeneinandergestellt, auf ihren Herkunftsort hin untersucht und auf die unterschiedlichen Bedeutungsinhalte hin interpretiert. Die Sprichwörter werden mit biblischen Sprüchen und geistlichen Gedanken konfrontiert. Und schließlich werden daraus Folgerungen für Leben und Lebenshaltung gezogen. Oft in ironischem oder satirischem Ton vorgetragen, wird das Werk zu einem Handbuch humanistischer Lebensweisheit, das in der Darstellung der Zeitverhältnisse, wozu manches Sprichwort willkommenen Anlaß bietet, zur Zeitkritik sich weitet und in der Geißelung der Mißstände der Epoche vor Kirche und Adel nicht zurückschreckt, vor jener kriegerischen Kirche, die sich unentwegt in äußere Händel verstrickte, statt zum christlichen Streiter in geistlichem Sinn zu werden, und vor dem Adel, dessen Korruption und moralische Verworfenheit, dessen, wie wir heute sagen werden, totales soziales Unverständnis Zielscheibe der eloquenten Angriffe des Erasmus sind. Die Breite des humanistischen Denkens, vor allem seine allgemeinen bildungstheoretischen Implikationen und damit das erwähnte humanistische – implizite – Bildungsprogramm deutlich zu erfassen, gelingt unschwer am Beispiel der ›Adagia‹. Wie in einem Lehrbuch verbinden sie Philologie, Sozialkritik, humanistische Gelehrsamkeit und christliche Bildung. Dafür stehe das Sprichwort, das Erasmus in griechischer und lateinischer Version wiedergibt: „Bellum haudquaquam lachrymosum" – ein unblutiger Krieg oder auch: „Adakrys polemos, Bellum lachrymis carens".[33] Es stehe auch als Beispiel für die Arbeitsweise des Erasmus, insofern alle Sprichwörter und Redensarten auf lateinisch und griechisch wiedergegeben werden, Hinweis zugleich auf den Eigenwert, den Erasmus den Griechen zuerkannte. Gegen Ende des Jahres 1500 schreibt er zwar noch, daß er Unterricht im

[32] 31. VII. XXVII.
[33] 31. VII. 528ff.

Griechischen nehmen wolle und darauf brenne, „unsere ganze (lateinische) Literatur zu bewältigen, zugleich im Griechischen einigermaßen Fähigkeit zu erwerben“[34]; aber 1506 heißt es dann: „Ich hatte im Sinn, durch Übersetzung griechischer Autoren die Theologie, die, weiß Gott, unwürdig durch sophistisches Narrenwerk verderbt ist, nach Kräften zu erneuern oder zu fördern; doch ... schien es mir richtig, zunächst eine Probe darauf zu machen, daß ich nicht vergebliche Mühe auf das Studium der beiden Sprachen, Lateinisch und Griechisch, verwandt habe ... Deshalb habe ich es unternommen, zwei Tragödien des Euripides, Hecuba und Iphigenie in Aulis, ins Lateinische zu übersetzen, ob etwa irgendein Gott dem kecken Unterfangen gnädig zulächeln würde ...“[35] Die Meisterschaft, deren er sich schmeicheln darf, bewährt sich bei den Sprichwörtern, deren lateinische mit einer griechischen und deren griechische mit einer lateinischen Übersetzung versehen werden. Schon hier bahnt sich seine Pädagogik an. Wir lesen in unserem Exempel: „Ein Krieg ohne Tränen: Wenn man einen Sieg ohne Blutvergießen erringt, wenn sich jemand aus einer mißlichen Lage so herausmanövriert, daß er ohne Schaden davonkommt, wenn ein paar Streithähne einander nur Schimpfwörter an den Kopf werfen, oder wenn eine Auseinandersetzung so verläuft, daß keinem Beteiligten ein Nachteil erwächst, wie z. B. in einer literarischen Kontroverse die den Unterliegenden kenntnisreicher, den Überlegenen konzilianter macht.“ Damit ist das Sprichwort von allen Seiten beleuchtet und in seinem Inhalt ausgeschöpft. Es unterbleibt nicht der Hinweis auf den Charakter literarischer Fehden, aus denen alle Beteiligten bereichert hervorgehen. Zugleich ist darin schon der Vermerk für den rhetorischen Gebrauch enthalten: Ein Wort ist nicht nur daraufhin zu befragen, welchen Sinn es ausdrücken will, sondern ebenso daraufhin, in welchem Zusammenhang man es sinnvoll verwenden kann. Wir erinnern uns, daß die Rhetorik zu einem der zentralen humanistischen Lehrfächer wird.

Nach Interpretation und Hinweis für den Gebrauch des Wortes kommt die historisch-philologische Ableitung: „Der Ausdruck soll auf einen alten Orakelspruch zurückgehen, der den Spartanern vor ihrem Kampf gegen die Arkader in Dodona erteilt wurde, nämlich, daß es ein Krieg ohne Tränen sein werde; dann sollen sie gesiegt haben, ohne daß auch nur ein einziger Mann gefallen wäre ... Plutarch nennt in seinem Traktat ›Vom Glück der Römer‹ den Sieg, den Aemilius Paullus gegen Perseus errang, einen Sieg ohne Tränen ... Von den Sinnsprüchen des Pittakos ist u. a. der Satz berühmt: Siege müssen ohne Blutvergießen zustande kommen ... Sinngemäß gehört hierher auch das Sprichwort, das ich in einer griechi-

[34] 32. 63.
[35] 32. 84f.

schen Sammlung finde: Ein Krieg ohne Schwertstreich ist in Griechenland ausgebrochen. Damit ist eine Fehde gemeint, die mit Argumenten, nicht mit Waffen ausgetragen wird. Denn das ist die einzige Form der Auseinandersetzung, die einem vernünftigen Menschen angemessen ist." Von der Aneinanderreihung der verschiedenen Formen des Sprichworts und der Aufzählung der Fundstellen gleitet der Humanist hinüber zur moralischen Belehrung. Die philologische und rhetorische Absicht geht, wie zu sehen, einher mit der Intention, aus antiken Einsichten eine Lebenslehre zu ziehen. Der Humanist findet Gelegenheit, der Herrschaft der Vernunft das Wort zu reden und die kriegerische Auseinandersetzung als menschenunwürdig zu bestimmen und zu verurteilen.

Dieses Urteil schließlich führt hin zur Zeitkritik: „Indes: man würde es nicht für möglich halten, wenn man es nicht mit eigenen Augen sähe, wieviel Gefallen an dieser Art der Kriegführung die christlichen Fürsten finden. Man kämpft mit Waffen, die raffinierter und furchtbarer sind als alles, was heidnische Brutalität und barbarische Roheit je ersonnen hat." Die Vorbildlichkeit der Antike wird herausgestrichen! „Es gibt unter den deutschen Stämmen einen, dessen besonderer Stolz es ist, so viele Menschen niederzumetzeln wie nur irgend möglich, und ist das an sich schon schrecklich genug, so wird es ungeheuerlich dadurch, daß sie es auch noch als Söldner in fremden Diensten tun, wie irgendein Metzger, den man für Geld zum Schlachten dingt." Den Beschluß der Betrachtung des Sprichwortes bildet eine nochmalige Wendung zur Rhetorik, mit der das Sprichwörtliche der Redensart unterstrichen wird: „Diese Ausdrücke werden noch stärker als sprichwörtlich empfunden, wenn man sie auf ferner liegende Gegenstände überträgt, z.B. auf einen Prozeß, eine Debatte oder eine andere Auseinandersetzung dieser Art."

Es ist im vielleicht etwas weitschweifigen Zitat deutlich geworden, was Erasmus bewegt: Zeitgeschichte und Zeitgeschehen, die zum entschiedenen Wort herausfordern. Deutlich ist, daß Erasmus keineswegs an jenem frühen, fast möchte man sagen jungenhaften Gedanken einer epikuräischen Lebensführung festhält. Die Verpflichtung des Gelehrten und Gebildeten tritt deutlich hervor: auf Schwächen, Mängel und Gebrechen der Zeit den Finger zu legen und den Mächtigen den Spiegel vorzuhalten. Vielleicht übertreibt die Vermutung nicht, daß hier von dem Zwiespalt, dem inneren Konflikt etwas enthalten ist, worin Erasmus steht und aus dem heraus er spricht und handelt: wenn er einerseits sieht, daß im täglichen Gebrauch die Rede vom Krieg im Munde geführt wird und vielleicht gar als Entschuldigung herhalten muß, und wenn er andererseits sieht, was die Vernunft vermöchte, nämlich ein dem Menschen würdiges Zusammenleben – auch in Auseinandersetzungen – zu bewirken, kurz: Humanität herzustellen. Denn „mit Waffen aufeinander loszugehen", heißt es an der gleichen Stelle, „das ist die Art von wilden Tieren und Gladiatoren, die ich allerdings noch eine Stufe unter die wilden Tiere stelle". Das belehrende Moment ist unverkennbar. Aus dem mehr oder minder gedankenlosen Gebrauch des Wortes – und nicht nur, versteht sich, dieses Wortes – soll eine Rede werden, die sich verantwortet und sich verantworten läßt, indem sie mit humanem Sinn erfüllt wird. Die Sprache, das ist humanistische Grundforderung, muß ernstgenommen werden.

In der Sprichwörtersammlung findet sich an anderer Stelle auch bereits der Begriff der „Philosophia Christi", den Erasmus immer wieder für seinen Gedanken der Humanität einsetzen wird. 1518 wird er an Paul Volz im Zusammenhang mit seiner Schrift ›Handbüchlein des christlichen Streiters‹ schreiben, es wäre wünschenswert, „wenn einige ebenso fromme wie gelehrte Männer beauftragt würden, aus den reinsten Quellen der Evangelisten und Apostel, aus den bewährtesten Auslegern die ganze Philosophie Christi in Grundzügen zusammenzufassen ... Die Glaubenslehre sollte in wenigen Sätzen abgemacht werden, die Ethik ebenfalls kurz behandelt werden"[36]. In den Sprichwörtern wird der Begriff entwickelt in „Sileni Alcibiadis", worin er „für alle Stände das leuchtende Vorbild eines Lebens in christlicher Demut" zeichnet.[37] Erasmus entwickelt eine christliche Lebensphilosophie, eine Geisteshaltung, in welcher sich die Grundformen seines Humanismus bündeln.

Am berühmtesten vielleicht, um das nicht unerwähnt zu lassen, wird die zu einer Abhandlung ausgeweitete Betrachtung der Redensart „Dulce bellum inexpertis", worin er das immer wieder erregende Thema seines Lebens aufgreift: daß der Krieg nur den Unerfahrenen schön und angenehm sein könne – wie sonst ließe sich der Krieg verherrlichen. Es ist, wie erinnerlich, das Thema der ›Querela pacis‹. Das soziale Engagement, das bei Betrachtung der Leistung des Gelehrten zu leicht in Vergessenheit gerät, tritt als Impuls erasmischer Humanität hervor. In der Auslegung des Spruches „A mortuo tributum exigere – Von einem Toten Steuern verlangen" findet sich die leidenschaftliche Klage und Anklage: „Andererseits ist es, wie Aristoteles in der Politik schreibt, wider die Natur, daß Geld ‚Geld trägt'. Doch heutzutage ist das – bei Christen wohlgemerkt – eine allgemein anerkannte Sache; das geht so weit, daß man die Bauern gering achtet, obwohl kein Stand so notwendig ist wie sie ... Dem wehrlosen Volk wird auch das Letzte genommen, und durch immer neue Zehnten und Abgaben läßt man den Armen kaum genug zum Leben."[38] Das ist nun schon in dem schärferen Ton gesagt, der in spätere Ausgaben einge-

[36] 32. 199.
[37] Payr in: 31. VII. XX.
[38] 31. VII. 443f.

gangen ist. Die Beispiele ließen sich fast beliebig vermehren. Genug. In den zahlreichen Erweiterungen, Editionen und Verbesserungen tritt nur immer heller jene Verbindung zutage, die bewußt zu machen das Anliegen eines jeden Humanismus sein muß – und eben im erasmischen Humanismus gegenwärtig war: daß nicht allein die Gelehrsamkeit den Gebildeten machen kann, sondern das Wissen um Auftrag und Verpflichtung hinzutreten muß, die Bildung dafür einzusetzen, nach Kräften für die Verbesserung der menschlichen Dinge zu wirken und daß der Sinn der Gelehrsamkeit, der Sinn des innigen Umgangs mit den Schriften, der Sinn der Zuwendung zur Antike und zu den frühen Vätern nicht schon in der Pflege der Sprache und im Studium sich erfüllt – diese sind unentbehrliche Mittel, um das Werkzeug zu gewinnen –, sondern darin, daß diese Studien sich gleichsam nach außen wenden, in die menschliche Gemeinschaft hinein, um dem gerecht zu werden, was mit dem Wort „humanitas" angezeigt ist.

Ein Vergleich der verschiedenen Editionen würde ergeben, daß dieses Ringen, der humanistischen Gesinnung Gehör zu verschaffen in einer feindseligen Welt, Erasmus nicht freigegeben hat; er würde ergeben, daß der Humanismus Europas immer mehr über die fast spielerisch anmutenden Anfänge, noch viel mehr über die peinlich kleinlichen Querelen der Humanistenkreise hinauswuchs. Es wird von mehr als nur symbolischem Gehalt, wenn die Studien, in der sich menschliche Bildung erfüllen sollte, Humaniora, menschlichere Studien also, genannt werden.

Vielleicht ist es auch ein Zeichen, daß sich gerade in England, wo Erasmus zu seiner ersten größeren Arbeit angeregt wurde, anders als in Deutschland der Begriff des Humanismus im Wort "humanities" für die Geisteswissenschaften erhalten hat. Mag sein, daß der Humanismus sich tiefer verankern konnte, da ihm dort kein so gewaltiger, wenn auch unfreiwilliger Gegenspieler erwuchs wie in Deutschland der Reformator Luther. Wie dem auch sei, die geistvoll-tiefgründige Verbindung von Philologie und christlicher Gesinnung, von antiker Lebenslehre und humanistischer Ethik ist Erasmus im Umgang mit den englischen Freunden, in der gemeinsamen Hingabe an die neuen Studien, in der wechselseitigen Förderung der Sprachenpflege vermittelt worden. Hier ist es noch vor allem John Colet, der ihn fördert; später wird es Thomas Morus sein, der Erasmus in beglückenden Gedankenaustausch hineinzieht und ihm zum unübertroffenen Vorbild wird.

Jedenfalls nimmt Erasmus das Geschenk, das er den Freunden mit den ›Adagia‹ macht, mit auf seine Lebensreise, die ihn zunächst nach Frankreich, darauf für mehrere Jahre in seine Heimat und dann wieder nach Paris führen wird. Es ist die Zeit, in welcher er die Handschrift des Laurentius Valla mit den Anmerkungen zum ›Neuen Testament‹ entdeckt, die

Zeit, die mit gründlichem Griechischstudium erfüllt ist, Anmerkungen zu Ciceros Buch über die Pflichten entstehen läßt und vor allem die Schrift hervorbringt, die man als die erste programmatische aus seiner Feder mit Fug und Recht bezeichnen kann: das Handbuch des christlichen Streiters, ›Enchiridion militis christiani‹, veröffentlicht 1503. In einem Brief an Colet äußert er sich darüber: „Das Handbüchlein habe ich nicht geschrieben, um meinen Geist oder meine Beredsamkeit zu zeigen, sondern nur zu dem Zweck, den Irrtum derer zu kurieren, die gemeinhin das Wesen der Religion in Zeremonien und mehr als jüdische, den Körper betreffenden Riten sehen unter seltsamer Vernachlässigung der Frömmigkeit. Ich habe versucht, gleichsam eine Theorie der Frömmigkeit zu geben ...“[39] Es ist die erste zusammenhängende Beschreibung seiner Gedanken von einem christlichen Leben unter dem Vorsatz, den Sinn des Lebens zu beschreiben „vivendi rationem praescriberem“[40]. Die Beschreibung ist angefüllt mit der – auch für spätere Publikationen des Erasmus typischen – Polemik gegen das Mönchs- und Ordenswesen, gegen Wallfahrten und die Veräußerlichung des Glaubens in Zeremonien; und sie führt zur Abwägung von Geburts- und Geistesadel, um – auch das eine typische Sequenz – das Leben als fortwährenden Kampf darzustellen: „Vor allem sollst du dir stets vor Augen halten, daß das Leben der Menschen nichts anderes ist als ein fortwährender Kampf.“[41] Und der Mensch kann diesen Kampf, so sagt er dem christlichen Streiter, nur mit zwei Waffen bestehen, mit „Gebet und Wissen“[42]. Er fordert Selbsterkenntnis, um mit sich selbst ins Reine zu kommen, und ruft auf zum Gebrauch der Vernunft: „Im Menschen aber erfüllt die Vernunft die Rolle des Königs.“[43] Denn die Vernunft ist die Mitte des Menschen und die Offenbarung der Gottähnlichkeit des Menschen: „Der Geist läßt uns also zu Göttern werden, das Fleisch zu Tieren. Die Seele macht uns zu Menschen, der Geist zu frommen, das Fleisch zu bösen; die Seele allein zu keinem von beiden. Der Geist strebt nach dem Himmlischen, das Fleisch nach dem Angenehmen, die Seele nach dem Notwendigen.“[44] Dem entspricht die Unterscheidung von drei Welten, der geistigen und der sichtbaren und schließlich der Menschenwelt als der dritten, „die an jeder von beiden teilhat“[45], an der sichtbaren und der unsichtbaren. Der Humanist aber, dem es um lebendige, dem Leben dienende Bildung geht, spricht sich aus

[39] 32. 80.
[40] 31. I. 56.
[41] 31. I. 57.
[42] 31. I. 77.
[43] 31. I. 113.
[44] 31. I. 143.
[45] 31. I. 183.

in den zwei Sätzen, die immer wieder angeführt werden, um seine, die erasmische Geisteshaltung zu charakterisieren. Es ist der eine: „Monachatus non est pietas, sed vitae genus“ – Mönchstum ist nicht Frömmigkeit, sondern eine Art zu leben, dem einzelnen ... entweder nützlich oder schädlich.[46] Und der andere: „Gewisse Ränkeschmiede, die meinen, höchste Frömmigkeit sei es, keine Bildung zu haben, mögen erkennen, daß, wenn ich das feine Schrifttum der Alten von Jugend auf ins Herz geschlossen ... seit langem daran gedacht habe, den Tempel des Herrn, den manche durch Unwissenheit oder Unkultur allzusehr entehrt haben, mit seltenen Schätzen nach Kräften zu schmücken ...“[47]

Man sieht, wie sein Bildungsprogramm, auf leicht faßlicher (und keineswegs origineller) Anthropologie ruhend, sich ausformt, wie er aber nun auch schon in die Kämpfe der Gelehrten eingetreten ist, denen er, als ein Mann der Öffentlichkeit, zu dem ihn sein Ruhm gemacht hat, sich nicht mehr wird entwinden können.

Der zweite Englandaufenthalt 1505/1506 bringt ihm die Bekanntschaft mit dem Bischof John Fisher, der ihm eine Professur in Cambridge anbot, die Erasmus ausschlug. Die Promotionspläne, die ihn vor allem erneut nach England geführt hatten, mußte er freilich fallenlassen. Im Herbst 1500 schon hatte er Jakob Batt geschrieben, er wolle nach Italien gehen, um den Doktorhut zu erwerben, da man ihn „nirgends sachgemäßer bekommen“ könne denn dort.[48] Als sich ihm trotz namhafter Fürsprecher die englischen Universitäten versagten, da er wegen seiner Herkunft den Statuten der Universität gemäß nicht als unbescholten galt, wandte er sich nach Italien.

In Italien, das er von 1506 bis 1509 durchzieht – wir verzeichnen Aufenthalte in Piemont, in der Lombardei, der Toskana, in Neapel, Venedig, Rom – erwartet ihn zunächst eine neue Enttäuschung. Auch die ehrwürdige Universität in Bologna lehnt es ab, ihm den Doktorhut zu verleihen, wiewohl er Italien bereits als ein Fürst des Geistes betrat, als ein Gelehrter, dem Ruhm und Ruf vorauseilten, als einer also, der im Bewußtsein der gebildeten Welt längst ein Doktor, ein Lehrer, war. Erst in Turin gelingt ihm die Erfüllung seines Wunsches. Die Universität Turin war erst wenige Jahre zuvor gegründet worden und kannte die strikten Gesetze der alten Universitäten nicht, offenbar auch dieses ein Zeichen beginnenden Umbruchs der Epoche der Wiedergeburt. Mit einiger Untertreibung teilt er einem Freunde mit: „Ich habe den Doktor der Theologie erworben, und zwar ganz gegen meinen Wunsch, die Bitten der Freunde haben mir das

[46] 31. I. 370.
[47] 31. I. 373.
[48] 32. 64.

abgerungen."[49] Daß er den Doktorhut – es war am 4. September 1506 – wie beiläufig erworben hat, wollen wir ihm gern glauben, er wird denen, die über ihn zu befinden haben, sicher um vieles überlegen gewesen sein; daß ihm der akademische Grad jedoch kostbar war, zumal er endlich den Makel der Geburt von ihm zu nehmen geeignet war, ist doch wohl nicht in Abrede zu stellen.

Nun zeigt die Länge des Italienaufenthaltes, daß die Promotion nicht allein ihn dorthin rief. Die Wanderschaft durch Italien als dem Land der Wiedergeburt der klassischen Studien mußte ihm teuer sein, um den Quellen seines Denkens, ja seiner philologischen Lebensarbeit nahe zu sein. Sicher hat ihn Italien, das seine humanistische Blütezeit schon hinter sich hatte, nicht mehr umformen müssen, wohl aber wird man sagen können, daß sich hier seine Bildung als Philologe vollendete. Es ist vor allem Venedig gewesen, das ihm reiche Arbeitsmöglichkeiten bot, war es doch die Stadt des berühmtesten Druckers der Zeit, Aldus Manutius. Mit diesem hat Erasmus eine besonders fruchtbare Zeit verbracht und viele Editionen klassischer Texte vollenden können. Wir vergegenwärtigen uns die Schwierigkeiten, mit denen in seiner Frühzeit der Buchdruck noch immer zu ringen hatte; die Herstellung philologisch exakter Ausgaben war nur in enger Zusammenarbeit von Herausgeber und Drucker möglich. Die Freundschaft mit dem anderen bedeutenden Drucker der Zeit, Froben in Basel, wird Erasmus später sein großes publizistisches Werk allererst ermöglichen und wesentlich zu seiner außerordentlichen Wirkung als einer mächtigen Institution des Geistes beitragen. Der Drucker Manutius – kaum anders als Froben – war ein humanistisch gebildeter Mann, den Erasmus nicht genug rühmen kann. Er nennt ihn „hochgelehrt", bezeichnet ihn als einen Mann von „nicht alltäglicher Gelehrsamkeit" und versichert ihm, daß sein Andenken dereinst „nicht nur berühmt, sondern auch ansprechend und liebwert sein" wird, während er seine Arbeit als Drucker und Verleger als „eine wahre Herkulesarbeit" bezeichnet, durch die er unsterblich werde.[50] Bei Aldus Manutius begegnet Erasmus auch Hieronymus Aleander, der seinen Weg noch mehrfach kreuzen wird, was ihn, Erasmus, dann freilich zu weniger schmeichelhaften Äußerungen veranlassen wird, als er sie Aldus Manutius, dem er ein bleibendes gutes Andenken bewahrt, zukommen ließ.

In anderer Hinsicht wird der Italienaufenthalt aber nicht weniger bedeutsam für Erasmus, eignet er sich doch hier jene Seite des Humanismus vollends an, auf die er sich schon früh vorgewagt hatte, die aber nun durch Erfahrung und Augenschein tiefere Begründung und Herausforderung

[49] 32. 87.
[50] 32. 87.

zugleich enthält. Gemeint ist das, was wir den politischen Humanismus nennen, das Eintreten in die öffentliche Auseinandersetzung um die Ordnung der Welt, den Kampf um die Aufgaben der Kultur- und Lebensmächte. In Rom begegnet ihm gleichsam eine gespaltene Stadt, gespalten in die „Gesellschaft" der Glaubensreformer und in die laizistisch gewordene Welt der Kurie. Es ist die Zeit des Renaissancefürsten Julius II. auf dem Stuhle Petri, die Zeit der mächtigen Prachtentfaltung der Kirche, hinter welcher Erasmus – gemeinsam mit den Glaubensreformern – die wahren Aufgaben der Kirche, um das Wohl des Menschen und sein Heil besorgt zu sein, gröblich vernachlässigt sieht. Mit Erschütterung hatte Erasmus selbst die Belagerung Bolognas durch den Papst und die französischen Truppen erlebt, was ihn zur Flucht nach Florenz gezwungen hatte. An Servatius Roger schreibt er unter dem 16. 11. 1506: „Am Martinstag hat Papst Julius seinen Einzug in Bologna gehalten und am nächsten Sonntag im Dom die Messe gehalten. Man erwartet das Kommen des Kaisers, bereitet auch einen Zug gegen Venedig vor, falls es nicht in der Romagna nachgibt. Inzwischen ruhen die Studien."[51] Die nüchterne Bemerkung spricht für sich. Die Erfahrungen des Italienaufenthaltes und die Bitterkeit, mit der Erasmus seine zutiefst negative Einschätzung der Kirche aufnahm und die einseitig auf Papst Julius II. gerichtet war, führte zu der Invektive ›Julius exclusus e coelis‹ – Julius vor der Himmelstür –, mit der er diesem Papst sicher nicht gerecht wurde, wodurch er aber seinem Verhältnis zum Papsttum und seiner Einschätzung der päpstlichen Ausgaben leidenschaftlichen – und darum auch nicht ganz gerechten – Ausdruck gab. Die Schrift erschien anonym, wiewohl kurz nach dem Tod des Papstes 1513 abgefaßt; die Autorschaft, lange umstritten, dürfte heute als gesichert gelten. Der in die Schlacht reitende „papa terribile"[52] war Erasmus zuwider; von ihm waren Frieden und Frömmigkeit nicht zu erwarten. Auf die Frage des Julius, ob er unbewaffnet kämpfen wolle, läßt er Petrus antworten: „Da ich dieses Amt verwalte, kenne ich kein Schwert außer dem Schwert des Geistes, das das Wort Gottes ist."[53] Die Schrift erschien, als die lutherische Reformation bereits in Gärung war. Man wird – die maßlosen persönlichen Gehässigkeiten des Erasmus gegen Julius II. beiseite gelassen – aus der Schrift vor allem zwei Grundgedanken herauslesen müssen, die für des Erasmus Haltung in jenen Jahren wichtig werden: das Festhalten an der Institution des Papsttums sowie die Erneuerung des konziliaren Gedankens, der in den Reformbewegungen des 14. und 15. Jahrhunderts, auch bei den Versuchen, das große Schisma aufzuheben, dem

[51] 32. 87.
[52] 47. 236.
[53] 31. V. 31.

Papsttum Beschränkungen auferlegen wollte. Er wird sich bekanntlich nicht durchsetzen können, auch nicht durch die Vorstellungen des Erasmus: Das Papsttum siegt über das Konzil.

Über solche allgemeinen Ideen hinaus wird Erasmus jedoch nicht gelangen, soweit es die Kirchenreform betrifft; zu einem Programm bringen ihn auch die italienischen Beobachtungen nicht. Er wird jedoch fortan nicht aufhören, eine Wiedergeburt der Kirche zu wünschen. Es ist damit auch jene Unsicherheit angedeutet, aus der Erasmus nie ganz herausfindet: sich seine Katholizität wahren zu wollen und doch über den Parteien zu stehen. Davon ist in seinen Briefen des Jahres 1515 aus London der Widerschein unzweideutig erhalten. So schreibt er: „Ich kann nicht anders, mich quält die Sehnsucht nach Rom, sooft ich daran denke, was ich an Freiheit, an Wirkungsmöglichkeit, an Licht, an Spaziergängen, Bibliotheken, entzückenden Gesprächen mit den gebildeten Menschen, an Prominenten aus der ganzen Welt, die nach mir verlangten, in Rom zurückließ.“[54] Und er schreibt im Huldigungsbrief an Papst Leo X., ihn mit nicht geringer Übertreibung als Friedefürst feiernd, rückblickend: „Mag auch die Zeit der Strenge Julius' II. notwendig gewesen sein, sicher heilsamer war die Milde Leos, sie kommt auch dem Vorbild näher, dessen Platz unter den Sterblichen der römische Papst einnimmt.“[55]

Erasmus ist in der Zeit seines Italienaufenthaltes schon zu einer europäischen Institution geworden, ist einer, der gefragt wird und auf den man hört, einer, der sich weniger als Lernender – wiewohl er als solcher sich in guter Gelehrtenmanier immer verstanden hat – denn als Belehrender versteht, ein Schiedsrichter in Fragen der Wissenschaft, der auch zu den öffentlichen Problemen nicht schweigen darf. Er hat sich auf jenen Punkt hin entwickelt, den er 1522 in einer berühmten Briefstelle an Zwingli genau bezeichnen wird als die Rolle eines Weltbürgers: „Ich wünsche, Weltbürger zu sein, allen zu gehören, oder besser noch Nichtbürger bei allen zu sein. Möchte ich doch das Glück haben, in die Bürgerliste der himmlischen Stadt eingetragen zu werden.“[56] Das war eine Absage, die lange innerlich vorbereitet war, Absage an eine Partei im großen theologischen Streit, mochte ihm Zwingli auch durchaus nahestehen. Noch 1516 schreibt er an Zwingli: „Ich gratuliere dem Schweizervolk, dessen Eigenart mir auch besonders lieb ist, das Du und Deinesgleichen durch die trefflichsten Studien und Sitten bilden und berühmt machen werden ...“[57]

Mit diesem – erst spät gefundenen – Namen des Weltbürgers wird die

[54] 32. 120.
[55] 32. 122.
[56] 32. 310.
[57] 32. 139.

Intention des politischen Humanismus, wie er sich in Erasmus auch schon in seinen frühen Jahren darstellt, auf den Begriff gebracht: die Verbindung der Menschen zu einer Menschheit herzustellen und die Brücke über alle Streitigkeiten hinweg zu schlagen. Der Weltbürger gehört allen, wie er alle in ihrer Eigenart anerkennen möchte. Das bleibt freilich Ideal oder sehnlicher Wunsch. Der Wunsch, in solchem Sinne Weltbürger zu sein, wird Erasmus nicht erfüllt werden. Er kann sich nicht über den Parteien halten. Eben das macht die Tragik dieses gelehrten und frommen Mannes aus, gerade weil er zur Institution kraft seines Geistes, kraft seiner Bildung und kraft seiner Gelehrsamkeit geworden war, sich immer wieder von allen umworben und von allen sich reklamiert zu sehen.

Herausgefordert zu politischen Stellungnahmen und Entscheidungen, insbesondere im kirchenpolitischen Kampf, mußten ihm diese schließlich abgerungen werden, litt er doch darunter, daß er sich mit der Entscheidung für die einen zugleich notwendigerweise gegen die anderen stellen mußte. Das widersprach seiner Menschlichkeit, die aus Versöhnung und Versöhnlichkeit heraus lebte. Im Streit um die Dunkelmänner übt er, sehr zur Enttäuschung seiner Humanisten-Freunde, die gleiche Zurückhaltung. „Ich halte nichts für unglückseliger“, schreibt er an Willibald Pirckheimer, „als irgendwie zu streiten; vor allen Dingen aber, wenn man es mit einem schmutzigen und schmählichen Gegner zu tun hat – denn womit hat Reuchlin zu kämpfen?“[58]

Auch das Pamphlet gegen Julius erschien anonym und hat die Zeitgenossen die Verfasserschaft des Erasmus nie erkennen lassen. Diese Haltung des Abwartens, des besorgten Abwägens, der Zurückhaltung, der vermeintlichen Unentschiedenheit ist ihm oft genug als Schwäche ausgelegt worden. Man kann es freilich auch anders deuten, so nämlich, daß erstaunlich bleibt, wie er doch trotz der einem stillen Gelehrtendasein zugeneigten Grundstimmung seines Wesens zu unmißverständlicher Äußerung – hinsichtlich des Papsttums, hinsichtlich seiner Stellung zu den Reformatoren, hinsichtlich auch der blutigen politischen Händel – hinfand. Seine Auseinandersetzung mit Luther, die zunächst ein Werben und Bitten um Mäßigung war, bestimmt von Sympathie für das ursprüngliche Anliegen des Reformators, diese seine Auseinandersetzung mit Luther hat sein Alter tief überschattet. Darin wird aber auch der Grundentscheid ausgetragen darüber, was denn unter Reformation – die doch von niemandem, dem das Christentum am Herzen lag, grundsätzlich in Zweifel gezogen wurde – zu verstehen sei. Lange genug hatte Erasmus darum gerungen herauszufinden und herauszustellen, inwieweit jede der beiden Parteien im Recht war, ehe er dann doch, widerwillig geradezu, Partei ergriff.

[58] 32. 180.

Dazu hatte ihn Hieronymus Aleander noch nicht zu bewegen vermocht, als es 1520 darum ging, der „lutherischen Pest“ zu Leibe zu gehen. Erasmus, wir erinnern uns, hatte Aleander bei Aldus Manutius in Venedig kennengelernt. Jener war nun, als Beichtvater des Papstes und Bibliothekar Leos X., zu Kaiser Karl V. geschickt worden, um die Unterstützung gegen Luther zu gewinnen und ihn zu vermögen, die Bulle ›Exsurge domine‹, die er, Aleander, im übrigen formuliert hatte, mitzutragen. Dazu aber schien auch notwendig, Erasmus für die Sache der Kirche gegen Luther zu gewinnen. Man sieht wohl an nichts drastischer das Gewicht, das Erasmus inzwischen gewonnen hatte. Aleander sah aber auch wie viele andere Theologen der Kirche in Erasmus den Urheber aller theologischen Revolutionen und religiösen Konvulsionen, die Europa erschütterten. Tatsächlich hatte Erasmus zu einer neuen christlichen Laienfrömmigkeit aufgerufen, hatte zur Selbständigkeit des theologischen Denkens gegenüber der Lehrmeinung aufgefordert, zur unbefangenen kritischen Hinwendung zu den Schriften. Seine Tat war bekanntlich die Wiederherstellung der lateinischen und griechischen Texte des ›Neuen Testaments‹. Hatte er sich dabei nicht auf den Freigeist Valla berufen? Und er war es auch gewesen, der den nun schon alten humanistischen Gedanken erneuert hatte, die heiligen Schriften auch in der Volkssprache allen zugänglich zu machen. Eben das wird ja zum Zentrum der lutherischen Reformation werden. Nicht nur in der Schrift gegen Julius hatte Erasmus härteste Kritik an der Kirche, am verweltlichten Papsttum, an der Kurie, am Mönchstum geübt! Aber er tat es doch immer – und damit wird der geschichtsmächtige Urgegensatz, der auch die Haltung von Erasmus und von Luther in ihrer Auseinandersetzung bestimmt, deutlich – im Namen der Evolution und nicht der Revolution. Auch bei anderen Humanisten, fügen wir hier ein, begegnet uns das immer wieder. Sie sehen sensibler als viele andere die Fehler der Zeit und die Schwächen, auch die Verbrechen der Mächtigen, und sie kritisieren sie nicht, um das völlig Neue an die Stelle des Alten zu setzen, sondern um aus der Tradition heraus das Vollkommene zu erneuern, die Erkenntnis zu erweitern und allen bereitzustellen. Aber es geschieht nicht im Namen der Revolution, sondern der Reinigung der Geister, und es ist unter ihnen kein Luther, der, wenn auch sicher wider seinen Willen, zum Revolutionär seiner Epoche geworden ist und seiner Kirche die andere Kirche gegenübergestellt hat. Selbst der Weggefährte Luthers, Melanchthon, sucht noch als Reformator den Ausgleich und verleugnet seine humanistische Herkunft nie.

Aber freilich liegt, wir vergegenwärtigen es uns immer wieder, in diesem kritischen Bewußtsein des Humanismus die Sprengkraft, die das Alte aufbricht und wohl ganz zerstören könnte; und die Kirche erkannte, deutlicher als es Erasmus selbst wahrgenommen hat, welche Explosivkraft in der Unabhängigkeit eines wachen, kritisch erwachten Geistes steckt. Und es mag an dieser Stelle die Besinnung darauf erlaubt sein, wieviel Macht im Geistigen verborgen sein kann, wie sehr doch, anders gesagt, die Geschichte der alltäglichen Rede von der Ohnmacht des Geistes widerspricht.

Wenn an Erasmus etwas fasziniert, dann ist es dieser Vorgang, wie über alle Niederlagen, Enttäuschungen, Demütigungen und Zweifel an der eigenen Kraft hinweg sich der Geist freikämpft, wie er aus den Niederungen einer dunklen Herkunft sich entfaltet, um allein durch die Gegenwart geschulten Denkens, das sich mit einer demütigen Hingabe an das Werk verbindet, die tatsächlich Mächtigen in seinen Bann zu ziehen. Das bedeutet gerade sichtbare Lösung von den Autoritäten, bedeutet Freiheit durch Bildung und damit eine den Gehorsam fordernden Institutionen gefährliche Souveränität.

Nun, Aleander, als Professor des Griechischen ein ausgezeichneter Graezist, erkannte durchaus, welche unterschwelligen Kräfte sich Geltung verschafften, und Erasmus war ihm ja durchaus von jahrelanger Bekanntschaft her vertraut. Aber die gegenreformatorische Entschiedenheit vermochte Erasmus sich nicht zu eigen zu machen. Er mochte entgegen Aleanders Wunsch gerade die Durchsetzung der Bulle verhindern, durchaus noch in der Hoffnung, daß es gelingen möge, eine Neuerung der Kirche mit Luther zu erreichen, ehe die Spaltung endgültig wurde. Er sah, daß, wenn der Trennungsstrich erst gezogen war, dann auch eine Auseinandersetzung auf der geistigen Ebene nichts mehr fruchten konnte. Erasmus wendet sich dagegen, daß Luther verurteilt wird, wenn er auch nicht verhindern kann, daß die Bulle durch Aleander, den päpstlichen Legaten auf dem Wormser Reichstag, in Wirkung gesetzt wird. Er versagt sich dann auch der Bitte des jungen Kaisers, in Worms als Schiedsrichter aufzutreten; denn das hieße doch, nicht so sehr Schiedsrichter in Glaubenssachen zu sein und als solcher über den Parteien zu stehen, sondern sich für die Kirche einsetzen zu müssen, ohne dann doch dem Widerpart volle Gerechtigkeit zuteil werden lassen zu können. Der Humanist spricht sich in seinem Brief an Geldenhauer vom 9. September 1520 aus: „Ich fürchte sehr für den armen Luther, so braut sich von allen Seiten eine Verschwörung zusammen, so wüten allenthalben gegen ihn die Fürsten, und besonders Papst Leo. Wäre doch Luther meinem Rate gefolgt und hätte sich von diesen Haß und Aufruhr bringenden Dingen ferngehalten ... Glückt ihnen ihr Unternehmen, so wird niemand ihre Unverschämtheit ertragen können. Sie werden nicht ruhen, bis sie alle Sprachen und Wissenschaften zerstört haben."[59]

[59] 32. 275.

Da ist die besorgte Ahnung in Worte gefaßt, daß der Sturm von Reformation und Gegenreformation den Humanismus hinwegfegen würde, wie er denn auch getan hat. Es ist freilich auch leicht zu sehen, daß Erasmus jedes Verständnis für den Charakter Luthers, für seine religiöse Inbrunst, fehlte. Sie blieben in verschiedenen Welten.

Aber die Kontroverse um und mit Luther, die er von den Niederlanden, dann von Basel aus verfolgt und begleitet, ist doch schon weit jenseits jener schönen Zeit, die ihm nach dem Italienaufenthalt für mehrere Jahre in England vergönnt war. Auf seiner Reise von Italien nach England entwirft er das ›Lob der Torheit‹ (Encomion moriae – Laus stultitiae), das er im Hause seines Freundes Morus beenden wird, die geistvollste Satire der Epoche, das glänzendste Dokument eines heiter-entspannten Humanismus, in welchem sich Belesenheit und Erfahrenheit, Spottlust und beißende Ironie mit undogmatisch-gelöster Christlichkeit zum Meisterwerk verbinden. Der Titel selbst ist eines der vielen hübschen sprachlichen Versteckspiele, in denen sich die Humanisten gefielen. Erasmus berichtet seinem Freunde Morus selbst darüber: „Da ich nun also irgend etwas unternehmen wollte und die Zeit für eine ernste Betrachtung wenig geschaffen schien, beliebte es mir, ein ‚Lob der Narrheit' im Scherze zu schreiben. Welche Athene hat Dir das in den Kopf gesetzt? wirst Du sagen. Nun, zunächst mahnte mich Dein Geschlechtsname Morus, der kommt dem Wort ‚moria' so nahe, als Du ihr sachlich fernstehst ... Sodann nahm ich an, mein scherzhaftes Geistesprodukt werde Deinen besonderen Beifall finden, weil Du an derartigen Scherzen ... reichlich Freude zu haben pflegst."[60] Aber es scheint doch, liest man das Werk nur genau genug, viel mehr als nur ein Scherz gewesen zu sein, mit dem sich der Gelehrte die Zeit der Reise vertreiben wollte. Nachdem der Spott vor niemandem und vor keiner Institution haltgemacht hat, wendet sich die Rede von der Dummheit, die die Welt regiert und niemanden ausläßt, zur Torheit in dem christlich-einfältigen Sinne, in dem man von dem Toren spricht, dem alles rein sei: „Die christliche Religion hat allem Anschein nach eine innige Verwandtschaft mit der Torheit und recht wenig mit der Weisheit gemein."[61] Intellektualismus wie Bildungsfeindlichkeit machen gleichermaßen lächerlich und verfehlen das wahre Christentum. Das ›Encomion moriae‹ ist das Lob der heilsamen Torheit, in welcher die schlichte Gläubigkeit auch des Gebildeten daherkommt, im Lob christlicher Simplizitas.

In England, wie wenigstens vermerkt sei, entstehen viele seiner maßgeblichen Editionen oder werden doch vorbereitet, so die Ausgabe des Neuen Testaments, der Schriften des Hieronymus und des Basilios und der Para-

[60] 32. 89.
[61] 35. 266.

phrasen zu den Paulinischen Briefen. 1515 geht er zu Froben, dem Drucker, nach Basel. Ein Jahr darauf erscheint das ›Neue Testament‹ auf Griechisch mit lateinischer Übersetzung und den Anmerkungen des Erasmus. 1517 wird er von Budé nach Frankreich, von Ximénes nach Spanien eingeladen, und die Leipziger Universität trägt ihm einen Lehrstuhl an. Er wendet sich jedoch für vier Jahre seiner Heimat zu und weilt, nun auf der Höhe seines Ruhms, zwischen 1517 und 1521 vornehmlich in Löwen. Die humanistisch-philologische Methode hat er zur Meisterschaft entwickelt. Er tritt im Bewußtsein der Stärke des Neuen gegen die Scholastik auf, indem er für ein einfaches Christentum ebenso wie für die Hinwendung zu den Quellen eintritt, dabei einen dem Humanismus durchaus vertrauten Ästhetizismus entwickelnd, der im übrigen pädagogisch sich in der Erziehung der guten Umgangsformen, in der Entwicklung einer urbanen Lebensart äußert. Daß er, der sich nie um mittelalterliches Schrifttum gemüht hat, die Scholastik, mit der er in Händeln lag, „weder durchdacht noch begriffen hat“, werden wir seinem Biographen gern glauben.[62]

1521–1529 verbringt er in Basel bei Froben, wo ihm, was seine Arbeit des Edierens und Publizierens anbelangt, die wohl doch glücklichste Zeit seines Lebens geschenkt wurde. Um so stärker war sie freilich von Kämpfen durchwebt. Es ist die Zeit der Reformation, die ihn nicht mehr losläßt. Sie zwingt ihn zu mannigfacher Korrespondenz, der es allerdings, wo sie sich nicht seinem Anliegen der Entwicklung humanistischer Wissenschaft, sondern den Tagesfragen zuwendet, nicht an politischer Naivität mangelt. Wie weit sein Rat jedoch gesucht wurde und seine Stimme klang, mag die Liste von Briefpartnern deutlich machen, die die Namen von Päpsten und Fürsten aufführt. Wir finden die Päpste Leo X., Hadrian VI., dem er freundschaftlich nahestand und auf den er große Hoffnung setzte, die sich in der kurzen Amtszeit Hadrians freilich nicht erfüllen konnten, Clemens VII., der ihm gegen Lebensende den – von Erasmus freundlich und müde zugleich abgelehnten – Kardinalshut antragen wird. Wir finden hier Kaiser Karl V., Heinrich VIII. von England, von dessen Regierungsantritt er den Anbruch eines humanistischen Zeitalters erwartete, Jacob V. von Schottland, Albrecht von Brandenburg, den Erzbischof von Mainz und Kanzler des Reiches, der beim Ablaßhandel eine so verhängnisvolle Rolle spielte, natürlich auch Kurfürst Friedrich von Sachsen, der ihn um Rat fragte, wie er sich zu Luther stellen solle – und dem er, Erasmus, den Rat gibt, Luther zu schützen und ihn in Gewahrsam zu nehmen. Und wir nennen auch noch Herzog Georg von Sachsen, König Ferdinand von Böhmen und Ungarn, König Sigismund von Polen, König Johann III. von Portugal.

[62] 55. 115.

Man sieht, wie Flucht in reine Gelehrsamkeit ihm nicht möglich ist – und er hat sie wohl auch nicht gesucht. Die Liste mag beeindrucken, sie sagt freilich nicht allzuviel aus. Jede einzelne dieser Beziehungen zu analysieren besteht aber hier auch kein Bedürfnis. Das, was hier als ein politischer Humanismus angelegt ist, läßt sich leicht fassen, wenn ein Blick auf die Schriften geworfen wird, in denen Erasmus seine grundsätzlichen Gedanken dazu vorgebracht hat. Wir ziehen dazu die ›Institutio principis christiani‹, die Unterrichtung eines christlichen Fürsten, zu Rate. Erasmus legt darin dar, von welchen Leitlinien die Erziehung des Fürsten und damit sein Handeln selbst bestimmt sein soll. Die Schrift ist dem späteren Kaiser Karl V. (und dessen Bruder Ferdinand) gewidmet und sollte diesem zeigen, wie er als Fürst zu regieren und von welchen Tugenden er sich leiten zu lassen habe. Die Schrift ist zudem der Dank für die Ernennung zum königlichen Rat am Hofe des Herzogs von Burgund in Brüssel.

Das, was Erasmus allem voranstellt, ist das *bonum commune*, das Gemeinwohl, welches auf der Beziehung zwischen Herrscher und Volk basiert. Anders als Machiavelli, dessen Buch vom Fürsten zur gleichen Zeit geschrieben wird und die Trennung von Politik und Moral verficht, spricht sich, wie nicht anders zu erwarten, der Humanist gerade für eine Verbindung beider aus. Der Fürst ist nicht sosehr nach seiner politischen Fähigkeit als nach seiner menschlichen Eignung auszuwählen und zu berufen – was wiederum naiv erscheinen mag, von seinem Anspruch her aber bedenkenswert bleibt: „So ist die Herrschaft vor allem dem zu übergeben, der die übrigen an königlichen Eigenschaften, nämlich an Klugheit, Gerechtigkeit, Mäßigkeit, Vorsorge und Eifer für das Gemeinwohl übertrifft.“[63] Daraus leitet er Regeln ab, die, auf den Herrscher gewendet, seiner ›Philosophia Christi‹ entstammen, die ja Lebensweisheit mehr als Philosophie, christliche Lebensklugheit und Handlungslehre im christlichen Sinne mehr als eine philosophische Ethik ist. Erasmus tritt darin um so deutlicher als einer hervor, der den Menschen in seiner Totalität als einen zu bildenden begreift und die menschlichen Dinge von Vernunft geleitet sehen will. „Der Herrscher“, lesen wir, „erlasse Gesetze, die den Übeltätern nicht nur Strafen ankündigen, sondern die auch überzeugen, daß man nicht schuldig werden dürfe. Daher irren die, die glauben, Gesetze sollten möglichst wenig Wörter umfassen, so daß sie nur befehlen, nicht auch belehren; im Gegenteil, sie sollen darauf angelegt sein, daß sie mehr durch Vernunftsgründe vom Vergehen abschrecken als durch Strafen“.[64]

Wir spüren, wieviel Utopisches in solchen mahnenden Worten ent-

[63] 31. V. 113.
[64] 31. V. 285.

halten ist, und spüren auf der anderen Seite doch sehr klar, daß wir bis heute hin keinen anderen Weg haben als den, der Vernunft immer mehr Gehör zu verschaffen und darauf zu bauen, daß der Mensch zur Einsicht zu bringen sei. Und dann meldet sich, nur wenige Zeilen später, wieder der Mann des Ausgleichs und des Maßes zu Wort, der einen *sensus communis* für unentbehrlich erkennt: „Wie es auch nicht Sache des Volkes ist, unbesonnen an Gesetzen des Herrschers Kritik zu üben, ist es Pflicht des Herrschers, dafür zu sorgen, daß er solche Gesetze schaffe, die allen Guten zusagen, daß er bedenke, daß auch die untersten Schichten des Volkes einen gesunden Menschenverstand haben."[65] „... ut meminerit infimis etiam sensum esse communem" – heißt es im Original, weshalb denn eher von Gemeinsinn als von dem gesunden Menschenverstand gesprochen werden sollte, woran Erasmus denkt, kommt doch darin zum Ausdruck, daß es ihm durchaus darum geht, das allen Menschen Gemeinsame als das Verbindende herauszustellen. Es ist zugleich der Appell des Pädagogen, jeden Menschen ernst zu nehmen, sich keiner Überlegenheit zu rühmen, die den anderen in Unwissenheit hält. Auch der Herrscher hat sich zu rechtfertigen, und zwar vor dem Urteil derer, die von ihm abhängig sind. Wie anders sollte er verantwortlich handeln, wenn er sich nicht verantworten muß!

Der Fürst ist in die Pflicht genommen. Wie eine Vorwegnahme aufklärerischer Gedanken mutet es an, wenn der Fürst geradezu in die Funktion eines Dienenden, dem Müßiggang verwehrt ist, verwiesen wird: „Es gibt auch heute manche, die glauben, es sei nicht königlich genug, öffentliche Funktionen auszuüben, was doch allein für die Könige das schönste ist. Daher halten es auch manche Bischöfe nicht für ihre Pflicht, was doch allein eines Bischofs würdig ist, nämlich das Volk zu unterweisen."[66]

Der Pädagoge meldet sich damit zu Wort. Vornehmste Aufgabe und daher Pflicht gerade derer, denen höchste Verantwortung zukommt, ist die Erziehung. Und natürlich nicht zufällig hat gerade der Kirchenmann für Unterweisung zu sorgen. Der Herrscher aber wirkt über Gesetze; auch sein Auftrag ist pädagogischer Natur, insofern er den schlechten Sitten durch gute Gesetze entgegenwirken muß. Vorsorge für untadelige Beamte muß getroffen werden, damit der Korruption Einhalt geboten werde, und das schwache Volk ist so wenig wie möglich zu belasten. Der Herrschaftsbereich ist von Räubern und Übeltätern zu befreien, und zwar mit möglichst wenig Blutvergießen; und schließlich muß die dauernde Eintracht unter den Untertanen gestärkt und gefestigt und auf Moralität aller gegründet werden. Und wenn die Bürger an die Bedeutung von Ehre

[65] 31. V. 285.
[66] 31. V. 331.

und Schmach – *honor et ignominia* – gewöhnt werden sollen, dann um der Einsicht willen, „daß nicht dem Vermögen und nicht dem Stammbaum eine Belohnung gebührt, sondern den edlen Taten“[67]. Und schließlich faßt Erasmus, für den Humanisten und Büchergelehrten erstaunlich, aber auch aufschlußreich genug, das ganze Spektrum der dem Herrscher aufgegebenen Wohlfahrt des Volkes ins Auge, wenn er nach der Hervorhebung der guten, sittlich wirksamen Gesetze erklärt: „Es gibt auch unbedeutendere Tätigkeiten als diese, die aber eines großen Herrschers nicht unwürdig sind, etwa Städte in der Absicht zu bereisen, alles zu verbessern; die zu wenig befestigten sind zu befestigen, mit öffentlichen Gebäuden zu schmücken, ebenso mit Brücken, Säulenhallen, Tempeln, Uferpromenaden und Wasserleitungen; ungesunde Gegenden müssen entweder durch Verlegung von Gebäuden oder durch Trockenlegung von Sümpfen unschädlich gemacht werden; ungünstig fließende Ströme sind abzuleiten, gegen das Meer sind zum Nutzen der Allgemeinheit Dämme zu bauen, oder es müssen seine Buchten vergrößert werden. Es ist Sorge zu tragen, daß vernachlässigte Äcker bestellt werden, damit mehr für Notzeiten zur Verfügung steht, zu wenig ergiebige muß man anders bebauen lassen, damit es nicht etwa dort Weingärten gibt, wo der Weinbau sich nicht auszahlt, aber Getreide gedeihen könnte. Es gibt Tausende von Tätigkeiten dieser Art, die für den Herrscher sehr schön und einem guten Herrscher auch willkommen sind, so daß es nie auch nur im geringsten notwendig ist, aus Überdruß am Nichtstun einen Krieg zu entfachen oder die Nacht mit Würfelspiel zu verbringen.“[68]

Das ist alles mit einiger Unbefangenheit gesagt, die wohl den großen Problemen nicht gerecht zu werden vermag, auch die Eigenart politischen Denkens nicht zu erfassen versteht. Aber es ist doch der Versuch, die „conditio humana“ im Ganzen in den Blick zu nehmen. Der Humanist versucht zu erweisen, daß er auch als ein noch so durchgeistigter, gar ätherischer, nie nur über den Wolken schweben will, nie nur, wie von Pragmatikern ihm gern vorgehalten wird, sich an den vermeintlich nutzlosen, den schönen und wohlgefälligen Dingen erbaut, sondern daß ihm der Wille zu eigen ist, den Humanismus in eine eben der menschlichen Wohlfahrt dienende Haltung eingehen zu lassen; und es soll sich erweisen, daß diese Haltung, wenn sie erst dem Herrscher wirklich zu eigen geworden ist, praktische Bedeutung hat und über solche Vermittlung einer „philosophia Christi“ – oder auch nur eines klarsichtigen, an Weisheitstradition ausgerichteten Denkens – praktisch werden kann, ja muß. Für den Humanisten löst sich das Problem einer guten Herrschaft und eines daraus erwach-

[67] 31. V. 287.
[68] 31. V. 333f.

senden friedlichen Zusammenlebens durch die Verschmelzung von Politik und Moralität, von Regierungskunst und lebensphilosophischer Weisheit. Wenn alle sich der Forderung der Sittlichkeit unterwerfen, müssen alle Dinge sich zum Guten wenden.

Das ist nun nach Erasmus nicht anders zu bewerkstelligen als durch Erziehung, durch die Erziehung derer, die für die Erziehung aller aufzukommen haben, vorab. Der humanistische Gedanke, daß der Mensch ohne Erziehung nicht zu seiner Vollkommenheit gelangen kann, läßt notwendigerweise niemanden aus. „Am meisten erreicht wird durch das Beispiel des guten Herrschers, durch Weisheit und Wachsamkeit, durch Unantastbarkeit der Beamten und Behörden, heiligmäßigen Lebenswandel der Priester, Auswahl der Lehrer, gerechte Gesetze und durch Bemühungen, die zur Tugend führen.“[69] Daß eben das ins Werk gesetzt werden kann, dazu muß Erziehung sein; denn der Mensch, wie Erasmus dem alten Sprichwort zufolge bemerkt, übt sich nur in der Kunst, die er versteht, und nicht in den Künsten, in denen er nichts leisten kann.

Erziehung also hat voranzugehen. Von der Erziehung hängt es nach des Erasmus Überzeugung ab, ob der Mensch „so etwas wie ein göttliches Wesen wird“ – oder zu einem „Ungeheuer entartet“. Daher hat der, der sich auf das höchste Amt vorbereitet, Erziehung zu bedenken: „Der Herrscher, der die Regierung übernehmen soll, muß vor allem daran gemahnt werden, daß die größte Hoffnung des Staates in der richtigen Kindererziehung liegt ... Denn das unerfahrene Alter fügt sich leicht jeder Disziplin. Daher muß man sich in erster Linie um den öffentlichen und privaten Unterricht kümmern, auch um die Erziehung der Mädchen.“[70] Der Humanist läßt keinen aus; die Forderung der Mädchenerziehung ist, wie man weiß, in dieser Form noch lange keine Selbstverständlichkeit. Damit ist wieder einer der Leitfäden seiner Vita exemplarisch hervorgekehrt: daß dem Menschen, dem nicht Bildung zuteil wird über eine sorgfältige und angemessene Erziehung, das Wertvollste vorenthalten wird. Und er kann also auch nicht – das wird bei Erasmus nie zu vergessen sein – sich Gott nähern und annähern. Daß hinter alledem der humanistische Gedanke einer allgemeinen Menschenbildung – einer, an der alle partizipieren – steht, soll noch einmal ausdrücklich unterstrichen werden. Denn Erasmus spricht nicht für den Fürsten allein, auch nicht für den Humanisten und den Stand der Gebildeten, er spricht ausdrücklich zum Menschen und für den Menschen. In immer neuen Schriften wird er das Thema verfolgen; und selbst dort, wagen wir zu sagen, ist es gegenwärtig, wo es nicht unmittelbar thematisiert ist.

[69] 31. V. 337.
[70] 31. V. 267.

Die Bildung geht über alles; deshalb geht die Aufgabe der Erziehung allem voran. Aus dieser Perspektive wird verständlich, warum Erasmus alle Hoffnung im politischen Leben auf Moral setzt, scheint er doch die Überzeugung nicht preisgeben zu können, der man einen weltfernen philanthropischen Optimismus bescheinigen muß, daß nämlich damit alle Probleme, die der Mensch sich schafft, ausgeräumt werden könnten. Reduziert man diesen Anspruch auf die Erklärung, daß nur darin der Beitrag des Humanisten zur Verbesserung der menschlichen Dinge liegen kann, wird man schwerlich widersprechen können.

Erasmus wird sich in dieser Überzeugung von der Güte des Menschen, die der Hilfe durch Erziehung bedarf, nicht wankend machen lassen. Sein christliches Menschenbild wird nie preisgegeben. Auch die jahrelange Auseinandersetzung mit Luther ist eine Auseinandersetzung um das Menschenbild, das dem Handeln zugrunde zu legen ist. Die Kämpfe, um zu einigen Lebensdaten zurückzukehren, werden ihn zunehmend wieder der katholischen Kirche zuführen. Die Reformation ist der tragische Schatten über seinem Leben. Als Oekolampadius, der Züricher Reformator, 1529 in Basel die Reformation durchsetzt, geht er, wiewohl auch Oekolampadius ihm nahegestanden hatte, nach Freiburg i. Br., um sich seinen Arbeiten in Ruhe widmen zu können. Und es kommt schließlich dahin, daß er den Tod von Zwingli und Oekolampadius im Jahre 1531 begrüßt. „Die Sache scheint ganz unter göttlicher Fügung zu stehen", schreibt er an Campeggio.[71] 1534 geht er nach Basel zurück. Den Tod von Morus und John Fisher im folgenden Jahr nimmt er mit seltsamer Distanz auf, müde wohl schon aller Streitigkeiten und öffentlichen Mühen, sich selbst schon an der Schwelle des Todes fühlend. „Mein Leben zählt nach Tagen, von Tag zu Tag erwarte ich den Tod, manchmal ersehne ich ihn auch – so schwer habe ich mitunter zu leiden."[72] Das steht in dem Brief an Bartholomaeus Latomus vom 24. 8. 1535, in welchem er von seiner Ablehnung des Angebots spricht, vom Papst den Kardinalshut entgegenzunehmen, welches Angebot er als einen „päpstlichen Irrtum" bezeichnet. Er stirbt am 12. 7. 1536 in Basel.

Seine letzte Schrift ›Über die Einheit der christlichen Kirche‹ widmet er dem Zöllner Christoph Eschenfelder in Boppard a. Rh., den er 1518 auf der Durchreise kennengelernt hatte. Darin ist nun freilich vom frühen Ungestüm des Aufklärers nichts mehr zu bemerken. Zuvor aber hatte er noch 1533 eine erneute revidierte Fassung der ›Adagia‹, mit welcher Schrift er den humanistischen Geist vielleicht wie kein anderer so nachhaltig beeinflußte, herausgegeben. Zu erwähnen bleibt an dieser Stelle auch, daß 1529

[71] 32. 521.
[72] 32. 557.

die erweiterte Ausgabe des 1528 zuerst erschienenen ›Ciceronianus‹ herauskam, die Streitschrift gegen die „scholastischen Humanisten", eben die Ciceronianer, deren Hochburg die Römische Akademie war. Es ist ein Bekenntnis zum lebendigen Humanistenlatein, zur Vollendung der klassischen Sprache, was uns davor bewahren sollte, nur die „Affen Ciceros" zu sein.[73] „Daran sollten wir denken", lautet sein Fazit, „daß wir an Cicero das nachahmen müssen, was an ihm wesentlich ist; und das ist nicht der Wortschatz und die äußere Form der Rede, sondern der Inhalt, die Aussage, der Geist und die Urteilskraft. Denn was nützt es, daß der Sohn seinem Vater wie aus dem Gesicht geschnitten ist, wenn er ihm nicht auch an Geist und Charakter gleicht?"[74]

Was er an Ruhe gewonnen haben mochte in den theologischen Streitfragen durch sein Bekenntnis zur katholischen Sache und beharrlichen Abwendung von den Reformatoren, büßte er mit dem ›Ciceronianus‹ gegenüber den Humanisten wieder ein, denen er mit Ironie, philologischem Scharfsinn und einer voll ausgespielten Literaturkenntnis zu nahe trat. Daß der Streit der Humanisten – wie im übrigen manches andere Humanistengezänk ebenso um Pfründen, Stellungen und Berufungen wie um Textauslegungen – einer besseren und wichtigeren Sache würdig gewesen wäre, wie man immer wieder bemerkt hat, ist ebenso unzweifelhaft wie die Feststellung, daß sich dieser Streit um die lateinische Sprache von selbst erledigte: „Während Ciceronianer und Anticiceronianer noch über die beste Form des lateinischen Stils stritten, hatten sie bereits den Boden unter den Füßen verloren: das Latein hatte seine Herrschaft an die Nationalsprachen abgetreten."[75] Die Heftigkeit der Auseinandersetzung über einen auch insofern erledigten Streit, als Cicero, wie Erasmus erkannte, nicht mehr der Gewährsmann allein für eine anderthalb Jahrtausende jüngere Epoche sein konnte, schlug auf die Humanisten zurück. Über sprachliche Finessen zu streiten, zu spotten, zu höhnen war schließlich selbst ein Mittel, dem Humanismus das Ansehen zu nehmen und ihn als Geistesmacht, die zu den wahrlich lebensentscheidenden Divergenzen sich äußern sollte, zur Ohnmacht zu verdammen. In den Nationalsprachen, an deren Bildung der Humanismus wesentlichen Anteil hatte, wurde die Sache der Reformation, damit die Spaltung der Kirche, damit schließlich die erneute Spaltung des Abendlandes ausgetragen. Von wissenschaftsgeschichtlichen Interesse bleibt eine Episode, die mit dem alsbald um den ›Ciceronianus‹ entbrennenden und bis an des Erasmus Ende währenden Streit zusammenhängt. Die erste Schrift gegen den ›Cicero-

[73] 31. VII. 341ff.
[74] 31. VII. 355.
[75] Payr in: 31. VII. LII.

nianus‹ entstammte nämlich der Feder des maßgeblichen Philologen Julius Caesar Scaliger, über dessen Autorschaft die Humanisten – Erasmus witterte auch hinter dieser rüden Schmähschrift Hieronymus Aleander – von Rabelais aufgeklärt wurden.

Nichts zeigt vielleicht die merkwürdige Weise, von seiner Welt sich abzukehren, besser als die Tatsache, daß er seine Bibliothek dem polnischen Adligen Johannes a Lasco verkaufte. „Er war der Mann, der das Kommende und Neue besser sah als irgend jemand, der sich mit dem Alten überwerfen mußte und doch das Neue nicht ergreifen konnte.“[76] Sicher war er kein Philosoph, kein Genie in selbstmächtiger Schöpferkraft, kein Weltveränderer; aber er war, wenn man diese vielschichtige Persönlichkeit auf einen Nenner zu bringen wagt, das Sinnbild humanistischer Geistigkeit, einer vom Christentum geprägten, ihm aber nicht blind verfallenen Geistigkeit, die unbeirrt an der Überzeugung von der letztendlichen Güte des Menschen und an der Hoffnung auf Vernunft und Bildung festhielt.

Luther und Erasmus

1515 hatte Erasmus von Rotterdam seine Schrift ›Die Bildung eines christlichen Fürsten‹ dem künftigen Kaiser Karl V. gewidmet und damit ein politisches Credo des Humanisten abgelegt: Die geringere Sicherheit der Schwächeren im Staate möge ausgeglichen werden durch die Humanität der Gesetze, *legum humanitate*.[77] Und er hatte zugleich – eine unermüdlich vorgebrachte Mahnung – darauf aufmerksam gemacht, daß alle Besserungen der menschlichen Dinge nur von einer Erneuerung der Erziehung und zudem von einem Bildungsbegriff (das Wort selbst freilich kennt er nicht) auszugehen haben, der für alle Gültigkeit besitzt. Wenn er dem Herrscher zu bedenken gibt, „daß auch die untersten Schichten des Volkes einen gesunden Menschenverstand haben“[78] – sagt das etwas anderes, als daß alle Menschen in politischen Angelegenheiten, in den sie alle unmittelbar berührenden Problemen, urteilsfähig sind und Anspruch darauf haben, gehört zu werden?

Wir finden uns überrascht, wenn wir schon in dieser einem Fürsten gewidmeten Schrift Erasmus von einer allgemeinen Bildung, will sagen: der Bildung der Allgemeinheit, sprechen hören, die ihm das Fundament der Wohlfahrt ist; und wir erkennen den durchaus nicht elitären Humanisten

[76] 55. 231.
[77] 31. V. 297.
[78] 31. V. 285.

in dem Einsatz für eine Erziehung, die allen Schichten des Volkes zuteil werden muß: „Der Herrscher, der die Regierung übernehmen soll, muß vor allem daran gemahnt werden, daß die größte Hoffnung des Staates in der richtigen Kindererziehung liegt."[79] Eben dieses wird unterstrichen: daß alle Besserung der Verhältnisse nur über eine Besserung des Menschen und die vernünftige Mitwirkung aller zu erwarten ist. Dabei kann sich eine solche allgemeine Erziehung und Bildung nicht nur, Erasmus ist sich dessen durchaus bewußt, auf die Innerlichkeit des Menschen beziehen, in welcher der Mensch wertvoller und geistvoller und „schöner" zu machen sei, sondern sie muß sich beziehen auf die menschlichen Lebensbedingungen, auf die gesellschaftlichen Erfordernisse selbst, für welche der Mensch tauglich werden muß. Gewiß, politisch denkt Erasmus monarchisch und hierarchisch, aber er will doch den Menschen nicht nur als Werkzeug der Oberen, will ihn nicht wehrlos sehen, will ihn befähigt wissen zu seinen Besorgungen im Schutze eines Staates, der nicht Selbstzweck ist. Die Autorität des Herrschers beruhe auf „Klugheit, Untadeligkeit, Mäßigung, Nüchternheit und Wachsamkeit", auf dem „Beispiel der Genügsamkeit".[80]

Erasmus hat, kein Zweifel, seinem Bildungsbegriff eine politische Komponente beigegeben und die Idee einer politischen Bildung gefaßt. Er greift weit vor. Oder wäre es nicht ein der Aufklärung weit vorgreifender Gedanke, das Konzept politischer Bildung auf die Freiheit des Menschen zu gründen: „Da die Natur alle Menschen frei erschaffen hat und die Knechtschaft gegen die Natur eingeführt wurde … bedenke, wie unpassend es ist, daß ein Christ die Herrschaft über Christen usurpiert, die nicht einmal die Gesetze zu Sklaven machen wollten …"[81] Wir halten freilich fest, daß die Rechtfertigung der Freiheit sich mit dem Appell an den Christen verbindet und das philosophische Argument durch das theologische gestützt wird und damit ihm manches von seiner Stringenz genommen werden mag. Aber es leuchtet um so mehr der christliche Grundzug dieses Humanismus hervor, dem sich Erasmus in den Querelen der Zeit weder entwinden konnte noch wollte. Einsicht und Hoffnung verbünden sich.

So mag die politische Komponente seines Bildungsgedankens neben den anderen Komponenten, den der christlichen Haltung, der Philologie, der sittlichen Erziehung, die schwächste und in der in ihr waltenden Naivität, der die Eigentümlichkeit des Politischen verborgen bleibt, die problematischste sein; nichtsdestoweniger erkennen wir unzweideutig den

[79] 31. V. 267.
[80] 31. V. 261.
[81] 31. V. 195.

Versuch, eine politische Bildung in das allgemeine Bewußtsein zu heben und in das Bildungsprogramm aufzunehmen. Wir erkennen die Sorge an, die Politik nur den Herrschenden überlassen zu sehen, unbeschadet dessen, daß die zur Herrschaft Berufenen dazu einer gründlichen Vorbereitung bedürfen, und dergestalt vorbereitet den anderen voranzugehen haben.

Erasmus weiß, auch aus eigener Erfahrung, nur zu genau, selbst wenn er es nur widerstrebend zur Kenntnis nehmen will, daß der noch so Gebildete nicht nur gebildet für sich selbst ist und Bildung und Wissenschaft nicht um ihrer selbst willen sind; und er weiß insofern, daß gerade der Gebildete in die Auseinandersetzungen seiner Zeit einzutreten hat und in den Wirrnissen der Zeit zu den politischen Verhältnissen und Beziehungen sein Wort zu sprechen hat. Auf dem Höhepunkt der kirchlichen Auseinandersetzungen, die, wie man weiß, eminent politische waren und eine gründlich veränderte Welt zurückgelassen haben, spricht er das stolze Wort in einem Brief aus Basel vom Februar 1523: „Möchte es doch wahr sein, daß alle Lutheraner und Antilutheraner, um sich Rats zu holen, zu mir strömten und möchten sie doch meinen Ratschlägen folgen wollen! Ich glaube, es stünde dann um die Menschheit etwas besser."[82]

Es stehe dahin, wie weit seine Ratschläge hätten führen können – unzweifelhaft ist, daß er mit seinem Denken nicht nur die Ereignisse begleitete, sondern – geistige Autorität die er war – sein Wort sprechen wollte, ja mußte zur politischen Situation, auch und gerade zur *ecclesia militans*, der streitbaren Kirche. Sein ganzer Lebensweg war darauf angelegt: Schiedsrichter nicht etwa nur in *philologia* oder in *rebus theologicis*, sondern damit unvermeidlich auch immer in *politicis* zu sein. Über die eigenen Grenzen gibt er sich freilich keinen Illusionen hin: „Ich gestehe, daß selten ein Zeitalter so toll gewesen ist wie das unsere, man könnte meinen, 600 Erinnyen seien aus dem Orkus ausgebrochen, so sehr ist auf weltlichem und kirchlichem Gebiet alles ungesund. Das Übel ist so verhängnisvoll, daß auch ein allgemeines Konzil meines Erachtens keine Heilung bringen kann, geschweige daß meine Wenigkeit da helfen könnte, magst Du auch offenbar eine große Meinung von mir haben." So schreibt er 1531 an Julius Pflug,[83] den Berater des Kaisers in religiösen Angelegenheiten. Das liegt nun freilich schon jenseits jenes Ringens um die Kirche mit Luther, in welchem mit dem theologischen und religiösen zugleich das politische Bekenntnis ausgesprochen werden mußte.

Wir glauben Erasmus durchaus, was er auf dem Höhepunkt der Auseinandersetzung mit Luther diesem schreibt: „Mich quält die öffentliche

[82] 32. 316f.
[83] 32. 518.

Not, die unheilbare allgemeine Verwirrung, die wir nur Deinem ungezügelten Gebaren verdanken."[84] Diese Auseinandersetzung überschattet seine späteren Jahre; aber sie ist charakteristisch für seine Haltung. Die politischen Implikationen seiner humanistischen Bestrebungen werden offenbar.

Luther und Erasmus – das ist der Zusammenprall zweier Welten. Erasmus steht am Zenit seines humanistischen Wirkens, als der Augustinermönch in sein Geistesreich einbricht und die Erde zu verwandeln beginnt. „Ein großes System der allmählichen Vergeistigung, ein Glaube an die Übereinstimmung der Besten der Antike mit der göttlichen Offenbarung in Christus, eine zum Geist führende Auslegung aller Literatur, der heidnischen wie der biblischen, ein Bewußtsein, daß die Stunde zur Wiederholung der klassischen Zeit, der christlichen Philosophie der frühen Kirche, geschlagen habe, und ein kräftiger Appell, sich geistig und sittlich zu bilden – dies alles war es, was der etwa Fünfzigjährige, in ganz Europa Gefeierte der Welt anzubieten hatte, als vom Rand der Zivilisation her (denn das war Wittenberg) die Gestalt des unbekannten Mönches Luther auftauchte und seine Kreise berührte."[85] Wenn wir uns an der Plazierung Wittenbergs an den „Rand der Zivilisation" nicht stören – können wir doch die frühe Durchdringung des Ostens mit humanistischen Gedanken und Programmen nicht übersehen –, werden wir das Bild gern akzeptieren: der auf der Höhe seines Ruhmes stehende Gelehrte und der ungestüme Mönch, der bald in aller Munde sein wird. Damit ist auch schon der entscheidende Unterschied angezeigt: Da der Gelehrte theologischer Herkunft, dort der Theologe, der zum Protestanten wird; da der Gelehrte, der um seine Kirche bangt, dort der Reformator, der zum Kirchengründer wird.

Hier sollen freilich nicht die theologischen Prämissen im Vordergrund stehen. Zunächst interessiert bei dieser Auseinandersetzung zwischen Erasmus und Luther das Ringen um den Ausgleich und die Versöhnung in dieser Welt. Zwei gänzlich unterschiedliche Haltungen kämpfen miteinander um die Besserung der Dinge, die beiden gleichermaßen, Erasmus so gut wie Luther, angelegen ist. Daß im Grunde eine Versöhnung gar nicht möglich war, wird bald beiden deutlich werden. In einem Falle ist es der Humanist, der eine christliche Versittlichung erstrebt; im anderen Falle ist es der Reformator, dem es um Glauben und Gnade geht. Im einen Falle ist es der Durchgeistigte, Sensible, Gebildete, der sich in den Kampf widerstrebend hineingezogen sieht; im anderen Falle ist es der Willensstarke, der von Leidenschaft und Sendungsbewußtsein Ergriffene, der die Kirche

[84] 32. 373.
[85] 13. 41.

nach seiner Erkenntnis von christlicher Existenz formen will und den Kampf nicht scheut. Erasmische Frömmigkeit, die sich letztlich über subtile Bildung vermittelt, und lutherische Unterwerfung unter Gott, der die Bildung letztlich sekundär bleibt, können nicht zueinander finden.

Es gibt in den Tischreden Luthers jene bekannte Stelle, in der Luther den Unterschied zwischen den drei führenden Geistern der Epoche in Deutschland deutlich zu machen versucht, den Unterschied zwischen Erasmus, Melanchthon und ihm, Luther, selbst. Er charakterisiert darin Erasmus mit der Formulierung „verba sine re"; seinen Mitstreiter und Freund charakterisiert er mit der Formel „res et verba", und seine eigene Position charakterisiert er mit den Worten „res sine verbis". Das will sagen, Luther gehe es „allein um das Evangelium, Melanchthon verbinde ... die Sache des Evangeliums mit einer ausgesprochen humanistischen Bildungsform, bei Erasmus aber überwiege das Letzte derart, daß das Evangelium zu kurz komme"[86]. Wir vermerken en passant, daß sich bildungsgeschichtlich auf lange hinaus die Haltung Melanchthons durchsetzen wird, wenn wir einen Nachklang der von Luther definierten Position in der Forderung des Comenius wiederfinden dürfen, nach dem Menschenbildung nur möglich ist, „wenn überall die Sprache mit den Dingen und die Dinge mit der Sprache gleichen Schritt halten"[87] – wobei freilich die „res" bei Comenius sich keineswegs nur auf das Evangelium beziehen.

Für seine Zeit aber hat Luther mit seiner Unterscheidung die Tragödie der geistigen Auseinandersetzung auf den Begriff gebracht. Zwischen beiden steht, vermittelnd und doch ohnmächtig, der zarte Melanchthon, der allein ungebrochen festzuhalten versucht, was dem Menschen aufgegeben ist: Bildung durch das Wort, Aneignung des Wortes in aller Fülle – und Ergriffenheit durch die Sache, womit nicht nur die Sache des Glaubens, sondern schließlich die ganze Welt gemeint ist. Was ist nicht alles im lateinischen „res" gelegen! Es ist eines der Herzwörter des Lateinischen. Die ganze Welt ist darin enthalten.

Erasmus ist der Mann, der auf das Wort, auf die Sprache alles gestellt hat, auf den vollendeten Ausdruck, auf die grammatikalisch unanfechtbare Wendung, auf den rechten Zugang zu den klassischen Autoren, und der darüber die Sache, den Hauptstreit seiner Gegenwart, zu vergessen scheint, der Mann, der sich dem Geschäft der Gelehrsamkeit widmen will. Luther hingegen – und das ist natürlich so überspitzt wie die Charakterisierung des Erasmus – glaubt auf den subtilen Umgang mit der Sprache letztlich Verzicht leisten zu können, insofern es um die Sache selbst geht,

[86] 97. 96.
[87] 24. 154.

um sein Anliegen der Reinigung der Kirche, der Läuterung des Glaubens und der Verklärung der Christenseele – unbeschadet dessen, daß er sich als Sprachschöpfer selbst Lügen strafen wird. Aber schließlich ist er auch Sprachschöpfer um seiner Sache willen. Dazwischen findet sich der zarte Melanchthon, dieser so ungemein liebenswerte, fragile und doch standhafte Mann, der, seinerseits auf der Seite Luthers stehend, dank seiner Herkunft vom Humanismus Erasmus sehr wohl versteht und um Ausgleich zwischen beiden bemüht ist. Ihm wird die Charakteristik Luthers am ehesten gerecht; er hat in der Tat in seinem Bildungsprogramm die Sprache und die Dinge zusammenbringen wollen. Da wandelt sich der Sinngehalt der „res" bereits, wird breiter und ist der gründlichen Gelehrsamkeit, die Erasmus vertraut ist, nahe.

Bei Luther ist die Rede von „res" in jenem Sinne, in dem das „tua res agitur" in Glaubensfragen ausgesprochen ist: Deine Sache wird hier verhandelt, es geht um dich selbst. Alles andere ist sekundär. Aber in der Übertreibung Luthers – dessen Protestantismus doch ohne das Wissen um die Macht der Sprache nicht denkbar ist – wird das Gegenüber geradezu dramatisch greifbar: der Geistmensch und der Tatmensch, die beide im Grunde scheitern, soweit das von ihrer ursprünglichen Intention gesagt werden darf. Erasmus hält an der Kirche fest, deren Läuterung er will, und er kann Luther nicht daran hindern, die Spaltung herbeizuführen, deren schlimme Folgen er voraussieht. Und Luther hält an der Kirche fest und kann doch nicht hindern, daß unter seinen Händen eine ganz andere entsteht, die auch er ursprünglich nicht wollte, sollte sie doch auch nur eine geläuterte und gereinigte sein, wenn auch nach seinen, Luthers, strengen Maßstäben. Beide wollten die Fehde nicht, und beide wurden hineingezogen. Am Ende wird der Humanismus – was Luther wohl nie in den Blick genommen hat – in ein apokryphes Dasein gedrängt, wo er sich in mannigfaltigen Formen und nicht nur als untilgbarer Anspruch erhält. Die politisch-theologische Auseinandersetzung wird insoweit bildungsgeschichtlich höchst bedeutsam.

Dieses Ringen der beiden ungleichen Männer durchzieht das ganze dritte Jahrzehnt des 16. Jahrhunderts, und wenn man es genauer betrachtet, so enthüllt sich darin vor dem weltpolitischen Hintergrund, auf dem alle Mächtigen der Zeit verbissen agieren, die Bildungsidee des Erasmus genauso wie die volks- und religionspädagogische Intention Martin Luthers. Zugleich allerdings erkennt man die ungemeine Schwierigkeit (die uns heute ganz vertraut ist), wie über die Vernunft allein Versöhnung und Ausgleich gesucht werden und gelingen soll.

Am Anfang steht Erasmus durchaus auf der Seite Luthers, erkennt wohl auch wie alle anderen nicht sogleich die Brisanz des Auftritts des Augustinermönchs und äußert sich wohlwollend: „Ich glaube, jene Thesen", so schreibt er im Oktober 1518, „haben allen gefallen, mit Ausnahme der paar Sätze über das Fegfeuer ... Ich sehe, daß die Monarchie des römischen Oberpriesters, so wie sie jetzt ist, eine Pest der Christenheit bedeutet ... Und doch weiß ich nicht, ob es sich empfiehlt, dieses Geschwür offen zu berühren ...“.[88] Die ängstliche Scheu des Erasmus ist schon zu vernehmen. Aber im Frühjahr 1519 schreibt er an Melanchthon doch noch unmißverständlich: „Martin Luthers Leben billigt bei uns ein jeder, über seine Lehre gehen die Meinungen auseinander. Ich selbst habe seine Bücher noch nicht gelesen. An gewisse Dinge mahnt er mit Recht – möchte es nur in ebenso glücklicher Weise geschehen sein, wie es freimütig ist.“[89] Und später, als die Auseinandersetzung um Luther schon zur Reichssache geworden war, erklärt Erasmus noch: „Wenn möglich, möchte ich nicht, daß das Gute an Luther zugrunde geht wegen einigem Schlechten; seine Gegner sind im gleichen Falle nicht mit ihm zu vergleichen.“[90] Im Brief vom 14. April 1519, noch vor dem Brief an Melanchthon, aber auch nach dem Thesenanschlag wohlgemerkt, nach der Ablehnung auch des Widerrufs der Artikel durch Luther und damit schon im heftigen Gegensatz zu seiner Kirche, empfiehlt Erasmus noch Luther dem Schutz Friedrichs II. des Weisen, des sächsischen Kurfürsten, in der Zuversicht, daß es zum Nutzen der Kirche sein werde: „Seine Schriften zu verteidigen wie sie zu mißbilligen ist ebensowenig meine Aufgabe, ich habe sie bisher nur stellenweise gelesen. Sein Leben billigt ganz gewiß jeder, der ihn kennt ... Jeglicher Verdacht auf Habsucht und Ehrgeiz liegt bei ihm fern ... Das schreibe ich um so freimütiger, je weniger mich die Luthersache angeht. Wie es im übrigen Aufgabe Deiner Erlaucht ist, die christliche Religion in frommer Weise zu schützen, so ist es klug, nicht zu gestatten, daß ein Unschuldiger, solange Du Schutzherr der Gerechtigkeit bist, unter dem Vorwand der Frömmigkeit irgendwelcher Gottlosigkeit preisgegeben wird.“ Der Gegenpartei Luthers wirft er in gleichem Zusammenhang vor, den Eindruck zu erwecken, „sie dürsten nach Menschenblut, nicht nach Seelenheil“ und erklärt: „Wer einen anderen der Ketzerei beschuldigt, muß selbst Christi würdig leben“; da aber das ebenso schwer ist wie eine letzte Entscheidung in Glaubensdingen, fragt er: „Wenn niemand von uns von Irrtum frei ist, warum verfolgen wir so unbarmherzig die Fehler der anderen?“[91] Der besorgte Humanist spricht sich aus, dessen geringe theologische Affiziertheit sich auch darin ausdrückt, daß er zu jenem Zeitpunkt noch gar keine genaue Kenntnis der Lutherschen

[88] 32. 219f.
[89] 32. 235.
[90] 32. 307.
[91] 32. 232ff.

Schriften hat. So kann er auch noch glauben, daß ihn die Reformation Luthers nicht betreffe; und schließlich schimmert jene gewiß liebenswürdige, aber für den politischen Streit wenig taugliche Neigung hindurch, den Ausgleich durch die Berufung auf christliche Frömmigkeit herstellen zu können.

Aber neben dem selbstverständlichen Anspruch des Christentums, dem Schutz der Herrscher anvertraut zu sein und den Primat beanspruchen zu dürfen, auch – in gedanklicher Nähe zu Luther – die Wahrung der Glaubensausübung von der weltlichen Macht verlangen zu können, ist die humanistische Wendung zur Gerechtigkeit auffällig, die gleichsam über den Konfessionen steht. An die Gerechtigkeit appelliert Erasmus, die auch dem zuteil werden muß, den seine Widersacher nicht verstehen und vielleicht nicht einmal verstehen können. Die Freiheit in Fragen des persönlichen Glaubens wird angemahnt – und von daher die Duldsamkeit aller. Der Brief an Friedrich den Weisen kommt aus Antwerpen, wo Erasmus als Hofrat des bald darauf zum Kaiser gewählten Karl V. sich aufhält, und ist getränkt von den Gedanken, die Erasmus in der eben dem nachmaligen Kaiser gewidmeten ›Institutio principis christiani‹ ausgebreitet hatte: „Stärke dein Herz, daß du lieber ein gerechter Mann als ein ungerechter Fürst sein willst."[92] Pflicht ist, sich vor die zu stellen, die sich selbst nicht schützen können, damit auch ihnen Recht widerfahre.

Noch immer ist nicht deutlich, wieweit Erasmus die grundstürzende Wandlung voraussieht, die mit Luther heraufzieht – oder ob nicht viel stärker die Sorge ihm die Feder führt, daß die allgemeine Unruhe auch für den Umgang mit den neuen Wissenschaften keinen Raum lasse, schreibt er doch nahezu gleichzeitig an Melanchthon: „Du siehst, mit welchem Hasse gewisse Leute sich gegen die Wissenschaft verschwören. Da ist es nicht mehr als billig, daß auch wir uns zusammenschließen."[93] Der Humanist ist stärker als der Politiker. Ähnlich auch zu Beginn des Jahres 1520: „Hinterher werden sie merken, daß ich nicht Luther, sondern die Sache der Christenheit begünstige. Was auch Luther geschrieben hat, dieser Tumult gefällt sicher keinem Verständigen ..."[94] Aber auch er beginnt nun zu sehen, daß sich Gefahren zusammenballen, die bald nicht mehr verhindert werden können, zuletzt durch ihn, den Gelehrten in der Klause, selbst. Luther drängt heran. Er muß sich ihm stellen. Im Juni 1520 schreibt er an Melanchthon, daß er durch einen Brief an den Kardinal von York, Thomas Wolsey, die Verbrennung der Bücher Luthers verhindert habe – mit dem Zusatz übrigens, der Kardinal sei ein Freund der Wissenschaft –, und fährt

[92] 31. V. 145.
[93] 32. 234.
[94] 32. 267.

besorgt fort: „Wer Luther wohlwill – es sind nahezu alle Guten –, möchte, er hätte etwas höflicher und maßvoller geschrieben. Doch dazu zu mahnen, ist es nun zu spät. Ich sehe, daß die Sache auf einen Aufruhr hinaus will. Ich bete darum, daß sie zur Ehre Christi ausschlage. Vielleicht müssen Ärgernisse kommen, aber ich möchte nicht ihr Urheber sein ... Ich hätte gern meinen Namen nicht eingemengt gesehen; denn für mich bedeutet dies eine Erschwerung, und für Luther keine Erleichterung."[95]

Da ist es doch wieder heraus: Er, Erasmus, ist kein Streiter, ist im Grunde kein Mann der öffentlichen Wirksamkeit, und er ist kein Kirchenpolitiker. Es ist die Position des humanistischen Moralisten, die er vertritt, aus der heraus nichts lastender sein kann, als selbst Streit zu verursachen, Krieg zu provozieren und die Querelen dieser Welt hervorzurufen. Aus gleichem Geist wird Jahrhunderte später ein ähnlich Gesonnener, Matthias Claudius , seufzend Klage und Rechtfertigung hervorbringen: „S'ist Krieg, s'ist Krieg, o Gott du wehre / und rede du darein / s'ist leider Krieg, und ich begehre / nicht schuld daran zu sein." Man muß sich nicht lange dabei aufhalten, das Wort spricht für sich selbst, die dem christlichen Humanismus vertraute Demut, nicht Schuld auf sich zu laden – und dennoch das Seine tun zu müssen, indem Einrede erhoben wird. Erasmus weiß um die Pflicht, die Vernunft nicht zum Schweigen bringen zu lassen. Und er weiß, daß Erziehung hier ihre Arbeit zu leisten hat; denn allen Entscheidungen voran gehört zur Besorgung der menschlichen Verhältnisse eine Form des Umgangs, die es möglich macht, miteinander zu sprechen und ohne Kränkung im Gespräch zu bleiben. Es ist eine Haltung, die der des humanistisch gebildeten Hofmanns ähnlich ist, die bestimmt ist von Höflichkeit und Maß, welche beiden er Luther anempfehlen möchte, um diesen nicht ins Unrecht gesetzt zu sehen: „Ich wünschte, er hätte etwas höflicher und maßvoller geschrieben." Der klassische lateinische Tugendbegriff ist darin aufgehoben, das Maß, die Temperantia. Ausgewogenheit ist eine Kardinaltugend, vielleicht die „maßgebliche". Erasmus hat sie von den antiken Schriftstellern gelernt, und er gibt ihr die christliche Demut hinzu, mit der das christliche Maß des Menschlichen bezeichnet ist. Aber das andere, das der humanistischen Tradition entstammt, wird sogleich danebengestellt: die Höflichkeit, die zum Lebensstil des Hofmanns, wie ihn Castiglione beschrieben hat, gehört, und über Frankreich als «courtoisie» in das Zeitalter des Bürgertums eingehen wird. Die Beherrschung der Sprache – als Sprachbeherrschung nicht minder denn als die Selbstbeherrschung im Ausdruck der Empfindung – ist die Grundlage, das Prinzip der Anmut im wechselseitigen Verkehr. Das ist ein hoher Anspruch, auch Erasmus wird ihm nicht gerecht werden, nachdem er erst in

[95] 32. 271f.

die Luthersache unmittelbar hineingerissen ist und Stellung beziehen muß.

Noch aber schreibt er in ähnlichem Sinn und Ton wie an Melanchthon an Luther selbst, immer noch hoffend, zu Maß und Mäßigung beitragen zu können. Der Brief ist vom 1.8.1520 datiert: „Er [der König von England – G.B.] bat mich um meine Meinung über Dich. Ich gab zur Antwort, Du seiest zu gelehrt, als daß ich wenig gebildeter Mensch ein Urteil über Dich abgeben könne. Er wünschte, Du hättest etwas klüger und bescheidener geschrieben. Eben das, lieber Luther, wünschen diejenigen, die es gut mit Dir meinen ... Wer sich aufs Meer begibt, hat es nicht in der Hand, den Wogen zu gebieten. Sind Wirren nötig, so möchte ich lieber, daß ein anderer als ich ihr Urheber ist."[96] Die Stellen ließen sich um eine lange Reihe vermehren, in denen des Erasmus Bemühen um Ausgleich, das freilich oft in die Nähe der Unentschiedenheit rückt, zwischen den Lagern in manchmal fast beschwörenden Formeln zum Ausdruck kommt. Es ist zugleich das Ringen des Humanisten um die Selbständigkeit der Position, um die Unabhängigkeit des Geistes, die in den Kämpfen, die zur Parteinahme zwingen, verlorengehen. Aber da er aus den Querelen sich nicht mehr heraushalten, in ihnen nicht nur als Schiedsrichter fungieren kann, da er sieht, daß Luther schließlich nicht zu bändigen sein wird durch Ermahnungen, wird er zunehmend sich zur katholischen Kirche öffentlich bekennen, weil er den Riß, die Spaltung der Christenheit nicht wünschen kann. Im Briefe vom 13.9.1520 an Papst Leo X., dieser selbst eher ein weltlicher denn ein geistlicher Fürst, wird die Wendung, wenn auch immer noch unter den Auspizien eines möglichen Ausgleichs, erkennbar: „Selbst damals, als es noch jedem freistand, Luther zu begünstigen, bin ich nicht sein Schutzpatron gewesen. Ich mißbillige nur die Art, wie man ihn angriff, aber nicht im Interesse Luthers, sondern um der Autorität der Theologen willen ... Hätte man zuerst Luther widerlegt und aus den Herzen der Menschen entfernt, dann seine Bücher verbrannt, man hätte den ganzen Luther ohne Beunruhigung der Welt beseitigen können, wenn anders er das verdient hätte, was seine Gegner verkünden. Freie und edle Geister lassen sich gern belehren, aber sie wollen nicht gezwungen werden."[97] Die Unsicherheit, die ihn zu entschlossener Äußerung nicht kommen läßt, spricht aus jeder Zeile; man sieht, wie mühsam es ihm wird, eine Haltung einzunehmen, die auf die politischen Verhältnisse und den damit verbundenen theologischen Streit gemünzt ist, aber im Grunde sich doch davon entfernt halten will. Wo ein Entweder-Oder gefordert ist, genügt es nicht, auf Verbesserung der Umgangsformen zu setzen. Erasmus

[96] 32. 273.
[97] 32. 276f.

wird sich dessen durchaus bewußt. Doch bedarf es eines langen Klärungsprozesses, in den der Humanist nur widerstrebend eintritt, sieht er doch, daß in diesem Prozeß auch seine geschützte humanistische Welt Schaden nehmen wird, noch gar nicht zu gedenken des Erasmus persönlich treffenden Geschicks, daß viele seiner Schüler, allen voran Melanchthon, sich der lutherischen Sache zuwenden. Die politischen Implikationen der Bildung sind unverkennbar. Der Humanismus steht am Scheidewege. Die Unabhängigkeit des Geistes, die er sich gewonnen hat, zwingt gerade zur Entscheidung: Hier geht es um die Frage nach dem christlichen Leben, nach christlichem Weltverständnis und christlicher Meisterung der öffentlichen Probleme. Der Streit der Gelehrten ist Reflex gesellschaftlicher, also politischer Bewegungen und ist zugleich Impuls derselben. Resultate des Nachdenkens über die Bildung und den Menschen können nicht unverbindlich bleiben.

Auch Erasmus läßt sich schließlich von seinen Freunden dazu nötigen, wie sehr immer er dem anfänglich widerstrebt, ohne allzu große Verbindlichkeit im Ton nun verbindlich zu sagen, auf welcher Seite er steht, und er wird damit zum einzigen Mal in seinem Leben zum Angreifer, meinend, das von Luther aufgewühlte Meer der religiösen Emotionen doch noch besänftigen, insbesondere Luther zur Mäßigung bringen zu können. Auch wird ihm deutlich, daß er als die maßgebliche geistige Institution der Zeit, der gefeiertste Gelehrte des Jahrhunderts, Briefpartner aller Größen der Epoche, nicht neutral bleiben kann, sondern seinen Entscheid abzugeben hat. Wie zögernd er herangeht, wie unsicher er im Grunde ist, spricht er selbst gleich am Anfang jener Schrift aus, mit der er Luther herausfordert: ›De libero arbitrio‹ vom Jahre 1524: „Sicherlich ist kaum ein anderer weniger geübt als ich, der ich immer durch eine geheimnisvolle natürliche Scheu vor Kämpfen zurückgeschreckt bin … Daher habe ich so wenig Freude an festen Behauptungen, daß ich leicht geneigt bin, mich auf die Seite der Skeptiker zu schlagen, wo immer es durch die unverletzliche Autorität der Heiligen Schrift und die Entscheidungen der Kirche erlaubt ist.“[98]

Aber bei allen Vorbehalten, die er aufbaut, trifft er, wie er wohl wußte, Luther damit im Herz seiner Lehre: Es geht um das Menschenbild, das hinter der neuen Lehre steht. Und Luther antwortet dann, auch er nach anfänglichem Zögern, mit der Schrift ›De servo arbitrio‹, der Rede des Erasmus vom freien Willen die vom dienenden, vom gebundenen Willen entgegensetzend. Luther ist nicht kleinlich: „Wie konntest du deine wunderbaren Fähigkeiten für einen Dreck hergeben? Es ist eine Schande, daß du mit glänzender Kunst eine schlechte Sache vorträgst. Man trägt doch

[98] 31. IV. 7.

Unrat nicht in goldenen oder silbernen Schüsseln auf."[99] Und Erasmus gibt in einer langen Schrift – ›Hyperaspistes diatribae adversus servum arbitrium Martini Lutheri‹ – wiederum ein Jahr später, also 1526, nun ebenso kräftig zurück: „Wievieles geht in diesem deinem Buch völlig an der Sache vorbei, wievieles ist überflüssig, an wievielen Gemeinplätzen gibt es Aufenthalt, wieviele Schmähungen, wieviele offensichtliche Eitelkeit, wieviele Kunstgriffe, wieviele versteckte Bisse, wieviel schamlos Verdrehtes und Entstelltes, und aus dem Entstellten pathetische Schlußfolgerungen."[100] Den Titel ›Hyperaspistes‹ hat Erasmus geschaffen. Er heißt soviel wie „gesteigerte", „starke" Schutz- und Trutzschrift. Verhandelt wird in dieser ganzen Auseinandersetzung ein theologisches Problem; das ist von kompetenter Seite oft genug analysiert worden. Sie berührt den am Geschick des Humanismus Interessierten über das fachspezifische Interesse hinaus wegen der grundsätzlichen Positionen, von denen aus gefochten und um die gefochten wird. Es ist die Auseinandersetzung des *homo religiosus* mit dem *homo eruditus*; und damit geht es um die Frage, ob dem Glauben der Vorrang vor dem Wissen gewahrt werden muß oder dem Wissen der Glaube sich nicht in den Weg stellen darf, da das Wissen in seiner rechten Form doch zum Glauben führen müsse.

Es ist die Auseinandersetzung um zwei verschiedene Menschenbilder, der sich mit dem Streit um die Verknüpfung von Weltgeschehen und Heilsgeschehen verbindet. Für Erasmus geht es um die Frage, was menschliche Erkenntnis selbst im Blick auf die Ewigkeit vermag; für Luther geht es um die Frage, was die Unterwerfung des Menschen unter Gott für sein irdisches Wirken bedeutet. Das Problem, so formuliert, macht deutlich, daß nicht nur nicht Versöhnung, nicht einmal Verständigung möglich ist. Das Zerwürfnis, das am Ende des Disputs steht, gründet auf der unterschiedlichen Perspektive hinsichtlich der für jeden religiösen Menschen bedrängenden Antinomie zwischen Freiheit und Gnade, die Antinomie zwischen dem Einzelnen, dem zur Verantwortung gerufenen Individuum und dem Absoluten. Und dabei geht es – das humanistische Element spielt hier entschieden hinein – um die andere Frage: ob nämlich die Heilige Schrift sich selbst auslege und der Mensch sich damit der Schrift überantwortet – oder ob der Mensch kraft eigener Vernunft sich seine Auslegungen erarbeiten kann; ob das Wort so unmißverständlich und eindeutig ist, daß es nur auf das richtige Lesen ankommt – oder ob dem Menschen die schier unendliche Frage der Philosophie und des Nachdenkens über sich gestellt bleibt, wieweit nämlich er auf sich selbst reduziert bleibt und daher auch von ihm selbst die Zuwendung zur Schrift abhängig ist. Das schließlich

[99] 80. 18.
[100] 31. IV. 203.

wird dann zum christologischen Problem, ob der Mensch sich der Gnade Gottes ausliefern muß und gar nicht anders kann, als sich der Gnade zu überantworten, seinen Knechtswillen also als die Unterwerfung unter Gottes Spruch zu dokumentieren – oder ob ihm ein Spielraum von Freiheit auch im Hauptentscheid seines Lebens bleibt. „Verstehen wir", heißt es bei Luther, „unter dem Begriff einer Kraft des freien Willens die Fähigkeit des Menschen, vom Geist erfaßt und von der Gnade Gottes erfüllt zu werden, dann haben wir recht ... Es steht also fest, daß die Kraft des freien Willens nichts ist und nichts Gutes tut noch vermag ohne die Gnade".[101] Bei Erasmus aber hat es gelautet: „Weiters fassen wir an dieser Stelle den freien Willen als eine Kraft des menschlichen Wollens auf, durch die sich der Mensch dem zuwenden, was zum ewigen Heil führt, oder sich davon abkehren könnte."[102]

Auch Erasmus verteidigt den freien Willen mit Vorbehalten, setzt ihn nicht absolut; und angemessener ist es wohl, auch in seinem Sinne nur von einem Spielraum von Freiheit zu sprechen. Darauf freilich wird er bestehen, und darauf muß ein Humanismus bestehen, der sich aufbaut aus einer kritischen Vernunft, den erstarrten Traditionen mißtraut und in Fragen des Glaubens und Wissens zu eigenen Setzungen gelangen will. Die Wendung zum Menschen in seiner Individualität – welche bekanntlich die entscheidende Wende der humanistisch-reformatorischen Epoche ist – ist nicht mehr rückgängig zu machen. Auch Luther legt den Glauben in die Verantwortung des Einzelnen, er führt ihn daher unmittelbar zur Schrift. Aber der Humanist hält dagegen, daß der Mensch sich nur verantworten kann, auch vor Gott nur verantworten kann, wenn er frei ist. Der Humanist kann die Verantwortung des Einzelnen nur dann sich verständlich machen, wenn der Mensch nicht in völliger Abhängigkeit gedacht ist, wenn er, noch deutlicher zu sprechen, sich seiner Freiheit bewußt ist. Er muß sich grundsätzlich auch anders entscheiden können.

Natürlich ist auch für Erasmus nicht mehr als eben ein Spielraum, will sagen, nur eine begrenzte Freiheit denkbar. Schrecken würde ihm einflößen, den Menschen in absoluter Freiheit zu sehen, die ihm die Erde und alle Dinge gänzlich überlieferte. Denn Erasmus weiß so gut wie jeder Gebildete, der behutsam und aus Demut heraus denkt, daß es ein großes Unheil wäre, wenn den Menschen allein die Dinge anvertraut wären. Und es ist seine Überzeugung, daß Gott das nicht wollen konnte. Die menschliche Vernunft bedarf auch nach des Erasmus Einsicht des Regulativs am Absoluten – so wenig wir das fassen können, weil es eben das Absolute ist. Deutlich genug ist allemal dem Klarsichtigen, daß der Mensch, wenn er

[101] 80. 55.
[102] 31.IV. 37.

sich seine Maßstäbe selbst setzen könnte, er sie sich so setzte, daß sie nur ihm angenehm und gefällig wären. Die Berufung umgekehrt auf die unbedingte Bindung des Willens an Gottes Ratschluß kann sich als verhängnisvoll und als die schiere Rechtfertigung eines Aufstands, einer Umwälzung aller Ordnung erweisen und den derart Unfreien der Verantwortung entziehen. So wirft Erasmus Luther vor, zu verlangen, „daß wir glauben, daß du nichts aus freiem Willen heraus tust, sondern vielmehr unter der Lenkung durch den Geist Christi, und empörst dich, daß wir nicht sofort die Lehre, die so viele vergangene Jahrhunderte die katholische Kirche angenommen und festgehalten hat, aufgeben und auf deine Worte schwören“[103].

Erasmus hält dagegen, daß der Christ sich die Gnade Gottes verdienen muß; und selbst der weniger christlich Gesonnene, fügen wir hinzu, muß noch immer daran festhalten, daß er in Bezügen steht, die seine Macht bei weitem überschreiten und daß er in seiner Freiheit vor ein Absolutum gestellt ist, das ihn an seine Grenzen gemahnt. Erst aus der Anerkenntnis dieser Beziehung ins Transzendente hinein wird der Mensch zu jenem Maß finden, das mit dem Namen der *temperantia* Mäßigung, Bescheidung und Ruhen in einer Mitte umschließt und so zum Maß des Menschlichen wird. „Ich wenigstens bin für Mäßigung in diesen Dingen“, erklärt Erasmus,[104] „ich billige die Meinung derer, die dem freien Willen einiges zuschreiben, aber der Gnade das meiste“. Der Mensch vermag nicht alles, und er ist für Erasmus nur zu denken in der Annahme einer Transzendenz, in die alle Immanenz eingebettet ist. Deren Ordnung bestimmt sich vom Absoluten her; aber diese Ordnung bedarf der Mittler, was für Erasmus nichts anderes heißt, als daß die Kirche in ihrem Wissen um das Göttliche notwendig ist und daß nicht jeder in seiner eigenen Individualität sich einen eigenen christlichen Glauben bilden kann. Bindungen sind unerläßlich, und dieser Bindung wird der Mensch in einer wohlgeordneten Kirche teilhaftig. Im ›Hyperaspistes‹ spricht Erasmus gegenüber Luther unmißverständlich aus: „Ich weiß, daß es in dieser Kirche [der katholischen – G. B.] viele Dinge gibt, die mir mißfallen. Aber solche sehe ich auch in deiner Kirche. Darum ertrage ich diese Kirche, bis ich eine bessere sehen werde, und sie ist wohl genötigt, auch mich zu ertragen, bis ich selbst besser geworden bin. Und derjenige fährt nicht unglücklich, der zwischen zwei Übeln den Mittelkurs steuert.“[105]

Der auf Versöhnung bedachte Humanist bekennt sich hier. Und wir sehen dahinter den Inbegriff seiner christlichen Haltung, der sich mit den

[103] 31. IV. 309.
[104] 31. IV. 189.
[105] 31. IV. 249.

Worten *„pax et concordia"* – Frieden und Eintracht – benennen läßt. In diesen freilich schwingt auch jenes Ruhebedürfnis mit, das auf ein Sichabfinden mit den Gegebenheiten hinausläuft, um darin den eigenen Belangen nachgehen zu können. Je weiter der Spielraum, der in solcher Bindung gewährt wird, sich öffnet, desto weniger bleibt von der Unbedingtheit der Bindung; und die Vernunft, die sich Freiheit gewinnt, gewinnt damit die Lösung vom Absoluten. Der Vorrang des Glaubens schwindet, mag ihn Erasmus für sich auch festhalten. Und wenn Erasmus gar sich gleichzeitig dem Skeptizismus zugeneigt zeigt, dann nimmt er eine Entwicklung vorweg, die in der frühen Aufklärung den Skeptizismus als das Kind des abendländischen Rationalismus erweisen wird. „Die ganze Tradition des abendländischen Rationalismus, die auch an den Synthesen der Scholastik mitgewirkt hatte, führte auf Erasmus hin und läuft von ihm her bis heute. Und Luther, an theologischem Tiefsinn, an Verständnis der Heiligen Schrift und der Kirchenväter, insbesondere Augustins, vor allem aber an Glaubenserfahrungen ... ihm unvergleichlich überlegen, hat es damals und bis heute schwer gehabt, gegen diesen Bundesgenossen des Erasmus zu bestehen."[106] Es erweist sich, wollen wir dieser Auslegung folgen, daß die Auseinandersetzung letztlich doch dem Humanismus und nicht dem Luthertum hilfreich war.

Weinstock sieht die Tragödie des Humanismus sich darin entfalten, daß er die wahre Bildung des Menschen verfehlt, weil er auf den freien Willen setzt, weil er, wie wir ergänzen möchten, schließlich eine Bildungsreligion hervortreibt, in welcher die Mitte zwischen Wissen und Glauben, zwischen Freiheit der Vernunft und Demut des Glaubens nicht mehr gehalten wird und schließlich die Vollendung des Menschen aus sich selbst heraus gesucht wird. „Während der Wille, der sich ganz und bedingungslos dienstbar macht, sich wahrhaft frei setzt und allein eine sittliche Ordnung des Zusammenlebens in Aussicht stellt"[107], versagt der auf sich selbst gestellte Wille: „Es gibt keinen tödlicheren Feind der Humanität als den freien Willen des Erasmus ... Die Anthropologie des Erasmus und aller Erasmianer von der Stoa an [kann] in ihrer aufgeblasenen Eitelkeit nur einen eitlen Humanismus machen ... so hat die lutherische, als eine radikal christliche [Anthropologie], indem sie die wirkliche Eitelkeit des Menschlichen an den Tag brachte, jeden Humanismus von vornherein vereitelt."[108] Dieses vernichtende Urteil deckt sich weitgehend mit dem Diltheys – aber es ist ungerecht und setzt Mißverständnisse fort. Erasmus ist nicht eitel. Die Tragödie wird vielmehr darin zu sehen sein, daß Huma-

[106] 13. 48.
[107] 140. 205.
[108] 140. 205.

nismus und lutherisches Christentum, aber auch das katholische, nicht zu einer wirklichen Synthese finden. Wahrheit ist auf beiden Seiten, und die volle Wahrheit ist die, daß der Mensch den Glauben (mit der unbedingten Leidenschaft Luthers) und das Wissen (mit der Subtilität des Erasmus) braucht. Weder vereitelt letztlich Luther den Humanismus noch der Humanismus protestantische Religiosität. Wieso sollten Humanismus und evangelische Lehre sich ausschließen? Diesen Zusammenhang triftig zu erweisen, steht freilich noch aus. Das Maß dafür ist noch zu suchen. Es muß entdeckt werden in einer Bildung, in welcher der Glaube an das verkündete Wort eingeschlossen ist.

Erasmus will das Maß finden, und er findet es für sich selbst, mag er auch, gegen seine Absicht, die Tür zu einer Freiheit öffnen, die schließlich alle christlichen und alle metaphysischen Bindungen hinter sich lassen wird. Es mochte sein Fehler sein, daß er dem Menschen unendlich viel mehr zutraute als Luther und Gott unendlich viel weniger[109] – aber er will doch ein libertäres Bildungschristentum keineswegs, mochte seine Philosophia Christi zur Morallehre werden, der aller dogmatischer Anspruch abhanden gekommen war.

Erasmus verbindet – davon wird sogleich noch die Rede sein – *pietas, caritas* und *eruditio* – Frömmigkeit, christliche Liebe und Bildung – miteinander. Aber seine Hauptsorge gilt der Bildung, gilt den „schönen Künsten", den „guten Wissenschaften". So bricht es gegen Luther aus ihm heraus: „Die aufrührerische Frechheit deiner Feder bringt auch den Untergang aller gesellschaftlichen Ordnung mit sich ... kaum dürfte man unter den Menschen jemanden finden, dem man fest vertrauen kann, jede Freiheit ist beseitigt. Denn die Tyrannenherrschaft (so nämlich pflegst du sie zu nennen) der Fürsten, Bischöfe, Theologen und Mönche hast du nicht beseitigt, sondern gereizt ... Die Knechtschaft, die du zu zerschmettern dich anschicktest, ist verdoppelt worden ... Darnieder liegen überall die freien Künste, zusammen mit den Sprachen und den ‚bonae litterae', die du mit deiner unerträglichen Mißgunst beschwerst. Zurückgewiesen werden die hervorragenden Denkmäler der Alten, und an deren Stelle wird die Welt erfüllt mit Zank- und Schmähschriften."[110]

Die bewegte Klage des Humanisten, daß der Sturm des Reformators auch alle Geistigkeit hinwegfegt und damit alles, was der Humanismus gewonnen und den Menschen als Chance für eine friedfertige Welt zu bieten hat, diese bewegte Klage läßt keinen Raum für ein Verständnis seines Gegners. Gerecht ist sie nicht. Aber: „Ist wirklich das Bildungschristentum des Erasmus häretische Hybris, Selbstmächtigkeit und Verrat am Hu-

109 13. 50.
110 31. IV. 665f.

manum und am Christlichen, wie es Weinstock annehmen wollte?"[111] Die Wahrheit liegt in der Mitte, wie so oft. Sehen wir noch genauer zu, was es mit der Humanitas des Erasmus auf sich hat.

Humanitas Erasmiana

Der Ruhm des Erasmus als Verkörperung der neuen Bildung war unter seinen Zeitgenossen ohnegleichen. In ihm sammelten und verbanden sich wie in keinem anderen die Elemente des neuen Geistes. Da sich alle prägenden Kräfte der Zeit in ihm wiederzufinden meinten oder sich seiner Hilfe glaubten versichern zu müssen, vermochte er um so schwerer sich verständlich zu machen. „Und was wir das Tragische in Erasmus' Leben nennen können, liegt in der Tatsache, daß er von der Kirche, der er doch alle Kraft seines beweglichen Geistes geweiht hatte, in hohem Maße mißverstanden wurde."[112] Er dachte nicht für Institutionen, sondern für Menschen. Er sah die Katastrophe und konnte ihr doch nicht wehren. So auch konnte sein Bildungsbegriff sich nicht durchsetzen; aber er stellt die äußerste Möglichkeit des Humanismus dar.

Dieser Bildungsbegriff hat einen vierfachen Aspekt. Er ist christlich-religiös, gesammelt um den Gedanken der *pietas*; er ist philologisch, konzentriert auf die Idee des *studium*; er ist moralisch, entfaltet aus dem antiken Duktus der *eloquentia*; er ist schließlich politisch, orientiert an einer sozialen Humanität und dem Gedanken der Verantwortung aller am Gemeinwohl. Mächtig und wirksam in allem ist die Behauptung menschlicher Freiheit: politisch lebt sie in seiner Vorstellung eines Weltbürgertums, wie er es Zwingli gegenüber zum Ausdruck bringt; moralisch wirkt sie im Anspruch einer Versittlichung aus besserer Einsicht; philologisch ist sie gegenwärtig in der Lösung von den Autoritäten; religiös spricht sie sich aus in der Philosophia Christi, die er Luther gegenüber zu behaupten sucht.

Einem Mönch schreibt er unter dem 15.10.1527 aus Basel, zugleich im Rückblick auf seinen Streit mit Luther: „Niemand sehe ich besser werden, alle, soweit ich sie kenne, schlechter; so daß ich lebhaft bedauere, einst in meinen Schriften die Freiheit des Geistes verkündet zu haben ... Ich hatte den Wunsch, die von Menschen geschaffenen Zeremonien möchten ein wenig zurücktreten, damit die wahre Frömmigkeit eine starke Zunahme erfahre. Jetzt kümmert man sich so wenig um sie, daß an die Stelle der Freiheit des Geistes eine zügellose Freiheit des Fleisches getreten ist."[113]

[111] 97. 38.
[112] 101. 107.
[113] 32. 407.

Er sieht sich mißverstanden, er bleibt sich zugleich seiner Ohnmacht bewußt, wenn er auch immer daran festhalten wird, daß das Böse eine Folge fehlender Bildung ist. Nichtsdestoweniger bleiben ihm die Grenzen des Wissens deutlich; jenseits dieser Grenzen tritt der Glaube in sein Recht. Er weiß um Dinge, angesichts derer es frömmer ist, „sie als Geheimnis anzubeten, statt sie zu diskutieren, obwohl sie unerforschlich sind“[114]. Nicht anders auch ist die Zurückhaltung zu verstehen, die er dem Denken anempfiehlt, dessen Grenzen eben auch die Grenzen derer sind, die allein sich im Besitz der absoluten Wahrheit glauben: Es gibt Dinge, „bei denen Zweifel und Unschlüssigkeit, das ‚epechein‘ der Akademiker, mehr Bildung verraten als das Verkünden lauter Thesen“[115]. Mit dieser Haltung war er Luther entgegengetreten; es ist eine, die die Nähe zur „gelehrten Unwissenheit“ des Nikolaus von Kues – damit auch zur Devotio moderna – verrät.

Leitgedanke ist jener, mit dem Bildung für alle gefordert wird, damit allen Humanität vermittelt werde. Und er spricht damit zugleich sein Vertrauen in die Erziehung aus, die mehr bewirkt als Herkunft und Stand: „Homines non nascuntur, sed finguntur“ – die Menschen werden nicht geboren, sondern gebildet.[116] Mit dem Vorrang der Bildung wird die Zweitrangigkeit von Herkunft, Geburt und Stand behauptet. Der Anspruch auf Bildung leitet sich aus der Gleichartigkeit des Menschlichen ab. Indem der Mensch durch Bildung wird, was er sein kann, wird nicht mehr schicksalhaft über ihn verfügt; er vermag über sich selbst zu verfügen. So auch vermag er sich selbst Zugang zum Glauben zu verschaffen. Darin steht Erasmus Luther nahe. Glaube ist nicht nur eine Sache der Theologen vom Fach, wie Bildung nicht esoterisch bleiben darf. „Leidenschaftlich rücke ich von denen ab, die nicht wollen, daß die heiligen Schriften in die Volkssprache übertragen und auch von Laien gelesen werden, als ob Christus so verwickelt gelehrt hätte, und als ob man die christliche Religion dadurch schützen könne, daß sie unbekannt bleibt ... Ich würde wünschen, daß alle Weiblein das Evangelium lesen.“[117] Und er schließt dem die Frage an: „Warum beschränken wir den allen gemeinsamen Stand auf einige wenige?“

Es entwickelt sich von diesem Gedanken aus, daß der Mensch unabdingbar der Bildung bedarf, ein pädagogisches Programm, das einen Wandel schließlich aller Institutionen wie auch des Erziehungsverständnisses hervorrufen wird. Der Bildungsgedanke ist eingebettet in die Wand-

[114] 31. IV. 15.
[115] 31. III. 75.
[116] 36. 115.
[117] 31. III. 15.

lungen der Gesellschaft, der Familie, des öffentlichen Lebens, mit denen die Entdeckung der Kindheit einhergeht, von welcher aus der Mensch in seinem Werden erfaßt werden kann.

Die Basis aller Bildung, kein Zweifel, ist die *pietas*, die ihm als die Idee der Nachfolge Christi von der Devotio moderna her vertraut war. Sie ist angelegt im Vertrauen auf die Güte der menschlichen Natur. Von der Devotio moderna stammt auch der Begriff, in welchem er seine Weise der Frömmigkeit als eines christlichen Weltverstehens faßt, der Begriff der Philosophia Christi. Von dieser sagt er in einem Brief an Paul Volz aus dem Jahre 1518, den er seinem ›Handbüchlein des christlichen Streiters‹ vorangeschickt: „Es ist sehr angemessen, daß wir sie sehr faßlich und allen verständlich gestalten. Unser Streben richte sich nicht darauf, daß wir selbst als schriftkundig erscheinen, sondern daß wir möglichst viele zu einem christlichen Leben bewegen.“[118] Das ist das eine: Es kommt weniger auf eine subtile Auslegung der Schrift als vielmehr darauf an, aus dem Geist der Schrift heraus zu handeln, die Menschen mithin dahin zu bringen, daß sie der Philosophia Christi gerecht werden, indem sie ihr Leben davon durchdrungen sein lassen. Aber das andere ist: Dieser Anspruch gilt allen und nimmt keinen aus. Erasmus beschwört geradezu die Mächtigen, daß sie für die Verbreitung dieses Gedankens zu sorgen und durch ihr Beispiel voranzugehen haben. Das Vertrauen in die Güte des Menschen ist prinzipieller Natur. „Die christliche Vollkommenheit liegt in der Regung des Herzens, nicht in der Lebensform, in den Gesinnungen, nicht in den Speisen und liturgischen Gewändern.“[119] Eben deshalb ist *pietas* Grundlage aller Bildung, weil sie im anthropologischen Grund des Humanum selbst angesiedelt ist – vor aller Scheidung in hoch und niedrig, in gebildet und ungebildet, in reich und arm. Sie ist deshalb, man muß es mit Entschiedenheit sehen, nicht ein Arcanum, nicht ein Trost für die Schlechtweggekommenen und ist gerade nicht ein Werkzeug in der Hand der Regierenden. Daher kann – mit anderen Humanisten – Erasmus der Überzeugung sein, daß sich ein präexistentes Christentum in der Antike erweisen lasse, mochte er das Schicksal des antiken Menschen auch beklagen, daß er noch nicht unter der christlichen Hoffnung leben konnte. Die Seele ist von Natur christlich, will sagen, von natürlicher Güte. Sie muß nur dem erschlossen werden. „Wenn du aus den Büchern der Heiden jeweils das Beste herausnimmst ... so wirst du sicher um vieles gerüsteter für ein gemeinsames Leben, das sie als ethisch bezeichnen. Man soll keineswegs Waffen und Weisheit der Heiden verachten.“[120]

[118] 31. I. 9.
[119] 31. I. 29.
[120] 31. I. 93.

Schließlich gibt er, schon in hohem Alter, die Reihenfolge der (Bildungselemente) unzweideutig an: „Es gibt nichts Besseres für den Menschen als Frömmigkeit, schon mit der Muttermilch sollte das kleine Kind sie einsaugen als fruchtbringenden Keim. Dann kommen, an zweiter Stelle, die freien Künste … In Wirklichkeit ist nichts naturgemäßer als Tugend und Bildung – ohne sie hört der Mensch auf, Mensch zu sein."[121] Von da aus kann eine *res publica christiana* entstehen, die humaner ist als ein *sacrum imperium*, das sich den Menschen aufnötigt und sie unterwirft. Denn „Geist, Friede, Liebe und Freiheit" sind „unzertrennliche Gesellen".[122] Zu solcher Freiheit, die zur Nächstenliebe hinführt, muß jedermann gebildet werden. Der *pietas* hat sich die *eruditio* hinzuzugesellen. In dieser gewinnt sich die Vernunft. Durch diese, genauer durch den Gebrauch der Vernunft, ist der Mensch ausgezeichnet.

Bildung – *eruditio* – hat für Erasmus das zeitlose Element: dem Menschen als Menschen zugehörig zu sein, das einzige Mittel darzustellen, mit welchem die Besserung des Menschen herbeigeführt werden kann; sie ist in der Bemerkung enthalten, daß nur durch Menschlichkeit die Menschen gebessert werden können: „Humanitate emendandi sunt homines."[123] Darin ist aber auch das andere, das zeitkritische Element der Bildung enthalten: Bildung als Bewahrung vor dem geistigen Verfall, womit die Hinführung zu einer „menschlicheren" Lebensform in Güte, Nachsicht, Verständigung, Verständnis, Einsicht und Demut verbunden ist. Bildung des Menschen als die Rettung vor der geistigen wie auch – so dürfen wir hinzusetzen – der geistlichen Zerstörung wird zur maßgeblichen Aufgabe. Diese zu lösen genügen moralische Appelle nicht.

Gegen den Verfall setzt Erasmus vielmehr die Erneuerung der Sprache: Bildung ist Sprachbildung. Der geistige Verfall zeigte sich ihm, Erasmus, „am deutlichsten im Verfall der Sprache. Mit der Sprache mußte also die geistige und moralische Erneuerung beginnen"[124]. Das philosophische Lebenswerk hat ein pädagogisches Motiv, empfängt seinen Sinn vom Gedanken der Bildung. Von daher erhält seine bedeutende Leistung auf dem Gebiet der Spracherneuerung ihre ausstrahlende Kraft: Die Wiederherstellung der klassischen Texte, die Editionen der Kirchenväter, die Ausgabe des Neuen Testamentes dienen der geistigen Erneuerung, welche eine Erneuerung des Menschen sein soll. Der humanistische Ruf zu den Quellen – *ad fontes!* – hat diesen Hintergrund bei Erasmus. *Eruditio* und *pietas* verbinden sich darin. Das Lernprogramm wird nicht um des

[121] 32. 522.
[122] 31. I. 223.
[123] 31. I. 302.
[124] 101. 98.

Wissens, sondern um der Bildung des Menschen willen entworfen. „Jeder suche zu erreichen, was er kann, jeder suche auszudrücken, was er kann. Wer etwa nachhinkt, beneide nicht den Fortgeschrittenen, der schon weiter ist; er lade den Nachfolgenden ein und verzage nicht. Warum beschränken wir den allen gemeinsamen Stand auf einige wenige?“[125]

Der Rückgang zu den Quellen bedeutet den Rückgang zur Sprache in ihrer unverfälschten Form, ist auch der Rückgang des Menschen dorthin, wo er sich selbst an den Werken bilden kann, in denen noch zusammentrifft, was in Zeiten des Verfalls verschüttet ist. Der Mensch findet seine Geistigkeit in der Verbindung vollkommenen Ausdrucks als der präzisen Wiedergabe des Gedankens mit der vollkommenen Form als der ästhetischen Darbietung des Gedankens. In einer solchen philosophischen wie moralischen wie auch künstlerischen Anstrengung findet sich die klassisch-philosophische Dreiheit der Transzendentalien aufbewahrt: das Verum, Bonum, Pulchrum – das Wahre, Gute und Schöne – und es wird, fügen wir hinzu, durch eine gelehrsame Philosophia Christi praktikabel. Die hier wie überall bei Erasmus gesuchte Synthese von Christentum und Klassizität ist das entscheidende Bildungsprogramm seines Humanismus. Auch aus anderen Zusammenhängen ist geläufig, daß das historische Bewußtsein die Tradition der antiken Kultur einbegreift, mit dieser überhaupt erst seine neue Dimension gewinnt.

Dem Nachdenken bleibe überlassen, wieweit ein solches Programm die Züge eines Konservativismus trägt, der einer Öffnung auf die Zukunft sich versagt. Sicher geht die Intention des Erasmus nicht in die Richtung der Vergangenheit, sie ist auf Erneuerung gerichtet. Seine historische Neugier, um seine Wendung zum Ursprung der Sprache so zu benennen, gilt seiner Gegenwart, gilt, wie sich mit einiger Emphase sagen ließe, der zu bildenden, heranzubildenden Generation.

Es bleibt deshalb nicht bei großen Zielen, nicht bei Aufrufen und Mahnungen. Sein Bildungsprogramm wird Studienprogramm. Insofern Bildung immer Arbeit an sich selbst ist und Entfaltung individueller Vernunft, fordert sie systematisches Lernen. Der Gelehrte mag die Werke, an denen Bildung zu gewinnen ist, bereitstellen; sie in ihrem bildenden Gehalt sich anzueignen, ist dem einzelnen aufgetragen. Am Rande nur sei bemerkt, es versteht sich für Erasmus noch von selbst, das Studium im doppelten Sinne zu nehmen: als die gewissenhafte Aneignung der biblischen wie der klassischen antiken Texte und als Eifer, Fleiß, Bemühung. Erasmus hat sich über Gestalt und Inhalt des Studiums bereits 1511 in der Schrift ›De ratione studii‹ ausführlich genug verbreitet. Die Schrift enthält auf wenigen Seiten seine Didaktik und zugleich die Systematik des

[125] 31. III. 15.

Studiums in der Zuordnung der Wissensinhalte und Lerngegenstände. Am Anfang steht der lapidare Satz – den übrigens Luther in seiner Tischrede eher Melanchthon zuweisen möchte: „Die Wortkenntnis muß vorangehen, die Sachkenntnis ist die wichtigere. Aber manche vernachlässigen, indem sie mit ungewaschenen Füßen, wie es im Sprichwort heißt, an die Erlernung der Sache herantreten, die Aneignung der sprachlichen Kenntnisse, und indem sie in unverständiger Weise einen Richtweg einzuschlagen vermeinen, geraten sie auf die größten Abwege."[126] Wortkenntnis heißt Kenntnis der beiden klassischen Sprachen. Sachkenntnis wird über die Texte gewonnen, und diese müssen nicht nur gelesen, sie müssen verstanden werden. Daß sich das Latein als Sprache der Gelehrten von selbst versteht, ist bekannt. Wichtiger ist denn bei Erasmus auch, daß mit dem Griechischen erst die ganze Antike wieder ins Bewußtsein treten kann. „Die erste Stelle nimmt die Grammatik für sich in Anspruch, und zwar sollen die Knaben gleich beide, die griechische und die lateinische, lernen, nicht bloß, weil in diesen Sprachen fast alles Wissenswerte überliefert ist, sondern auch, weil zwischen beiden ein so enges Verwandtschaftsverhältnis besteht, daß sie miteinander schneller erlernt werden können als jede für sich."[127]

Damit meldet sich der Didaktiker zu Wort, dem auch die Methode des Studiums ein Anliegen ist. Er gibt für das Erlernen der Sprache noch andere kluge Regeln; sie müssen nicht in extenso referiert werden. Wir behalten: daß alle Bildung mit Spracherwerb einsetzt. Über die Einübung in die Grammatik geht die Einübung ins lebendige Wort. Dabei geht es mehr um diese lebendige Aneignung als um die Aneignung aller einzelnen Regeln und Lehrsätze grammatischer Art. Sprachen sollen nicht tote Sprachen sein. „Demnach sind die Elemente beider Sprachen frühzeitig und von den besten Lehrern zu erlernen."[128] Von scholastischem Schulbetrieb mit seiner Sterilität der begrifflichen Spitzfindigkeiten bleibe das Studium frei. „Ich meine", sagt er andernorts,[129] „es soll sich keiner als Christ vorkommen, wenn er mit dornigen und beschwerlich verworrenen Worten über ‚Instanzen', ‚Relationen', ‚Quidditäten' und ‚Formalitäten' disputiert ..." Im Gegenteil, hinsichtlich grammatischer Regeln soll man sich, „soweit das eben geschehen kann, auf sehr wenige, und zwar die allerwichtigsten beschränken", um um so mehr Sprachfertigkeit zu erwerben „durch Unterhaltung und Verkehr mit richtig Sprechenden, namentlich aber durch fleißiges Lesen guter Schriftsteller".[130] Erasmus will einen

[126] 36. 30.
[127] 36. 30.
[128] 36. 31.
[129] 31. III. 27.
[130] 36. 31.

neuen Unterrichtsstil. Die Didaktik des 17. Jahrhunderts wird vorbereitet. Die Weise der Vermittlung ist zu überdenken. Deutlich ist der Umbruch von einem scholastischen Lehrbetrieb zu einem humanistischen Lehren und Lernen. Es verbindet sich damit, wie schon hier augenfällig wird, ein neues Verhältnis von Lehrer und Schüler. Sprache wird in den lebendigen Umgang, der ein bildender sein soll, mit hineingenommen. Dem wird Genüge getan durch die Wahl der richtigen Texte: „Vor allem aber muß man zu den Quellen selbst eilen, d.h. zu den Griechen und den Alten überhaupt.“[131] Da ist die Devise: *ad fontes!*, in welche soviel humanistisches Vertrauen gesetzt wird. Der Rückgang zu den Quellen – das meint die Einsicht in die Sprache, in den Geist der Sprache selbst, mit welchem Geist zugleich der Geist der Handelnden in Gesinnung und Gesittung geprägt wird. Rückgang zu den Quellen bedeutet die Begegnung mit den vorzüglichen Beispielen von Wort und Sprache, nicht aber – der Gegensatz zur Scholastik wird mit Entschiedenheit behauptet – die gedankenlose, blind anbetende Aneignung und Übernahme des Textes, vom gedankenlosen Auswendiglernen gar nicht zu reden, das dann nur der Argumentation mit fremden Gedanken dienen kann. Rückgang zu den Quellen meint schließlich auch nicht die Nachahmung der Alten, Nachahmung zumal ihrer Sprache in Ausdruck und Duktus. Das ist nun schon von Petrarca her Tradition des Humanismus. Erasmus pointiert diese, wenn er den Abfall von solcher Einsicht bei seinen Zeitgenossen, auch bei den Humanisten sieht und sich dagegen wendet. Wie den Scholastikern, so wirft er auch seinen Freunden, den Humanisten, vor, daß sie schließlich nur noch nachahmten, daß sie zu Cicero – mit dessen Wiederentdeckung der Humanismus seinen Ausgang genommen hatte – gegangen seien, um vor ihm auf die Knie zu fallen als dem Meister, dem unübertrefflichen, der lateinischen Sprache, und nur noch so zu sprechen versuchten wie er. Sprache aber sollte lebendige Sprache sein, sollte Sprache für den Augenblick, für die Gegenwart sein, und nicht in der Klassizität der ciceronianischen Form zum toten Gehäuse werden. Die Anmerkung ist wichtig, daß dieses zunächst ästhetische Problem „für ihn auch zu einem ethischen und religiösen wurde“[132] – er konnte Sprache nicht nur philologisch sehen, sondern eben als Ausdruck lebendigen Geistes, der dem Gehalt ebenbürtig zu sein habe, und mit der einseitigen Übernahme der klassischen Form konnten sich die neuen Formen des Denkens nicht ausprägen. Er nimmt das spöttische Wort des Florentiner Humanisten Politian von den „Affen Ciceros“ auf und bekennt sich zu einem Lernen an Cicero – damit an aller Klassik –, ohne diesem zu verfallen: „Wer ihn nachahmt, soll ihn

[131] 36. 34.
[132] 31. VII. XXXIX.

nicht einfach kopieren, sondern eher versuchen, es ihm gleichzutun und vielleicht sogar mit ihm zu konkurrieren ... es ist ein richtiges Wort, daß man nicht richtig gehen kann, wenn man seinen Fuß immer in die Spur eines anderen setzt."[133] An Sprache bildet sich der Geist, der ein selbständiger sein soll, aber der Geist auch bilde sich seine eigene Sprache. Letztlich bleibt die Sprache doch Werkzeug, zumindest bleibt sie, formal betrieben, ohne Substanz und kann nicht allein die Bildung des Menschen zuwege bringen: „Hat man sich also, wenn auch nicht umfassende, so doch sichere Sprachkenntnisse angeeignet, so muß der Geist alsbald zum Verständnis der Realien geführt werden."[134] Natürlich werden diese den Schriftwerken zu entnehmen sein. Erasmus kommt zu einer Gliederung des Wissens, in welcher sich der im Studium Bemühte voranbewegen soll, die im Grunde den gesamten Fächerkanon der Zeit umfaßt, wenn auch einigen Fächern besonderer Rang zuerkannt wird. Das Wissen kann nicht weit genug gespannt sein. In allem verlangt er, wie wir festhalten wollen, Verständnis, Ordnung und Sorgfalt.

So verweist er den Studenten nach den Sprachen auf Philosophie und Theologie, wobei die Aufzählung der hervorragendsten Schriftsteller nicht fehlt. Er geht soweit, „wenigstens eine allgemeine Kenntnis" aller theologischen Schriftsteller zu verlangen. Dann aber habe man sich notwendigerweise mit der Mythologie zu befassen, um die Erzählungen der Dichter verstehen zu können. Neben dieser wird die Beschäftigung mit der Erdbeschreibung, der Geographie, gefordert, die nicht zuletzt deshalb unentbehrlich ist, weil sie wie für die Poesie so auch für die Geschichte unentbehrlich sei. Damit tritt der humanistische Lehrplan auf, wird doch nun jenes andere fundamentale Element der Bildung neben der Sprachbeherrschung, das dem Humanismus zu danken ist, das historische Bewußtsein nämlich, in den Kreis der Kenntnis aufgenommen. Es lohnt, nachdenkend dabei zu verweilen, weil darin – ausgehend von den ersten Impulsen bei Petrarca – der Wandel der Zeit deutlich wird und das neue Bildungsverständnis sich merklich artikuliert: Der Mensch gewinnt über den Humanismus seine Geschichte; er wird geschichtsbewußt, wie wir heute sagen. Melanchthon wird diese Gedanken fortsetzen und sie in das protestantische Bildungsprogramm überführen. Man faßt hier den Übergang des statischen Weltbildes zu einem, wie wir sagen, dynamischen hin, das seine Parallele in den Brüchen und den gesellschaftlichen Wandlungen der Zeit hat. Die Geschichte wird von Interesse, seit der Mensch aufgerufen ist, seine Welt selbst zu gestalten und sie nicht als eine vom Schöpfer vorgegebene hinzunehmen. Der Mensch in seiner Individua-

[133] 31. VII. 347.
[134] 36. 31.

lität, wie er vom Humanismus immer wieder hervorgekehrt wird, kann sich nur noch erfahren in der geschichtlichen Dimension. Schon die Grundfigur humanistischen Denkens, der Vergleich der Antike mit den neuen Schriftstellern, führt das historische Bewußtsein herauf; und Petrarca beschreibt mit seinem Begriff vom „finsteren Mittelalter" den Geschichtsverlauf, ja macht diesen allererst einsichtig. Das Erlebnis setzt sich durch, daß der Mensch nicht mehr nur Werkzeug der Geschichte, sondern Handelnder in der Geschichte ist. So Erasmus: „Vor allem muß man das ganze Gebiet der Geschichte beherrschen, da diese bekanntlich eine sehr weitgehende Verwendung findet."[135] Und er unterstreicht das historische Interesse durch die Forderung, sich Kenntnisse des Altertums zu erwerben, die nicht nur aus den Texten der Schriftsteller, „sondern aus den Münzen, den Inschriften und Statuen der Alten" zu erwerben sind. Was heute als Hilfswissenschaft etabliert ist, wird hier angesprochen. Erasmus greift Gedanken auf, die sich allenthalben im Humanismus regen. Schon 1505 hatte Conrad Peutinger aus Augsburg eine Inschriftensammlung vorgelegt, um einen Beitrag zur Altertumskunde Deutschlands zu leisten; und der Numismatik galt sein besonderes Interesse. Auch dieses Studienfeld geht, wie anzumerken ist, auf Petrarca zurück, der wahrscheinlich der erste war, der aus historischem Interesse eine Münzsammlung anlegte. Die erste Schrift zur Münzkunde erscheint 1514. Es ist des französischen Humanisten Budaeus ›Breviarium de Asse et partibus eius‹. Dadurch wird der Freund des Erasmus, Willbald Pirckheimer, zu numismatischen Studien angeregt; seine 1528 entstandene, 1533 posthum veröffentlichte Schrift trägt den Titel ›Priscorum numismatum ad Nurenbergensis Monetae valorem facta aestimatio‹.[136]

Nach Philologie und Poesie, nach Geschichte, Geographie und Altertumswissenschaft nennt Erasmus schließlich auch die Naturwissenschaft – begründet sie freilich mit philologischen und literarischen Argumenten. Man muß in der Naturwissenschaft Bescheid wissen, „weil daraus die Dichter Beispiele, Beiwörter, Vergleiche, Bilder, Metaphern und andere rhetorische Figuren zu entlehnen pflegen"[137]. Wir sind davor gefeit, aus diesem kargen Hinweis des Erasmus schon auf eine Einbeziehung naturwissenschaftlicher Studien in das Bildungsprogramm des Humanismus schließen zu wollen. Wir erkennen aus der Begründung, die Erasmus gibt, im Gegenteil die Distanz zwischen Naturwissenschaften und Geisteswissenschaften, die der Humanismus hält. Daß hierin seine – bildungstheoretische – Schwäche liegt, ist ein Allgemeinplatz. Nichtsdestoweniger läßt

[135] 36. 35.
[136] 53. 273.
[137] 36. 35.

sich, wie vorausblickend bemerkt sei, nicht verkennen, daß die Naturwissenschaften vom Humanismus auf verschiedenen Wegen Anregungen erhalten, die dem Humanismus auch in der Geschichte der Naturwissenschaften einen Platz sichern. Fortschritte in den Naturwissenschaften – und Kopernikus ist dafür nur das herausragende Beispiel – zeigen sich in jener Epoche nicht zuletzt dort, wo man der humanistischen Methode des „ad fontes" folgt und deren – der Quellen – Aussagen über naturwissenschaftliche und technische Probleme einer kritischen Prüfung unterzieht. Das freilich ist jenseits der erasmischen Perspektive.

Diese ist auf die von seinen Interpreten immer wieder herausgestellte „eloquens pietas" gerichtet, auf eine, wie wir übersetzen wollen, „sprachmächtige Frömmigkeit". Das rhetorische Ideal Ciceros ist in das Zeitalter des Christentums transponiert. Cicero erklärt: „Die wahre Redekunst ist so umfassend, daß sie den Ursprung, die Auswirkung und die Abwandlung aller Dinge, Tugenden und Pflichten und der gesamten natürlichen Voraussetzungen, auf die sich Sitten, Sinn und Leben der Menschen gründen, in sich schließt, daß sie zugleich die Sitten, die Gesetze und Rechtsnormen zu beschreiben, den Staat zu lenken und alle Fragen, wozu sie auch gehören mögen, wirkungsvoll und wortreich zu behandeln weiß."[138] Dem braucht Erasmus, die Redekunst durch die „studia humanitatis" ersetzend, nicht viel mehr – wiewohl das für ihn natürlich ein entscheidendes „mehr" ist – als die christliche Gedanken- und Glaubenswelt hinzuzutun, um das humanistische Bildungsprogramm aufstellen zu können.

Das Programm der Studien ist umfassend, allerdings die Grenzen der Geisteswissenschaften kaum überschreitend, nennt doch Erasmus lediglich die Astrologie als eine noch dazu auf der Grenzscheide stehende Naturwissenschaft. Der Anspruch des Erasmus an ein gründliches Studium ist hoch. Er beeilt sich denn auch, seinem Katalog der Wissensfelder hinzuzufügen, daß er zwar der geforderten Last für Geist und Gedächtnis sich bewußt sei, aber auch nicht allen diese Last aufzwingen will: „Ich belaste freilich", lesen wir, „aber doch nur einen, um möglichst viele zu entlasten. Ich will, daß einer alles durchstudiert, damit nicht jeder einzelne alles durchzustudieren braucht".[139] Mehreres ist mit diesem Satz ausgesprochen. Zum einen ist das allgemeine Problem der Aufklärung enthalten: daß einzelne voranzugehen haben und daß es auf eine Elite ankommt, die es sich schwer macht. Zum anderen ist es das neue Verhältnis von Lehrer und Schüler, das hier fortwirkt: Der Lehrer wird zum Medium der Wissensvermittlung, wie es in der Scholastik die kanonischen Texte

[138] 22. 495.
[139] 36. 35.

waren; der Lehrer wählt aus, der Lehrer gibt Wissen in verarbeiteter, sicher meint Erasmus auch in komprimierter Form weiter; der Lehrer filtriert, indem er alles durchstudiert, das Notwendige und das Wertvolle aus. Schließlich steht hinter dem Satz der Gedanke, daß das ganze Erbe zu bewahren, aber auch einer ständigen Prüfung zu unterwerfen sei. Daß der Lehrer umfassend gebildet zu sein habe, ist Erasmus noch selbstverständlich. Seine Überlegenheit kommt aus universaler Gelehrsamkeit; seine Bildung muß der Brennspiegel sein, in dem sich alle Wissensstrahlen sammeln, um reflektiert werden zu können. Wieweit mit einem solchen beträchtlichen Anspruch an den Gelehrten zugleich der Anspruch an den humanistisch Gebildeten, seine Bildung als eine im Dienste aller erworbene zu begreifen, verstanden werden kann, mag der entscheiden, der das Glück hat, sich noch einen Begriff von Bildung bewahrt zu haben.

Nun soll diese Auswahl, die der Lehrer auf Grund seiner umfassenden Kenntnis bieten kann, nicht nur der Entlastung um ihrer selbst willen dienen. Sie ergibt sich vielmehr aus der Erkenntnis, daß mit bloßem Lernbetrieb und noch so umfangreichem Wissen nicht viel gewonnen ist, wenn der Schüler nicht zu unabhängigem Urteil geführt wird. Die Autoritäten haben ihre Überzeugungskraft aus sich heraus verloren; Autorität wird nur gewonnen aus der Überzeugungskraft, durch welche ein Text, ein Wort, ein Werk der kritischen Prüfung standhält. So ist es in der Tat nicht das schiere Wissen, sondern die Bildung, die aus Schule und Studium hervorgehen soll. Es sollen „sich die jungen Leute frühzeitig an das gewöhnen, was bei allen Dingen die Hauptsache ist, an ein selbständiges Urteil“[140]. Damit ist der letzte Schritt über den Lehrbetrieb tradierter Form hinaus getan. Die kritische Vernunft ist gefordert und die Freiheit des Geistes ist in ihr Recht zu setzen, welche freilich, wie Erasmus selbstverständlich ist, sich nur bei gründlich erworbenem, sorgsam abgewogenem Wissen und deutlichen Begriffen bewähren kann.

In solcher Unabhängigkeit erst kann sich „lebendiger Umgang mit Gesinnungsgenossen, Gesprächspartnern, Mitarbeitern und Freunden“ entwickeln,[141] der das Lebenselement des Erasmus war, aber doch das Signum einer jeden Geselligkeit sein sollte, in welcher die Partnerschaft der Diskutierenden gründet. Aber die Schärfe des Intellekts, der kritische Geist und der prüfende Verstand bedürfen, darin erst rundet sich die Humanitas Erasmiana, der Einbettung in die Bewegung des Herzens, die sich in der Zuwendung zum geistlichen Wort, in Volksfrömmigkeit und Selbstbescheidung bekundet; denn die Fragwürdigkeit der menschlichen Existenz muß dem Bewußtsein präsent bleiben. Zur Bildung gehört Haltung,

[140] 36. 45.
[141] 97. 98.

und in dieser, über alle Unterschiede des Wissens hinweg, können sich die Menschen begegnen, mehr noch, können sich als gleichrangig erfahren. Erasmus, der zeit seines Lebens unter seiner Herkunft gelitten und immer wieder Diffamierung erfahren hat, konnte schärfer als andere den Rang der Bildung erkennen und ihn jenseits aller äußerlichen Ränge zur gültigen Auszeichnung des Menschen machen. Darin fließen Geistes- und Herzensbildung zusammen: „Keiner kann sich seine Eltern oder sein Vaterland aussuchen, um so mehr kann jeder selbst seinen Geist bilden und sein Benehmen formen. Ich will alles zusammenfassen in einem Wunsch, der mir fast an den Anfang gesetzt zu werden verdient: Das ist die wahre Höflichkeit, selbst nichts schuldig zu bleiben und die Fehler der anderen nachsichtig zu behandeln."[142] Die Verknüpfung von Bildung und Erziehung ist damit angezeigt. Erasmus läßt sich darüber deutlich aus.

Pädagogik

Die Idee humanistischer Bildung konkretisiert sich in einem Bildungsprogramm, das sich sehr differenziert in verschiedenen Fächern darbietet, die ihrerseits alle sprachliche Bildung, sei es zum Hintergrund, sei es zum expliziten Inhalt haben, aber daneben mit einer historischen Bildung allesamt eine religiöse Bildung vermitteln. Das Bildungsprogramm hat seinen Reflex in den Änderungen, die der Universitätsbetrieb durchläuft; und es ist gegenwärtig im humanistischen Gespräch der Geister, wie es sich in den Sodalitates und in mannigfachen wissenschaftlichen Zirkeln, vor allem aber in dem weitgespannten Briefwechsel als einem öffentlichen Gedankenaustausch bekundet. Erasmus bringt auf den Begriff, was lange herangereift war, steuert seine eigenen literarischen Leistungen bei und gibt damit den humanistischen Wissenschaften gesicherte Grundlagen.

Erasmus begnügt sich nun nicht damit, sich gleichsam als einen Kristallisationskern humanistischer Bildung darzustellen und eine humanistische Bildungstheorie zu entwerfen. Sein Humanismus zielt, indem er weit über ein gelehrtes Studienprogramm hinausreicht, auf Praxis, will sagen, auf Veränderung des Menschen. Sein Wort, daß Menschen nicht geboren, sondern gebildet werden, bleibt im Gedächtnis. Er entwirft neben seiner Bildungstheorie eine pädagogische Theorie, die dem Gedanken dient, durch Erziehung zur Realisierung des humanistischen Konzeptes beizutragen. Er fügt, um es so auszudrücken, seiner Bildungspädagogik eine Erziehungspädagogik hinzu. Er schreibt ›Über die Umgangserziehung der Kinder‹ (1529), ›Über die Notwendigkeit einer frühzeitigen allge-

[142] 36. 106.

meinen Charakter- und Geistesbildung der Kinder‹ (1529) und schreibt zwischen 1528 und 1529 ›Vertraute Gespräche‹ mit der pädagogischen Absicht, in zeitkritischer Darstellung Lehrstücke für den Umgang der Stände untereinander und miteinander vorzustellen.

Nun werden wir nicht so weit gehen zu sagen, daß alles, was uns hier begegnet, sonderlich originell oder nur den Gedanken des Erasmus zu danken sei, wohl aber werden wir auch hier entdecken, wie die neuen Tendenzen der Zeit, die in eine individualistische Beziehung der Generationen, der Geschlechter und Stände münden, die insbesondere auch ein anderes Verständnis der Kindheit heraufführen, in dem Erziehungsprogramm des Erasmus Gestalt gewinnen.

Die Bedeutung und Wirkung dieser erasmischen Gedanken lassen sich vordergründig an der Tatsache ablesen, daß von seiner Schrift ›Über die Umgangserziehung der Kinder‹ noch zu des Erasmus Lebzeiten mehr als dreißig Auflagen erschienen und sich davon insgesamt – nach der Zählung von Norbert Elias – mehr als 130 Auflagen nachweisen lassen. Sie wurde bald in mehrere Sprachen übersetzt. „Der Begriff ‹civilité› erhielt die spezifische Prägung und Funktion … im zweiten Viertel des 16. Jahrhunderts … Er verdankte seine Ausprägung in dem spezifischen Sinn, in dem er dann von der Gesellschaft rezipiert wurde, einer kleinen Schrift des Erasmus von Rotterdam ›De civilitate rerum puerilium‹.“ [143] Die Wirkung beruht ebenso auf der sensiblen Beobachtungsweise des Erasmus wie auf der Tatsache, daß er – mehr als seine Vorgänger – deutlich in eine im Übergang befindliche Gesellschaft hineinspricht. Seine Pädagogik ist Ausdruck gesellschaftlicher Transfigurationen wie sozialer Umgruppierungen, jener Phase zugehörig, „in der die alte ritterlich-feudale Adelsschicht noch im Niedergang, die neue höfisch-absolutistische noch in der Bildung begriffen war“, was Erasmus Chancen gab, „sowohl des Aufstiegs, der Möglichkeit, Ansehen und geistige Macht zu gewinnen, wie des Freimuts und der Distanzierung, die weder vorher noch nachher in dem gleichen Maße vorhanden waren“ [144]. Auch die soziologische Interpretation legt die Implikationen der neuen, von Erasmus formulierten Erziehungsgedanken frei: die Heranbildung einer bürgerlichen Schicht, die ihren Rang und „Eigenstand“ aus der Adaption von Umgangsformen und Verhaltensweisen im Rahmen neuer Bildungsvorhaben findet. Daß die Erziehungsformen für jedermann gelten, also Gemeingut werden sollen, setzt Erasmus mit dem Selbstbewußtsein des auf seine geistige Unabhängigkeit Dringenden gleich an den Anfang der dem 11jährigen Prinzen Heinrich von England gewidmeten Schrift: „Es geht mir nur darum, daß die Jugend

[143] 30. I. 66.
[144] 30. I. 94.

dies alles um so aufgeschlossener zur Kenntnis nimmt ... Für die Jugend ist es überhaupt kein geringer Ansporn, wenn sie sieht, daß die Kinder der Führenden gleich von Jugend auf studieren müssen und sie mit ihnen im gleichen Wettkampf stehen."[145]

So interessant Erasmus als Beobachter der Sitten seiner Zeit ist und damit als Schlüssel zum Verständnis gesellschaftlicher Signifikanzen dienen kann, hier geht es um die pädagogischen Maximen, die im Nachvollzug des sozialen Geschehens die Gesellschaft in neue Verhaltensweisen und Einstellungen hinüberführen und Handlungsmuster entwerfen, die das humanistische Denken in sich aufnehmen. Wir lesen in der Abhandlung über die Umgangserziehung: „Vor allem muß man darauf achten, daß das zarte Kindergemüt die Vorschule der Frömmigkeit durchmacht. Die nächste Aufgabe ist die, daß der Zögling die freien Künste mit Lust und Liebe sich aneignet; die dritte, daß er lernt, das Leben zu meistern; die vierte, daß er schon in den kindlichen Anfängen sich daran gewöhnt, umgänglich zu sein."[146]

Es erstaunt uns nicht, hier die Anknüpfung an die bildungstheoretischen Gedanken zu finden, die *pietas* an den Anfang gestellt zu sehen und der Hinführung zum Studium – mit dem Grundkanon allen Wissens der Zeit in den Freien Künsten – als der anderen Devise zu begegnen. Merkwürdiger ist schon, daß das Studium „mit Lust und Liebe" angegangen und durchgeführt werden soll: dem Pädagogen ist nicht nur das Lernen, sondern die Weise des Vorgehens wichtig, und dabei sind nicht nur die Methoden des Lernens welcher Art auch vordringlich, sondern auch die Einstellung zum Lernen selbst. Er sieht den Zögling nicht mehr als Gegenstand der Wissenstradierung, sondern als Subjekt, das sich selbst an die Sache gibt. Insbesondere jedoch erregt unsere Aufmerksamkeit, daß die beiden letzten Forderungen über das Studium hinausweisen, dem jeder Anflug eines Selbstzwecks damit genommen wird. Die Zurüstung für das Leben ist ihrer unreflektierten Selbstverständlichkeit beraubt, sie muß pädagogisch planmäßig erfolgen. Man wird daraus erneut folgern dürfen, daß das humanistische Bildungsprogramm eben keines der bloßen abstrakten Gelehrsamkeit, der elitären Geistigkeit und des ätherischen ebenso wie des ästhetischen Vergnügens ist, sondern einen Zuschnitt auf Lebensmeisterung hin erhält. Es dient ebenso der Selbstdarstellung und -behauptung im gesellschaftlichen Leben wie auch der unmittelbaren Befähigung für die Aufgaben, die das gesellschaftliche Leben stellt. Es ist einerseits – und bis in unsere Tage klingt das noch nach – die Überzeugung des Erasmus und seiner Weggenossen, daß der Mensch mit nichts anderem

[145] 36. 89.
[146] 36. 89.

besser für die Mühe der Daseinsbewältigung und der alltäglichen Bewährung ausgestattet werden kann als mit einer gründlichen humanistischen Bildung. Es ist aber andererseits die nicht minder sich Geltung verschaffende Überzeugung, daß solche Bildung sich einen Rahmen zu schaffen hat, aus welchem das „Anstößige" verbannt ist. Wie Bildung und Erziehung werden hier Kultur und Zivilisation in der eigentümlich deutschen Differenzierung getrennt und gleichzeitig verknüpft. Noch bei Kant findet sich die Unterscheidung im gleichen Sinne, wenn er in seiner nachgelassenen Schrift über Pädagogik der Kultivierung die „Belehrung und Unterweisung", der Zivilisierung „Manieren, Artigkeit und eine gewisse Klugheit" zuzählt.[147]

Humanistische Bildung, die zur Lebensmeisterung beitragen will, muß sich der Bedingungen versichern, in denen sie sich entfalten kann. Erasmus wird nicht müde, das immer wieder Gesprächs- und Briefpartnern wie seinem Lesepublikum einzuprägen, daß der Mensch ohne Erziehung nichts sei – einige Stellen sind inzwischen wohlvertraut. Aber er fügt dem das Bild einer Lebensführung in Form eines Verhaltenskodex zu, der dem heutigen Menschen zwar überflüssig, als trügerisches Dekor erscheinen mag, der aber doch der Ausdruck einer neuen Lebensform und Signum einer Standeserhöhung ist, die sich über Bildung und nichts anderes erschließt. Insofern ist der Bildung eine Weise des Umgangs mitzugeben, die den Menschen „civilior" erscheinen läßt, was wörtlich nichts anderes als „umgänglicher" heißt. Über das ästhetische Element hinaus, das in verfeinerten Sitten durchdringt, ist es der dialogische Charakter der humanistischen Existenz, der hier die Feder führt. Bildung und Erziehung haben ihre vermeintliche Selbstverständlichkeit verloren; Verhaltenscodices müssen bewußtgemacht und Regeln des Umgangs festgelegt werden. Normen sind zu verinnerlichen. Vor allem: Die Beziehungen der Menschen zueinander sind nicht mehr gleichgültig, die Figuren nicht mehr austauschbar: „Der erste Schritt zum Lernen ist die Liebe zum Lehrer."[148] Oder auch: „Der Vater gewöhnt seinen Sohn durch Weckung des Ehrgefühls und durch Milde daran, daß er weit eher aus freiem Antrieb das Rechte tut denn aus Furcht von außen."[149] Die Erziehung wird, in der Zeit des Humanismus beginnend, aus einem gleichsam naturwüchsigen Feld, das unreflektiert in Familie und Arbeitswelt (die ja beide zumeist identisch waren) bestellt wurde, zu einem Gegenstand systematischen Nachdenkens, zu einem Gegenstand, dem man sich besonders widmen mußte, weil damit dem individuellen Lebensweg gedient wird.

[147] 63. X. 706f.
[148] 36. 36.
[149] 36. 140.

Diese Blickrichtung auf den Einzelnen wird von Erasmus noch dadurch unterstrichen, daß er in seinen Erziehungsschriften weitgehend absieht von gesellschaftlichen Unterschieden – die sich für ihn nach dem Maß der Bildung bestimmen. Die Vorschriften haben hohen Anspruch auf Allgemeingültigkeit. Erasmus „legt keinen besonderen Akzent auf soziale Distinktionen, wenn man von gelegentlichen Abhebungen gegen Bauern und kleine Händler absieht. Gerade diese fehlende Zuordnung der Vorschriften zu einer bestimmten sozialen Schicht, ihre Fassung als allgemein menschliche Regeln unterscheidet aber seine Schrift zugleich von ihren Nachfolgerinnen"[150].

Das bürgerliche Selbstbewußtsein der humanistischen Intelligenz wird sich noch klarer artikulieren, um die Abkehr von der Vorbildlichkeit der alten höfischen Erziehung, gar von einer mönchischen Erziehung – der gegenüber Erasmus besonders abweisend war – zu unterstreichen. Der Adel des Geistes, wie man zu sagen pflegt, wird dem Adel des Geblüts ebenbürtig, mochte das auch eher Anspruch als Wirklichkeit sein und sich in neuen Hierarchien verflüchtigen. Die Erziehung ist nicht mehr nur Einweisung und Durchsetzung von Lernprozessen wie in den Klosterschulen, sie ist auch nicht die Einfügung in adlige Lebensvorstellungen – sie ist Einführung in Umgang und Umgänglichkeit, mit denen der Gebildete sich zu erkennen gibt. Damit, wie schon gesagt, entsteht aus der neuen Beziehung der Generationen ein neues pädagogisches Verhältnis und ein neues Verständnis von Pädagogik.

„Der Mensch sollte nämlich an Seele und Körper, in seinem Auftreten und seiner Haltung aus einem Guß sein, vorzüglich sollten alle zurückhaltend sein, besonders aber Menschen, die zu führenden Aufgaben berufen sind. Als solche muß man alle ansehen, die sich einer höheren Bildung widmen. Mögen andere in ihren Wappen einen Löwen, einen Adler, einen Stier oder einen Leoparden führen, in Wirklichkeit sind diejenigen vornehmer, die als Wappentier so viele Bilder führen, wie sie an Bildungsgütern in sich aufgenommen haben."[151] Das spricht für sich selbst: der Stolz des Humanisten, die Rangerhöhung durch den Adel des Geistes, die Vornehmheit der Gesinnung, die Auszeichnung durch das Maß der Bildung. Der Umbruch wird markiert durch die Tatsache, daß nun auch die Adligen sich um Bildung zu bemühen haben und daß das Einlassen auf Gelehrsamkeit nicht mehr den an Stand Geringen überlassen bleibt, die sich auf andere Weise gesellschaftlich nicht behaupten können.

Der Titel der anderen pädagogischen Schrift fügt zusammen, was nun nicht mehr getrennt bleiben soll: Erziehung des Charakters – Haltung –

[150] 30. I. 98.
[151] 36. 90.

und Erziehung des Geistes – Bildung: ›Von der Notwendigkeit der frühzeitigen allgemeinen Charakter- und Geistesbildung der Kinder‹. Sie erscheint im gleichen Jahr wie die Schrift über die Umgangserziehung. Auch sie ist für die Erziehung eines Fürsten gedacht, geschrieben auf Bitten des Humanisten Konrad Herebach, Erzieher am Düsseldorfer Hofe, und auch sie hat das neue Verhältnis der Generationen untereinander und die neue Form der Erziehung zum Thema. Sie ist breiter angelegt, will aber letztlich auch nichts anderes als dieses pädagogische Verhältnis verdeutlichen, das man als das einer humanen Erziehung charakterisieren kann. In der affektiven Hinneigung werden Erziehungsmaximen angeeignet und Haltungen anverwandelt. Menschenwürde wird mitbedacht. „Für Kinder ist nichts schädlicher, als wenn sie an Schläge gewöhnt werden … Unsere Rute sei eine freimütige Ermahnung, mitunter auch ein Tadel, aber mit Milde gewürzt, nicht mit Bitterkeit.“[152] Die Pädagogik der Strenge, der abgerückten Autorität, der Distanz der Generationen (die gerade in der Blindheit für die Eigenart des Heranwachsenden bestand), des unbedingten Gehorsams wird aufgehoben und beginnt sich zu wandeln zu einer Pädagogik der Selbsterziehung, der Selbständigkeit, der Selbstverantwortlichkeit, die schließlich als das Ziel der Erziehung überhaupt angesehen wird. Die Weckung des Ehrgefühls tritt an die Stelle einer Prügelpädagogik. Die Unentbehrlichkeit von Bildung und Erziehung wird wiederholt begründet: „Um in Wahrheit Vater zu sein, muß man allseitig für seinen Sohn sorgen, und dem Teil gebührt die erste und vornehmlichste Sorge, wodurch er sich vor den anderen Geschöpfen auszeichnet und der Gottähnlichkeit sehr nahe kommt.“[153] Oder: „Die Quelle aller Tüchtigkeit ist eine sorgfältige und gewissenhafte Erziehung.“[154] Oder: „Du kannst keine ungebildete Masse behalten. Wenn du sie nicht zu einem Menschengebilde gestaltest, so artet sie von selbst in ein häßliches Tiergebilde aus.“[155] Schließlich: „Wenn du also bedenkst, wie wenig der ein Mensch ist, der der geistigen Bildung entbehrt, wie flüchtig das menschliche Leben ist, wie sehr die Jugend zum Bösen neigt, wie vielfach die späteren Jahre in Anspruch genommen werden, wie öde und leer das Greisenalter ist und wie wenige von den Sterblichen es überhaupt erreichen: dann wirst du nicht dulden, daß bei deinem Knaben … irgendein Teil der Jugendzeit unbenutzt vorübergehe, in welchem er sich etwas aneignen kann, was entweder für sein ganzes späteres Leben von großem Nutzen ist oder was ihn vom Bösen abhält.“[156]

[152] 36. 144.
[153] 36. 110.
[154] 36. 111.
[155] 36. 117.
[156] 36. 108.

Genug der Zitate, mit denen Erasmus Erziehung – so möchte man fast sagen – beschwört. Seine Philosophia Christi ist darin eingezeichnet. In anderen Schriften kommt er von der Betrachtung der Religion her zu ähnlichen Folgerungen. Die ›Erziehung des christlichen Fürsten‹ ist aus diesem Geist geschrieben. Die genuin pädagogischen Schriften gehen durch die methodischen Reflexionen wie die darin wirksam werdenden Erfahrungen des Alltags in Sitten und Bräuchen darüber hinaus. Erasmus beobachtet Benehmen, Kleidung, Verhalten in der Kirche, Eßgewohnheiten, Begegnungen, Spiele und gibt seine Anweisungen dazu. Das reicht bis zum Verhalten im Schlafgemach. Anstandsregeln kommen auf. Erasmus registriert sie sorgfältig. Es entwickelt sich – und Erasmus gibt die wesentlichen Richtlinien – ein Konsens in den Regeln des Verhaltens, die der Gesellschaft und der Geselligkeit neue Züge geben, bestimmt, der Entlastung des wechselseitigen Verkehrs zu dienen und diesen von Peinlichem, Anstößigem, Unanständigem – wofür sich nun erst die neuen Begriffe bilden – freizuhalten.

Sie werden zum Gegenstand erzieherischer Vermittlung. Diese hat früh einzusetzen und der Erkenntnis zu folgen, die schon Aristoteles in der ›Nikomachischen Ethik‹ bereitgestellt hat. Erasmus formuliert sie so: „Die ganze Berechnung des menschlichen Glücks aber gründet sich vornehmlich auf drei Dinge: Naturanlage, Lehre und Übung ... Die natürliche Anlage bedarf der theoretischen Unterweisung; die Übung ist, wenn sie nicht durch die Lehre geleitet wird, mannigfachen Gefahren und Irrtümern ausgesetzt."[157] Da ist die Notwendigkeit der Bildung ebenso wieder hervorgehoben wie die Notwendigkeit einer Erziehung, die dazu verhilft. Der Mensch kann sein Glück nur machen, wenn er zu seiner Bildung hinfindet. Und der Weg dahin führt über die drei pädagogischen Momente: das Bedenken der Naturanlage, die für Erasmus Anlage zur Gelehrigkeit ist, den Unterricht, in welchem Ermahnungen und Belehrungen erteilt werden, die Übung, in welcher der durch Lehre beförderte Naturzustand befestigt wird. Die Reihenfolge ist nicht umkehrbar: „Laßt uns dieses dreifache Band verknüpfen, so daß die Lehre der Natur die Richtung gibt und die Übung die Lehre zur Durchführung bringt."[158] Der Zusammenhang ist klar. Aber das heute uns Geläufige setzt hier erst ein: zu verstehen, daß der Mensch eine individuelle Natur hat, auf der der Unterricht aufzubauen hat – wobei Erasmus freilich im Begriff der Natur gleichzeitig die „Natur", will sagen, das Wesen des Menschen faßt: „Was aber ist das wesentliche Merkmal des Menschen? Daß er vernunftsmäßig lebt."[159]

[157] 36. 122.
[158] 36. 123.
[159] 36. 125.

Darauf aber baut sich die Neigung des einzelnen auf. Der Erzieher hat darauf Rücksicht zu nehmen, weil anders weder die Erziehung gelingen noch der Mensch zu der ihm angemessenen Tätigkeit geleitet werden kann. „Darum bin ich der Ansicht, daß man die Kinder nicht zu einem Berufe nötigen soll, damit man nicht, wie das Sprichwort sagt, den Ochsen auf den Ringplatz, den Esel an die Laute führt."[160] Und gleich darauf noch entschiedener: „Diejenigen sind im Irrtum, die da meinen, die Natur habe dem Menschen keine Merkmale gegeben, wonach man auf sein Talent schließen kann; sie versündigen sich aber, wenn sie dieselben mißachten."[161] Wird dem Lernen damit die Richtung gegeben, so muß diesem das alte „repetitio est mater studiorum" – die Wiederholung – zu Hilfe kommen, wobei der Gedanke mitschwingt, daß der Mensch sich selbst einzuüben habe und auf eigene Arbeit setzen muß. Daraus wird auch eine andere Folgerung gezogen, die seitdem aus der Didaktik nicht mehr wegzudenken ist: daß dem Prinzip der Niveaugerechtigkeit oder, was dasselbe meint, der Jugendgemäßheit und Altersgemäßheit zu entsprechen ist. Stellt sich Erasmus schon vor die jungen Menschen, die in härtester Schulzucht sich nicht entwickeln können: „Manche ziehen so unbändig gegen das unmündige Alter los, als ob sie vergessen hätten, daß sie und auch die Schüler Menschen sind"[162] – so wird er darauf zum Didaktiker, der für jedes Lernen die rechte Stunde sucht: „Am leichtesten lernt man, was man zur rechten Zeit lernt."[163] In der neuen Einstellung zum Kinde, ein Signum der Zeit bekanntlich, kommt „die Tatsache zum Ausdruck, daß man sich der Unschuld und auch der Schwäche der Kindheit bewußt geworden war und infolgedessen auch der Pflicht der Erwachsenen, die Unschuld zu bewahren und der Schwäche abzuhelfen"[164]. Die Folge wird eine „Verlängerung der Kindheit" sein. Der Lernende wird nicht mehr als unfertiger Erwachsener behandelt. Damit kann die Kinderzeit zu einer Schul-Zeit werden, in welcher der Raum für das Heranwachsen geschaffen wird. Der junge Mensch kann nach eigener, nach kindgemäßer Weise leben, und auf seine Eigenart wird Rücksicht genommen. Dem langsamen Hineinwachsen in die Welt der Erwachsenen entspricht die didaktische Dosierung des Stoffes, die sich der Fassungskraft anpaßt. Erst dann, wenn sie auf diese Weise Freude am Lernen finden können und frei von Härte, Zwang und übermäßiger Strenge sind, können sie begreifen, „welche herrliche Sache die Bildung"[165] ist – und sich ihr entsprechend widmen.

[160] 36. 128.
[161] 36. 128.
[162] 36. 148.
[163] 36. 155.
[164] 3. 457.
[165] 36. 159.

Herrlich ist die Sache, die Bildung also, weil sie den Menschen zu sich selbst kommen, ihn seine Bestimmung finden und seiner Natur gemäß leben läßt. Da wird doch wohl an das menschliche Glück noch einmal erinnert, welches in der Bildung selbst liegt. Dieses Glück, nach Erasmus mit der Würde des Menschen selbst verbunden, soll keinem verschlossen sein. Der konsequente Humanist kann nicht nur Bildung für wenige wollen, wenn er auch nicht mehr tun kann, als die Wege zu weisen, auf welchen sie zu finden ist: „Wir geben die beste Erziehungsmethode an, die nötigen Geldmittel können wir nicht bieten. Nur sollte auch hier das Wohlwollen der Reichen talentvollen jungen Leuten, die wegen ihrer beschränkten Vermögensverhältnisse außerstande sind, ihre natürlichen Anlagen zu entwickeln, zu Hilfe kommen ... Was höre ich da? Sind die Bürgersöhne etwa weniger Menschen als die Königskinder? Oder muß nicht jedem sein eigener Sohn ebenso lieb sein, als wenn er ein Königssohn wäre? Sind die Vermögensverhältnisse mehr bescheidener Art, so bedarf man um so eher der Unterstützung durch Bildung und Wissenschaft, um sich aus dem Staube erheben zu können."[166]

Hier äußern sich die ganzen leidvollen Erfahrungen der Kindheit des Erasmus. Er will sie anderen ersparen. Aber auch sonst gründet seine Pädagogik auf Erfahrungen, die er zu durchleuchten weiß und aus denen er pädagogische Schlüsse zieht. Wir werden uns unbedenklich dem Urteil anschließen: „Hier spricht jemand, der nicht nur Traditionsgut weitergibt, soviel mittelalterliche und vor allem antike Schriften er auch verarbeitet haben mag, sondern der alles das persönlich beobachtet hat, der seine Erfahrungen niederschrieb."[167] Wir möchten dem nur hinzufügen, daß ihm die niedergelegten Erfahrungen zu pädagogischen Erfahrungen wurden. Und die Weisheit des Pädagogen ist dort am stärksten, wo sie zur Erkenntnis verführt, ohne den pädagogischen Gedanken ausdrücklich zu formulieren.

Von daher rührt der Erfolg, der den ›Vertrauten Gesprächen‹ des Erasmus beschieden war und sie zu einer Lieblingslektüre der Gebildeten werden ließ: Sie konnten sich und ihre Zeitgenossen darin wiederfinden, ohne sich geschulmeistert fühlen zu müssen. „Mit unnachahmlicher Leichtigkeit und Eleganz führt er den Leser ... aus der Sprachlehre über die Lebenslehre in eine Glaubenslehre. In ihrer Schmiegsamkeit und Lebendigkeit sind die ›Gespräche‹ des Erasmus das gültige Zeugnis für die abendländische Sendung der lateinischen Sprache ... (sind aber auch) ein Manifest des Pädagogen Erasmus, der das Christentum als die ‚natürliche Religion des Menschen' ansieht und jenen Goldgrund auf dem makel-

166 36. 146.
167 30. I. 91.

haften Bilde des Menschen freilegen möchte."[168] Wenn sich der Verehrer des Erasmus auch zu gar zu poetischer Metapher hat verleiten lassen, werden wir ihm doch zustimmen in der Einschätzung, daß die Gespräche zu ihrer Verbindung von Literarischem, Philologischem, Moralischem und Pädagogischem ein kostbares Dokument des Humanismus sind, zumal es bisweilen auch hier Erasmus nicht an der ihm eigenen Ironie und versöhnendem Humor fehlen läßt. Ein Meisterstück dieser Art ist der Dialog ›Der Abt und die gebildete Frau‹, in welchem dem Dünkel der ungebildeten Männer ebenso die Leviten gelesen werden wie der Bildung der Frau das Wort geredet wird: „Der Abt: Ich möchte jedenfalls keine gelehrte Gemahlin. Die Frau: Ich schätze mich um so glücklicher, weil ich einen Mann habe, der so ganz anders ist als du. Die Bildung macht mich ihm und ihn mir nur teurer."[169] Daß die Gespräche ein Spiegel gesellschaftlicher Verhältnisse sind, erhält ihnen einen unvergänglichen Reiz.

Gegen Lebensende, im Dezember 1531, faßt Erasmus seine pädagogischen Gedanken in einem Brief zusammen. Es klingt wie eine Rechtfertigung seiner jahrzehntelangen Arbeit, die der Bildung und Erziehung galt: „In Wirklichkeit ist nichts naturgemäßer als Tugend und Bildung – ohne sie hört der Mensch auf, Mensch zu sein. Jedes Lebewesen ist aber für die Sache am meisten empfänglich, auf die es die Naturanlage weist ... Wir haben also keinen Grund, mit der Natur unzufrieden zu sein, vielmehr kommt sehr viel darauf an, wo die Elemente der Frömmigkeit und Bildung ihren ursprünglichen Sitz haben; dann ist es wichtig, wen das Kind als Führer zu jenen Gütern bekommt, namentlich in jenen Jahren der Ungeschliffenheit, wo der Geist noch von Lastern unbefleckt ist und wie weiches Wachs jeder Formung durch den Lehrer willig folgt."[170]

Humanistischer Anspruch

Erasmus stirbt in Basel müde, dem Tode gelassen entgegensehend, überdrüssig der Querelen, Ränke, Anfeindungen, Mißverständnisse, Vorwürfe, vor denen ihn seine Sanftheit, seine versöhnliche Natur, seine an sich unpolitische Grundeinstellung der Unparteilichkeit, kurz: sein Humanismus nicht bewahren konnten, wiewohl dieser Humanismus, mit vollem Bewußtsein sich nicht auf die Gelehrtenexistenz beschränkend, sich immer wieder literarisch in den Dienst des Ausgleichs, der Entspannung, des Friedens gestellt hatte. Am Lebensende sieht er die Welt allent-

[168] Gail in 35. 100ff.
[169] 35. 451.
[170] 32. 522f.

halben in Aufruhr; die Wiedertäuferbewegung verfolgt er mit Sorge; sein Freund Thomas Morus fällt dem englischen König zum Opfer. Da kann das Angebot Pauls III., ihm den Kardinalshut zu verleihen, ihn nur noch milde lächeln machen. Weltliche Güter bedeuten ihm nichts mehr.

Er scheint, was seinen politischen und seinen kirchenpolitischen Humanismus anbelangt, mit leeren Händen dazustehen – und wird im übrigen nach seinem Tode auf den ersten Index der von ihm verteidigten katholischen Kirche kommen. Was in der Luthersache sichtbar geworden war, vermag er nicht abzuschütteln: „Im übrigen ist es, wie ich sehe, mein Schicksal, von beiden Teilen gesteinigt zu werden, während ich bemüht bin, für beide besorgt zu sein. Bei Euch in Brabant gelte ich als Lutheraner und in ganz Deutschland so als Antilutheraner, daß die überzeugten Anhänger Luthers gegen niemand mehr wüten als gegen mich."[171] Längst ist ihm der Ruhm – der es nicht zuläßt, mit den Händen im Schoße den Händeln zuzuschauen oder sie gar nicht erst wahrzunehmen – zu schwerer Bürde geworden: „Doch als ich erkannte, welche Last es bedeute, berühmt zu sein, habe ich nichts mehr gewünscht, als womöglich den Ruhm ganz abzuschütteln oder da zu verbergen, wo, wie man sagt, der Hirsch das Geweih ablegt."[172] Er hat dennoch nie aufgehört, sich seine Freiheit zu wahren, und gewiß macht es seine Größe aus, sich schließlich wie widerstrebend auch immer den Entscheidungen gestellt zu haben und dennoch, auch wenn er Partei ergreifen mußte, eine Gesinnung zu verkörpern, die ihn nie nur einer Partei, sondern der Menschheit zugehörig erscheinen lassen mußte, und damit den Rang humanistischen Denkens zu dokumentieren. Eben deshalb sind beide große Parteiungen, Luther und der Papst, im Grunde ihm gegenüber ratlos und gleichermaßen um ihn bemüht: wenn sie ihn für sich beanspruchen – und wenn sie ihn beide bekämpfen. Nicht nur aus dogmatischen Gründen – die ja durchaus zweifelhaft sind –, wohl aber aus den inneren Gründen einer ungefährdeten Stabilität der Kirche, die mit dem christlichen Glauben nicht identisch ist, mußte es zur Indizierung seines Werkes kommen. Und aus gleicher Notwendigkeit mußte der einzige, der ihm geistig und an humanistischer Bildung ebenbürtig war, Philipp Melanchthon, sich mit Luther gegen ihn wenden, mochte er auch seiner erasmischen Natur gemäß den Gedanken der Versöhnung Luthers und der Luthersache mit Erasmus nicht aufgegeben haben.

Daß der Humanismus des Erasmus den Verdacht des Indifferentismus nicht vermeiden kann, wird immer wieder evident, und daß der Vorwurf der Unentschlossenheit in die Aussage münden kann, seinem Denken

[171] 32. 350.
[172] 32. 351.

fehle es an Schärfe und Entschiedenheit, zeigt sich an vielen Wendepunkten seines Lebens. Das nicht zuletzt wird zur Entfremdung von vielen Freunden und Gesprächspartnern beitragen. Daß ihm seine Gelehrsamkeit, die schon die Zeitgenossen staunen ließ, nicht nur Bewunderung eintrug, sondern auch ihm den Makel eines elitären Bewußtseins anheftete, mit dem sich zuweilen Unduldsamkeit und Hochmut paarten, ist kein Geheimnis.

Man mag den Zwiespalt, in dem er sich zeit seines Lebens, von wenigen glücklichen Jahren abgesehen, befunden hat, in Paradoxen sich verständlich machen: Wo er Theologe sein sollte, konnte er nur der *homo religiosus* sein, dem an Frömmigkeit mehr liegt denn an systematischer Glaubenslehre. Wo er Philologe sein sollte, wurde er der Verfechter einer Sprachlehre, die entgegen den neuen Scholastikern mehr auf den Geist als auf syntaktisch-grammatische Nachahmung sehen wollte. Wo er Philosoph sein sollte, wurde er der Verfechter einer Philosophia Christi, die sich nicht scheute, stoisches und christliches Moralitätsbewußtsein zu einer Lebenslehre zu verschmelzen, die sich auf der Höhe der klassischen Philosophie nicht halten konnte und wollte. Wo er der politisch kämpferische Humanist sein sollte, wollte er sich nur als den Schiedsrichter sehen, dessen sorgsam abgewogener Spruch aber doch immer wieder alles unentschieden ließ. Wo er schließlich als Mann der Öffentlichkeit handeln wollte, blieb er doch immer auf sein privates Ich verwiesen, dessen Betrachtung den Skeptizismus des Wissenden in ihm wach hielt. Seine Tragik scheint nicht darin zu liegen, von allen mißverstanden worden, sondern darin, in seinem Humanismus von allen als lästig empfunden worden zu sein.

Was bleibt, ist vor allem eine Bildungsidee, der er ebenso in seinen pädagogischen Reflexionen wie in seinen philologischen Werken feste Strukturen gab. Sie half mit der Vorwegnahme maßgeblicher Intentionen der Aufklärung eine allgemeine Bildung heraufzuführen, indem sie auf ein von historischen Wandlungen unabhängiges Menschenbild rekurrierte. Die Leistung ist, den Menschen als Vernunftwesen ernstgenommen und die Anerkennung der Individualität im pädagogischen Denken durchgesetzt zu haben. Die maßgebliche Schwäche ist, daß daraus seinem Wunsche zuwider eine Bildungsreligion und eine individualistische Bildung werden konnte, der die Transzendenz abhanden kommen mußte. „Das also ist der einzige Weg zur Seligkeit, daß du zuerst dich selbst kennst. Dann, daß du nicht den Leidenschaften folgst, sondern nach dem Urteil der Vernunft handelst.“[173] Der Satz könnte von Montaigne sein. Aber daran allein werden sich die Epigonen halten: das Urteil der Vernunft über

[173] 31. I. 123.

alles zu stellen – wobei eben durchaus unsicher bleibt, an welchen Maßstäben sich diese Vernunft orientieren soll, zumal Erasmus zufolge auch der Weg zur Seligkeit ins Innere des Subjekts verlegt ist. Das, was bei Erasmus kraft seiner Stellung im Geistesleben der Zeit einen guten Sinn haben mochte: die Stimme des Gewissens zu sein und seine Autorität für die Rückkehr zum Glauben der Väter – auf dem Weg über deren Schriften wohl, aber nicht am Buchstaben haftend – einzusetzen – eben das kann verblassen zu einer unverbindlichen Berufung auf das persönliche Gewissen. Natürlich hat die Philosophia Christi und die theologisch sich absichernde Frömmigkeit des Erasmus „mit der allgemeinen Naturreligiosität der späteren Aufklärung nichts zu tun“[174]. Aber sie hat durch die ihr eigene Verbindung von Frömmigkeit und Bildung zunächst eine Glaubenshaltung gefördert, die starker Elemente christlicher Konfession – allem voran den Stand gegenüber dem Angesicht Gottes – entbehrt, und sie hat keine entschiedene Zurückweisung des Gedankens vorgenommen, daß die Berufung auf Bildung schließlich ausreichend sei, um sich als vollkommenen Menschen zu dünken, damit als einen Menschen, auf den die Nichtigkeit des Kreatürlich-Unvollkommenen, die nur durch Demut aufgewogen werden kann, keine Anwendung mehr findet. Erasmus, der durchaus um Demut rang, redete gegen diese Bedrohung an, aber er beschwor sie doch zugleich herauf.

Sein Humanismus – durch Humanität sind Menschen zu bessern! hatten wir gelesen – zielt mittels der Verbindung von Glauben und Wissen, *pietas* und *eruditio*, nicht nur auf Besserung des Menschen, sondern auf die der menschlichen Verhältnisse, damit der vom Menschen geschaffenen Bedingungen seiner Existenz. „Die Natur brachte ein einziges mit Vernunft ausgestattetes Wesen hervor, das auch des göttlichen Geistes teilhaftig sein kann, ein einziges, das zur Güte und Eintracht fähig ist (capax benevolentiae concordiaeque), und dennoch, mag man sich noch so viele und noch so abscheuliche wilde Tiere vorstellen, bei ihnen wäre für mich eher Platz als bei den Menschen.“ So heißt es zu Beginn der ›Klage des Friedens‹,[175] in der er das Humanum, die Humanitas, den *homo pietatis* verzweifelt beschwört. Wir vermögen daraus sein Verständnis von Humanismus und Humanität besonders gut abzulesen, sehen ihn gerade um eine möglichst klare Beschreibung, wenn nicht Definition dessen ringen, was er unter „humanitas“ verstanden haben will.

Zunächst, wie zu sehen, ist es die Vernunft, der es auch an Frömmigkeit nicht mangeln muß, sofern sie göttlichem Geist sich zugänglich macht. Sodann sind es Haltungen und Tugenden, die der Mensch sich anzueignen

[174] 97. 118.
[175] 31. V. 363.

vermag, um Diskordanzen und Zerwürfnissen entgegenzuwirken: Eintracht und Güte. Sie sind ihm freilich nicht von Natur gegeben; die in pädagogischem Zusammenhang genannte Naturanlage ist darauf gerichtet. Der Mensch ist doch nicht von Natur gut, er ist auf Güte hin angelegt. Darin liegt seine Chance, besser: seine Hoffnung. Denn das eben ist ein Humanum, wir mögen auch sagen: ein Essentiale des Humanen: „Gemeinsam sind in die Menschen die Keime des Wissens und der Tugend gelegt und ein sanfter und liebenswürdiger Charakter (ingenium mite placidumque) ... Daher kommt es wohl, daß man alles, was zum gegenseitigen Wohlwollen gehört, ‚menschlich' nennt (humanum appellat), so daß das Wort Menschlichkeit (humanitatis vocabulum) nicht schon unsere Natur bezeichnet, sondern das sittliche Verhalten, das seiner Natur würdig ist (mores hominis natura dignos)."[176] Der Zustand der Welt: die Verrohung der Sitten – Erasmus schreibt dagegen sein ›Anstandsbüchlein‹ –, die Grausamkeit der Menschen im Namen des Kreuzes, die Zerstrittenheit der Theologen, die Verworfenheit der Kirchenmänner, die Unheiligkeit der Mönche, der Kampf um Macht unter den Fürsten auf dem Rücken der Wehrlosen, der Verlust der Einheit des christlichen Weltbildes und der abendländischen Völker – alles überzeugt Erasmus davon, daß der Mensch von seinen Anlagen keinen oder nicht den richtigen Gebrauch macht. Was mit dem Humanen gemeint ist, muß erst wieder verständlich gemacht werden; denn es stellt sich nicht von selbst ein. Darum ja, wie wir wissen, muß jedem Humanismus ein pädagogischer Impetus innewohnen. Und daher ist auf nichts anderes die Hoffnung zu setzen als auf Bildung, die Bildung des Geistes und gebildeter Umgang ist. Über diese, wenn überhaupt, lassen sich Frieden und Eintracht herstellen. Diese sind zu finden – allein aus Gründen, die „zunächst der gesunde Menschenverstand selbst und, wie ich sagen möchte, die Humanität" gebieten.[177] Der „sensus naturae" ist in Übereinstimmung mit der „humanitas". Diese liegt im sittlichen Verhalten, wie wir gelesen haben, das sich aus menschlicher Natur heraus entfaltet. Wir erinnern uns erneut: die Menschen werden nicht geboren, sondern gebildet. Von Bildung denn ist Humanität zu erwarten: „Vielleicht sind die Herrscher eher groß als gebildet und lassen sich eher von ihren Begierden hinreißen als durch ein richtiges Urteil des Verstandes bestimmen. Bei der Schar der Gebildeten will ich Zuflucht suchen. Die Wissenschaft schafft Menschen, die Philosophie Menschen höherer Art, die Theologie Heilige ... Aber, o Schmerz. Siehe, hier gibt es eine andere Art von Kriegern."[178] Das ist die Klage des Friedens, die Klage über den

[176] 31. V. 367.
[177] 31. V. 447.
[178] 31. V. 373.

Zerfall der Bildung, darüber, daß die Wissenschaft und die Gelehrsamkeit und das Studium nicht bewirkt haben, was alle verlangen: die Einsetzung der Menschlichkeit in ihr Recht. Aber Erasmus sieht auch schon den tieferen Grund für alle Heillosigkeit, was eben ihn zum Pädagogen ebenso macht wie zu dem Humanisten, der von der Individualität aus denken muß, deshalb letztlich auch alles von der Verbesserung des einzelnen erwartet. Die Ursache allen Zwiespalts ist der Zwiespalt im Menschen selbst, die Zerrissenheit muß im Menschen mithin selbst geheilt werden. Die gesellschaftlichen Verhältnisse sind der Reflex der inneren Zustände des Menschen; Humanität kann nur allgemein werden, wenn der einzelne dahin findet, sie in sich selbst fördert. „Ein und derselbe Mensch kämpft mit sich selbst, die Vernunft führt den Krieg mit den Leidenschaften, untereinander kämpfen obendrein die Leidenschaften, und während die Ehrfurcht dorthin ruft, zieht die Begierde woanders hin, rät die Lust etwas, rät der Zorn etwas anderes, wieder etwas anderes der Ehrgeiz, noch etwas anderes die Habsucht."[179] Dem ist nur abzuhelfen, wenn die Humanitas sich christlich versteht, denn, so Erasmus, das Gebot Christi ist Eintracht und gegenseitige Liebe.

Erasmischer Humanismus heißt, der Philosophia Christi zu folgen, die nichts anderes als die schlichten Gebote der Menschlichkeit enthält. In diesem Sinne bedeutet für Erasmus Humanitas Wohlwollen, Güte, Annehmlichkeit und Milde der Sitten: *benevolentia, benignitas, suavitas morum*. Aber da eben diese nicht naturgegeben, sondern, wie wir sagen, Bildungsauftrag sind, müssen sie vermittelt werden. Sie sind das humanistische Pendant zum Gebrauch der Vernunft, die den Menschen wissender, einsichtiger und klüger zu machen hat. In diesem Sinne „gehört ‚humanitas' ... als notwendiges Korrelat zu der Betonung des Wissens und der gelehrten Bildung. Und immer wieder wird ausdrücklich bezeugt, daß es gerade die literarischen und gelehrten Studien sind, denen jener ‚sänftigende' Einfluß auf die Charaktere zuzuschreiben ist oder von denen er erwartet wird"[180]. Beides gehört zusammen, der Mensch hat beides zu werden: *humanissime idemque eruditissime*. Das eine ist ohne das andere nichts. Von daher wird die erzieherische Bedeutung der humanistischen Studien, die sich an der Vorbildlichkeit antiken Wissens und klassischer Erkenntnis ausrichten, schon in den Namen der Studien gelegt. Sie werden die guten Wissenschaften, *bonae litterae*, die ehrenwerten Studien, *honesta studia*, die vornehmen Fächer, *honestae disciplinae*, die menschlicheren Studien, *humaniora studia*, genannt. Es geht um Förderung des Menschen: Seiner Sprachlichkeit als dem Vehikel geistiger Unab-

[179] 31. V. 379.
[180] 141. 316f.

hängigkeit gelten die philologischen Arbeiten; seinem Geschichtsbewußtsein und dem Verständnis seiner Historizität gelten die Arbeiten zu den brennenden Fragen der Zeit; seinem humanen Selbstverständnis gelten die Explikationen der Philosophia Christi als der Lehre zur Demut. In dieser Dreiheit fallen der Erziehungsauftrag und die Bildungsintention zusammen.

Im Spannungsfeld zwischen Gelehrsamkeit und Glauben, in der gläubigen Durchdringung des Wissens, in der Verknüpfung eines scharfsinnigen, kritischen Denkens mit der Lauterkeit eines frommen Herzens sucht Erasmus ein humanistisch zu nennendes Ordnungsgefüge und geht ohne Pathos, aber mit Hingabe die Fragen der Welt an. Von daher beansprucht er die öffentliche Wirksamkeit humanistischer Haltung und Gesinnung.

XI. HUMANISMUS IN DEUTSCHLAND

Der Humanismus in Deutschland hat – wie in den anderen Ländern Europas – mehrere Gesichter. In Deutschland wirkt keine romanische Tradition fort, die das Verhältnis zur Philologie und den Umgang mit dem Lateinischen bestimmt wie in Spanien und in Frankreich. In Deutschland kann sich auch nicht, wie in England, ein insularer Humanismus entfalten, der sich trotz aller italienischen Einflüsse in eigenen Grenzen hält und damit auch, in der spezifischen Lebensform des Gentleman, über die Zeit bewahrt. In Deutschland findet sich der Schnittpunkt politischer, geistlicher und geistiger Kraftlinien, die zwischen Ost und West und West und Ost laufen: von Brabant nach Krakau, von Prag nach Heidelberg. In Deutschland vor allem bricht in die Blütezeit des Humanismus der kirchliche Umbruch ein. In Italien werden es vornehmlich die gegenreformatorischen Tendenzen sein, die einem bereits jenseits seines Höhepunktes liegenden Humanismus die Entwicklungsmöglichkeiten nehmen. In England ist es gerade umgekehrt, insofern die großen kirchlichen Unruhen dem Humanismus vorausgehen, insofern auch der König humanistisch geprägt ist. In Frankreich brechen die Kirchenkämpfe nach der Blütezeit des Humanismus aus.

Die oft gemachte Beobachtung ist in Erinnerung zu rufen: daß es in Deutschland zu keiner Renaissance kommt, die Reformation kommt ihr zuvor. Diese nimmt – nicht der Intention, aber der Wirkung nach – dem Humanismus als einer jenseits aller Dogmen auf Geistesbildung setzenden Kraft den genuinen Lebensraum. Die heillose politische Zerklüftung, der der Kaiser nichts entgegenzusetzen hat, tut ein übriges. In dem Maß, in dem die Reformation zu einem politischen Kampf der weltlichen Mächte wird, zwingt sie auch den Humanismus zu politischen Entscheidungen. Manche Humanisten vertreten viel eher einen politischen als einen gelehrten Humanismus. Selbst Melanchthon, der reinste Erasmianer unter den Protestanten, kann sich dem nicht entziehen: Das religiöse Bekenntnis wird auch zum politischen Bekenntnis. In getrennten Lagern wirken die humanistischen Impulse fort. Das humanistische Bildungsprogramm wird in den Schulen überleben. Aber dem Humanismus wird es nicht mehr gelingen, unabhängig von allen Konfessionen und vor allen kirchlichen Differenzen der Würde des Menschen – und damit auch der „rein menschlichen“ Bildung – den Vorrang einzuräumen. Die Religionskriege entfesseln Leidenschaften, gegen die der Humanismus nur wenig vermag. Und Aberglaube, Magie und Hexenwahn, die aus der Ketzerideologie unterschiedlicher Provenienz hervorgehen, haben kein Ohr für Vernunft.

Als die Kirchenspaltung vollzogen war, war der Humanismus ebenso kanalisiert wie institutionell gesichert. Er war abgesunken in Schulprogramme, ohne noch etwas von dem Stürmisch-Drängenden zu haben, das ihn in den ersten Jahrzehnten des 16. Jahrhunderts als Erneuerungsbewegung über die Länder hinziehen ließ. Erasmus scheitert an Luther und scheitert am „Heiligen Römischen Reich". In der willkürlichen Verschmelzung von Häresie und Hexerei – in den Alpen werden, eine Erinnerung an die großen Häresien des ausgehenden Mittelalters, Hexen als „Waudenses", in den Pyrenäen als „Katharer" bezeichnet[1] – drückt sich die Verfolgung des Nonkonformen aus: Anti-Humanismus wird darin zum Programm. Wie der Katholizismus unter humanistisch gebildeten, weltoffenen Päpsten den Hexenwahn nach Deutschland brachte, so brachte der lutherische Protestantismus den Hexenwahn nach Dänemark und Schweden, der Calvinismus denselben bis nach Siebenbürgen. Nur die Ostkirche, die keinen Dämonenglauben mit entsprechender Theologie entwickelt hatte, bleibt im christlichen Abendlande frei von Hexenwahn und einer damit sich rechtfertigenden Ketzerverfolgung. Darüber ist an dieser Stelle nicht zu urteilen. Wir begnügen uns mit der Bemerkung, daß die von den Dominikanern entwickelte, auf Thomas von Aquin zurückgehende Mythologie des Dämonismus „eine mit Hilfe bäuerlichen Aberglaubens, weltlicher Hysterie und der Einbildungskraft von Geistlichen erfolgten Ausweitung eines ganzen Weltbildes" darstellte[2] und Ausdruck einer über die ganze Gesellschaft verbreiteten Verfassung und Erkenntnishaltung war – die sich im übrigen selbst noch mit dem Rationalismus eines Montaigne vertrug. Humanistische Verständigkeit bleibt dahinter zurück. Es zeigt die Schwäche einer Vernunft, die nur dem eirenischen Wort vertraut und gegen aufgerührte Emotionalität nur wenig vermag. Es dient dem Verständnis der Zeit und einer Geisteshaltung, die einem dem Rationalismus der Neuzeit verpflichteten Denken fast unzugänglich ist, wenn man sich schließlich als ein Beispiel unter vielen, das rasch zur Hand ist, Herzog Heinrich Julius von Braunschweig vergegenwärtigt, der am Ende des 16. Jahrhunderts noch „als der unstreitig gebildetste Fürst seiner Zeit geschildert wird ... Er war bewandert in Mathematik, in der Chemie, den Naturwissenschaften, in der lateinischen, griechischen und hebräischen Sprache. Er war ein Jurist, der die Pandekten über die Bibel stellte und lieber im Codex als in einem Roman las, ein

[1] 132. 107.
[2] 132. 166.

Architekt, der die Bauten für die Universität Helmstedt selbst entwarf, dazu noch Dichter und Dramatiker. In seinen Stücken verweilte er salbungsvoll bei der moralischen Pflicht der Fürsten zur Hexenverbrennung, und während seiner Regierung (die mit der Vertreibung der Juden aus seinem Staate einsetzte) hat er sich dieser Pflicht niemals entzogen"[3].

Das hat nun zwar wiederum den Blick weit vorausgelenkt und schon in die Wirkungsgeschichte des Humanismus hineingeführt, mag aber doch geeignet sein, für die Bedingungen, unter denen der Humanismus stand, Verständnis zu gewinnen. Das Spannungsfeld, in das sich der Humanismus hineingestellt sieht, läßt diesen in vielen Facetten aufscheinen. Doch bleibt unverkennbar, daß er dabei seiner Herkunft von einem ebenso facettenreichen petrarkischen Humanismus der italienischen Frührenaissance treu bleibt. Je nach Akzentsetzung ist der deutsche Humanismus einmal ein politischer Humanismus, einmal ein philologisch-gelehrter Humanismus, einmal ein pädagogischer Humanismus. Und je nach Akzentsetzung wird das immer gegenwärtige christliche Element sich einmal mehr, ein andermal sich weniger hervordrängen; es wird einmal der protestantischen, einmal der katholischen Lehre verpflichtet bleiben.

Der deutsche Humanismus bringt viele Gestalten hervor. Auf manche wird das unfreundliche Urteil Paulsens zutreffen, der dem Humanismus das Motto voranstellen möchte „Viel Talent, wenig Charakter"[4]. Auf manche wird man immer wieder als Leuchten ihrer Wissenschaft blicken, und vielen wird man als den Organisatoren des Bildungswesen dankbar bleiben. Einige ragen eminent heraus, treten ins Bewußtsein ihrer Zeitgenossen und werden auch dem Rückblickenden zu Symbolen einer Haltung, die auf Erneuerung des Geistes wie des Lebens drängte und mittels der Wissenschaften vom Menschen, eben den *humaniora*, den Menschen in die Freiheit des Geistes setzen wollte. Hoffnung auf Bildung, in welchen Brechungen auch immer, hat sie alle getragen.

In je eigener Weise stellt sich der Humanismus in Hutten, in Reuchlin, in Pirckheimer dar. Sie sind typische Repräsentanten humanistischer Lebensform.

Politischer Humanismus: Ulrich von Hutten

„Wenn du nicht der wärest, durch wilches groß Beihulf alle rechte Studia zu unserer Zeit wieder aufgerichtet und viel in gantz deutschen Land durch deine Hulf zum rechten Wege kommen, das ich auch von mir

[3] 132. 147.
[4] 99. I. 94.

selbst willig und gerne bekenne, hätt' ich schon ein Rat funden, damit ich dir deine Tat an mir vergleichet. Aber dein Tugend und Vordienst gegen mir seind nach großer dann die Ubeltat und mein Schmertzen."[5] Dieser Satz aus dem Jahre 1523 ist gerichtet an Erasmus von Rotterdam, den Fürsten des Humanismus, und steht in der ›Expostulatio cum Erasmo‹ des Ulrich von Hutten, der der Feuergeist, der politische Rhetor und der streitbare Nationalist des deutschen Humanismus war. Er war ein Mann politischer Agitation, „eine reine Tatnatur"[6], der der Bildungsgeschichte nur angehört, insofern er die Wirkung eines Ferments hatte. Ein Gelehrter war er nicht, wohl aber konnte ihn Pirckheimer in der ›Epistola apologetica‹ an Lorenz Beheim 1517 „die sicherste Hoffnung unseres Deutschlands ... ausgezeichnet wegen seines Talentes und seiner Bildung"[7] nennen. Und noch Herder, am Ursprung des Neuhumanismus, der sich gegen romanische Überfremdung wandte, schreibt ein ›Denkmal Ulrichs von Hutten‹: „Will man einen schönen Lateiner? Wer schreibt schöner, kräftiger und blühender Latein als Hutten? Erasmus und Melanchthon haben ihn deshalb beneidet, die Italiener geschätzt, alle freie und heitere Musenfreunde geliebet."[8]

Tatsächlich schreibt Erasmus noch 1523 an Ulrich von Hutten von seiner „sehr freundschaftlichen Gesinnung" ihm gegenüber.[9] Daß er ihn freilich ernsthaft beneide um seines Lateins willen, mögen wir bezweifeln. Im Brief an Hutten, darin Erasmus seine liebevolle Schilderung seines Freundes Thomas Morus gibt – immerhin ein Zeichen für die humanistische Seelenverwandtschaft, die ihn lange mit Hutten verband –, sagt er nur, daß er Hutten fast beneide, weil Morus „am Geist Deiner Schriften eine solche Freude" habe.[10] Aber als Hutten seine ›Expostulatio‹ schrieb, war von der Seelenverwandtschaft nichts mehr geblieben.

Erasmus hatte sich 1521 wieder nach Basel, zum dritten Mal in seinem Leben nun, begeben, um dort für viele Jahre seine Zelte aufzuschlagen und in der unmittelbaren Zusammenarbeit mit dem Drucker Froben seinen wissenschaftlichen Arbeiten zu leben und eine immense Editionstätigkeit zu entfalten. Zugleich sollte ihn die Beschäftigung mit der Wissenschaft den Spannungen und Streitigkeiten entziehen, denen er sich durch die Luthersache ausgesetzt sah. Das gelang, wie wir wissen, nicht. Die Baseler Jahre werden zu denen der intensivsten Beschäftigung mit Luther, die in dem Streit um den freien Willen gipfelt.

[5] 56. 275.
[6] 121. 208.
[7] 29. 250.
[8] 49. V. 219f.
[9] 32. 318.
[10] 32. 249.

Ein Jahr nach seiner Ankunft in Basel, 1522 also, kommt Ulrich von Hutten, ein junger Mann noch und doch schon am Ende eines kampferfüllten Lebens, nach Basel, um dort eine Zuflucht zu finden, unmittelbar bedroht von seinen Gegnern, der Kirche insbesondere, gegen die er wie kein anderer sich in Schmähschriften und Protestschreiben, in Aufrufen und Pamphleten gewandt hatte. In den ›Klageschriften und Ermahnungen‹ handelte er „von dem ubermäßigen, unziemlichen (Druck) des Papsts Gewalt, von dem verkehrten Stand der Stadt Rom, von wollüstigem, unordentlichem Überfluß und unersättlichem Geitz der Geistlichen, von der Simoneischen Ketzerei und Unfrommheit der Kurtisanen ... von der tyrannischen Gewalt der Bullen, so täglich hier umbher regiert, und dergleichen anderen Dingen durch welche ... Teutschland aufs schädlichst und schmählichst beschwert und unterdruckt wird“[11]. Das deutsche Motiv eines nationalkämpferischen Humanismus wird wortgewaltig vorgetragen.

Basel sollte nicht nur Zufluchtsort sein; Hutten suchte auch die Nähe des Erasmus. Dieser aber lehnt den erneuten Kontakt mit ihm ab, verweigert Hutten das erwünschte Gespräch, um sich in seiner Arbeit nicht irritieren zu lassen, um schließlich auch nicht in die Händel hineingezogen zu werden, denen er sich nicht gewachsen fühlt. Im Frühjahr 1523 schickt Hutten, aus Basel ausgewiesen, von Mühlhausen in der Schweiz aus seine Herausforderungsschrift, die ›Expostulatio‹ gegen Erasmus, in welcher einerseits sich die Klage eines Mannes ausspricht, der wie andere zahllose Humanisten zu Erasmus als dem verehrten Haupt der humanistischen Bewegung aufgeblickt hatte und in dem nun andererseits die große Enttäuschung über des Erasmus abweisende, den Kampf verschmähende Haltung in Erbitterung umschlägt. Hutten war nicht imstande zu erkennen, daß sich Erasmus, dessen Heimat die Welt des Geistes war, einem nationalen Humanismus entschieden versagen mußte. Er stößt damit freilich Hutten nicht nur von sich, sondern diesen, der nun aller Hoffnungen und Hilfe beraubt war, schon gezeichnet von der tödlichen Krankheit, geradezu ins Nichts. Noch ehe Hutten die bitterböse Antwort des Erasmus auf die ›Expostulatio‹ erreicht, stirbt 1523 Hutten an seinem letzten, ihm von Zwingli gebotenen Zufluchtsort, auf der Insel Ufenau, an der Syphilis, die ihn – wie so viele hochansehnliche Persönlichkeiten der Zeit – über viele Jahre hinweg geschunden und geplagt hatte, und der er eine eigene, viel gerühmte Schrift widmete, um die Möglichkeit der Heilung, die er sich erhoffte, darzustellen.

Ulrich von Hutten ist in seiner Jugend einer der großen Bewunderer und Verteidiger des Erasmus gewesen, was in seiner letzten redegewaltigen

[11] 56. 176.

Provokation, der ›Expostulatio‹, noch beredt zum Ausdruck kommt. Da sagt Hutten zu Erasmus, „daß du zu unser Zeit der beste und am wohlberedesten Schreiber bist, hast auch diese Sach, wie ich vorhin angezeiget, ehr angefangen dann Luther und ich auf Erden sein kommen“[12]. Darin nun verquickt er, wogegen Erasmus sich zunehmend zur Wehr setzte, die humanistischen mit den reformatorisch-protestantischen Zielen. Denn Hutten sagt nicht weniger als eben das, was auch von der katholischen Kirche gegen Erasmus immer wieder als Vorwurf erhoben worden ist (und der späteren Indizierung seiner Werke zugrunde liegen wird), daß nämlich die lutherische Sache, nicht weniger also als der ganze Protestantismus bei ihm, Erasmus, den Anfang genommen habe. Hutten sagt es mit Entschiedenheit: „So mussen entweder deine meisten Bücher vertilget werden, oder du mußt auch lutherisch ... gehalten werden.“[13] Die Heftigkeit Huttens allerdings mußte Erasmus um so eher der lutherischen Sache entfremden. Die Unangemessenheit, mit der diese aus seiner Sicht vorgetragen wurde, hat ihm, wie er in vielen Briefen beklagt, immerzu Beschwer gemacht.

Daß er Erasmus nicht mehr gewinnen konnte, wobei gewiß ganz persönliche mit den allgemeinen Motiven zusammenfließen, konnte Hutten nicht hindern, in dieser seiner ›Handlung mit Erasmo von Rotterdam, Priester und Theologo, allermeist die lutherische Sache betreffend‹ sein ursprüngliches Bekenntnis zu Erasmus leidenschaftlich zu wiederholen: „Ich darf das frei sagen auf mein Gewissen und auch aus deinem Zeugnis, daß ich dich nie anders dann als einen Gott mit hochster Heiligkeit gefiert und gewürdigt hab ...“[14] Da versucht sich Hutten Erasmus zugleich nochmals zu unterwerfen, um den großen Abstand zwischen Erasmus und all den anderen Humanisten als geistlicher und als geistiger Mensch deutlich zu machen, um ihm um so heftiger und sicher nicht ohne Grund, selbst wenn wir uns heute nicht mehr auf die Seite Huttens stellen mögen, seine Unentschiedenheit vorzuwerfen, unfähig aus persönlicher Betroffenheit heraus, das Verlangen des Erasmus nach Balance, nach Ausgewogenheit und Ausgeglichenheit, nach einer friedlichen Welt zu würdigen. Hutten kann darin nur Schwäche, ja Abtrünnigkeit von den eigenen Postulaten sehen. Zwei einander fremde Charaktere stehen sich gegenüber. Die leidenschaftliche Parteinahme ist Huttens Teil, und diese klingt nach in der Verehrung, die er als der deutsche Nationalheld genoß. Herder nennt ihn den „Demosthenes unserer Nation“[15]. In Hutten verbindet sich die huma-

[12] 56. 297.
[13] 56. 297.
[14] 56. 264.
[15] 49. V. 219.

nistische Gelehrsamkeit und vehemente Eloquenz mit dem selbstgewählten Auftrag, die Nation von der Knechtschaft der Kirche zu befreien. Sein Dialog ›Vadiscus sive Trias Romana‹, eine kräftige Anklageschrift gegen die Kirche, „hat, da noch vor Luthers ›An den christlichen Adel‹ erschienen, den auf breiter Basis geführten publizistischen Kampf gegen die Kirche de facto eröffnet“[16].

Gelegentlich hat er sich „eques Germanus – deutscher Ritter“ genannt. Er gibt dem Humanismus den nationalen Akzent, indem er ausspricht, daß es um die Befreiung von der römischen Kirche, damit um die Befreiung von der Überfremdung geht, von den Welschen, den Romanen. Wie hätte Erasmus, der Kosmopolit, das nachvollziehen können. Aber genau das wird das zentrale, wenn nicht überhaupt das einzige maßgebliche Thema Ulrichs von Hutten, und er wird damit der extreme Vertreter eines kämpferischen politischen Humanismus. Er wird zum sich zunehmend radikalisierenden Exponenten einer Haltung, die den Humanismus in Deutschland seit des Celtis Entwurf einer ›Germania illustrata‹ durchzieht und bei den namhaften Zeitgenossen Huttens, Pirckheimer und Peutinger, bei jüngeren wie Beatus Rhenanus, dem Biographen des Erasmus, Aufnahme findet, ausgelöst von dem Interesse an der Geschichte und umgesetzt in eine philologisch ausgerichtete Geschichtsschreibung. Bildung ist fortan immer auch Nationalbildung; wie in Deutschland, so nicht anders in den übrigen europäischen Ländern. Hutten hinterläßt einen Dialog ›Arminius‹, in welchem die Siege Hermanns über das Römische Imperium als Taten der Befreiung gepriesen werden; er macht Arminius so zum Gründer der germanischen Freiheit, als welcher er im Bildungswissen fortleben wird: „... der allerunüberwindlichst und starkmütigst Held Arminius ... der nit allein sein Ort, Gebiet und Vaterland, sonder die gantzen teutschen Nation von den Händen der Römer uff die Zeit, so sie am allermächtigsten und in der Blüt ihrer Herrschaft waren, erlöset und wieder in Freiheit gesetzt.“[17]

Sein Lebenslauf ist kurz, kometenhaft aufsteigend, zu frühem Ruhm gelangend und sehr schnell wieder verglühend, ein Lebensbeispiel neben anderen, an denen offenbar wird, wieviel an Bestimmung in jeglicher Biographie enthalten ist; denn nach diesen 35 kurzen und schnell und stürmisch verlebten Jahren verglüht dieser Stern, und die Stunde des Hutten ist vorüber. Der nationale Gedanke, dem er seine Stimme geliehen hat, wird zerstörerische Kraft entfalten. Bezeichnend übrigens, daß Hutten, der viele seiner Schriften in deutscher Sprache herausgehen ließ, seinen Namen entgegen humanistischem Brauch nie latinisiert hat.

[16] 69. 307.
[17] 56. 191.

Hutten wurde 1488 auf Burg Steckelberg im Kreis Schlüchtern geboren, sollte zunächst der Laufbahn eines Theologen und Priesters verschrieben werden, wird daher in eine Klosterschule in Fulda gesteckt, wo ihn der Vater aus kleinem armen Adel gut aufgehoben glaubte, woraus er aber als Siebzehnjähriger flieht, um nun ein Vagantenleben zu führen, wie es viele Studiosi der Zeit umtrieb. An der Universität Köln kommt er mit Crotus Rubianus zusammen, mit dem er eine lange Freundschaft schließt, woraus die ›Dunkelmännerbriefe‹ hervorgegangen sind. Zunächst freilich hält es Hutten nicht lange in Köln. Er wendet sich der Universität zu, die damals unbestritten das Zentrum der humanistischen Studien in Deutschland gewesen ist, der Universität Erfurt, wo er 1506 die erste Berührung mit Mutianus Rufus, dem Haupt des Erfurter Humanistenkreises, erfährt, dem dann bald auch Eobanus Hessus zugehören wird. Hier studiert er die Sprachen, findet Zugang zu den humanistischen Fächern der Rhetorik, die er wie wenige so gründlich sich aneignet, und der Poetik. Von Erfurt zieht es ihn weiter nach Frankfurt an der Oder und nach Leipzig, wo er bald in Händel verstrickt wird, so daß er sich, nun schon von der Syphilis befallen, 1509 nach Greifswald wendet, um sich dann wieder nach Wittenberg zu begeben, bis er 1511 in Wien auftaucht, wo er nun bereits so weit gediehen ist, daß er dort Vorlesungen über Poetik halten kann. Das Jahr 1512 sieht ihn in Pavia und Bologna, wo er Kriegsdienst leistet. 1513 kehrt er nach Steckelberg zurück.

Die Stationen seines akademischen Lebens sollten genannt sein, um die Rastlosigkeit zu erkennen, die das Leben des Scholaren von früh an bestimmt. Man mag daraus auch die Verbreitung des Humanismus ablesen, die aus der Universitätsgeschichte bereits vertraut ist. Für den Humanisten ist bezeichnend, daß er, wie so viele andere Bildungshungrige – Agricola, Celtis, Erasmus, um nur einige zu nennen –, nach Italien geht, um seine Bildung abzuschließen.

Er hat schon in Italien, unvorsichtig und unerschrocken genug, eine Vielzahl von Pamphleten gegen das Papsttum geschrieben als die Wurzel allen Übels in den Augen Huttens, des Übels insbesondere eines nationalen Niedergangs, des Verlustes deutscher Herkunft, deutscher Sprache, deutschen Geistes. Nach einer Pause der Erholung in der Heimat bemüht er sich 1514 um eine Anstellung am Mainzer Hof bei dem damals vierundzwanzigjährigen Albrecht von Brandenburg, dem Kurfürsten und Erzkanzler des Reiches, der später die Reformation durch die Auslösung des Ablaßhandels provozieren wird, eine der unsympathischsten Erscheinungen der Zeit, ein Kirchenfürst ohne jede innere Bindung zur Kirche. Zunächst freilich wird Hutten in die widerliche Episode um Herzog Ulrich von Württemberg hineingezogen, der wegen eines Liebeshandels seinen Stallmeister Hans von Hutten, den Vetter Ulrichs von Hutten, ermorden läßt. Dieser polemisiert heftig dagegen, ruft zum Kampf gegen den Herzog auf und ficht für die Wiederherstellung des Rechts, dem auch die Fürsten sich zu unterwerfen haben. Zwiespältig wie so vieles an ihm ist der gleichzeitige Einsatz für die Rechte des niederen Adels, den er in seinem Stand und Bestand bedroht sieht. Er verfaßt die vier ›Ulrich-Reden‹, die wegen ihrer Diktion und Sprachkraft zuweilen mit den Ciceronischen Reden gegen Catilina verglichen werden. Es kommt zu einem vorübergehenden Erfolg gegenüber dem Herzog; aber die politischen Intentionen erfüllen sich nicht.

Er geht nach Italien zurück, um sich dort – das ist die Bedingung für die Anstellung am Hofe von Mainz – dem Kirchenrecht zu widmen. Die ganze Unrast der Zeit ist in ihm. Politische Aktivität und wissenschaftlicher Ernst, Frivolität und Leidenschaft sind stets gegenwärtig. Er hält sich in Rom, Bologna, Ferrara und Venedig auf. Aus dem Kirchenstaat freilich, bezeichnend für sein Temperament, mußte er wegen eines Wirtshausstreites fliehen, und auch in Bologna kann er sich nicht lange halten, weil er, ehrenwerter zwar, aber in nicht weniger skrupelloser Weise agierend, als Sprecher der deutschen Studentenschaft auffällig wird, indem er zu Unruhen herausforderte.

In dieser Zeit nun war er zugleich mit jenem Werk beschäftigt, das ihn vielleicht mehr als alle anderen seiner Taten unsterblich gemacht hat, mit den ›Dunkelmännerbriefen‹, deren zweiten Teil er wohl nahezu allein verfaßt hat. Es war ein Gegenstand, der seiner Streitlust ebenso wie seiner literarischen Neigung und seinen gründlichen humanistischen Kenntnissen entgegenkam. Hier konnte er die meisterhafte Beherrschung des Lateins einsetzen für die neuen Studien wie umgekehrt für die Überwindung einer verabscheuten, verächtlichen theologischen Starrheit und religiösen Blindheit. Das war in den Jahren 1515/1516. Nicht viel später, 1517, veröffentlicht er – und das zeigt ihn auf andere Weise und mit anderen Mitteln als Streiter gegen Kirche und Papsttum in ihrer theokratisch verweltlichten Form – die Schrift Lorenzo Vallas über die Konstantinische Schenkung, die sich, wie Valla nachgewiesen hatte, als eine Fälschung herausstellte, mit welcher die Rechtmäßigkeit des Kirchenstaates und damit des weltlichen Besitzes und weltlicher Macht des Papstes dokumentiert werden sollte. Hutten begnügt sich nicht mit der Veröffentlichung dieser Schrift in Deutschland, sondern gibt ihr noch eine Vorrede bei, die das Papsttum endgültig vernichten soll – ein merkwürdiges Vorhaben angesichts des Bemühens, beim Mainzer Erzbischof in Dienste zu treten. Die Publikation ist ausdrücklich Papst Leo X. gewidmet. Daneben ist er als Poet tätig, was 1517 zu seiner Dichterkrönung durch Kaiser Maximilian führt. 1517 bis 1519 nun ist er in Diensten des Mainzers. Und eben diesem Albrecht von Brandenburg widmet er mit der Unbefangenheit humanistischer Ironie, die vielleicht dahinter vermutet werden darf, seine Schrift über die französische Krankheit, die ihn plagende Syphilis: ›De Guaiaci medicina et morbo Gallico‹. Er wird dank seiner Kenntnis des Guajak-Holzes sein Leben halbwegs erträglich gefristet, es damit um einige Jahre verlängert haben. Das mag als Zeiterscheinung Erwähnung verdienen, bemerkenswerter dürfte sein, daß Hutten in Mainz eine zwar nur kurzlebige, aber dem humanistischen Interesse dienende Akademie für drei Sprachen, die ihre Vorbilder in Spanien und Frankreich hatte, einrichtete. Das Lateinische, das Griechische und Hebräische erhalten darin gleichen Rang.

Hutten steht auf der Höhe seines Ruhms. Mit vielen Humanisten pflegt er Verbindung, mit Erasmus steht er in Briefwechsel. Am 25.12.1518 schreibt er einen Bekenntnisbrief an Willibald Pirckheimer, den Nürnberger Humanisten, der ihn gemahnt hatte, seine Kräfte nicht zu verschleudern. Der Brief äußert nicht nur humanistisches Selbstbewußtsein in der Versicherung, sich selbst immer treu bleiben zu wollen, er enthält vor allem die Besinnung auf die Ziele, in denen ein Bekenntnis für den politischen Humanismus enthalten ist. Die Welt wird als eine des Umbruchs geschildert, in welcher der Neuanfang der Studien mit der Erneuerung der politischen Verhältnisse einhergehen müssen. „Ich habe keinen geringen Hunger nach Ruhm, ein Adliger zu sein, soviel in meinem Charakter liegt, aber Weh über mich, Willibald, wenn ich mich als adlig erachten wollte, ohne diesen Namen durch meine eigene Leistung zu verdienen.“[18] Darin ist sicher auch der Hinweis auf die dem Humanismus unerläßliche Persönlichkeitsbildung enthalten. Aber es klingt vor allem der Versuch darin an, der im Grunde bereits von der Zeit überholt worden war, die Verbindung des natürlichen Adels mit dem Adel des Geistes zu unternehmen um der Bewahrung des Adels willen. Es ist nicht so sehr die Gleichrangigkeit des Geistesadels, wie er in der Zeit an vielen Stellen begegnet und behauptet wird, sondern – in der für den politischen Streiter typischen Wendung – die Erhöhung des Geburtsadels durch den Geistesadel. Es kommt dabei ein ganzes politisches, wir dürfen heute eher sagen, ein gesellschaftliches Programm ins Spiel, das bei Hutten auf nichts anderes hinausläuft als auf die Wiederherstellung der alten ständischen Ordnung, die er allerdings nur als wiederherstellbar erkennt, wenn die neue Gelehrsamkeit und Bildung auch das neue Fundament für die Überlegenheit des Adels selbst abgibt. „Warum“, so heißt es weiter, „widmen wir uns nicht dem Recht, den Wissenschaften und Künsten, damit diese Schneider, Weber und Zimmerleute uns nicht übertreffen?“.[19] Der Stolz

[18] 56. 332.
[19] 56. 333.

des Humanisten geht eine seltsame Verbindung mit dem Hochmut des Adligen ein.

Aber der Brief drückt doch zugleich eine Lebensstimmung aus, die sich aus den frischen Kräften des Humanismus speist. Der Brief schließt mit dem berühmten, immer wiederholten Ausruf: „O saeculum, o literae, juvat vivere!" „O Jahrhundert, o Wissenschaften! Es ist eine Lust zu leben, wenn auch noch nicht in der Stille. Die Studien blühen, die Geister regen sich. Barbarei, nimm dir ein Strick und mach dich auf Verbannung gefaßt."[20] Es ist die Devise des Glücks, die den Aufbruch in eine neue Zeit ermöglichen soll. Wir hören darin die Freude über ein erwachendes Nationalgefühl mitschwingen, dem er einen Platz erstreiten will.

Auf solchem Hintergrund ist seine Begegnung mit Erasmus zu sehen, den er für Luthers Sache gewinnen und unter Sickingens Schutz stellen wollte. Er selbst begab sich 1520 unter dessen Obhut. Sickingen ist der Landsknecht, der für die reichsritterlichen Ideale focht und für ein unabhängiges Rittertum zu einer Zeit eintrat, in der sich dieses bereits zu überleben begann. Er war im Grunde nur ein nicht ungefährliches Element politischer Anarchie. Hutten trieb Sickingen, in der ihm eigenen exzessiven Wendung gegen die römische Kirche, zu dem von Sickingen schließlich vom Zaune gebrochenen Pfaffenkrieg. Im Todesjahr Huttens 1523 wird Sickingen den Tod in der Festung Landstuhl finden. Hutten hatte an dem Krieg schon nicht mehr teilgenommen. Sein nationales Reformprogramm erwies sich als illusionär. Aber er verharrte, wie ein Biograph sagt, „in ritterständischer Borniertheit bei seiner prinzipiellen Abqualifizierung nicht nur der modernen, das schriftliche Recht handhabenden Juristen, sondern auch der auf Geldgewinn und verfeinerte Lebensart gerichteten Kaufmannschaft"[21]. Jene Schicht, die den Humanismus sich zu einem Bürgerhumanismus in gesitteter Lebenskultur anverwandeln wird, bleibt ihm unverständlich. Diese Einseitigkeit erschreckt an Ulrich von Hutten. Allein sie gehört zum Bilde des Humanismus und mag darüber instruieren, welche Schwierigkeiten sich auftürmen, soll sich hohe Gelehrsamkeit und Bildung mit politischer Klarsicht und Nüchternheit verbinden. Selten gelingt die Synthese. Das Bild bleibt zwiespältig. Abstoßendes und Bewundernswertes, aber auch Mitleidheischendes mischen sich darin. Die Persönlichkeit Huttens in ihrer ganzen Schwierigkeit und Problematik läßt sich auch in seiner Nachwirkung erahnen. Novalis, der Propagator eines neuen christlichen Europas, hat an der Schwelle zum Neuhumanismus Skizzen zu einem Drama ›Franz von Sickingen‹ hinterlassen, worin er Sickingen „Treue und wahre ächte Deutschheit nachrühmt", die

[20] 56. 340.
[21] 56. 359.

ihn „unter allen anderen damals berühmten Männern auszeichnete, wenn ich seinen Freund Ulrich von Hutten und den wackeren Berlichingen ausnehme“[22]; und der Begründer der Sozialdemokratie, Lassalle, selbst ein Mann hoher Bildung, hat ein Schauspiel ›Franz von Sickingen‹ geschrieben und Hutten darin als Kämpfer für Freiheit und für eine erneuernde Revolution geschildert. Lassalle „lebt, wie dieser, in der Welt der Bildung und sucht Verbindungen nach oben, während er andererseits den Massen die Revolution predigt“[23]. Hutten konnte zum Prototyp eines Deutschtums werden, in welchem chauvinistisches Nationalgefühl sich mit revolutionärem Pathos und Universalität auf eigentümliche Weise mischt. Ob man mit Paulsen freilich so weit gehen darf, Hutten „Talent ohne Charakter“ zu bescheinigen, was man „mit einigem Recht als Motto über die ganze Geschichte des Humanismus setzen“ kann,[24] wird doch füglich zu bezweifeln sein. Da schwingt manches von den Vorurteilen mit, die Paulsen von eigener Erfahrung mit dem vom ursprünglichen Humanismus weit entfernten Bildungsbürgertum seiner Zeit abgeleitet haben mag. Daß es, wie Paulsen schließlich bemerkt, „diesen Männern durchweg an Reinheit, Ernst und Kraft des Willens“ gefehlt habe, ist eine Pauschalierung, die in der Geschichte keine Bestätigung findet. Selbst gegenüber Hutten, dem sicher problematischsten Charakter unter den namhaften Humanisten in Deutschland, wird man ein derart überzeichnetes Urteil nicht aufrechterhalten. Man wird ihm zugute halten, daß die Zeit, reif für Revolution oder Reformation oder eben eine revolutionierende Reformation, den engagierten Teilnehmer der sich überschneidenden Bewegungen in Zwiespalt stürzen mußte und eine Haltung abforderte, in der die Ambivalenz des Menschlichen unverkürzt zum Austrag kommen mußte. Deshalb werden wir die Augen nicht verschließen vor einer dem erasmischen Humanismusverständnis unbegreiflichen Mischung von Nationalgefühl und Nationalstolz, bornierter Eitelkeit des Hochgeborenen, Maßlosigkeit des Privilegierten mit einem immensen Maß an wissenschaftlichen Kenntnissen und einer gründlichen allgemeinen Bildung. Ganz sicher findet die Bemerkung keinen Widerspruch, „daß Hutten, so hoch man seine Bedeutung als literarischer Vorkämpfer der Reformation auch einschätzen mag, als Politiker bestenfalls ein Illusionär war, der seine an einer längst überholten Vergangenheit orientierten Standesinteressen beständig mit den Interessen der gesamten Nation verwechselte“[25]. Aus humanistischer Gesinnung aber erwuchsen Hutten eine

[22] 94. I. 81.
[23] 99. I. 93.
[24] 99. I. 94.
[25] 69. 309.

„pietas patriae" – eine Frömmigkeit fürs Vaterland – und eine „laeta libertas" – eine fröhliche Freiheit,[26] denen er freilich nicht Form zu geben wußte, hingerissen zu Extremen, zu denen die nicht minder extreme Situation der Gegnerschaft herausforderte.

Die Bedenklichkeiten freilich, die dem Begriff „pietas patriae" begegneten, sind gewichtiger Natur. Es ist darin nicht nur die Merkwürdigkeit einer patriotischen Frömmigkeit ausgesprochen, es ist überhaupt die Bedrohung eines christlichen Humanismus darin sichtbar, weil sie den Abfall von einer „pietas Christi" anzeigt, mit welchem am Ende der Humanismus nicht nur seinen Ursprung verrät, sondern eintritt in eine Säkularisierung des Wissens, das seine Maße nicht mehr aus Demut, Bescheidung, aus Tugenden der Philosophia Christi und aus dem Wissen um die metaphysische Verankerung des Menschen bezieht. So wird Hutten auch lehrreich dafür, wie Bildung ihr Ziel verfehlen kann, gerade wenn sie im Mißverständnis ihrer eigenen Funktion sich auf der Höhe der Zeit glaubt und den Beifall der zeitgenössischen Akteure genießen darf.

In seinen Pamphleten hat denn auch Hutten das Maß nicht, obwohl er darin den Gepflogenheiten der Zeit kaum voraus war: „Eine Art Haß-Humanismus meinen wir zu vernehmen" – auch das ist wahr – „eine Abart, eine Perversion des Humanismus, die weit seltener ist als ein Haß-Christentum. Und eine Haß-Rhetorik, die das *movere*, *permovere* auf die Spitze treibt, zur Perfektion bringt, die Hörer wie eine Meute auf das Opfer hetzt".[27] Schon 1519 hatte Erasmus noch vor jenem Brief, in welchem er gegenüber Hutten Zeugnis für seine Freundschaft zu Thomas Morus und seine Bewunderung für diesen lauteren Charakter ablegte, an Hutten geschrieben: „Ich sehe klar, Du bist für den Krieg geboren, nicht nur mit Feder und Zunge, sondern auch mit den Kriegswaffen zu kämpfen ... Ich lobe das tapfere Herz, doch, wenn Du auf mich hörst, so erhalte Hutten den Musen. Denn wenn Dir etwas zustieße, wer gäbe uns wieder ein solches Genie? Die Himmlischen mögen es verhüten!"[28] Daß Hutten die Bitten nicht verstand, nicht verstehen konnte mit seinem Temperament, das nie Genüge finden konnte am kontemplativen Gelehrtendasein oder an distanzierter Beobachtung, erschreckte Erasmus. Er mußte sich „abgestoßen fühlen von den Kämpfen, welche Huttens Leben immer begleiteten, von seinen aufpeitschenden Reden und Rufen, seiner impulsiven Kampfnatur, die mit dem Schwert durchsetzen wollte, was die Feder verkündete. Das war in des Erasmus Augen ein Rückfall in die Barbarei."[29]

[26] 121. 202.
[27] 19. 411.
[28] 32. 237f.
[29] 92. 323.

Der Individualismus Huttens ist einer, der nach außen drängt, aber dabei nie mit dem Wort allein fechten will: „Mir scheint der nicht zu leben" – wird ein Wort von ihm überliefert – „der, wie die Unseren [die Humanisten] sagen, sich selbst lebt ... Alle, die wir im Schatten philosophieren und nicht manchmal zu Taten schreiten, wissen nicht, was wir wissen ...".[30]

Er wurde dabei blind für den eigenen Untergang, für das Scheitern in der Maßlosigkeit, die ihn in seiner pamphletistischen Rhetorik bis zur Amoralität hinreißt. Aber natürlich wurde er auch taub gegenüber dem leisen Wort, das an Vernunft oder auch an die Güte des Herzens appellierte. Was vermochte gegenüber solchem Ungestüm ein bittendes Wort wie das des Erasmus: „Wer wird nicht die Menschlichkeit, wie sie sich für Dein Geschlecht und die Wissenschaft ziemt, bei Hutten vermissen, wenn er, ohne durch ein zugefügtes Unrecht gereizt zu sein, das in todbringendes Gift getauchte Schwert gegen den Freund zückt?"[31]

Mag man ein wohlwollendes Fazit dieses schließlich verfehlten Lebens ziehen, das eben dort, wo seine Bestimmung lag, nicht Wurzel schlagen konnte, nämlich im Humanismus, wird man sich noch immer Joachimsen anvertrauen: „Soweit die nationale Romantik und die religiöse Aufklärung als Erscheinungsformen des deutschen Humanismus zu einer Verbindung gelangen konnten, hier ist sie gegeben."[32] Der Humanismus wird in ihm zu einer kämpferischen Lebensform, in welcher das pädagogische Wirken, das in allem Humanismus anwesend ist, auf gesellschaftliche Wirksamkeit sich reduziert, deren Impuls die Liebe zu seinem Volke ist und in welcher etwas von jenen frühen italienischen Entwürfen des politischen Humanismus fortlebt, worin noch sich der Homo litteratus mit dem Miles christianus durchaus verbinden ließ.

Wir sehen in Hutten und seinem Versuch, Gedanke und Tat zu verbinden, mit seinem Biographen „den stürmischen Verehrer der Musen und der humanistischen Wissenschaften, den glühenden Patrioten und blindwütigen Verächter alles römischen Wesens, den im Lateinischen wie im Deutschen gewandten politischen Publizisten und Agitator, den Kämpfer für das Evangelium und den Kenner der heidnischen Fortuna, der in allem zugleich auch immer Angehöriger seines von der geschichtlichen Entwicklung überholten Standes blieb: ein Ritter"[33]. Es klingt, als hätte Hutten die – längst nicht mehr zeitgemäße – Nachfolge Cola di Rienzos antreten wollen. Er ist gescheitert wie dieser.

[30] 121. 207.
[31] 32. 318f.
[32] 60. 464.
[33] 56. 364.

Philologischer Humanismus: Reuchlin

Als Ulrich von Hutten im Schutze Zwinglis, zurückgewiesen von Erasmus, auf der Insel im Züricher See starb, hatte sich der Humanismus, für den er einstand, bereits überholt.

Der Humanismus mußte die ihm wesensgemäßen Züge verlieren, wenn er zu seinem einzigen Ziel die Zerstörung Roms und der römischen Kirche wählte und in einer kriegerischen Attitüde verharrte, die voller nationalistischer und chauvinistischer Züge ist. Humanismus kann kämpferisch, aber er darf nicht kriegerisch sein. Die Rede vom Humanismus kann, will sie sich nicht in heillose Widersprüche verwickeln, gar nichts anderes meinen als gerade die Sprengung der institutionellen Grenzen, seien sie religiöser, politischer oder nationaler Art. Dem Humanismus geht es um den Menschen über alle Differenzen hinweg. Darüber hinaus hatte Hutten, wie gezeigt, sich selbst überlebt, insofern er die Wiederherstellung eines Ständestaates ersehnte, in welchem sich eben jene Formen gesellschaftlichen Lebens ausgebildet hatten, gegen die der Humanismus aufbegehrte.

Immerhin hatte Hutten einen Höhepunkt in der Selbstdarstellung des europäischen Humanismus nicht nur miterlebt, sondern mitgestaltet, als er seinen Witz und Geist in den ›Dunkelmännerbriefen‹ funkeln ließ, die dem Schutze Reuchlins und in dessen Gestalt dem Schutze und der Verteidigung eines in den Wissenschaften sich befreienden Geistes galten. Reuchlin mochte für Hutten eher der Anlaß für das Ausleben seiner Kampfesfreudigkeit gewesen sein. Aber er trug doch damit wesentlich dazu bei, daß die Humanisten sich, indem sie sich vor Reuchlin stellten, zu einer geschlossenen Front gegen scholastische Starre und Engstirnigkeit fanden. Nur Erasmus hält sich zurück, als wollte er auch hier jenem Worte gerecht werden, das sich just im zweiten Teil der ›Dunkelmännerbriefe‹ findet, daß nämlich er, Erasmus, „homo per se", ein Mensch für sich sei. Gerade über den zweiten Teil, der wesentlich der Feder Huttens entstammt, läßt er sich recht ungehalten aus: „Ein Zweites Büchlein, ähnlich dem ersten, taucht auf, in dem häufig Personen erwähnt werden, die, wie ich weiß, an solchen Scherzen durchaus keinen Gefallen haben. Wie schlecht überlegen doch diese Schriftsteller, sie denken weder an sich selbst noch an alle, denen die Wissenschaft teuer ist."[34] Das wird ihn freilich nicht hindern, Reuchlin hoch zu rühmen und damit einem Manne ein Denkmal zu setzen, der wie nur wenige den Humanismus in unbedingter Treue zu sich selbst darzustellen und zu fördern vermochte.

Reuchlin wurde zum Lehrer und Vorbild einer ganzen Generation. Als

[34] 32. 175.

er 1522 stirbt, feiert ihn Erasmus in jener ›Apotheose Reuchlins‹, die er seinen berühmten ›Colloquia‹ beigab: „Johannes Reuchlin, der hervorragende Kenner der drei Sprachen (des Hebräischen, Griechischen und Lateinischen) ist gestorben ... Von Rechts wegen sollte man den Namen des ehrwürdigen Mannes in die Zahl der Heiligen aufnehmen ... In meiner Bibliothek werden seine Werke neben den Schriften des Hieronymus stehen ... In meiner Hauskapelle werde ich ihm ein goldenes Bild unter meinen Lieblingsheiligen setzen ... Gott, Du Liebhaber des Menschengeschlechts, der Du die Gabe der Sprache ... in der Gestalt Deines auserwählten Dieners Johannes Reuchlin der Welt wiedergeschenkt hast, gib, daß die Menschen überall in jedweder Sprache das Lob Deines Sohnes verkünden."[35] Mehr an Verklärung ist sicher nicht möglich, mehr an Ruhm kann nicht gesungen werden von einem Humanisten. Aber wir beeilen uns doch hinzuzusetzen, daß es nicht eine Verklärung ist, die, wie so oft, dem rhetorischen Überschwang und einem falschen Pathos entsprang. Erasmus fühlte sich Reuchlin durchaus verpflichtet. Vielleicht auch mochte er etwas spüren von der Überlegenheit eines unbeirrt-beständigen Charakters, die ihm Reuchlin voraus hatte, wie Erasmus umgekehrt Reuchlin an Gelehrsamkeit überflügeln wird. Jedenfalls hatte auch in den Augen des Erasmus sich ein Leben vollendet, das beispielhaft für den Humanismus war und darüber hinaus auf den europäischen Humanismus durch die Vermittlung des italienischen Humanismus befruchtend wie wenige gewirkt hat.

Johannes Reuchlin war Sprachgelehrter, Philosoph, Mystiker, Jurist, Poet, Weltmann, ein schlechthin Gebildeter der Zeit, der die Theorie humanistischer Gelehrsamkeit mit der Praxis einer Durchdringung der politischen Welt mit humanistischer Besonnenheit und Ausgewogenheit zu verbinden strebte. „Er stand in diplomatischem Dienst, wirkte in seiner Heimat als Richter, war ein friedlicher Gärtner, ein erfolgreicher Autor lateinischer Komödien und ein leidenschaftlicher Büchersammler."[36] Als er von Jakob Sprenger, dem Provinzial der Dominikaner und Verfasser des berühmt-berüchtigten ›Hexenhammers‹, einen Pergamentcodex des ›Neuen Testaments‹ aus dem 10. Jahrhundert erbat, meinte er, daß es sein Tod sein würde, die Bitte abgeschlagen zu bekommen, aber sein Leben bedeutete, erhielte er ihn geliehen.[37]

Seine Gelehrsamkeit preist einer seiner Lehrer, der in Florenz lehrende Graecist Argyropulos, den Reuchlin in Italien aufgesucht hatte, mit dem hübschen Satz „Graecia exilio nostro transvolavit Alpes" – mit ihm hat aus

[35] 35. 74ff.
[36] 101. 114.
[37] 107. 17.

unserm Exil Griechenland die Alpen überflogen. Zu Beginn des Neuhumanismus im frühen 18. Jahrhundert erneuert Gesner in seinem Überblick über die Geschichte der Philologie diese Anekdote, um die Leistung Reuchlins zu würdigen, von dem er sagt, er sei „Hebraice, Graece et Latine apprime doctus" gewesen, von den höchsten Männern mit äußerster Gunst, von den Literaten mit höchstem Lob bedacht.[38] Als er 1492 in den Adelstand erhoben wird, erhält sein Wappen die Inschrift „Ara Capnionis", seinen graezisierten Humanistennamen festhaltend (Kapnion vom griech. *Kapnos* = Rauch), worin ihm sein bedeutendster Schüler, Melanchthon, nacheifern wird. Die Prävalenz des Griechischen im Leben beider soll damit symbolisiert sein. Wir werden Reuchlin gern den Ruhmestitel zugestehen, einer der großen Förderer des Griechischen diesseits der Alpen gewesen zu sein, wie denn auch kaum ein anderer eher berufen sein konnte, uns diese Einschätzung zu bestätigen als Argyropulos, dessen Wirken für das Studium des Griechischen im italienischen Humanismus vom Zentrum des Humanismus, von Florenz aus gar nicht überschätzt werden kann.

Reuchlin, um ihn auf den wichtigsten Stationen seines Lebens zu sehen und dabei seine Lebensleistung zu verfolgen, Reuchlin wird 1455 in Pforzheim geboren, studiert in Freiburg i. Br., dann, seit 1473, in Paris an der dortigen Artistenfakultät, wo er Rudolf Agricola kennenlernt, den man gemeinhin den ersten Humanisten Deutschlands nennt. Mit ihm, der auch den Weg des Erasmus kreuzen wird und der ebenso durch den Einfluß, den er auf das Schulwesen in Burgund genommen hatte wie durch die Beziehungen zur Schule in Deventer, bildungsgeschichtlich einen hohen Rang beanspruchen darf, vertieft sich Reuchlin in die neuen Studien. Agricola vermittelt ihm die ersten Kenntnisse des Griechischen und regt ihn schon jetzt an, im Mutterland des Humanismus seine Bildung zu vervollständigen. Zunächst freilich, 1474, wendet sich Reuchlin nach Basel, wo er den Magistergrad erwirbt und mit eben zwanzig Jahren ein lateinisches Wörterbuch verfaßt. In Paris war er Zeuge einer Episode gewesen, die wie ein Vorspiel zu dem Streit um die Judenbücher zwischen „aufgeklärten" Humanisten und „konservativen" Scholastikern anmutet. Es ging um die Auseinandersetzung zwischen Nominalisten, den Vertretern der neuen Richtung, und Realisten, den Vertretern traditionellen Denkens – ein Nachklang des hochmittelalterlichen Universalienstreites, der sich beim Auftritt des Humanismus erneuert. Der Streit endet 1473 mit dem Verbot des Nominalismus durch König Ludwig XI. und die Einkerkerung der Nominalisten.[39] Der Wechsel Reuchlins nach Basel hängt damit zu-

[38] 41. 4.
[39] 19. 194.

sammen. Er war Schüler des – in Paris sieghaften – Johannes de Lapide, mit bürgerlichem Namen Heynlin, gewesen; und dieser hatte, seines Triumphes nicht froh, sich nach Basel begeben, wo er Prediger am St. Leonhardsstift der Brüder vom Gemeinsamen Leben wurde. Dieser Johannes de Lapide war der erste , der an der Sorbonne in Frankreich eine Druckerei eingerichtet hatte. In Basel wirkte er bei der Einrichtung einer Druckerpresse durch Johannes Amerbach, einen anderen seiner Schüler, mit. Die große Tradition Basels als Stadt humanistischen Buchwesens nimmt somit den Anfang und „bald wird in Basel das Haus 'Zum Sessel', das erst Johannes Amerbach, dann Johannes Froben gehörte, einen Sammelort der deutschen Humanisten bilden"[40]. Von Heynlin wird berichtet, daß er maßgeblich am Aufbau der Baseler Universität beteiligt war, an deren Artistenfakultät er vor seinem Parisaufenthalt gelehrt hatte; 1464 bereits richtete Basel die erste besoldete Lektur „in arte humanitatis sive oratoria" ein. In Tübingen wird er zum Beraterkreis des Grafen Eberhard V. im Barte zählen.

Das Wörterbuch, das Reuchlin in Basel verfaßt, erklärt die lateinischen Wörter lateinisch, war allerdings von einer Etymologie, über die wir den Kopf schütteln mögen; es zeigt, wie sehr die Philologie in Deutschland noch in ihren Anfängen war und alle Aufgaben noch vor sich sah. Reuchlin selbst, wiewohl dieser ›Vocabularius breviloquus‹ noch viele Male aufgelegt wurde, hat maßgeblich dazu beigetragen, daß der ›Vocabularius‹ nach einem Menschenalter für überholt erkannt werden konnte.

Reuchlin treibt nun wieder Studien in Paris, Orléans und Poitiers und wirkt, dem Brauche der Zeit gemäß, während der Beschäftigung mit den sogenannten höheren Studien in der Artistenfakultät als Lehrer der alten Sprachen. Das führt ihn dazu, 1478 eine griechische Grammatik zu verfassen, „wohl die erste ihrer Art, die ein Deutscher zum Druck brachte"[41]. Die Hinwendung zum Griechischen und der Beitrag zu einem griechischen Humanismus, der den frühen Humanisten Italiens noch nicht möglich gewesen ist, setzt früh ein. Er wird in Poitiers Lizentiat des römischen Rechts und tritt als Jurist in die Dienste des Württemberger Grafen Eberhard V. im Barte. Eberhard, den Wissenschaften zugetan, stiftete 1477 die Universität Tübingen. Wenn er als Wohltäter seines Landes in die Geschichte eingegangen ist, so wird darin auch der Rat seines humanistisch gebildeten und gesonnenen Ratgebers Reuchlin erkennbar bleiben. An seinem Lebensende wird Reuchlin, in hohem Ansehen stehend, seine wissenschaftliche Arbeit an der Tübinger Universität beschließen. Seine Mitwirkung an der Gründung freilich wird vom Historiographen der Uni-

[40] 19. 194.
[41] 113. 13.

versität offensichtlich nicht sonderlich hoch eingeschätzt. Der maßgebliche Berater des gebildeten und wissensdurstigen Grafen Eberhard im Barte – dessen Mutter Mechthild an ihrem Witwensitz in Rottenburg im kleinen eine Hofhaltung nach dem Muster der Platonischen Akademie zu entwickeln suchte – war der ihm freundschaftlich verbundene Vergenhans alias Naukler, ein Humanist, der dem Grafen in seiner Weltchronik ein Denkmal setzen wird.[42]

Reuchlin geht mit dem Grafen 1482 in der Funktion eines Orators, eines Sprachkundigen und Dolmetschers also, nach Italien. Dem Grafen übrigens ging es in Rom um die Einberufung eines Reformkonzils, worauf sich nach den vergeblichen Anstrengungen der vorangegangenen Konzile die Hoffnungen zur Überwindung des kirchlichen Niedergangsprozesses richten. Der Unterhändler im Namen des Grafen ist Vergenhans. Es wird die erste große Bildungsreise, die Reuchlin mit diplomatischer Mission verknüpft. Sie bringt ihm die schon erwähnte Bekanntschaft mit Argyropulos am Florentiner Hofe Lorenzos des Prächtigen und durch die Zusammenarbeit mit diesem den Abschluß seiner Griechischstudien. Nach Deutschland zurückgekehrt, wird Reuchlin 1484 an der jungen Landesuniversität Tübingen Doktor beider Rechte. Seitdem wird er bis an sein Ende die gelehrten Studien und philologischen Arbeiten mit der Tätigkeit eines Staatsmanns und Juristen verbinden.

In politischer Mission kommt er 1490 erneut nach Italien und lernt nun Chalkokondylas kennen, den Nachfolger des Argyropulos, den ersten zudem, der griechische Drucke veranstaltete, auch selbst eine griechische Grammatik verfaßte. Bei ihm vertiefte Reuchlin erneut seine Griechischstudien und knüpfte über ihn die Verbindung zur Platonischen Akademie. Weniger die Bekanntschaft mit Marsilio Ficino, dem Haupt der Akademie, als vielmehr die mit dem jungen Pico della Mirandola wird für seine weitere Entwicklung wichtig. Dieser nämlich weist ihn auf die ›Kabbala‹ hin, mit der sich Reuchlin zu befassen beginnt, ähnlichen Gedanken wie Pico folgend: die Einheit der Religion zu ergründen. Dieses neue Interesse wird schicksalhaft für Reuchlin werden, weil es seine Verwicklung in die Händel um die Judenbücher zur Folge haben wird, die nun wiederum nicht denkbar wären, wenn sich nicht Reuchlin zur unbestrittenen Autorität in Kenntnis des Hebräischen zu entwickeln begonnen hätte. Am Ende wird ihn Erasmus, der mit Anerkennung gegenüber Reuchlin nie gegeizt hatte,[43] den Meister der drei Sprachen nennen können, wenn auch das Interesse an ›Kabbala‹ und jüdischer Mystik mehr philosophischer als philologischer Natur war. Wird fortan das Hebräische seine Domäne

[42] Vgl. 58. 24ff.
[43] Vgl. 107. 121.

werden, so ist doch die erste diesem Gedankenkreis entspringende Schrift Reuchlins eine philosophische: ›De verbo mirifico‹, im Todesjahr des Pico della Mirandola, 1494, erschienen. Das Werk ›Vom wundertätigen Wort‹ handelt von den Aufgaben der Philosophie, von der jüdischen ›Kabbala‹, vom Nutzen derselben für das Christentum und dürfte manches direkt von Pico, noch mehr von Nikolaus von Kues übernommen haben, dessen Denken den Humanisten über die Devotio moderna vertraut geworden war. Das „wundertätige Wort", von dem hier gehandelt wird, ist der erste Name Gottes selbst, von dem jeder Buchstabe eine kabbalistische Deutung erfahren muß, um das Christentum als den Abschluß religiöser Sinndeutung zu erkennen. Es ist „die Arbeit eines Gottsuchers"[44], eines solchen allerdings, der nicht anders als der Kusaner auf allen Wegen nur immer wieder zu seiner Kirche gelangen wollte. Der Humanismus hat sich dem einzuordnen. Er hat dem Ausgleich der Geister zu dienen. Des Nikolaus von Kues Gottesbild von der „coincidentia oppositorum" ist das Symbol für dieses Denken: Gott ist über aller Einheit und doch zugleich ihr immerwährender Grund. Gott ist das Zentrum aller unterschiedlichen Phänomene, deren Divergenzen ihre Gemeinsamkeit in der Koinzindenz des Göttlichen in verschiedenen Glaubensformen haben. Der tragische Grund des Lebens Reuchlins zeichnet sich ab: Gerade um seines Eintretens für Gemeinsamkeit und Einheit im Ziel willen wird diese lautere Natur sich immer wieder in Spannungen hineingerissen sehen.

So mußte er, in Ungnade gefallen, außer Landes gehen. Er wendet sich nach Heidelberg, wo er in die von Conrad Celtis gegründete Sodalitas literaria Rhenana einzieht, in welcher der Humanismus eine Heimstätte sich geschaffen hatte. Zwei Jahre bleibt er, mit reichlichem Ehrensold bedacht, am kurpfälzischen Hofe. Reuchlin schreibt nun Gedichte und Epigramme und verfaßt auch zwei Komödien, die am Anfang des lateinischen Schultheaters stehen. Das erste der beiden Stücke, ›Sergius‹ geheißen, ist „eine Parodie auf die Wunderkraft hohlköpfiger Rhetorik"[45]. Das andere Stück unter dem Titel ›Scenica Progymnasmata‹ hat Hans Sachs 1530/31 unter dem Titel ›Henno, ein Comedi Doktor Reuchlins, im Latein gemacht‹ ins Deutsche übersetzt. Anregungen dazu wird Reuchlin aus Frankreich mitgenommen haben, der Stil ist Terenz nachgeahmt.

1498 geht er ein drittes Mal, nun im Auftrage des Kurfürsten Philipp von der Pfalz, nach Italien. Er setzt seine Übersetzertätigkeit – Proben davon hatte er am Heidelberger Hofe wiederholt gegeben – im großen Stil fort: aus dem Griechischen und Hebräischen ins Lateinische, aus dem Griechischen und Lateinischen ins Deutsche. Er wird „der erste bedeutende

[44] 113. 17.
[45] 19. 277.

Vertreter der griechischen Studien in Deutschland und der erste, der orientalische, d.h. hebräische, Studien damit verband"[46]. Dem Pfalzgrafen dediziert er die Übersetzung der ›Tusculanischen Gespräche‹ Ciceros 1501.[47]

Damit erreicht der philologische Humanismus seine Fülle: Die drei klassischen Sprachen werden als gleichrangig erkannt und gepflegt, wobei die Überzeugung humanistisches Gemeingut wird, daß die Aneignung des antiken Wissens und zugleich der Glaubenslehre nicht möglich sei ohne die Kenntnis des Hebräischen und der jüdischen Schriften, daß ohne die Kenntnis des Hebräischen auch nicht die Verwurzelung des Christentums in seiner Geschichte verstanden werden kann. Daß damit freilich erst ein Anfang gemacht ist – und die Kirche der humanistischen Toleranz in Glaubensfragen scharf entgegentreten wird –, können wir nicht übersehen. Hatte für das Studium des Hebräischen Reuchlin ohnehin erst noch alle Arbeit zu leisten, so stand es um die Verbreitung des Griechischen nördlich der Alpen zu seiner Zeit auch nicht eben gut. Pfeiffer weist, um die Leistung Reuchlins ins Licht zu rücken, auf die eigentümliche Tatsache hin,[48] daß zwischen den reichen, von humanistischem Geist erfüllten Handelsstädten Süddeutschlands und den italienischen Städten, in denen der Humanismus blühte, enge Verbindungen bestanden, aber merkwürdigerweise kein einziger griechischer Gelehrter, deren es nach dem Fall Konstantinopels reichlich in Italien gab, nach Norden eingeladen wurde. Wer das Griechische lernen wollte, mußte bis zum Beginn des 16. Jahrhunderts nach Italien gehen. Die geringe Verbreitung des Griechischen in Deutschland zeigt sich darin, daß noch alle namhaft gemacht werden können, die in der zweiten Hälfte des 15. Jahrhunderts in Italien das Griechische erlernten[49]: Johannes Regiomontanus war zwischen 1461 und 1467, Rudolf Agricola zwischen 1475 und 1479 in Italien. Es folgen Conrad Celtis, Johannes Werner, Rhagius Aesticampianus, Johannes Caesarius. Und natürlich sind dann auch in Italien zu finden – und mit dem Studium des Griechischen beschäftigt – Reuchlin und Erasmus. Beide hatten ihre erste Begegnung mit dem Griechischen zuvor in Paris gehabt. Um 1500 besitzen die deutschen Universitäten noch keine Griechisch-Lehrstühle. Solche werden eingerichtet zuerst in Leipzig 1515, dann in Wittenberg 1518, es folgen Erfurt 1519, Ingolstadt 1520, Freiburg i. Br., Greifswald, Tübingen 1521, Heidelberg 1522, Wien 1523, Rostock 1526. Außerhalb der Universitäten wird Griechisch außer in Deventer, wohin Agricola das Griechische gebracht hatte, nur an der Domschule zu Münster seit 1512, in Schlettstadt

[46] 101. 113f.
[47] Vgl. 107. 74.
[48] 101. 115.
[49] 53. 84.

zwischen 1510 und 1525, in Emmerich 1516 und in Straßburg 1516/17 betrieben.

Es mag erwähnt sein, daß Reuchlin zwischen 1502 und 1513 Richter des Schwäbischen Bundes und daneben in Stuttgart als Rechtsanwalt tätig war. Vor allem aber interessiert uns, daß er nun sich immer mehr der hebräischen Sprachwissenschaft zuwendet und als der wissenschaftliche Erneuerer des Hebräischen vor die Humanisten tritt. Es lohnt, den darin waltenden doppelten Impetus des Humanismus sich zu vergegenwärtigen, ist es doch nicht nur die philologische Arbeit, die die Aufmerksamkeit auf sich zieht; es sind die – in ihrem Umfang Reuchlin gewiß nicht bewußten – politischen Implikationen, die sich damit verbinden, daß in einer noch mittelalterlich-dogmatisch geprägten Christenwelt nun die ganze Welt des Judentums erfaßt und als gleichrangig dargestellt wird. Eine Welt des Geistes wird erschlossen, die der Intention der herrschenden Kirche durchaus entgegenlief und eine Öffnung bedeutete, gegen die sich die Kirche immer wieder zur Wehr gesetzt hatte. Die Judenverfolgungen des Mittelalters sind in schrecklicher Erinnerung, und zur Zeit Reuchlins werden im Namen der Allerkatholischsten Majestät die Juden aus Spanien vertrieben. Vor allem ist es nun der Streit um die Judenbücher, der die Geister bewegt, und die Auseinandersetzung Reuchlins mit dem getauften Juden Pfefferkorn mitsamt den Scholastikern der Kölner Universität, denen die Sorbonne zu Hilfe kommt, während die Humanisten, wie nirgends sonst zuvor und danach ihre Geschlossenheit bekundend, Reuchlin zur Seite treten. Sein Rang als Gelehrter und subtiler Kenner des Hebräischen reißt Reuchlin in eine Auseinandersetzung, die seine letzten Lebensjahre verdunkeln wird – er, der den Frieden mit seiner Kirche suchte und wahrte, achtete die Wahrheit der Erkenntnis und das Bekenntnis dazu für höher als die Anpassung an die Lehrmeinung, wir würden heute sagen: Einsicht höher als Ideologie. Unter dem 16. 7. 1510 erhält er den Auftrag des Kaisers Maximilian I., ein Gutachten über die Schutzwürdigkeit der Judenbücher zu erstatten.[50] Das war am Vorabend der Reformation, ehe die Tragödie begann, wie Erasmus sich ausdrückte, sicher nur ein Vorspiel der großen Glaubenskämpfe, aber sicher mehr als nur „eine Art heiter-scherzhafte Komödie“[51]. Dazu stand, nicht nur für Reuchlin, mehr auf dem Spiel. Es ging immerhin um nichts Geringeres als um die Verbrennung aller jüdischen Schriften und damit um nicht weniger als um die Auslöschung der jüdischen Tradition. Es ging um die Anerkennung einer der christlichen verwandten, dieser dennoch fremden Glaubensform.

[50] 107. 124.

[51] 101. 118.

Reuchlin hatte, um das zu erinnern, als einziger der befragten Gutachter sich gegen die Verbrennung der Schriften ausgesprochen und lediglich das Zugeständnis gemacht, daß diejenigen Schriften, die offenkundige Schmähungen des christlichen Glaubens und der christlichen Kirche enthielten, eingezogen werden sollten. Die freie Geistesäußerung der Juden und die Wahrung der jüdischen Geisteswelt war ihm eine Selbstverständlichkeit – wenn anders er nicht seiner humanistischen Grundüberzeugung abschwören wollte. Reuchlin hatte schon 1505 sich in einer kleinen Schrift darüber, „warumb die Juden so lang im ellend sind", für Toleranz gegenüber den Juden ausgesprochen. Durch sein Lehrbuch ›De rudimentis hebraicis‹ 1506 hatte er sich als erster Kenner des Hebräischen ausgewiesen, und während des Streites mit Pfefferkorn gibt er die sieben Bußpsalmen in Hebräisch mit lateinischer Übersetzung heraus. 1514 bringt er die ›Clarorum virorum epistolae‹ heraus, eine Sammlung lateinischer, griechischer und hebräischer Briefe seiner Freunde, die seiner Rechtfertigung dienen sollten und deren Titel der ungleich berühmteren Sammlung fingierter Briefe, den ›Obscurorum virorum epistolae‹, offensichtlich zum Vorbild diente. Wie es Reuchlin mit der von ihm herausgebrachten Briefsammlung dokumentieren wollte, war er nun wirklich zum Führer des humanistischen Streits gegen die Obskuranten der Zeit, zum Mittelpunkt der Auseinandersetzung um die Freiheit des Geistes und um die Freiheit des Glaubens geworden. Die Humanisten sahen, daß hier auch ihre Sache verhandelt wurde. Aber „was sie alle mit Bewunderung erfüllte, war die Lauterkeit und Unbestechlichkeit seines Charakters, die Ehrlichkeit der Forschung, der unbedingte Wahrheitstrieb"[52].

Auch während des Streites setzte er seine Arbeit an der hebräischen Sprache fort. 1518 bringt er eine hebräische Sprachlehre heraus ›De accentibus et orthographia linguae hebraicae‹. Folgenreich wird, daß er seinen Neffen Philipp Schwarzerd, der sich Melanchthon nennen wird, an das Griechische und Hebräische heranführt. Reuchlins Schüler Georg Simmler gibt Melanchthon den ersten Griechischunterricht. Über diese Brücke geht die Arbeit Reuchlins in das Universitätsprogramm und die Bildungsreform des Praeceptor Germaniae, wie der große Lehrer Melanchthon genannt werden wird, ein. Melanchthon wird als junger Mann an der Seite Reuchlins stehen, wenn er sich, der noch selbst in der Entwicklung war, auch zurückhielt. Reuchlin aber ist es, der Melanchthon nach Wittenberg empfiehlt, wo dieser zur Leuchte der Universität und zum Reformator der Studien werden wird. Die Empfehlung ist nicht ohne Pikanterie, hatte doch Reuchlin sich nie in die kirchlichen Auseinandersetzungen einmischen wollen und schon gar nicht je den Gedanken einer

[52] 113. 30.

kirchlichen Revolution fassen können. Und nun schickt er den gelehrtesten unter den jungen Humanisten nach Wittenberg, wo Melanchthon sich von der Kirche lossagen wird, der Reuchlin nie hätte den Rücken kehren können.

Gegen Ende des Streits um die Judenbücher, der dann doch mit einer Verurteilung Reuchlins endete, bringt er, sich weiter ins Hebräische vertiefend, die Schrift ›De arte cabbalistica libri tres‹ 1517 heraus und zeigt sich nun ganz auf der Höhe des überlegenen Humanismus, der ihm durch die Florentiner nahegebracht worden war. Er läßt hier ein Dreiergespräch in Frankfurt spielen, in welchem der Frankfurter Jude Simon ben Eliezer, der Grieche Philolaos, ein Pythagoräer, und der Mohammedaner Marranus auftreten. Es ist ein Gespräch wiederum zwischen den Religionen, das zum Vorbild für das Aufklärungsdrama Lessings werden wird und die Parabel von den drei Ringen vorwegnimmt, mit der Nuance freilich, daß ein Christ bei Reuchlin nicht zu Wort kommt. Das Werk „erweckte Staunen, aber wirklichen Anklang hat es weniger in der Gelehrtenwelt gefunden als in geheimnislüsternen Auch-'Akademien'"[53]. Was immer hinter diesen 'Auch-Akademien' stehen mag – die Schrift rührt uns trotz aller befremdlichen Spekulationen an, weil hier die Berührungspunkte ganz unterschiedlicher Geisteshaltungen gezeigt und der gemeinsame Grundton der Humanität angeschlagen wird. Es ist der Nachweis der Allgegenwart Gottes, aus dem die Gemeinsamkeit des Denkens abgeleitet wird. Der Stufenbau der Welt als einer sinnlichen, intelligiblen und göttlichen ist der Rahmen aller menschlichen Existenz.

Reuchlin beschließt sein Leben als Lehrer der griechischen und hebräischen Sprache. Seine Verhältnisse müssen beengt gewesen sein. Pirckheimer klagt er in einem Brief des Jahres 1519 den Hunger, dem er entfliehen möchte: „Fugo pestem, fugo gladium, utinam effugerim famen."[54] 1520 ist er für kurze Zeit in Ingolstadt, 1521 in Tübingen. Er stirbt 1522 in Bad Liebenzell. Es vollendete sich ein Humanistenleben, das auf andere Weise als Huttens mit dessen lärmendem Auftreten für kurze Zeit in den Mittelpunkt aller humanistischen Bestrebungen getreten war – ganz gegen Reuchlins Willen, der von der sonst oft sich vordrängenden Ruhmsucht der Humanisten und von geschwätziger Eitelkeit frei war. Pirckheimer hatte schon in seiner ›Epistola apologetica‹ von 1517 ihn voll Bewunderung angesprochen, sich den Freund des „hochgerühmten und gebildeten" Reuchlin nennend und sich zum Ehrennamen eines Reuchlinisten bekennend: „Auf Dich hat die Natur alle Begabungen gehäuft. Durch Deine Bildung hast Du Dich überall ausgezeichnet. In der lateinischen Literatur

[53] 19. 430.
[54] 107. 319.

bist Du zu einer Zierde geworden, die griechische hast Du nahezu als erster in Deutschland eingeführt, die hebräische hast Du mit einzigartigem Eifer und zu unserer größten Bewunderung studiert ... Nur dies allein fehlte noch, daß Deine Seelengröße durch eine auffallende Befehdung erprobt wurde ... Halte die Anfeindungen gleichmütig und geduldig aus, vor allem aber die Heftigkeit der Sprache und die Verwegenheit der Worte ... ein Unschuldiger kann zwar angeklagt, widerlegt werden aber kann nur ein Schuldiger."[55]

Wir werden uns solchem Lob anschließen. Wir erkennen, daß Reuchlin durch mindestens drei Leistungen weitergewirkt und humanistische Bildung bereichert hat. Es ist zum ersten die Rezeption der griechischen Sprache und Kultur, die nun ihren festen Platz in den humanistischen Studien erhalten. Der Neuhumanismus des 18. Jahrhunderts, der ein eigenes Griechenbild entwickelt, wird sich seiner rühmend erinnern. Zum zweiten ist es die philologische Erarbeitung des Hebräischen und die Verbreitung der ›Kabbala‹ und der jüdischen Geisteswelt in einer Zeit, die dem Judentum und dem jüdischen Denken feindlich gesonnen war, damit die Erschließung einer ganzen Welt und einer neuen historischen Dimension für das europäische Denken. Zum dritten schließlich ist es die humanistische Haltung, die sich in der Lauterkeit der Bildung und der Unterwerfung der Wissenschaft unter den Wahrheitsanspruch ausdrückt, eine Lauterkeit, die es sich versagt, der Einsicht zuwider parteiisch zu sein, eine Lauterkeit, die sich von Ideologien und Indoktrinationen freizuhalten versteht. Er hat diese Haltung an seine Schüler, nicht zuletzt an Melanchthon weitergegeben.

Bürgerhumanismus

Der Humanismus ist primär keine Erscheinung der Universität; in dieser lebte scholastische Lehrform und mittelalterliche Weltanschauung fort. In Italien nahm der Humanismus – mit Petrarca, Salutati, Bruni – von außerhalb der Universität seinen Anfang, beherrschte denn auch in seiner Hauptstadt, Florenz, nicht die Universität, sondern schuf sich mit der Platonischen Akademie eine eigene Lebensform. Auch der europäische Humanismus geht nicht von den Universitäten aus, wiewohl er sie vielfältig verändern wird, sondern wird getragen von einer neuen, von italienischem Geist befruchteten Intelligenz, die zwar schrittweise auch an den Universitäten heimisch wird, aber die erste Vertretung bezeichnenderweise in der Prager Kanzlei des Kaisers findet. Der Erfurter Humanistenkreis hat sein Zentrum außerhalb der Universität. Reuchlin wird erst an

[55] 29. 260.

seinem Lebensabend Universitätslehrer. Das Haupt der humanistischen Bewegung, Erasmus, wird niemals Universitätslehrer sein. Der erste, der beides miteinander in überragender Weise – nicht also als einer der vielen namenlosen Poeten etwa, die sich an den Universitäten einrichteten – verband: humanistische Existenz und universitäre Lehre, Philipp Melanchthon nämlich, steht denn auch schon am Übergang. Er institutionalisiert den Humanismus, der sich einerseits bald formalisiert, andererseits sich von neuen Geisteshaltungen, von theologischen Kämpfen und von den Naturwissenschaften zurückgedrängt sieht. Aber der Humanismus durchdringt das Leben der Städte und prägt deren Repräsentanten.

Das will sagen: Der Humanismus in der kurzen Blütezeit der ersten Dezennien des 16. Jahrhunderts ist Bürgerhumanismus, ist eine Bildungsbewegung mehr noch denn ein wissenschaftliches Phänomen. Humanismus bedeutet eine Geistigkeit und Gelehrsamkeit, die zu allgemeiner Bildung wird und damit einen Grundkonsens in Haltung und Wissen herstellt, der eben durch die Gemeinsamkeit des sogenannten Bildungskanons und natürlich vor allem der Sprache zu einer europäischen Erscheinung wird, die keine Grenzen kennt, wiewohl – Hutten belehrt darüber – auch dem Humanismus bald schon nationalistische Züge beigemischt sind. Darin wie in allem anderen wirkt untergründig der italienische Ursprung nach, der gleichfalls eine nationale Wurzel hat, in dieser gerade seine Faszinationskraft gewann und den Humanismus politisch werden ließ.

Daß die neue humanistische Bildungsidee im Gewande der neuen Wissenschaften mit Rhetorik, Poetik, Geschichte, Kosmologie und Philologie sowie praktischer Philosophie das Bürgertum durchdrang, gab diesem Selbstbewußtsein und Sicherheit, den kosmopolitischen Zug und, gegenüber den anderen gesellschaftlichen Kräften der Zeit, einen eigenen Rang und eigene Kompetenz. Symbol für diesen mit merkantiler Geschäftigkeit sich auf das fruchtbarste verbindenden Humanismus sind die neuen Gymnasien, die an die Stelle der alten Lateinschulen treten und humanistisches Wissen zum Gemeingut der „Gebildeten" werden lassen. Sie werden ihre Bedeutung gerade dadurch gewinnen, daß sie humanistische Gedanken und Lehrformen nach dem baldigen Verlöschen der großen humanistischen Bewegung zu tradieren vermögen. Das Fortwirken des Humanismus findet seinen Widerhall in der Tatsache, daß bildungsgeschichtlich der Epoche des Erasmus und des europäischen Humanismus die Epoche der großen Schulrektoren Trotzendorf, Sturm, Neander und Wolf folgt und die damit verknüpfte Epoche der Schulordnungen, die als schon unvermeidlich ein traditionalistisches Element enthalten. Den Anfang mit der Neuordnung der Schulen hatte Melanchthon 1526 in Nürnberg gemacht.

Darin liegt kein Zufall. Nürnberg war ebenso wirtschaftlich das Zentrum des Reiches, das um die Jahrhundertwende zu seiner größten Machtentfaltung gelangte, wie es, bezeichnenderweise ohne eigene Universität, humanistisch das Zentrum vor allen Universitätsstädten war; Regiomontanus begegnet uns dort, Celtis weilt in seinen Mauern; Schedel und Behaim sind noch heute geläufige Namen. Schließlich ist es mit seinen Malern und Bildhauern, Dürer voran, zum Zentrum der neuen Kunst geworden. Die Renaissancekultur Italiens war Stadtkultur gewesen, die humanistische Kultur des Nordens ist es nicht minder. Das Aufblühen der Städte ist Voraussetzung und – wenn man so sagen darf – Begleiterscheinung der Entwicklung, Entfaltung und rapiden Ausbreitung des Humanismus. Wie der Humanismus die Stadtkultur prägt, so sind es die Städte, in denen der Geist des Humanismus auf lange bewahrt wird, wenn auch mit Modifikationen und vielen Abschwächungen schließlich, aber eben doch so, daß nach der kurzen Blütezeit der Humanismus mit seinen vielen bedeutenden Persönlichkeiten, deren Namen sich mit den großen und einflußreichen Städten verbinden, einen Hort in den Städten finden wird.

Es sind nur einige Namen von Städten in Erinnerung zu rufen, mit denen sich die Blüte von Renaissance und Humanismus verbindet, um sofort zu sehen, wie mit der Entfaltung des Humanismus die Entfaltung der Städte Hand in Hand geht. Die Städte sind, weil sie als aufblühende, reiche Handelsstädte den Raum und die Mittel für Muße, für die Pflege einer geistigen Kultur, für die „bonae litterae", die guten Wissenschaften, bieten, zugleich der Nährboden für den Humanismus, wie sie durch das erwachende Verlangen nach Wissen, nach Kommunikation und Gedankenaustausch eine Herausforderung an den Humanismus sind. Das merkantile Aufblühen der Städte erklärt nun freilich nicht, wie zu deuten immer wieder versucht wird, das Aufblühen des Humanismus in seiner spezifischen Form der Bildung, und es ist nicht Voraussetzung in dem Sinne, daß aus der wirtschaftlichen Blüte der Städte notwendigerweise der Humanismus hätte hervorgehen müssen.

Dieser ist eine geistige Bewegung, die ihre Impulse nicht aus wirtschaftlichen Wandlungen erhält, wohl aber in diese einbezogen ist und von diesen getragen wird. Wir erkennen doch, daß diese geistige Bewegung, selbst getragen von Literaten, von Gelehrten, von Poeten, von Textkundigen, sich derartig entfalten kann, weil ihr die Entwicklung der Städte zu unabhängigen Machtzentren mit finanzieller und wirtschaftlicher Kraft entgegenkommt. Das Netz dieser Städte spannt sich über ganz Europa. „Antwerpen, Lüttich, Lissabon, Augsburg, Mailand, Lucca [sind] am Vorabend der Reformation die Erben des mittelalterlichen und die vielversprechenden Initiatoren des modernen Kapitalismus."[56] In Italien sind

[56] 132. 31.

zudem Mailand, Genua, Florenz und Venedig, in Portugal Lissabon, in Deutschland Nürnberg und Augsburg zu Handels- und Finanzzentren geworden. Daß sich mit diesen Städten, in Flandern und Brabant, in Oberitalien und in Süddeutschland gelegen, auch die Zentren gelehrter Studien verbinden, ist inzwischen geläufig. In den Niederlanden findet der Humanismus seinen Nährboden in einem wirtschaftlich expandierenden Lande. Die reichste Stadt von Brabant, Löwen, hatte auch die berühmteste, dem Humanismus sich öffnende Universität im Norden. Sie wurde 1426 gegründet. Gleichzeitig verschafft Venedig dank seiner wirtschaftlichen Interessen und seiner beherrschenden Stellung im Mittelmeerraum und den daraus resultierenden Beziehungen zu Byzanz den griechischen Studien und dem griechischen Humanismus Eingang ins Abendland. Darüber hinaus wird Venedig zu einem Zentrum der Buchdruckerkunst, ohne welche – ein anderes ganz wichtiges Phänomen – die Ausbreitung des Humanismus und die Sicherung gleichsam des Bestandes an Forschungen und Untersuchungen des Humanismus in europäischer Dimension nicht zu denken wäre. Aldus Manutius, mit dem Erasmus lange zusammenarbeitete, betreibt sie als berühmteste Druckwerkstatt Europas in Venedig – und er betreibt sie als ein humanistisch universal gebildeter Mann. Florenz ist unter den Medici nicht nur die Hauptstadt des Humanismus, sondern wird als eine Stadt der Kaufleute zum ersten modernen Staatsgebilde Europas. Die Medici, als ein Geschlecht von Kaufleuten, steigen zu fürstlichem Rang auf – ein symbolisches Zeichen für die herausragende Bedeutung wirtschaftlicher Macht. In dieser Familie wird unmittelbar greifbar, wie sich die Wirtschaftsblüte und die renaissancehafte Zuwendung zu Kunst und Wissenschaft, zu den ästhetischen Erscheinungen des Lebens und zu geistiger Äquilibristik verbinden.

Das ist wenige Jahre später in Augsburg nicht anders. Unter dem humanistisch gebildeten Maximilian Hauptstadt des Reiches, wird sie die Stadt der Handelsgeschlechter der Welser und Fugger, erlebt ihren Aufschwung durch Textilindustrie und Gewürzhandel und kann eine berühmte Malerzunft mit Holbein d. Ä. an der Spitze vorweisen. Als Stadt der Reichstage verbinden sich mit ihrem Namen die „Augsburger Konfession", das „Augsburger Interim", der „Augsburger Religionsfriede". Von Jakob Fugger wird berichtet, er habe die römischen Schriftsteller und Dichter genauso wie die Werke der italienischen Humanisten gelesen, eine ausgezeichnete Handschriftensammlung besessen und ebenso eine von antiken Plastiken und Münzen. Von Melanchthon ist das Wort überliefert: „Augsburg ist ein deutsches Florenz, und die Fugger sind den Medici an die Seite zu stellen."[57] Darüber ausführlicher zu werden, ist hier nicht der Ort.

[57] 139. 50.

Doch soll wenigstens Conrad Peutingers gedacht sein, des bedeutendsten Repräsentanten des Augsburger Bürgerhumanismus, der zeit seines Lebens sich mit der Funktion eines Stadtschreibers begnügte, mit seinen gelehrten Werken und wissenschaftlichen Sammlungen aber in die Wissenschaftsgeschichte der Altertumskunde und deren Hilfswissenschaften, insbesondere der Numismatik und der Inschriftenkunde eingeht. Peutinger (1465–1547) ist als Augsburger Stadtschreiber und kaiserlicher Consiliarius 1520 in Brügge, um den neugewählten Kaiser Karl V. auf seinem Territorium zu begrüßen. Im Gefolge des Kaisers findet sich Erasmus von Rotterdam, im Gefolge Heinrichs VIII. Thomas Morus – ein denkwürdiges Zusammentreffen. Erasmus bezeichnet „unter dem Eindruck der Begegnung in einem Brief an John Fisher Peutinger [ihn] als virum eruditĕm et gravem, als einen Mann von Bildung und Gewicht“[58], womit er die beiden Seiten des sympathischen Mannes genau trifft: Die erstaunliche Verbindung von Gelehrsamkeit, die sich ganz auf der Höhe der Zeit befindet, mit politischer Reputation im Dienste der Stadt. Zu beidem war er vorbereitet durch einen langen Italienaufenthalt, der ihn von 1482 bis 1488 zu Studien nach Bologna, Padua und nach Rom führt. Er erwirbt den juristischen Doktorgrad und erhält später den Doctor juris utriusque. In Florenz lebt er in den neunziger Jahren im Kreis der Platonischen Akademie. Mit Pico della Mirandola, Marsilio Ficino und Poliziano schließt er Freundschaft, von diesen als Geistesverwandter gerühmt. Der in Florenz gepflegte „christliche Platonismus hat auch den juristischen Praktiker innerlich so geformt, daß er letzten Endes immer nach ‚der Gerechtigkeit‘ fragt“[59]. In der Augsburger Sodalitas – wir erinnern uns an Conrad Celtis – spielt er eine führende Rolle. Sein historisches Interesse und der humanistische Gedankenaustausch in einem führen zu den ›Sermones convivales Conradi Peutineri de mirandis Germaniae antiquitatibus‹. Freilich entfaltet Peutinger nie rhetorischen Glanz, und pädagogische Aktivitäten wie den anderen Humanisten liegen ihm fern. Einerseits unermüdlich ein Mann der Öffentlichkeit in den Belangen seiner Stadt, ist er andererseits ein Mann geistvoller Geselligkeit, der sich in wissenschaftlicher Arbeit ein Denkmal setzt. Sein Lebenswerk ist das unvollendet gebliebene ›Kaiserbuch‹. Dahinter steht „die Konzeption vom deutschen Kaisertum als dem echten Erben der antiken Caesaren“[60] – das zutiefst humanistische Motiv in der Tradition Petrarcas.

Kann hier über Augsburg und seinen gewichtigen Repräsentanten nicht mehr gesagt werden, so müssen auch über das glänzende Nürnberg, das

[58] 100. 223; vgl. auch 33.
[59] 100. 226f.
[60] 100. 233.

mit Augsburg um Rang und Vorrang an Macht und Ansehen streitet, einige Bemerkungen genügen. Noch vor Augsburg rühmt Melanchthon Nürnberg. In der Rede zur Eröffnung des Nürnberger Gymnasiums preist er Florenz als das Beispiel der Völker und fordert Nürnberg auf, sich daran auszurichten und die schönen Künste zu verteidigen[61]: „Huius urbis exemplo vos his miseris temporibus bonas artes defendite." Denn das öffentliche Wohl und die Sitte, so Melanchthon, könne nur gedeihen, wenn auch die „bonae artes" gediehen, weshalb dann die Aufforderung an Nürnberg erging, zu einer Blütestätte humanistischen Geistes zu werden. Und in der Tat wird Nürnberg noch mehr als Augsburg zu einem eindrucksvollen Beispiel für die Anziehungskraft der Stadt als eines Raumes der Geborgenheit und Sicherheit für Künste und Wissenschaften, der wirtschaftlichen Unabhängigkeit und politischen Attraktivität. Sie wird zum Beispiel für ein Gemeinwesen – wir wissen, daß es schließlich sich in Altdorf eine Universität schaffen wird –, in dem die verschiedensten Geister sich treffen können, die nun nicht mehr nur Humanisten nach Art des Celtis, auch nicht nur Gelehrte und Philologen sind. Es sind nunmehr bürgerliche, will sagen, im ökonomischen und politischen Leben stehende und handelnde, humanistisch Gebildete, ausgezeichnet durch Geschäftssinn ebenso wie durch Weltoffenheit, die die Mauern, hinter denen sich die Städte noch immer schützen, überspringen. Darin einen erasmischen Grundzug zu sehen, wenn anders dieser als eine Haltung der Laienfrömmigkeit verstanden wird, die sich zur Tätigkeit in der Welt berufen weiß und der Klasse gebildeter Laien die Rechtfertigung für weltliches, von „Devotion" bestimmtes Wirken gab, ist nicht beliebig. „Von den Gebildeten waren die städtischen, den Handel tragenden Schichten – nicht die großen Steuerpächter oder fürstlichen Lieferanten, die wirtschaftlich an Thron und Altar gebunden waren, sondern die wirklich unabhängigen, selbstbewußten Unternehmer – meist frei genug, um ihre Philosophie mit allen logischen Konsequenzen zu leben, wenn sie dazu gedrängt wurden."[62] Die Familie Imhof mag genannt sein als Beispiel für diesen Bürgerhumanismus, der in Nürnberg heimisch wurde. Bei Hans Imhof verkehren Künstler und Humanisten, sein Sohn Endres Imhof hat das Bürgermeisteramt inne, fördert Kunst und Wissenschaften mäzenatisch, stiftet für die Nürnberger Universität in Altdorf, verschafft Dürer einen Ehrensold. Daneben soll er zweimal die Bibel abgeschrieben und mit Anmerkungen versehen haben. Bezeichnend für den apostrophierten erasmischen Geist ist der Anfang seines ›Geheimbüchleins‹[63]: „Im Namen der

[61] 85. III. 68.
[62] 132. 35.
[63] 139. 127.

ungeteilten Dreifaltigkeit und der reinen Mutter Gottes, der Jungfrau Maria. In diesem Büchlein wird folgen, was mir, Endres Imhof, der allmächtige Gott bislang verliehen und weiterhin noch durch seine göttliche Gnade geben und verleihen wird ... Der allmächtige Gott verleihe mir seine Gnade zu täglicher Besserung der Seele und des Leibes und Kraft, nach göttlichem, seinem Lob und Willen zu leben."

Willibald Pirckheimer

Die herausragende Persönlichkeit, das eklatante Beispiel mithin dieses Nürnberger Bürgerhumanismus wie überhaupt der ganzen Breite des Humanismus ist Willibald Pirckheimer, der Freund Melanchthons und Dürers. Es gibt wohl keinen Repräsentanten humanistischen Geistes, der wie dieser Pirckheimer alle Aspekte des Humanismus zu leben weiß: den gelehrten und den philologischen, den politischen und den philosophischen, den christlichen und den – bürgerlichen. Willibald Pirckheimer (1470 bis 1530) ist ein Mann hoher Gelehrsamkeit und doch kein Gelehrter im professionellen Sinn; er ist künstlerisch ambitioniert, ohne ein Künstler zu sein – man berichtet von ihm, daß er hervorragend die Laute geschlagen hat und zu singen verstand; er ist Schriftsteller, der sich, Dilettant im besten Sinne des Wortes, auf den verschiedensten Gebieten der Literatur versucht, und er ist der Briefpartner der namhaften Humanisten; schließlich und nicht zuletzt ist er Ratsherr seiner Stadt und steht als Soldat für seine Stadt in Diensten des Kaisers. Kurz: ein universalgebildeter und universalorientierter Mann, der noch dazu – und das gehört unverwechselbar zu diesem Bild – einer der wohlhabendsten und angesehensten Familien der Stadt angehörte, was nicht zuletzt ihn prädisponierte für den öffentlichen Dienst, in dessen Rahmen er für seine Stadt manche diplomatische Mission erfüllen mußte. Er ragt nicht heraus durch neue Entdeckungen, Forschungen, exorbitante wissenschaftliche Leistung. Aber er muß uns interessieren als die vollkommene Verkörperung der Bildung und der Bildungsbedürfnisse seiner Zeit. Mit einigem Pathos kann man sagen, seine Biographie sei gerade in ihren Spannungen eine Manifestation des Humanismus schlechthin.

Erasmus schreibt ihm – und wir werden hinter liebenswürdiger Übertreibung und höflicher Artigkeit deutlich die eindrucksvolle Persönlichkeit erkennen: „Schon längst verlangte mich sehr nach Dir, und eine nicht geringe Zuneigung hatte ich zu Dir gefaßt auf Grund Deiner Schriften, in denen ich meinen Willibald, wie er leibt und lebt, zu erkennen glaubte, das Bild eines unvergleichlichen Mannes, oder besser eines Heros, bei dem abwechselnd die Wissenschaft die glänzende Hablichkeit und die glänzende Hablichkeit die Wissenschaft, beides von Lauterkeit des Charakters getragen, mit der Freundlichkeit und Liebenswürdigkeit sich verbinden ... Sind wir auch getrennt, nichts hindert, uns in innigster Freundschaft zu verbinden."[64] Offensichtlich sind es Menschlichkeit und Gelehrsamkeit gleichermaßen, die Erasmus, damals schon – 1515 – die berühmte Institution für sich, anzogen. Wieweit es tatsächlich mit der Zuvorkommenheit, Liebenswürdigkeit und Verbindlichkeit bei Pirckheimer im Alltag gewesen ist, das werden wir vorsichtiger beurteilen wollen. Sicher ist er in seiner Stadt durchaus umstritten gewesen. Sein Verhältnis zu Luther und der Reformation zeigt ihn zwiespältig; nach vorübergehender Hinwendung kehrt er zum Katholizismus zurück. An den ›Dunkelmännerbriefen‹ nahm er wie jeder Humanist lebhaften Anteil, nicht zuletzt aus der Verbindung zu Reuchlin heraus, „mit dem er nachweislich bereits 1503 korrespondierte und den er vermutlich 1506/07 bei einer der Versammlungen des Schwäbischen Bundes – Reuchlin war 1502–1512 Bundesrichter – kennenlernt"[65]. Wahrscheinlich auch ist die zweite Auflage der ›Dunkelmännerbriefe‹, in Nürnberg erschienen, von Pirckheimer veranlaßt worden. In nicht weniger als 62 Briefen beschäftigt er sich mit dem Reuchlin-Pfefferkorn-Streit. In streitlustiger Auseinandersetzung befindet er sich auch mit dem Luthergegner Johann Eck, „die schließlich zur Aufnahme des Nürnberger Patriziers in die von Eck veranlaßte Bannandrohungsbulle gegen Luther führte"[66]. Doch wird sich Pirckheimer immer wieder zurückhalten, mochte er auch in Briefen und im persönlichen Verkehr der protestantischen Bewegung sympathisierend gegenüberstehen. Daß das humanistische Gymnasium in Nürnberg, das erste seiner Art in Deutschland überhaupt, eine protestantische Gründung war, erfüllte ihn mit manchen Bedenken. Wir entdecken hier einen dem Erasmus verwandten Charakterzug: die Scheu sich zu exponieren. Ob er sich den Vorwurf des Erasmus gegenüber den Protestanten, sie vernichteten die humanistischen Studien, zu eigen machte, ist nicht zu entscheiden, mag auch die Vermutung dafür sprechen. Daß er sich von den sich zur Reformation bekennenden Lehrern des Gymnasiums fernhielt, ist bezeugt.

Erasmus wird ihm in bewegten Worten 1522 seine Lage angesichts der Reformation schildern und auf Verständnis hoffen können: „Gewisse Theologen meinen, bevor die Welt von Luther etwas wußte, daß durch die von mir bewirkte Wiedergeburt des Studiums der Antike allmählich ihre Autorität Einbuße erlitte, und setzten alles gegen mich in Bewegung.

[64] 32. 116f.
[65] 53. 183.
[66] 53. 187.

Ihnen gab Luther eine Waffe, mich damit zu töten, obwohl ich mich stets von der Luthersache fernhielt ..."[67]

Sicher hat es Pirckheimer zuweilen an Geduld im Umgang mit denen, die ihn nicht verstanden, fehlen lassen, sicher hat er sich auch in manche Händel verstrickt, die zu jener Zeit auch unter den Mächtigen des Geistes an der Tagesordnung waren; er imponiert, auch ohne überhöht zu werden: „Umstritten war sein hochfahrender Charakter, umstritten seine über die konservative Verhaltenheit des Nürnberger Patriziats hinausdrängende Rolle als Ratsherr, umstritten seine Befähigung als Feldherr, umstritten seine philologischen Leistungen als Übersetzer mehrerer lateinischer und griechischer Klassiker, zwiespältig seine Einstellung zu den Reformatoren und Gegenreformatoren, nicht immer ungetrübt sein Verhältnis zu seinen Freunden und hochgebildeten Schwestern, faustisch sein Streben nach Wissen und donjuanesk seine Beziehungen zum weiblichen Geschlecht."[68] Aber er bietet die glänzende Gestalt eines Mannes, der im Drang nach Wissen und Erkenntnis und öffentlicher Wirksamkeit humanistische Lebensform in einen politischen Humanismus einzubinden verstand. Sein Bildungsgang ist bezeichnend.

Aus vermögendem, hochgebildetem Hause stammend, hat er einen für die wenigen Gebildeten der Zeit typischen Bildungsweg durchlaufen. Zunächst erzogen am bischöflichen Sitz in Eichstätt, studiert er auf Geheiß des Vaters drei Jahre in Pavia und Padua die Rechte, wobei er im Italien des ausgehenden 15. Jahrhunderts die geistigen Anregungen des Humanismus in sich aufnimmt und sich, gegen den Wunsch des Vaters, mit diesen dem praktischen Sinn des Kaufherrn wenig nützlich erscheinenden Studien hingibt. Pirckheimer berichtet davon in seiner Autobiographie: „Inzwischen aber gab er keineswegs seine humanistischen Studien auf, zu denen er von Natur aus sehr geneigt war."[69] Das Studium der Rechte führte er, väterlichem Geheiß folgend, zum Abschluß. Im ganzen wird er sich sieben Jahre in Italien aufhalten, Zeit genug, um sich mit den verschiedensten Wissenschaften vertraut zu machen und die „bonae litterae" gründlich zu studieren. Die Sprachen, die Rhetorik, die Poetik, kurz die gesamte antike Literatur ist ihm vertraut. In Padua wird er auch manches von den neuen Naturwissenschaften in sich aufgenommen haben. Als umfassend Gebildeter kehrt er zurück, um in das öffentliche Leben der Stadt einzutreten. Kaiser Maximilian wird ihn, nachdem er ihn im Schweizer Krieg unterstützt hatte, zum Kaiserlichen Rat ernennen.

Vor allem anderen aber wird nun sein Haus zu einem Treffpunkt der

[67] 32. 301.
[68] 103. 47.
[69] 29. 126.

Großen aus Politik und Wissenschaft, wird zu einer „Herberge des Geistes", wie Celtis sagt.[70] Er verkehrt mit dem Mathematiker und Astronomen Regiomontanus, mit dem Chronisten und Arzt Hartmann Schedel, mit dem Erfinder der Taschenuhr, dem Schmied Konrad Henlein, mit dem Erzgießer Peter Vischer, mit dem Bildhauer Adam Krafft, dem Geographen und Seefahrer Martin Behaim, dem Dichter und Meistersinger Hans Sachs. Mit Dürer verbindet ihn eine enge Freundschaft. Mit Erasmus, mit Celtis, mit Melanchthon steht er in ständiger Korrespondenz. Die Aufzählung allein spricht für sich, zeigt Pirckheimer als den Mittelpunkt einer geistigen und künstlerischen Renaissance und darin das Profil des Humanismus selbst: Theologie, Philologie, Geschichte, Poetik und Geographie sind darin repräsentiert. Fast überflüssig zu sagen, daß dieser vielseitige Mann eine der bedeutenden humanistischen Bibliotheken besaß.

Dürer, der von seinem Italienerlebnis her dem Humanismus nahe ist und von Pirckheimer tiefer in die Welt des Humanismus eingeführt wird, was in manchen seiner Werke Niederschlag findet, hat zwei Porträts von Willibald Pirckheimer angefertigt, das eine eine Kohlezeichnung (1503), das andere ein Kupferstich (1524). Erasmus, wie er in einem Brief des Jahres 1525 an Pirckheimer berichtet,[71] hatte in seinem Zimmer neben einer Medaille des Pirckheimer auch das von Dürer gemalte Bild in seinem Arbeitszimmer aufgehängt, und er fügt dieser Mitteilung, fast neidisch, hinzu: „Ich würde es nicht ablehnen, von Dürer, einem so großen Künstler, gemalt zu werden." Ein Jahr darauf, 1526, wird sein Wunsch erfüllt, Dürer schafft die ›Imago Erasmi Roterdami ab Alberto Durero ad vivam effigiem deliniata‹. Die Bilder des Pirckheimer, nebeneinandergehalten, zeigen die Entwicklung von einem energischen, zupackend-sinnlichen Wesen zu einem von Krankheit bedrückten, die Welt distanziert durchdringenden Charakter. Spürbar bei beiden wird die in diesem fast derben Profil und dem breiten Gesicht angelegte Kreuzung zwischen der Geistigkeit und Subtilität des Denkers und Weltbetrachters und einer Sinnenhaftigkeit und Welthaftigkeit, in der kaum Esoterisches ist.

Dürer hat unter das Porträt des alternden Pirckheimer vom Jahre 1524 dessen Wahlspruch gesetzt: „Bibibaldi Pirkeymeri effigies aetatis suae anno LIII – Vivitur ingenio, caetera mortis erunt." Wir leben durch den Geist, alles übrige ist dem Tod verfallen, wird hinfällig werden! Die geistige Beziehung ist das Entscheidende. Dürer hat eben das in dem Kupferstich deutlich zu machen verstanden: die Gestalt, in der schon der Verfall sich ankündigt, aus der aber das Geistige in Ruhe und Sicherheit hervor-

[70] 29. 37.
[71] 32. 345.

tritt. Eine idealisierende Betrachtungsweise konnte zum Kupferstich von 1524 erklären, Dürer habe „aus Pirckheimers Kopf alles heraus[geholt], was zum höheren Wesen des Menschen gehört: das lebendige geistvolle Auge, die gebuckelte Stirn, die von stärkster Vitalität zeugenden Lippen, das bloße Ähnlichkeitsmerkmal der gebrochenen Nasenform aber ließ er unbetont“[72]. Wir halten demgegenüber lieber an der Beobachtung fest, daß Pirckheimer sich darin in der ganzen Gebrochenheit seines schwierigen Charakters darstellt: Humanist und Weltmann, Liebhaber und Philologe, Sinnenmensch und Gelehrter in einem. Es ist, als kündige sich seine Vollendung schon an. Wie in Vorahnung schreibt Erasmus in demselben Brief, in dem er von der Betrachtung des Pirckheimer-Bildes berichtet und anschließend seine Empfehlungen über die Behandlung des auch Pirckheimer quälenden Steinleidens ausspricht: „Aber das Allermannhafteste ist es doch, mit dem Tod den Kampf zu wagen.“[73]

Die enge Beziehung zu Dürer und dessen humanistisches Interesse führen dazu, daß Pirckheimer ihm seine Theophrast-Ausgabe widmet ›Theophrastou characteres cum interpretatione Latina per Bilibaldum Pirkheimerum‹, Nürnberg 1527, wobei er Übersetzung und Kommentar mit der Bemerkung rechtfertigt, „damit studienbeflissene Leute etwas haben, an dem sie sich an beiden Sprachen freuen können“[74]. Den Text hatte Pirckheimer vom Fürsten Giovanni Francesco Pico della Mirandola erhalten, dem Neffen Giovanni Pico della Mirandolas, dem, wir erinnern uns, Maximos der Grieche als Schüler und Schreiber gedient hatte. Celtis übrigens hatte den Kontakt zwischen Pirckheimer und dem jüngeren Pico della Mirandola hergestellt. Mit diesem Dürer gewidmeten Werk tritt Pirckheimer als der Vertreter eines griechischen Humanismus in unseren Gesichtskreis, wozu ihn wahrscheinlich ebenfalls Conrad Celtis ermutigt haben dürfte.[75] Diesem gegenüber erklärt Pirckheimer gelegentlich eines Schreibens, „er schreibe dem Freund auf Griechisch, damit dieser sehe, ob Pirckheimer auch ohne einen Lehrer Fortschritte gemacht habe“. Pirckheimer wird vom Autodidakten zum Privatgelehrten, der sich „zu den wichtigsten Wegbereitern des griechischen Humanismus in Deutschland im ersten Drittel des 16. Jahrhunderts rechnen“ läßt.[76] Wir verzichten auf eine Zusammenstellung der Werke griechischer Autoren, mit denen er sich befaßte, auch auf eine Zusammenstellung seiner Übersetzungen, von denen die wörtliche Übersetzung der ersten drei Bücher der ›Ilias‹ be-

[72] 138. 178.
[73] 32. 349.
[74] 29. 304.
[75] 53. 61.

kannt wurde dadurch, daß Conrad Celtis sie seinen Wiener Homer-Vorlesungen zugrunde legte.[77] Daß er den Antipoden Platons in der Bildungskonzeption, den Lehrer der Rhetorik Isokrates, besonders schätzen lernte und ihm im übrigen die Regeln der von ihm im öffentlichen Leben praktizierten Rhetorik entnahm, wird auf seine Gedanken zur Erneuerung der klassischen Bildung Einfluß haben. Der Florentiner Platonismus wird ihm dennoch wichtig bleiben. Sein Biograph kann manche Details herausarbeiten, die zeigen, wie sehr bis in den Alltag hinein Pirckheimer der antiken Lebensform sich annähern wollte. Daß er sich das platonische Gespräch zum Muster der Geselligkeit nimmt, ist sicher aus den italienischen Erfahrungen mit dem Humanismus auf ihn gekommen. Ein übriges tat die Freundschaft mit Celtis. Er ist auch darin vielleicht weniger der originelle denn der überlegene, voll sich auslebende Repräsentant des Humanismus.

In seinem „epikuräischen" Brief an Adelmann von Adelmannsfelden hat er seinen – wegen der Pest genommenen – Landaufenthalt 1521 lebendig geschildert: „Doch fehlt es mir nicht an hinreichender Ergötzung. Des Morgens nach dem Gebet sehe ich mit Lust zwei Herden blökender Schafe auf die Weide eilen ... Rinderherden folgen, zuletzt erscheint auch das borstige Geschlecht der Schweine ... Ist dieses Schauspiel vorbei, so beschäftige ich mich einen großen Teil des Tages mit dem Lesen platonischer Schriften, bin ich doch zur Zeit so glücklich, von meinen Amtsgeschäften befreit zu sein. Dann esse ich Mittag, und nun erfreut mich bald ein Blick ins Freie, bald lese ich Geschichten oder erheitere mich sonst irgendwie, z. B. mit Musik. Auch meine nicht geringe Korrespondenz erledige ich am Nachmittag. Bisweilen besuchen mich gute Freunde, Nachbarn mit Frau und Kindern ... Ist kein Besuch da, so lade ich mir wohl die Bauern zum Essen ein ... und unterhalte mich mit ihnen dann über den Landbau und die Natur ... Danach nehme ich wieder die Bücher zur Hand, geistliche oder auch heidnische, mit Vorliebe aber solche, die von der Herrlichkeit der Natur und von den Sitten der Menschen handeln. So bleibe ich oft bis tief in die Nacht hinein wach. Wenn es klar ist, beobachte ich mit meinen astrologischen Instrumenten der Wandelsterne Lauf, denn die drei oberen leuchten jetzt hoch vom Himmel."[78]

Das führt nun wieder über den griechischen Humanismus als Philologie hinaus, zeigt die Lebenshaltung des von materieller Not unberührten Humanisten, der freilich auf seine Weise teilnehmen will und, wie an anderer Stelle deutlicher wird, den Humanismus nicht nur aus intellektueller

[76] 53. 372.
[77] 53. 373.
[78] 103. 85f.

Freude und Lust an der geistigen Welt, sondern im Streben nach einer Besserung der gesellschaftlichen Zustände, die politischen und kirchlichen selbstredend eingeschlossen, aneignen und vermitteln wollte. Wir werden zunächst an Huttens Ruf, dann an des Erasmus Zuversicht erinnert, wenn wir in der Widmungsepistel an Hieronymus Emser von 1520 lesen: „Wir wollen frohlocken und uns Beifall wünschen, in ein wenigstens in dieser Hinsicht glückliches Zeitalter einzutreten, in dem die alten Kenntnisse wieder zum Leben erwachen, die literarischen Studien erblühen und alle guten Künste beginnen zutage zu treten. Mit ihrer Hilfe wird man in Kürze alle barbarischen Feinde niederwerfen, vertreiben und gänzlich aus unserer Mitte räumen können, so daß unser Deutschland nicht allein durch kriegerischen Ruhm, durch den Adel der Ahnen und den Vorzug des Römischen Reiches, sondern auch durch die Wissenschaft der Schönen Literatur, durch die Bildung in allen Fächern und durch die Fruchtbarkeit der berühmtesten Talente erleuchtet, verherrlicht und geschmückt wird."[79]

Da ist nun humanistischer Geist und humanistische Lebenskultur exakt ausgesprochen: Daß es nämlich nicht genügt, die Welt gleichsam nur von außen her in Ordnung zu bringen und Wohlstand herbeizuführen – wie er im übrigen in Nürnberg schon dem Bürgertum zugänglich war –, sondern daß Glanz und Schönheit und Fülle des Lebens, die Überwindung „barbarischer" Dumpfheit nur von den geistigen Anstrengungen und Gewinnen zu erwarten sind. Natürlich ist, wir übersehen es auch hier nicht, das humanistische Bewußtsein ein elitäres Bewußtsein, wobei möglich ist, daß Pirckheimer sich dessen nicht bewußt wird. Das humanistische Zeitalter war kein Zeitalter der Gleichheit, und die Zeit der großen Einebnungen war noch lange nicht gekommen. Andererseits ist der Drang, von der Schönheit des Geistes und von den Entdeckungen des Geistes weiterzugeben, im Humanismus leidenschaftlich lebendig gewesen, wie es die Schulgründungen im Gefolge des Humanismus beweisen, so etwa im Falle Pirckheimers, das Interesse an Verbesserung der Schulen, darüber hinaus das Interesse, das freilich immer wieder utopisch überhöhte, an einer Befriedung der Welt. Und daß die humanistische Lebensführung nicht nur etwa in der Freude sich erfüllt, das Griechische mit dem Lateinischen zu vergleichen oder auf Entdeckungen von Manuskripten in den Klöstern auszugehen, daß vielmehr humanistische Lebensführung in einer urbanen, in einer weltbürgerlichen Gesinnung sich erfüllt, dieser Gedanke ist immer wieder lebendig und stark. Pirckheimer steht dafür ein.

Unter diesem Aspekt ist es wichtig, das Bildungsprogramm kennenzu-

[79] 29. 284.

lernen, das Pirckheimer in der ›Epistola apologetica‹ von 1517 entwirft. Es ist wie ein Umblick auf die Leistungen und auch auf die Möglichkeiten des Humanismus, ist ein Blick auf die Wege, auf denen sich die Hoffnungen auf eine bessere Welt erfüllen können.

„Man kann nun einmal“, so lesen wir dort, „nur durch Nachtwachen, Schweißvergießen, unter Frieren, Fasten und schließlich unter ungeheueren und unendlichen Mühen solchen Ruhm und den Ruf großer Weisheit erwerben. Außer der Kenntnis der Grammatik ist es ja notwendig, in der lateinischen, griechischen und hebräischen Literatur erfahren zu sein. In der lateinischen, damit man nicht wegen der Ungeschliffenheit der Sprache eher ein Barbar als ein Theologe zu sein scheint. In der griechischen, weil man ohne sie weder die Fächer des epischen Zyklus noch Aristoteles zu begreifen vermag ... In der hebräischen, weil in ihr sich alle Geheimnisse des Alten und des Neuen Testaments verbergen. Danach soll man auch die Dialektik lernen ... Wenn einem Theologen außerdem die Rhetorik mangeln sollte, so verstehe ich nicht, wie er dem christlichen Volk die Worte der Wahrheit verkünden kann ... Überdies ist es notwendig, die natürliche und übernatürliche Philosophie genau zu kennen, aber nicht nur die [des] Aristoteles ... sondern auch die göttlichere, in der der vorzügliche Platon unzweifelhaft die Palme errungen hat ... Aber sie kann man ohne die vier mathematischen Fächer, nämlich die Geometrie, Arithmetik, Musik und Astronomie, nicht vollkommen begreifen ... Sodann sollte anscheinend der Theologe doch auch die Geschichtswissenschaft nicht vernachlässigen ... Wenn des weiteren ein Theologe weder in unserem göttlichen noch im menschlichen Recht erfahren ist, so sehe ich nicht, wie er das Göttliche wissen ... und das Menschliche klug ... zu verwalten vermag“.[80] Es geht, man sieht es, um den ganzen Kosmos der humanen Wissenschaften, aufbauend auf dem überlieferten Bildungskanon der Freien Künste. Dahinter erkennen wir den hohen Anspruch, der an die ergeht, die sich zu Führern des Volkes aufschwingen wollen und vorangehen sollen. Das Interesse Pirckheimers an den Lateinschulen seiner Stadt, über die er lange Zeit die Aufsicht führte, zeigt den Willen, dieses Bildungsprogramm durchzusetzen. Auf Anregungen Pirckheimers geht zurück, daß Cochläus, der Leiter der Schule von St. Lorenz, in seinem Unterrichtsprogramm lateinische Philologie, Musik, Geographie und Philosophie heraushob. Pirckheimer regt Johann Cochläus zu der in der Tradition des nationalhistorischen Interesses des Conrad Celtis stehenden ›Brevis Germaniae descriptio‹ von 1512 an, einem Schulbuch für Geographie und Geschichte, das der von Pirckheimer eingeleiteten humanistischen Reform des Schulwesens entsprach. Die von Pirckheimer der-

[80] 29. 256ff.

gestalt begonnenen Reformen waren die Voraussetzung für die Gestaltung des Aegidiengymnasiums von Melanchthon, wenn auch Pirckheimer durch seine Abwendung von der Reformation daran nicht mehr tätigen Anteil nahm. Wir begnügen uns mit der Feststellung, daß wir das Bestreben, humanistisches Bildungsgut einer breiten Öffentlichkeit zu vermitteln, unschwer erkennen. Pirckheimer wirkt in einer bürgerlichen Welt, die nicht nur Schonraum des Humanismus und der neuen Wissenschaften sein will, sondern gleichsam humanistische Praxis zu sein versucht.

XII. ÜBERGÄNGE: MELANCHTHON

Erasmus von Rotterdam ist jener, der dem europäischen Humanismus im frühen 16. Jahrhundert das Gepräge gibt; Rinnsalen gleich wird sein Geist unter der Oberfläche einer radikal sich wandelnden, einer sich radikalisierenden Welt weiterfließen und am Eingang zur Aufklärung eine Renaissance erfahren. Der europäische Humanismus ist um Erasmus zentriert. Mit dem Tod des Erasmus versandet der Humanismus. Die politischen Kräfte sind seinen Mahnungen nicht gefolgt; die kirchlichen Kräfte aller Lager haben für den Gedanken des Ausgleichs und der Versöhnung kein Ohr, sie treiben in ein neues Schisma. Impulse des Erasmus wirken in den Wissenschaften weiter. Der Bildungsgedanke, der das Ringen des Erasmus um eine „emendatio rerum humanarum" bestimmt, beansprucht fortdauerndes Gehör: die Verbindung christlicher Demut mit umfassender Sprachbeherrschung und einem an der Antike orientierten historischen Bewußtsein. Die klassische und die christliche Antike sind in und mit Erasmus präsent und werden zum Besitz, der dem bürgerlichen Selbstbewußtsein im gesellschaftlichen Wandel Stärke gibt. Mit Erasmus freilich endet der Humanismus als eine Bewegung, in der die Unabhängigkeit des Geistes seine Macht demonstriert. Daß der Humanismus von der Bildungsbewegung zum Bildungsprogramm wird, ist nicht mehr die Leistung des Erasmus.

Melanchthon ist jener, dem die humanistische Tradition im Gefüge der Bildungsinstitutionen zu danken ist; in seinem Gefolge erst treten die großen Schulmänner und Rektoren auf, unter seinem systematischen Talent formieren sich die Universitäten in humanistischem Geist. In weit stärkerem Maße als Erasmus wirkt er unmittelbar – als Planer, als Organisator, als Gestalter der Wissenschaften – in die Bildungsgeschichte hinein. In Melanchthon, dem von Erasmus und Luther gleichermaßen Durchdrungenen, kreuzen sich die beiden umstürzenden Tendenzen der Zeit: der erasmische Humanismus und der lutherische Protestantismus. Er war, um es so zu sagen, der Musterschüler des großen Philologen Reuchlin gewesen, hatte von Reuchlin gelernt, daß die klassischen Sprachen drei an der Zahl sind und daß die humanistische Bildung, will sie zugleich christlichem Anspruch genügen, sich auf das Griechische, das Lateinische und das Hebräische zu erstrecken habe. Und er war, von dem Katholiken Reuchlin nach Wittenberg empfohlen und von Erasmus mit warmherzigen Worten bedacht, als junger Lehrer an die Universität Wittenberg gegangen, der er als einer protestantischen immer die Treue halten wird. „Von Melanchthon denke ich hoch und hoffe ich viel, möchte nur Christus uns diesen Jüngling lange am Leben erhalten! Er wird Erasmus ganz in den Schatten stellen“, schreibt Erasmus an Oekolampadius.[1]

Melanchthon, der Weggefährte Luthers, der Zeitgenosse der Reformation und schließlich der Führer des Protestantismus, steht an der Wegscheide. Die Durchsetzung der Reformation und die als „Gegenreformation“ bezeichnete Besinnung der katholischen Kirche auf ihre innere Ordnung und die darin waltenden theologischen Prinzipien bedeuten zugleich das Ende des europäischen Humanismus als einer einheitlichen Bewegung, mag er in den einzelnen Ländern auch auf eigene Weise fortleben. Die Reformation: wie sie den Zerfall der Einheit der Kirche bedeutet, so bedeutet sie den Zerfall der Einheit des Reiches. Es wird fortan nach protestantischen und katholischen Landen unterschieden, und die Universitäten werden evangelisch oder katholisch sein. Das Bekenntnis hängt ab von der weltlichen Macht: *cuius regio eius religio*. Glaubenskämpfe zerstören die Kultur. Bekenntnis zur Humanität wird zur Formel. Melanchthon wird zur tragischen Gestalt, indem er, sich zu Luthers Lehre bekennend, einer der Gestalter der protestantischen Orthodoxie wird und damit, seinen humanistischen Intentionen zuwider, die Spaltung der Kirche nicht nur verfestigte, sondern darüber hinaus die Spaltung im protestantischen Lager unüberwindlich machte. Und doch bewahrt er in der Zeit der Wirren das humanistische Erbe. Er führt in das nachreformatorische Zeitalter hinein, und im Niedergang noch gibt er dem Humanismus die Stätten, in denen er zu überdauern vermag, wenn auch bald nur noch als ein Abglanz seiner selbst. Er ist insofern noch eine Gestalt – die letzte bedeutende – des europäischen Humanismus und der erasmischen Epoche, und er weist doch schon entschieden darüber hinaus. Er gehört nicht minder der Bildungsgeschichte einer nachhumanistischen Epoche an. Er endet als ein Kirchenmann, dessen letzte Gedanken dem Glauben gelten.

Seine Lebensspanne seit seiner Ankunft in Wittenberg umfaßt – und überdauert – die Regierungszeit Karls V.; sie umfaßt, um die wichtigsten Ereignisse des politischen Geschehens in Erinnerung zu bringen, die Bauernbewegung und das umstürzlerische Täufertum, den Krieg des Kaisers gegen die heilige Liga und den „sacco di Roma“, das Ausgreifen der katholischen Kirche in die Neue Welt, die Kriege des Kaisers gegen Frankreich, die mit dem England Heinrichs VIII.; sie umfaßt insbesondere die Bedrohung durch die Angriffe der Türken, dazu die ständigen kämpferi-

[1] 32. 173.

schen Verwicklungen der Territorialfürsten Deutschlands: Der Schmalkaldische Krieg zog über Deutschland hin. Am Ende seines Lebens steht der Augsburger Religionsfriede, der einen wirklichen Frieden auch nicht zu bringen vermochte.

Das ist gegenwärtig zu halten (kann es hier auch nicht in extenso wiederholt werden), will man Melanchthon als den frommen Gelehrten, dem man die Führerschaft des Protestantismus ganz gegen seine unkriegerische Natur aufbürdet, verstehen und seine Lage diesseits und jenseits des Humanismus deutlich erkennen. Seine immense Bedeutung für die Bildungsgeschichte wird erst auf diesem Hintergrund verständlich: Einem Lande ein Fundament als Bildung geschaffen zu haben, das, mit vielen Aufbrüchen und Verkehrungen zwar, doch die Zeiten überdauern kann. Er beherrscht, über den gesamten Wissensstand des Humanismus souverän verfügend, im protestantischen Raum die gesamte Schul- und Universitätsorganisation, schafft den meisten Geisteswissenschaften die Lehrbücher und wird maßgeblich für die Ausformung des humanistischen Gymnasiums. Daß er die Gestalt seiner Kirche dogmatisch prägte und zu ihrem Überdauern entscheidend beitrug, gehört in die Kirchengeschichte. Seine Beiträge zur Religionspädagogik sind freilich auch hier nicht zu übersehen. Ihm wird der Name eines „praeceptor Germaniae" verliehen werden. So gehört Melanchthon zwar noch der Geschichte des europäischen Humanismus an, weist aber zugleich über diesen hinaus und zeigt seine Wirksamkeit gerade jenseits desselben in einer Epoche, die, vom Humanismus schon nicht mehr geprägt, diesen neben den aufblühenden Naturwissenschaften und einer immer mehr zurückweichenden religiösen Kraft des Christentums nur noch in pädagogischen Programmen als Bildungsidee, nicht mehr aber als eine umfassende Geistesbewegung erscheinen läßt. Daß er zum Praeceptor Germaniae, zum Lehrmeister Deutschlands, wird, ist ebenso Anerkennung seiner schulorganisatorischen und wissenschaftsorganisatorischen Leistung wie aber auch Ausdruck der nunmehr vollzogenen nationalen Reduktion des Humanismus, die ihr den im Namen der Humanitas angelegten umfassenden, eben den europäischen Charakter nimmt. So gehört Melanchthon nicht weniger der Wirkungsgeschichte des Humanismus, die eine Nachwirkensgeschichte ist, zu. Wo davon zu handeln ist, wird von ihm ausführlicher die Rede sein müssen. Hier ist nur zu sehen, wieweit er Ende und Anfang zugleich ist.

Als er freilich 1518 nach Wittenberg kommt, ist sein Auftreten ein Fanal. Die vorwärtsweisende Kraft Melanchthons, die von ihm vollzogene Bewegung in die neue Zeit hinein, an die viel Spätere anknüpfen können, wird schlaglichtartig deutlich, wenn man in seiner Antrittsrede zu Wittenberg am 29. 8. 1518 – noch ganz aus humanistischem Geiste heraus – den erstaunlichen Ruf des 21jährigen liest: „Sapere audete!" Wagt es, Wissende zu werden, wagt es, weise zu sein.[2] Dieser Aufruf ist nichts anderes als der Aufruf Immanuel Kants mehr als zweieinhalb Jahrhunderte später, als Kant die Aufklärung auf den Begriff bringt. Es ist bekanntlich die kleine Abhandlung, die die Frage „Was heißt Aufklärung?" behandelt, in der die immer wieder zitierten Sätze stehen, daß Aufklärung der Ausgang aus selbstverschuldeter Unmündigkeit sei: „Habe Mut, dich deines Verstandes ohne die Leitung eines anderen zu bedienen. Wage es zu wissen!" Sapere aude! ruft Kant aus – wage zu wissen, ist das Prinzip der Aufklärung. Die so oft behauptete Nähe des Humanismus zur Aufklärung, hier ist sie im Begriff selbst zu fassen. Kant sagt es nicht anders, als Melanchthon es gesagt hat gegenüber den Professoren – unter ihnen Luther – und den Studenten der jungen Universität, die ihn erwartungsvoll empfangen haben.

Er bringt damit nun nicht nur die innerste Intention des Humanismus auf den Begriff, er bringt ein ganzes humanistisches Bildungsprogramm mit. Damit aber ist nichts anderes gesagt, als die Aufklärung sagen will, diese dann freilich unter anderen Voraussetzungen und weit über Reformation und ein kirchliches Christentum hinaus, das Melanchthon noch Selbstverständlichkeit ist. Die Aufklärer sind keine Reformatoren, wie der Humanist Melanchthon einer war, und einer der bedeutendsten dazu. Sein Gewicht in der Reformation kommt zunächst von dem humanistischen Anteil, den er einbringt. Er bringt somit auch die Hoffnung auf die ordnenden und beflügelnden Wirkungen des Humanismus mit, bringt die Zuversicht nach Wittenberg, daß der Humanismus alles zum Guten wenden werde: „Ich meine schon insgeheim in Deutschland verschiedentlich neues Blühen zu erblicken: es reifen schon Menschen milderer Sitten und edleren Verstandes heran, es vernarben die Wunden der Unbildung, welche die Barbaren einst mit ihrem Ungestüm geschlagen."[3] Dieses, das „moribus et communi hominum sensu mitescere"[4], zu fördern und allgemein werden zu lassen, ist das Ziel der Studien des Lateinischen und Griechischen, womit die Grundlage aller anderen Studien gelegt wird.

Auch wenn wir wissen, daß es nicht „die" Aufklärung gibt, wie auch der eine Humanismus sich in viele nationale Strömungen entfaltet, so werden wir der Aufklärung und dem Humanismus den kritischen Impuls und die entschiedene Wendung gegen erstarrte Traditionen sowie den Willen zu einer allgemeinen Bildung als einem gemeinsamen Fundament zubilligen. Auch der Humanismus Melanchthons wendet sich im Bildungsprogramm gegen Scholastik und ein unkritisch auf Autoritäten vertrauendes Denken. Auch die dem Humanismus eigentümliche Wendung zur Antike steht im

[2] 85. III. 42.
[3] 123. 276.
[4] 85. III. 42.

Zeichen kritischer Erneuerung. Es geht um die vorurteilslose Einvernahme allen brachliegenden Wissens. Melanchthon, gegen die Scholastiker gewandt, äußert den Zweifel, „ob diese Verfasser von Spitzfindigkeiten in irgendwelcher Hinsicht mehr Unheil angerichtet haben als dadurch, daß sie in ihrer Verblendung tausende antiker Autoren dem völligen Untergang preisgaben"[5]. Die Bemerkung schließlich, „man könnte auf Melanchthon Kants doppelte Begründung der Ehrfurcht anwenden: „der gestirnte Himmel über mir … und das Sittengesetz in mir"[6], greift zwar sicher zu kurz, insofern die christliche Eirenik Melanchthons nicht angesprochen wird, mag aber doch die Versuchung verständlich machen, der bei Melanchthon spürbaren aufklärerischen Grundstimmung auf verschiedenen Wegen nachzugehen. Was in der Aufklärung Gesellschaftskritik ist, stellt sich im Humanismus als eine Kritik dar, die sich an der Sprache als dem maßgeblichen Vehikel der Bildung orientiert, deren wesentlicher Aspekt der – der Aufklärung durchaus verwandte – Aspekt der Selbsterkenntnis und der Selbst-Kenntnis ist. In diesem Sinne gelobt der junge Gelehrte, daß er seine Jugend den „bonae litterae", den literarischen Wissenschaften, widmen wolle: „Devoveo, vestrum erit adulescentiam meam bonis litteris consecratam."[7]

Er wird dieser Verpflichtung eingedenk bleiben. In seiner Rede zur Eröffnung des auf seine Empfehlungen zurückgehenden humanistischen Gymnasiums in Nürnberg 1526 wird er die neuen Studien als unerläßlich für die Erneuerung der Gesellschaft und für eine kluge, verläßliche Verwaltung des Staates darstellen, weil anders die vernünftige Leitung der Bürger und Gemeinden nicht fortgeführt werden könne: „Nec ad res publicas gubernandas quisquam satis idoneus est sine scientia earum litterarum quibus ratio omnis regendarum civitatum continetur."[8] Aber ihm bleibt auch nicht erspart, noch den Niedergang zu erfahren. Nur fünfzehn Jahre später, bald also nach dem Schmalkaldischen Krieg und mitten im Bemühen um die Sicherung der Reformation, schreibt er im Lebensabriß von 1541 enttäuscht: „Wäre das goldene Zeitalter, das wir damals aus der Renaissance der Wissenschaften erhofften, wirklich eingetreten und hätte mir die Muße zu wissenschaftlicher Arbeit gelassen, ich hätte vielleicht erfreulichere Dinge, elegantere und für die Schule nützlichere geschrieben. Aber die verhängnisvolle Zwietracht, die sich dann erhob, hat auch mein Studium erschüttert, und die traurigen Zeiten haben auch meinen Darstellungen einen traurigen Charakter gegeben."[9] Der Theologe gibt nicht auf,

[5] 123. 267.
[6] 13. 80.
[7] 85. III. 42.
[8] 85. III. 69.
[9] 59. 63f.

aber der Humanist muß eingestehen, daß seine Ziele zu hoch gesteckt waren und die Hoffnung auf die Mittlerdienste des Humanismus im Streit der immer heftiger aufeinander einschlagenden Kräfte getrogen hatte. Der Humanismus hatte aufgehört, eine Macht zu sein. Erasmus, dessen gleichgerichtete Hoffnungen sich nicht zuletzt mit Melanchthon verbunden hatten, war eben fünf Jahre tot.

Das Eingeständnis des Melanchthon ist Selbstkritik. Der Humanist gesteht, sein Denken der Zeit nicht aufgeprägt zu haben, wiewohl er doch seinen Geist dem humanistischen Gymnasium und den Universitäten vermittelt hatte. Der Humanist, was die Weite des Anspruchs anbetrifft, hatte sich selbst überlebt. Dem Glauben, dem nicht nur sein kirchenpolitisches Wirken, sondern auch seine religionspädagogischen Arbeiten gewidmet waren, gilt seine letzte Sorge. Wir wundern uns nicht, daß die Bilanz, die er im Alter zieht, ganz aus dem Geiste seiner Religiosität heraus geschrieben ist. Er hinterläßt eine am Ende seines Lebens verfaßte Notiz – er stirbt am 19. 4. 1560 in Wittenberg –, der er die Überschrift gibt: ›Gründe, warum du über den Tod nicht zu erschrecken brauchst‹. Sie ist wiederholt abgedruckt, sie sei dennoch hierher gestellt, weil sie unmittelbar nacherleben läßt, wie müde Melanchthon geworden war, den Tod erwartend, wenn nicht ersehnend nach einem Leben, dessen Ertrag ihm zweifelhaft erschien. Und sie zeigt zugleich in der Gegenüberstellung der Argumente die Sorgfalt seines systematischen Denkens. Er schreibt auf die eine Seite die negativen Gründe, auf die andere Seite die positiven Gründe.[10] Die negativen Gründe sind für Melanchthon die folgenden: „Du wirst loskommen von den Sünden. Du wirst befreit werden von der Plackerei und von der eifernden Wut der Theologen." Da ist die Bescheidenheit und christliche Demut des Mannes noch einmal ausgesprochen, die es ihm versagen, sich sündenfrei zu wähnen; es ist, als würde der Altgewordene die eigenen Schwächen und Versäumnisse noch einmal in aller Deutlichkeit vor sich sehen. Ihm wird auf der anderen Seite aber auch die ganze Last gegenwärtig, die er zu tragen hatte, die ihm nun zu schwer wird und die insbesondere den Theologen zuzuschreiben ist, denen er sich nicht verständlich machen konnte. Wir spüren, wie schwer ihm zeitlebens die Abwehr des Theologengezänks gewesen sein muß, er, der viel mehr der erasmischen Versöhnung und dem Ausgleich zugeneigt war als dem unerbittlichen Kampf und der unbilligen Auseinandersetzung. Der Tod ist Erlösung, weil der Friede nicht gefunden werden konnte und auf Erden nicht gefunden werden kann. Bitterkeit mischt sich darein, daß es gerade die Theologen sind, die voller „eifernder Wut" sind. Daß er zwischen Luther und Erasmus nicht vermitteln konnte – noch 1534 war erneut der Streit

[10] 109. 6.

zwischen den beiden ausgebrochen –, hat ihn tief bedrückt. Ob gar davon noch etwas im Wort von der „eifernden Wut der Theologen" mitschwingt? Erasmus, der Melanchthon in vielem Verwandte, hatte nicht anders über die Theologen geseufzt, so mit der Bemerkung, er würde „nie einem Menschen geglaubt haben, daß die Theologen so den Verstand verloren haben"[11], so auf andere Weise in seiner Schrift von 1533 über die Einheit der Kirche ›Liber de sarcienda Ecclesiae unitate‹, dessen Ankündigung er mit dem typischen, freilich kurzschlüssigen Satz begleitet, „man könnte leicht gesunde Zustände schaffen, wenn nicht die Prädikanten täglich die Kriegstrompete bliesen"[12].

Auf der anderen Seite vermerkt Melanchthon die positiven Gründe, die Gründe dafür, daß der Tod nichts Furchtbares an sich habe. Melanchthon schreibt: „Du wirst ins Licht kommen. / Du wirst Gott schauen. / Du wirst jene wundersamen Geheimnisse lernen, die du in diesem Leben nicht begreifen konntest: Warum wir so geschaffen sind – welcher Art die Vereinigung der beiden Naturen in Christo ist." Da ist denn noch einmal eine Hoffnung ausgesprochen, nun freilich aber, daß das, was im Diesseits ungeklärt bleiben mußte, im Jenseits der Klärung zugeführt wird. Dort wird dem Menschen Erkenntnis zuteil, die ihm als Erdenbürger verschlossen bleiben muß. Die Offenbarungswahrheiten werden sich enthüllen und dem Menschen einsichtig werden. Was im Glauben vertrauensvoll angenommen wurde, wird reine Erkenntnis. Es läßt sich etwas vom Lebensziel Melanchthons daraus ablesen, daß er sich am Ende Antwort auf zentrale Fragen, die ihm ungelöst blieben, erhoffen möchte: warum die Menschen so sind, wie sie sind in der Unbegreiflichkeit ihres Handelns, warum sie miteinander ringen müssen, warum der Mensch sich selbst ein Rätsel ist, warum der Mensch voller Unvollkommenheiten bleibt. Der Humanist, der Individualist, der Menschenerzieher hat selbst keine Antwort auf die Frage, die ihm eine der beiden dringendsten ist: Was ist der Mensch?

Und daneben steht die zweite, für Melanchthon die wichtigste Frage, die theologisch-christologische Frage: warum Christus Mensch und Gott zugleich ist und wie die Vereinigung dieser beiden Wesenheiten – das ewige Mysterium des Christen – verstanden werden muß. Melanchthon geht damit in die Anfänge des Christentums zurück und greift das maßgebliche Problem der Christologie auf, das wie kein anderes die großen Konzilien des 4. und 5. Jahrhunderts bewegt hat: die Person dessen, der die Religion verkündet hat, die gottgleich, die gottähnlich, die gottverwandt, die auch nur gottgesandt vorgestellt werden kann. Die Lösung ist nicht gelungen,

[11] 32. 245.
[12] 32. 540.

wiewohl oder gerade weil sie eine Frage des Glaubens, damit der rational nicht mehr zugänglichen Heilsgewißheit ist. Damit ist in der Wesenheit des Stifters der Religion selbst bereits der Zwiespalt angelegt, der seine Kirche immer wieder zerreißen wird, zu Schismen und zu Sektenbildung führt, angefangen bei den Arianern und Athanasianern, die sich nicht versöhnen konnten, bis hin zu dem letzten großen Schisma zwischen Ostkirche und Westkirche, das sich ebenso an der Frage des Primats der Patriarchate wie aber vor allem an der Frage des „filioque", der Mitwirkung Christi an der Ausgießung des Heiligen Geistes und damit der Frage seiner Göttlichkeit verfestigte. Daß diese Frage nicht nur eine ist, die die Dogmatiker, die Exegeten, die theologischen Interpreten angeht, konnte Melanchthon im Laufe seines Lebens zur Genüge erfahren, wenn es ihn nicht schon der Blick in die Kirchengeschichte als einer höchst säkularen und blutigen Geschichte gelehrt hätte. Das Verständnis der Lehre Christi war das Thema seines Lebens und das Thema seines Kampfes an der Seite Luthers. Wir versagen uns die Kühnheit, hier weiter vorzudringen.

Melanchthon war als ein Humanist nach Wittenberg gekommen, dem Reuchlin in seinem Empfehlungsschreiben an Friedrich den Weisen nur Erasmus vorzog. Reuchlin hatte dem Zehnjährigen schon aus Anlaß einer Schüleraufführung des Reuchlinschen Humanistendramas ›Hanno‹ den Namen Melanchthon gegeben – und hatte mit Betrübnis sehen müssen, wie Melanchthon sich der Luthersache verschrieb. Melanchthon wurde in Wittenberg zum Theologen, der der Theologie den Humanismus – als eine friedliche, auf Versöhnung angelegte, weil in wissenschaftlicher Arbeit zu gemeinsamer Erkenntnis gelangende Bemühung – zuführen und dienstbar machen wollte. So schon hatte er sich in der Antrittsrede vernehmen lassen, dem wichtigsten Ereignis der deutschen Bildungsgeschichte für 450 Jahre; denn erst in den Unruhen seit 1968, als man die Gleichheit ernster nahm als die Freiheit, die gesellschaftlichen Bedingtheiten wichtiger als den Anspruch des Geistes und zudem mit der Idee der Sozialisation die Forderung des strengen, durchdachten Lernens eliminierte, zerbrach endgültig, was er als Praeceptor Germaniae geschaffen hatte. In der Antrittsrede heißt es noch: „Geführt vom [Heiligen] Geist, aber begleitet von den humanistischen Studien, gelange man zur Theologie."[13] „Duce spiritu, comite artium nostrarum cultu, ad sacra venire licet."[14] Aber schon ein Jahr nach seiner Ankunft in Wittenberg wird er sich mit dem Römerbrief beschäftigen, der ihn sowenig wie Luther je wieder loslassen wird. Vielleicht hat ihn, Melanchthon, am Lebensende eben jenes Wort vom Leben in einem Geiste, der sich Jesus Christus verdankt, bewegt, als er noch

[13] 123. 273.
[14] 85. III. 40.

einmal nach den Naturen Christi fragte. „Denn das Gesetz des Geistes", steht im 8. Kapitel des Römerbriefes, „der da lebendig macht in Christus Jesus, hat mich frei gemacht von dem Gesetz der Sünde und des Todes".

Das wird nicht auszuloten sein, und wir werden uns nicht in theologische Probleme verstricken, wohl aber uns nachdenklich gestimmt sehen angesichts dieses Endes, das die Rede des frommen christlichen Laien beschließt, der seine Unkenntnis eingesteht und mit dem Verlangen nach Erkenntnis dem Tode ins Auge sehen kann. Der Humanist, der seine Spuren den Jahrhunderten eingeprägt hat, ist gänzlich im Christen Melanchthon aufgegangen. Die Transzendenz hat das letzte Wort, ihr gilt das letzte Wort.

Der theologische Denker und Grübler gesteht die Grenzen des Wissens ein, und er zeigt sich, als ein typischer Gelehrter ebenso wie als Christ, mit Zweifeln und Fragen belastet, die vor den „wundersamen Geheimnissen" unbeantwortet bleiben müssen. Die Müdigkeit, mit der Melanchthon diese seine Zeilen geschrieben hat, ist unverkennbar. Die bedrängendsten Fragen sind ohne Antwort geblieben, und es sind doch gerade die Fragen, die in der Lebensspanne des Melanchthon die Welt von Grund auf geändert haben. Das Drama der Reformation, die nicht das Ende gefunden hat, das sich Melanchthon wünschen mußte, ersteht erneut.

Wir machen uns das gängige Geschichtsverständnis zu eigen, wenn wir den Ertrag der Epoche fassen wollen: „Auch für Deutschland wurde die Zeit der Renaissance nach Jacob Burckhardts Definition die Zeit der ‚Entdeckung der Persönlichkeit'. Es war aber nicht die künstlerische Persönlichkeit, sondern die nur Gott oder ihrem Gewissen verantwortliche sittliche Persönlichkeit."[15] Diese aber wird geprägt von Luther, dessen theologische Ethik rigoristisch ist, nicht von Melanchthon, dessen religiöse Ethik eirenisch ist.

Es ist nicht schwer, die geistige Spannweite der Reformation nachzuvollziehen, wenn man die Bildnisse beider, Luthers und Melanchthons, nebeneinanderhält. Als Dürer den Kupferstich von Melanchthon herstellt, zeigt der noch nicht Dreißigjährige bereits die Spuren des Alters. Vor allem aber zeigt das Antlitz die ganze Feinsinnigkeit und Zartgliedrigkeit, die Sensibilität und durchdringende Geistesschärfe des Reformators und Humanisten, um den Mund scheint gar ein Lächeln zu spielen, das die zeitlose Heiterkeit des Weisen anzudeuten imstande ist. Diesem Manne würde man niemals, wie es die Luther-Legende will, das Wort „Hier stehe ich, ich kann nicht anders!" in den Mund gelegt haben. Auf seine Weise nur hätte er das authentische Lutherwort „Gott helfe mir, Amen" gesprochen.

[15] 138. 253.

Die Lutherbilder der beiden Cranach sind bekannt: das breite, knochige Gesicht, die kräftige Gestalt, Energie und unbeugsamen Willen ausstrahlend. Erasmus schreibt ihm 1526, es quäle ihn wie jeden Gutgesinnten, „daß Du mit Deinem anmaßenden, herausfordernden, aufrührerischen Gebaren die ganze Welt in verhängnisvollem Zwiespalt erschütterst ... kurz, die Sache des Evangeliums so treibst, daß Du alles, Heiliges und Unheiliges, durcheinanderwirfst", und er gibt ihm Schuld an der „unheilbaren allgemeinen Verwirrung, die wir nur Deinem ungezügelten Gebaren verdanken"[16] – womit, wie genau immer Erasmus die Theologie Luthers verstanden haben mag, der geradezu erdrückende Eindruck der Erscheinung Luthers ausgemalt ist. An Melanchthon hingegen konnte Erasmus Worte schreiben, die nur ein Bruder im Geiste aufzunehmen vermochte, wie jenes, daß es um die neue Bildung gehe, deren Teil es sei, „darum [zu] kämpfen, nicht nur durch Beredsamkeit, sondern auch durch Bescheidenheit und Milde jenen überlegen zu erscheinen"[17]. In der Tat, Melanchthon behielt immer etwas von der *suavitas humanitatis,* so wie Luther durchdrungen war vom *furor confessionis.* Melanchthon blieb, wenn man so sagen darf, zeitlebens mit humanistischen Skrupeln belastet, dem das Unbegreifliche nachgeht, während Luther der verantwortungsvollen Zurückhaltung Melanchthons den leidenschaftlichen Kampfesmut entgegensetzt. Bei Luther bleibt es beim „sola fide", dem Leben aus dem Glauben, mochte er auch ein bedeutender Gelehrter und Universitätslehrer sein. Die Beziehungen Luthers zum Humanismus bleiben unterschwellig, wieviel er ihm auch an Gelehrsamkeit verdankt. Selbst eine Verwandtschaft zwischen Martin Luther und dem Humanismus zu konstatieren, die Burger in der „Identifikation der iustificatio fide mit der vivificatio affectu, worauf Luthers 'neue Theologie' sich gründet", angezeigt sieht,[18] ist nur mit vielen Zugeständnissen möglich.

Auf der einen Seite die Unbeugsamkeit Luthers, auf der anderen die Geschmeidigkeit des Melanchthon, die der Festigkeit im Glauben nicht im Wege war. Da die Leidenschaft, die bis zum Starrsinn führt und das Heil wie das Verhängnis beschwören muß, und dort der Besonnene, der den stillen Mut hatte, auf der Seite dessen auszuharren, auf dessen Seite er letztlich das Recht erkannte. Der eine, der sich in die Pflicht Gottes genommen sah und seinem prophetischen Geist die Menschen unterwarf, hat neben sich den anderen, der der geborene Vermittler war, der in faßliche Lehre übersetzte, was der andere verkündigte. In der Vorrede des Jahres 1545 zu seinen lateinischen Schriften, kein Jahr vor seinem Tode,

[16] 32. 373.
[17] 32. 235.
[18] 20. 369.

bestimmt Luther die Beziehung beider noch einmal, wie um sich seiner Nachwirkung noch einmal zu versichern: „Sodann aber gibt es jetzt durch Gottes Gnade viele wohlgeordnete Lehrbücher, vor allem die ausgezeichneten ›Loci communes‹ des Philippus [Melanchthon], aus denen sich jeder Theologe und Seelenhirte trefflich und gründlich unterrichten kann, um sich als tüchtiger Lehrer und Prediger des göttlichen Wortes zu erweisen.“[19] Die ›Loci communes‹, 1521 erschienen, waren die erste klare Darstellung der Lehre des Reformators und sind das grundlegende Werk evangelischer Religionspädagogik. In derselben Vorrede heißt es im Blick auf die Mitwirkung Melanchthons an der reformatorischen Arbeit: „Was Gott der Herr durch dieses Werkzeug nicht bloß in der allgemeinen Wissenschaft, vielmehr in der Theologie ausgerichtet hat, das bezeugen dessen Werke zur Genüge, auch wenn der Satan mit seinem gesamten Gefolge darüber tobt.“ Damit ist auch die doppelte Bedeutung Melanchthons festgehalten, mit der er in die Geschichte eingegangen ist: als Humanist, als Theologe.

Philipp Melanchthon – ein Gelehrtenleben der Zeit wie kaum ein anderes, was die Vielfalt und die Fülle seiner Werke anbelangt – ist selbst für die Humanisten noch ein Wunderkind, wiewohl sie alle viel früher als heute ihren Bildungsgang abschließen. 1497 in Bretten geboren, nimmt sich nach dem frühen Tode des Vaters bald der große Gelehrte Reuchlin seiner Erziehung an, die von der humanistischen Geisteswelt geprägt ist. Er geht mit 13 Jahren an die Universität, erwirbt mit 14 Jahren das Baccalaureat, wird aber, als er sich im gleichen Alter um den Magistergrad bewarb, als zu jung zurückgewiesen. Er geht von Heidelberg nach Tübingen, wo er im Januar 1514 den Magistergrad erlangt. Er befaßt sich mit juristischen und dann auch mit theologischen Studien, ohne freilich jemals den theologischen Doktor zu erwerben. Schon bald erregt seine Haltung nicht weniger als sein Wissen Beachtung: „Thomas Anshelm, der in Tübingen Reuchlins Verteidigungsschriften edierte ... und Reuchlins Großneffe Melanchthon ... waren die eigentlichen Anwälte des Humanismus“ an der jungen Tübinger Universität.[20] Als er seine Lehrtätigkeit in Wittenberg 1518 antritt, ist er eben 21 Jahre alt. Er schien der Gelehrtenlaufbahn bestimmt. Dem jungen Wittenberger Professor huldigt Erasmus in einem Schreiben vom 22. 4. 1519: „Im übrigen sollst Du überzeugt sein, daß ich Philipp Melanchthon von Herzen liebe und sein beglückendes Genie außergewöhnlich schätze. Es ist kaum zu sagen, wie mir der Hymnus gefiel, in dem Du, ein zweiter Orpheus, die Engel besingst. Ich habe auch das Vorwort [zur Antrittsrede von 1518] gelesen, in dem Du für

[19] 82. I. 13.
[20] 58. 41.

die alte Bildung eintrittst, energisch und geistdurchglüht, wie es sich für einen jungen Mann und Deutschen ziemt."[21] Und Luther schreibt an Reuchlin am 14. Dezember 1518, nachdem er diesen seiner „großen Zuneigung" versichert hat: „Es kommt noch dazu, daß unser Philipp Melanchthon, dieser bewundernswerte Mann, der fast in allen Dingen eines Menschen Maß übersteigt, mir aber doch herzlich verbunden und eng befreundet ist, mir diesen Brief an Dich geradezu abverlangt hat."[22]

Melanchthon wird die Gelehrtenexistenz mit der des Reformators verbinden müssen. Er tut es bis zur Erschöpfung schließlich, als er nach Luthers Tod zum Führer des Protestantismus wird und sich dem politischen Kampf allein stellen muß, nachdem er für Luther schon auf den Reichstagen und Kirchenversammlungen hatte auftreten müssen. Einladungen an andere Universitäten, die selbst aus Polen, Frankreich und England kommen, wird er beharrlich ausschlagen, obwohl alle protestantischen Universitäten, auch seine Heimatuniversität Tübingen, unter seiner Mitwirkung die Studien organisieren. Er erwirbt sich schon zu Lebzeiten den Titel eines Praeceptor Germaniae, eines Lehrers ganz Deutschlands, einen Ehrentitel, den vor ihm nur das Haupt der karolingischen Renaissance des Bildungswesen, Rhabanus Maurus, sich erworben hat. Noch vor seiner Tätigkeit für die Organisation des Bildungswesens und der höheren Studien – es ist bezeichnend, daß nicht auf ihn, sondern auf Luther die Ursprünge der Volksschule zurückgeführt werden –, vor der Organisation also der Lateinschulen und der Universitäten kann er schon Anspruch auf diesen Titel geltend machen durch die erste protestantische Dogmatik, die wir als sein religionspädagogisches Grundlagenwerk bezeichnen, die ›Loci communes‹, die Schrift von den evangelischen „Gemeinplätzen": der Sünde, dem Gesetz und der Gnade – *peccatum, lex, gratia*. Melanchthon wird, von jenem selbst angeregt, zum Interpreten Luthers, zeigt schon hier, daß ihm an Durchsetzung seiner eigenen Gedanken nicht gelegen ist, sondern an der Vermittlung, aber auch an der Wahrung einer Tradition, die in die neue Lehre einzubinden ist. Er ist der Ordner des Denkens, der Meister in der Strukturierung des Wissens, wie es seine vielen Lehrbücher und Schulbücher ausweisen. Symptomatisch ist die schon in jungen Jahren gefaßte Absicht, eine textrevidierte Aristoteles-Ausgabe herauszubringen. In seinem Verhältnis zu Aristoteles, dem Organisator der antiken Wissenschaften und dem Systematiker der Philosophie, wird er zwischen Anziehung und Abstoßung schwanken; als Methodiker aber wird er bei ihm in die Lehre gehen. Mit der Überwindung der Scholastik stellt sich auch bei Melanchthon das Aristotelesbild

[21] 32. 234f.
[22] 82. VI. 23.

des Humanismus, in welchem die praktische Philosophie des Stagiriten vorherrschend ist, her. Mit fortschreitendem Alter wird er um der protestantischen Dogmatik willen zu ihm zurückkehren.

Er wird, fassen wir zusammen, Praeceptor Germaniae, als der Organisator des Schulwesens, womit er bei der Einrichtung der Schule in Eisleben im Thüringischen den Anfang macht; er wird es als Organisator der Universitäten, wie es in der Wittenberger Antrittsrede schon ausgesprochen ist und sich in der ersten protestantischen Universitätsgründung, Marburg nämlich, zeigen wird; er wird es als Verfasser von Schul- und Studienbüchern oder, wie wir heute sagen, als Didaktiker und als Wissenschaftstheoretiker; er wird es als Religionspädagoge, indem er der evangelischen Lehre einen Platz im Bildungskanon zu sichern vermag; er wird es schließlich auch noch als Lehrer, der er selbst war und Schulmänner heranbildete. Die berühmtesten sind der Rektor des Nürnberger Gymnasiums, Joachim Camerarius, und der Augsburger Humanist Hieronymus Wolf.

Melanchthon führt die wissenschaftliche Tradition über die Zeit des Umbruchs hinweg; er trägt zur Rettung des antiken Erbes bei, indem er ihre Tradierung in den Lehrplänen der neuen Gymnasien verankert. Den humanistischen Wissenschaften gibt er ihren Platz im Kosmos der gelehrten Welt. Wirkungen auf die Naturwissenschaften bleiben nicht aus. Freilich weist seine immense Bedeutung als Vermittler ihm einen Platz in der Geschichte des Humanismus schon jenseits des europäischen zu. Seine Wirkung gehört in jene Zeit, die durch die konfessionellen Grenzziehungen bestimmt ist und daher auch seinen Einfluß begrenzt. Nichtsdestoweniger dürfen Melanchthons Beiträge zum Humanismus seiner Zeit nicht verkannt werden. Ihn beschäftigen „vel rem publicam litterariam vel ecclesiam“, die Gelehrtenrepublik wie immer zugleich die Kirche, obwohl am Ende seine Sorge nur dieser galt. Der Anfang ist ganz humanistisch, in den Spuren Reuchlins am Ende der kurzen Tübinger Zeit, da er „seine legendäre griechische Grammatik, das Standardwerk für ein volles Jahrhundert“[23] verfaßte und daher nach Wittenberg empfohlen wird. Mehr noch als Reuchlin wird ihm Erasmus bedeuten. Der Briefwechsel zwischen beiden spiegelt das gemeinsame Bemühen um die Wahrung des Friedens, zeigt sie über alle protestantisch-reformatorischen Grenzlinien hinweg bis zu des Erasmus Tod verbunden. 1549 noch drückt Melanchthon in seiner ›Rede über Erasmus von Rotterdam‹ seine Verehrung aus, wie er sich schon dreißig Jahre zuvor, in einem Brief des Jahres 1519, zu Erasmus als dem „Urheber und Vater seiner Studien“ bekannte[24].

[23] 59. 41.
[24] 130. 405ff.

Mit Erasmus und seinen Zeitgenossen will er einen christlichen Humanismus. Indem er sich schon in der Wittenberger Antrittsrede auf Paulus beruft, bindet er den Humanismus ein in die protestantische Theologie und die lutherische Religiosität. Vom Titus-Brief des Paulus ist an dieser Stelle zweimal die Rede und von der darin enthaltenen Mahnung, „die christliche Lehre sei unverfälscht, frei von jeglichem Betrug“[25]. Es ist jener Brief, in welchem die Rede ist von der Erscheinung der Güte und der Menschlichkeit des Herrn: „Cum autem benignitas et humanitas apparuit Salvatoris nostri Dei ...“ und der Erneuerung des Heiligen Geistes, der „renovatio Spiritus sancti“. Es ist die Erinnerung an das Programm des christlichen Humanismus: in der christlichen Botschaft die Humanitas aufzusuchen. Ausdrücklich nimmt er den Titus-Brief als ein Beispiel für die Notwendigkeit der humanistischen Studien; denn daraus lasse sich erkennen, „welch ein Unterschied zwischen einem Ausleger besteht, der das Griechische beherrscht, und einem solchen, der kein Griechisch kann“[26]. Bildung tut not, damit die Botschaft wirke auf den Menschen. Melanchthon will, daß der Humanismus eine versittlichende Wirkung habe. In einem Brief an Camerarius bekennt er: „Ich bin mir bewußt, daß ich aus keinem anderen Grunde je Theologie getrieben habe, als um das Leben zu versittlichen“ – wörtlich: „... nisi ut vitam emendarem“[27], also eigentlich: um das Leben zu verbessern. Hier wieder ist der Begriff genannt, der das humanistische Denken begleiten, von dem aus es sich erneuern wird. Comenius ruft in seiner ›Pampädia‹ auf zur allgemeinen Beratung über die Verbesserung der menschlichen Dinge: „De emendatione rerum humanarum consultatio catholica.“ Die Emendatio ist ein Herzwort des Comenius, des pädagogischen Reformers des 17. Jahrhunderts, der den Grundgedanken des Humanismus wieder aufgreift und didaktisch verlebendigt. Zu erkennen ist, daß der Gedanke des Humanismus auch bei Melanchthon eine Gelehrsamkeit beinhaltet, die nicht um der reinen Erkenntnis willen und nicht um der bloßen Wissenschaft willen gedacht ist, sondern als eine „menschliche“ Wissenschaft konzipiert wird, die, wie man nicht anders denn fast tautologisch sagen kann, der Humanisierung der menschlichen Dinge dient. Der Gedanke Melanchthons ist, daß der Mensch durch den Zugang zu den Wissenschaften, die die Humaniora, die menschlicheren, genannt werden, besser und das heißt: sittlicher werden könne. So läßt er sich in seiner Nürnberger Gymnasialrede von 1526 vernehmen, daß Schulen für die Bildung der Jugend notwendig seien; denn „der täuscht sich, der glaubt, daß ohne Unterweisung wirkliche Tugend er-

[25] 123. 274.
[26] 123. 276.
[27] 27. 164.

worben werden kann" – „valde enim fallitur, si quis sine doctrina solidam virtutem parari posse estimat"[28]. Und von der Kirche schon hatte er 1518 gesagt, sie sei aus Mangel an Bildung verwahrlost, wohingegen die widererwachenden Studien geeignet seien, die zu pflegenden guten Geister zu fördern – „... ad excolendas bonas mentes conducant"[29].

Bildung – eruditio – wird das maßgebliche Wort dieses christlichen Humanisten, und er versteht unter Bildung, über die Dinge und über die Sitten recht urteilen zu können. Das eben wird gewonnen durch den Umgang mit den Schriften, den *litteris*, denn durch diese werden die Menschen zu Tugend, Menschlichkeit und Frömmigkeit – *ad virtutem, ad humanitatem, ad pietatem* – angeregt und gebildet.[30] Und nicht nur das richtige Urteil muß sich bilden können, sondern es muß dem auch Wort und Ausdruck gegeben werden können. Die Eruditio als *scientia judicandi* rundet sich durch die *facultas dicendi*, die Fähigkeit richtigen Sprechens. Der Umgang mit dem Wort ist einzuüben. Der klassisch gewordene Bildungsbegriff, den Sturm formuliert hat, ist hier schon gefaßt, die *sapiens atque eloquens pietas*, die Frömmigkeit aus Weisheit und Beredsamkeit.

Melanchthon wird seinem Versprechen, mit dem er seine Wittenberger Antrittsrede beschließt, treu bleiben, „meine jungen Jahre der guten literarischen Bildung [bonis litteris] zu weihen, jedweden schädlichen Künsten abhold zu sein und das mir aufrichtig entgegengebrachte Geschenk des Vertrauens dankbar zu hüten und zu verwahren"[31]. Die evangelische Lehre, diese gründend in einer profunden humanistischen Bildung, wird seine Lebensleistung, wobei auch er nicht hindern konnte, daß durch die damit einhergehende Dogmatisierung einerseits, Formalisierung andererseits die christliche Substanz sich von den Studien löste. Das Schicksal, das die Reformation dem christlichen Humanismus bereitete, als, wie es Burger ausdrückt, die Geschichte gegen Erasmus entschieden hatte,[32] wird sie selbst einholen. Die Problematik, die die Anstrengungen des Melanchthon durchzieht, klingt im Urteil Diltheys an: „Das ganze Wissen der Zeit umspannte der Geist dieses bleichen, zarten Jünglings. Und unter seiner Hand wurden alle Fragen einfach und plan ... Auch der Zusatz von Trivialität fehlt ihm nicht, dessen stets eine Masse von Hörern bedarf."[23] Eben indem die Fragen einfach gemacht werden, werden sie bei minderen Geistern an Tiefe verlieren. Das mag dann zu einem Urteil über Melanchthon verleiten, das wir nicht teilen, sofern er selbst, der doch

[28] 85. III. 69.
[29] 85. III. 41.
[30] 85. III. 65.
[31] 123. 277.
[32] 19. 456.
[33] 27. 162f.

ebenso Humanist wie Homo religiosus war, damit getroffen sein soll: „Er bedeutet nicht nur eine Verflachung, sondern auch eine Senkung des geistigen Niveaus. Aber sein Verdienst bleibt ungemindert, daß es ihm gelang, die Humaniora als Grundlage der höheren Bildung zu retten gegenüber dem Reformator ...“[34] Das wird Melanchthon nicht gerecht, wenn es auch für die Folge nicht ohne Sinn ist, von einer Verflachung des Humanismus zu reden. Mit Melanchthon steht der Humanismus am Ausgang seiner Epoche; aber daß er in Deutschland stärker fortleben kann als in anderen Ländern, ist des Melanchthon bildungsgeschichtliches Verdienst. Das Wort von Sellmair übrigens wird auch Luther nicht gerecht, dem gegenüber die Humaniora nicht zu retten wären, den gar als Anthumanisten zu bezeichnen schlicht ein Mißverständnis ist. Melanchthon wuchs in eine Zeit hinein, in welcher der Humanismus keine andere Zuflucht mehr haben konnte als die, die ihm Melanchthon bot.

[34] 122. 319.

NACHBEMERKUNG

Melanchthon steht schon zum guten Teil jenseits dessen, was wir als europäischen Humanismus verstehen: die Geistesbewegung, deren Haupt und Mittelpunkt Erasmus von Rotterdam ist, von dem alle Strahlen ausgehen und auf den alle Wege zulaufen. Daß Melanchthon das Fortwirken des Humanismus sichert, gibt ihm seinen bildungsgeschichtlichen Rang.

Die Nachwirkungen des Humanismus sind vielfältiger Art. Er führt, wenn man so sagen darf, ein apokryphes Leben und überdauert gleichzeitig in den verschiedenen Impulsen, die er nach verschiedenen Richtungen hin gibt. In den modernen Wissenschaften hinterläßt er seine Spuren; auch die Naturwissenschaften werden von ihm affiziert. Er wird sich schließlich im 18. Jahrhundert erneuern, wenn sich die Aufklärung, an deren Anfang auch eine Erasmus-Renaissance steht, auf ihn besinnt.

Den Verzweigungen und Strömen, den Gedanken und den Institutionen, in denen sich der Humanismus bis zur Aufklärung hin verfolgen läßt, soll in einem anderen Werk nachgegangen werden. Es wird weniger als Bildungs- denn als Wirkungs- und Wissenschaftsgeschichte von Melanchthon, dessen Lehre dann noch einmal gründlicher aufzunehmen ist, bis an die Schwelle des deutschen Neuhumanismus führen. Erst dieser wird das humanistische Erbe in einen neuen Bildungsbegriff umgießen.

LITERATUR

(1) Der Ackermann aus Böhmen. Ein Streitgespräch zwischen Mensch und Tod aus dem Jahre 1400. Hrsg. von Hans Böhm, München 1927.

(2) Adelung, Friedrich von: Kritisch-literarische Übersicht der Reisenden in Rußland bis 1700, 2 Bde., Petersburg 1846.

(3) Ariès, Philippe: Geschichte der Kindheit, München 1975.

(4) Balázs, Janos: Johannes Sylvester und der Humanismus in Mittel- und Osteuropa, in: Renaissance und Humanismus in Mittel- und Osteuropa, Bd. II, hrsg. von J. Irmacher, Berlin 1962.

(5) Bauch, Gustav: Deutsche Scholaren in Krakau in der Zeit der Renaissance 1460 bis 1520, Breslau 1901.

(6) Benrath, Gustav Adolf: Die deutsche evangelische Universität der Reformationszeit, in: Hellmuth Rössler und Günther Franz (Hrsg.), Universität und Gelehrtenstand 1400–1800, Limburg a. d. Lahn 1970.

(7) Bezold, Friedrich von: Conrad Celtis, der deutsche Erzhumanist, Darmstadt 1959 (Nachdruck von 1883).

(8) Bietenholz, Peter: Erasme et le public allemand, 1518–1520, in: L'Humanisme allemand (1480–1540), Humanistische Bibliothek, Bd. 38, München/Paris 1979.

(9) Bitschin, Konrad: Pädagogik. Das vierte Buch des enzyklopädischen Werkes ›De vita conjugali‹. Nach der lat. Handschrift zum erstenmal hrsg., mit dt. Übers., hist.-lit. Einl., sowie mit Erklärungen und Anm. vers. von Dr. R. Galle, Gotha 1905.

(10) Böhme, Günther: Bildungsgeschichte des frühen Humanismus, Darmstadt 1984.

(11) Borinski, Ludwig: Englischer Humanismus und deutsche Reformation, Göttingen 1969.

(12) Borkenau, Franz: Der Übergang vom feudalen zum bürgerlichen Weltbild. Studien zur Geschichte der Philosophie in der Manufakturperiode, Darmstadt 1971 (Nachdruck von 1934).

(13) Bornkamm, Heinrich: Das Jahrhundert der Reformation. Gestalten und Kräfte, Göttingen 1961.

(14) Briefe der Dunkelmänner, übers. von Wilhelm Binder, revid., mit Anm. und einem Nachwort vers. von Peter Amelung, München 1964.

(15) Buck, August: Die humanistische Tradition in der Romania, Bad Homburg v. d. H. 1968.

(16) Buck, August: Studia humanitatis. Gesammelte Aufsätze 1973–1980. Festgabe zum 70. Geburtstag, hrsg. im Namen der Schüler, Freunde und Kollegen von Bodo Guthmüller, Karl Kohut, Oskar Roth, Wiesbaden 1981.

(17) Burckhardt, Jakob: Die Kultur der Renaissance in Italien, 6. Aufl., 2 Bde., Leipzig 1898.
(18) Burdach, Konrad (Hrsg.): Aus Petrarcas ältestem deutschen Schülerkreise, Texte und Untersuchungen, Berlin 1929.
(19) Burger, Heinz Otto: Renaissance, Humanismus, Reformation – Deutsche Literatur im europäischen Kontext, Bad Homburg v. d. H. 1969.
(20) Burger, Heinz Otto: Martin Luther und der Humanismus, in: L'Humanisme allemand (1480–1540), Humanistische Bibliothek, Bd. 38, München/Paris 1979.
(21) Cantimori, Delio: Italienische Häretiker der Spätrenaissance, Basel 1949.
(22) Cicero, Marcus Tullius: De oratore. Über den Redner, übers. u. hrsg. von Harald Merklin, Stuttgart 1978.
(23) Comenius: Ausgewählte Werke, hrsg. von Dimitrij Tschizewskij und Klaus Schaller. Bd. III, Hildesheim 1977.
(24) Comenius, Joh. Amos: Pädagogische Schriften, übers. von Dr. C. Th. Lion, Langensalza 1883.
(25) Copernicus, Nicolaus: Über die Kreisbewegungen der Weltkörper (De revolutionibus orbium caelestium), Erstes Buch, zweisprachige Ausgabe, hrsg. von Georg Klaus, Berlin 1959.
(26) Denifle, Heinrich: Die Entstehung der Universitäten des Mittelalters bis 1400, Graz 1956 (Nachdruck von 1885).
(27) Dilthey, Wilhelm: Weltanschauung und Analyse des Menschen seit Renaissance und Reformation, Gesammelte Schriften, II. Bd., 8. Aufl., Stuttgart 1969.
(28) Durkheim, Emile: Die Entwicklung der Pädagogik. Zur Geschichte und Soziologie des gelehrten Unterrichts in Frankreich, aus dem Franz. übertragen von Ludwig Schmidts, Weinheim 1977.
(29) Eckert, Willehad Paul / Christoph von Imhoff: Willibald Pirckheimer. Dürers Freund im Spiegel seines Lebens, seiner Werke und seiner Umwelt, 2. erw. Aufl., Köln 1982.
(30) Elias, Norbert: Über den Prozeß der Zivilisation. Soziogenetische und psychogenetische Untersuchungen. 2 Bde., 6. Aufl., Frankfurt a. M. 1978.
(31) Erasmus-Studienausgabe, 8 Bde., lateinisch und deutsch, hrsg. von Werner Welzig, Darmstadt 1967ff.
(32) Erasmus von Rotterdam: Briefe, verdeutscht und hrsg. von Walter Köhler, erw. Neuausgabe von Andreas Flitner, Bremen o. J.
(33) Erasmus and Fisher. Their Correspondence 1511–1524, par Jean Rouschausse, Paris 1968.
(34) La Correspondance d'Erasme et de Guillaume Budé. Traduction, annotations et index biographique, Paris 1967.
(35) Erasmus von Rotterdam: Auswahl aus seinen Schriften von Anton I. Gail, Düsseldorf 1948.
(36) Erasmus von Rotterdam: Ausgewählte pädagogische Schriften, besorgt von Anton J. Gail, Paderborn 1963.
(37) Erlinghagen, Karl: Katholische Bildung im Barock, Hannover 1972.
(38) Friedrich, Hugo: Montaigne, Bern 1949.

(39) Garin, Eugenio: Geschichte und Dokumente der abendländischen Pädagogik, II: Humanismus, III: Von der Reformation bis John Locke, Reinbek 1966 und 1967.
(40) Geanakoplos, Deno J.: Byzantine East and Latin West: Two Worlds of Christendom in the Middle Age and Renaissance. Studies in Ecclesiastical and Cultural History, Oxford MCMLXVI.
(41) Gesner, Johann Matthias: Novus linguae et eruditionis Romanae Thesaurus, 1. Bd., Lipsia MDCCXLIX.
(42) Grapin, Pierre: L'humanisme en Allemagne après la Reforme luthérienne, in: L'Humanisme allemand (1480–1540), Humanistische Bibliothek, Bd. 38, München/Paris 1979.
(43) Grundmann, Herbert: Vom Ursprung der Universität im Mittelalter, 2. mit einem Nachtrag vers. Aufl., Darmstadt 1976 (Nachdruck von 1960).
(44) Hammerstein, Notker: Humanismus und Universitäten, in: Die Rezeption der Antike, Zum Problem der Kontinuität zwischen Mittelalter und Renaissance. Vorträge, gehalten anläßlich des ersten Kongresses des Wolfenbütteler Arbeitskreises für Renaissanceforschung in der Herzog August Bibliothek Wolfenbüttel, hrsg. von August Buck, Marburg 1981.
(45) Haney, Jack V.: From Italy to Muscovy. The Life and Works of Maxim the Greek, München 1973.
(46) Hassinger, Erich: Das Werden des neuzeitlichen Europa 1300–1600, Braunschweig o. J.
(47) Heer, Friedrich: Europäische Geistesgeschichte, Stuttgart 1953.
(48) Heger, Hedwig (Hrsg.): Spätmittelalter, Humanismus, Reformation. Texte und Zeugnisse, Zweiter Teilband: Blütezeit des Humanismus und Reformation, München 1978.
(49) Herder: Werke in fünf Bänden, Weimar 1957.
(50) Herding, Otto: Pädagogik, Politik, Geschichte bei Jakob Wimpheling, in: L'Humanisme allemand (1480–1540), Humanistische Bibliothek, Bd. 38, München/Paris 1979.
(51) Herding, Otto (Hrsg.): Jakob Wimphelings Adolescentia, unter Mitarbeit von F. J. Worstbrock eingel., komment. und hrsg. von Otto Herding, München 1965.
(52) Hoffmann, Ernst: Pädagogischer Humanismus, Zürich 1955.
(53) Holzberg, Niklas: Willibald Pirckheimer, Griechischer Humanismus in Deutschland, München 1981.
(54) Hromádka, Josef L.: Von der Reformation zum Morgen, Leipzig 1959.
(55) Huizinga, Johan: Erasmus von Rotterdam, 4. Aufl., Basel 1951.
(56) Hutten, Ulrich von: Deutsche Schriften, hrsg. von Peter Ukena, Nachwort von Dietrich Kurze, München 1970.
(57) Hyma, Albert: The Brethren of the Common Life, Grand Rapids/Michigan 1950.
(58) Jens, Walter: Eine deutsche Universität. 500 Jahre Tübinger Gelehrtenrepublik, München 1977.
(59) Joachimsen, Paul: Loci communes. Eine Untersuchung zur Geistesgeschichte des Humanismus und der Reformation, in: Luther-Jahrbuch, Jahrbuch der Luther-Gesellschaft, VIII (1926) (Nachdruck 1966).

(60) Joachimsen, Paul: Der Humanismus und die Entwicklung des deutschen Geistes, in: Deutsche Vierteljahresschrift für Literaturwissenschaft und Geistesgeschichte 8 (1930).

(61) Joel, Karl: Wandlungen der Weltanschauung. Eine Philosophiegeschichte als Geschichtsphilosophie, 1. Bd., Tübingen 1928.

(62) Kampschulte, Franz Wilhelm: Die Universität Erfurt in ihrem Verhältnis zu dem Humanismus und der Reformation, aus den Quellen dargestellt, 2 Teile in 1 Bd., Aalen 1970 (Nachdruck von 1858/60).

(63) Kant-Paperback-Ausgabe, 10 Bde., hrsg. von Wilhelm Weischedel, Darmstadt 1983.

(64) Kardos, Tibor: Entwicklungsgang und osteuropäische Merkmale des ungarischen Humanismus, in: Renaissance und Humanismus in Mittel- und Osteuropa, Bd. II, hrsg. von J. Irmscher, Berlin 1962.

(65) Kavka, Frantisek: Die Gründung der Universität in Prag und ihre Bedeutung für die Entwicklung der tschechischen Kultur, in: Les universités européennes du XIVe au XVIIIe siècle, Aspects et problèmes, Genf 1967.

(66) Kempen, Thomas von: De Imitatione Christi – Nachfolge Christi und vier andere Schriften, lateinisch und deutsch, München 1966.

(67) Kerényi, Karl: Ursinn und Sinnwandel des Utopischen, in: Eranos-Jahrbuch 1963, Vom Sinn der Utopie, Zürich 1964.

(68) Klostermann, Robert Adolf: Maxim Grek in der Legende (Leipziger Dissertation), Zeitschrift für Kirchengeschichte LIII, 3. Folge IV, Stuttgart 1934.

(69) Könneker, Barbara: Vom „Poeta laureatus" zum Propagandisten: die Entwicklung Huttens als Schriftsteller in seinen Dialogen von 1518–1521, in: L'Humanisme allemand (1480–1540), Humanistische Bibliothek, Bd. 38, München/Paris 1979.

(70) Koslowska-Budkowa, Sofia: La Fondation de l'Université de Cracovie et son rôle dans le développement de la civilisation en Pologne, in: Les universités européennes du XIVe au XVIIIe siècle, Genf 1967.

(71) Kovács, E.: Die Gründung der Universität in Pécs und ihre Bedeutung für die ungarische Kultur, in: Les universités européennes du XIVe au XVIIIe siècle, Genf 1967.

(72) Kristeller, Paul Oskar: Humanismus und Renaissance, I: Die antiken und mittelalterlichen Quellen, II: Philosophie, Bildung und Kunst, München 1976.

(73) Krokowski, Jerzy: Laurentius Corvinus und seine Beziehungen zu Polen, in: Renaissance und Humanismus in Mittel- und Osteuropa, Bd. I, hrsg. von Johannes Irmscher, Berlin 1962.

(74) Kürbis, Brygida: Die mißlungene Gründung einer Universität in Kulm (1386), in: Archiv für Kulturgeschichte 46 (1964).

(75) Le Goff, Jacques: La conception française de la Renaissance, in: Les universités européennes du XIVe au XVIIIe siécle, Genf 1967.

(76) Liermann, Hans: Erlangen – Nürnberg – Altdorf. Hohe Schulen und geistiges Leben, in: Jahrbuch für fränkische Landesforschung, hrsg. vom Institut für Fränkische Landesforschung an der Universität Erlangen-Nürnberg, Nr. 22, Neustadt (Aisch) 1962.

(77) Lilienfeld, Fairy von: Vorboten und Träger des „Humanismus" im Rußland Iwans III., in: J. Irmscher (Hrsg.), Renaissance und Humanismus in Mittel- und Osteuropa, Berlin 1962.
(78) Linnhoff, Lieselotte: Spanische Protestanten in England, Emsdetten 1934.
(79) Livet, Georges: Humanisme allemand. Réforme et civilisation européenne, in: L'Humanisme allemand (1480–1540), Humanistische Bibliothek, Bd. 38, München/Paris 1979.
(80) Luther, Martin: Vom unfreien Willen, nach dem Urtext neu verdeutscht von Otto Schumacher, Göttingen 1937.
(81) Luther, Martin: Pädagogische Schriften, besorgt von Hermann Lorenzen, Paderborn 1957.
(82) Luther, Martin: Ausgewählte Schriften, hrsg. von Karin Bornkamm und Gerhard Ebeling, 6 Bde., Frankfurt a. M. 1982.
(83) Margolin, Jean-Claude: L'humanisme en Europe au temps de la Renaissance, Paris 1981.
(84) Margolin, Jean-Claude: Mutianus Rufus et son modèle érasmien, in: L'Humanisme allemand (1480–1540), Humanistische Bibliothek, Bd. 38, München/Paris 1979.
(85) Melanchthon, Philipp: Werke in Auswahl, hrsg. von Robert Stupperich, I. Bd.: Reformatorische Schriften, III. Bd.: Humanistische Schriften, Gütersloh 1951/1961.
(86) Miethke, Jürgen: Ockhams Weg zur Sozialphilosophie, Berlin 1969.
(87) Montaigne, Michel de: Die Essais, ausgew., übertr. und eingel. von Arthur Franz, Leipzig 1953.
(88) Morus, Thomas: Utopia, übers. von Gerhard Ritter, mit einer Einleitung von Hermann Oncken, Darmstadt 1964 (Nachdruck von 1922).
(89) Moulin Eckart, Richard Graf du: Geschichte der deutschen Universitäten, Hildesheim 1976 (Nachdruck von 1929).
(90) Meyers, A. R.: England in the Late Middle Ages, 8. Aufl., Penguin Books, 1976.
(91) Nebe, A.: Vives, Alsted, Comenius in ihrem Verhältnis zueinander, in: Programmheft des Gymnasiums zu Elberfeld 1890/91, Elberfeld 1891.
(92) Newald, Richard: Probleme und Gestalten des deutschen Humanismus, Berlin 1963.
(93) Nieser, Bruno: Die Entstehung der Schule als Institution bürgerlicher Gesellschaft, Diss. Frankfurt a. M., Frankfurt a. M. 1978.
(94) Novalis: Werke, Tagebücher und Briefe Friedrich von Hardenbergs, 2 Bde., hrsg. von Hans-Joachim Mähl und Richard Samuel, München 1978.
(95) Okenfuss, Max. J.: The Jesuit Origins of Petrine Education, in: The Eighteenth Century in Russia, hrsg. von J. G. Garrad, Oxford 1973.
(96) Oppel, Horst: Erasmus in England, in: Renatae Litterae, Studien zum Nachleben der Antike und zur europäischen Renaissance, August Buck zum 60. Geburtstag am 3. 12. 1971, dargebracht von Freunden und Schülern, hrsg. von Klaus Heitmann und Eckhart Schroeder, Frankfurt a. M. 1973.
(97) Padberg, Rudolf: Personaler Humanismus. Das Bildungsverständnis des Erasmus von Rotterdam und seine Bedeutung für die Gegenwart, Paderborn 1964.

(98) Pantin, W. A.: The Conception of the Universities in England in the Period of the Renaissance, in: Les universités européennes du XIVe au XVIIIe siècle, Genf 1967.
(99) Paulsen, Friedrich: Geschichte des gelehrten Unterrichts auf den deutschen Schulen und Universitäten vom Ausgang des Mittelalters bis zur Gegenwart, zwei Bde., 3. erw. Auflage 1919 (Nachdruck 1965).
(100) Pfeiffer, Rudolf: Ausgewählte Schriften. Aufsätze und Schriften zur griechischen Dichtung und zum Humanismus, hrsg. von Winfried Bühler, München 1960.
(101) Pfeiffer, Rudolf: Die klassische Philologie von Petrarca bis Mommsen, a. d. Engl. von Marlene und Erwin Arnold, München 1982.
(102) Pico della Mirandola, Giovanni: De dignitate hominis, lateinisch und deutsch, eingel. von Eugenio Garin, Bad Homburg v. d. H. 1968.
(103) Pirckheimer, Willibald: 1470/1970 – Dokumente, Studien, Perspektiven. Anläßlich des 500. Geburtsjahres hrsg. vom Willibald-Pirckheimer-Kuratorium, Nürnberg 1970.
(104) Prahl, Hans-Werner: Sozialgeschichte des Hochschulwesens, München 1978.
(105) Rabelais, François: Gargantua und Pantagruel, verdeutscht von Engelbert Hegaur und Dr. Owlglass, Ausgabe in einem Band, München 1951.
(106) Reicke, Emil: Der Gelehrte in der deutschen Vergangenheit, Leipzig 1900.
(107) Reuchlin, Johannes: Briefwechsel, ges. und hrsg. von Ludwig Geiger, Tübingen 1875.
(108) Rössler, Hellmuth: Europa im Zeitalter der Renaissance, Reformation und Gegenreformation 1450–1650, München 1956.
(109) Rogge, Joachim (Hrsg.): Philipp Melanchthon. Eine Gabe zu seinem 400. Todestag, Berlin 1960.
(110) Romano, Ruggiero, und Alberto Tenenti: Die Grundlegung der modernen Welt – Spätmittelalter, Renaissance, Reformation, Fischer Weltgeschichte Bd. 12, Frankfurt a. M. 1967.
(111) Rougier, Louis: Historie d'une faillite philosophique: la Scolastique, Utrecht 1966.
(112) Rückbrod, Konrad: Universität und Kollegium – Baugeschichte und Bautyp, Darmstadt 1977.
(113) Rupprich, Hans: Johannes Reuchlin und seine Bedeutung im europäischen Humanismus, in: Johannes Reuchlin 1455–1522, Festgabe seiner Vaterstadt Pforzheim, hrsg. von Manfred Krebs, Pforzheim 1955.
(114) Schaeder, Hildegard: Moskau – das dritte Rom. Studien zur Geschichte der politischen Theorien in der slawischen Welt, 2. Aufl., Darmstadt 1957.
(115) Schaffran, Emmerich: Ungarn im 15. Jahrhundert und die italienische Frührenaissance, in: Archiv für Kulturgeschichte 35 (1953).
(116) Schirmer, Walter F.: Der englische Frühhumanismus. Ein Beitrag zur englischen Literaturgeschichte des 15. Jahrhunderts, Leipzig 1931.
(117) Schmidt, Kurt Dietrich: Grundriß der Kirchengeschichte, 6. Aufl., Göttingen 1975.
(118) Schramm, Gottfried: Neue Ergebnisse der Antitrinitarier-Forschung, in:

Jahrbücher für Geschichte Osteuropas, hrsg. vom Osteuropa-Institut München, München 1960.
(119) Schulze, Friedrich, und Paul Ssymank: Das deutsche Studententum von den ältesten Zeiten bis zur Gegenwart 1931, 4. völlig neubearb. Aufl., München 1932.
(120) Seibt, Ferdinand: Utopica, Modelle totaler Sozialplanung, Düsseldorf 1972.
(121) Seidlmayer, Michael: Wesen und Wandlung des Humanismus, Studien zu seinen politischen, ethischen, religiösen Problemen, mit einem Gedenkwort von Hans Barion, Göttingen 1965.
(122) Sellmair, Josef: Humanitas Christiana. Geschichte des christlichen Humanismus, München o.J.
(123) Stackelberg, Jürgen von (Hrsg.): Humanistische Geisteswelt von Karl dem Großen bis Philip Sidney, Zürich 1956.
(124) Steinmetz, M.: Die Konzeption der deutschen Universitäten im Zeitalter von Humanismus und Reformation, in: Les universités européennes du XIVe au XVIIIe siècle, Genf 1967.
(125) Stelling-Michaud, Sven: Quelques remarques sur l'historie des universités à l'époque de la Renaissance, in: Les universités européennes du XIVe au XVIIIe siècle, Genf 1967.
(126) Stepun, Fedor: Der Bolschewismus und die christliche Existenz, München 1959.
(127) Stökl, Günther: Das Echo von Renaissance und Reformation im Moskauer Rußland, in: Jahrbücher für die Geschichte Osteuropas, NF VII, (1959).
(128) Strahl, Philipp: Das gelehrte Rußland, Hildesheim 1975 (Nachdruck von 1828).
(129) Stupperich, Robert: Erasmus von Rotterdam und seine Welt, Berlin 1977.
(130) Stupperich, Robert: Erasmus und Melanchthon in ihren gemeinsamen Bestrebungen, in: L'Humanisme allemand (1480–1540), Humanistische Bibliothek, Bd. 38, München/Paris 1979.
(131) Suchodolski, Bogdan: Die polnische Pädagogik in der Zeit der Renaissance, Berlin 1958.
(132) Trevor-Roper, Hugh Redwald: Religion, Reformation und sozialer Umbruch. Die Krisis des 17. Jahrhunderts, aus dem Englischen von Michael Erbe, Darmstadt 1970.
(133) Überweg, Friedrich: Grundriß der Geschichte der Philosophie, Berlin 1928.
(134) Vaughan, Herbert M.: Studies in the Italian Renaissance, London 1930.
(135) Vives, Johannes Ludovico: Pädagogische Schriften, hrsg. von Friedrich Kayser, Bibliothek der katholischen Pädagogik, Band VIII, Freiburg i. Br. 1896.
(136) Voigt, Georg: Die Wiederbelebung des klassischen Altertums oder Das erste Jahrhundert des Humanismus, 4. unv. Aufl., 2. Bd., Berlin 1980.
(137) Vorländer, Karl: Philosophie der Renaissance, Beginn der Naturwissenschaft, Geschichte der Philosophie III, bearb. von Hinrich Knittermeyer, Reinbek 1965.

(138) Waetzold, Wilhelm: Dürer und seine Zeit, London 1938.
(139) Wagenführ, Horst: Handelsfürsten der Renaissance, Stuttgart 1957.
(140) Weinstock, Heinrich: Die Tragödie des Humanismus, 5. Aufl., Heidelberg 1967.
(141) Weise, Georg: Der Humanismus und das Prinzip der klassischen Geisteshaltung, in: August Buck (Hrsg.), Zu Begriff und Problem der Renaissance, Darmstadt 1969.
(142) Wimpheling, Jakob: Pädagogische Schriften, übers., erl. u. mit einer Einl. vers. von Joseph Freundgen, Paderborn 1892 / Neue Ausgabe 1898.
(143) Winter, Eduard: Frühhumanismus. Seine Entwicklung in Böhmen und deren europäische Bedeutung für die Kirchenreformbestrebungen im 14. Jahrhundert, Berlin 1964.
(144) Woodward, William Harrison: Studies in Education during the Age of Renaissance, 1400–1600, New York 1965.

REGISTER

Aus dem weiteren Programm

8532-9 Geißler/Schneider:
Hausaufgabe. (EdF, Bd. 166.)
1982. VI, 175 S., kart.

Nach einer Beschreibung der Problemsituation wird auf die geschichtliche Entwicklung eingegangen, es wird die Literaturlage dargestellt und die Pro- und Kontraposition entwickelt. Einen breiten Raum nehmen die Überlegungen zu einer reformierten Hausaufgabenpraxis ein. Mit Betrachtungen der rechtlichen Situation schließt die Abhandlung.

7994-9 Heck/Schurig (Hrsg.):
Lehrerfort- und Lehrerweiterbildung. Theoretische Grundlagen und praktische Verwirklichung in Deutschland nach 1945. (WdF, Bd. 432.)
1982. IX, 434 S., Gzl.

Der Band dokumentiert die historische Entwicklung der Diskussion um die Lehrerfortbildung in der Bundesrepublik ohne dabei einen linearen Fortschritt bei der Realisierbarkeit verschiedener Konzeptionen unterstellen zu wollen. Vielmehr soll die Vielgestaltigkeit der Begründungen von Lehrerfortbildung, ihrer Formen und praktischen Möglichkeiten im Vordergrund stehen.

8262-1 Löwisch, Dieter-Jürgen:
Einführung in die Erziehungsphilosophie.
1982. XI, 205 S., kart.

In der Erziehungsphilosophie werden Fragen verhandelt nach Voraussetzung und Ziel, Sinn und Zweck pädagogischen Handelns. Dieses Begründungsgeschäft von Erziehung muß in seiner Durchführung Argumenten kurzlebiger Aktualität ebenso entraten wie solchen der Wendung physischer Not, Argumenten politischer Pragmatik und Opportunität ebenso wie solchen gesellschaftlicher Erfordernisse.

8309-1 Moll-Strobel, Helgard (Hrsg.):
Grundschule – Kinderschule oder wissenschaftsorientierte Leistungsschule? (WdF, Bd. 574.)
1982. VII, 409 S. mit 27 Abb. u. mehreren Übers., Gzl.

Die gegenwärtige Diskussion zur Didaktik des Primarbereichs ist um die Frage nach der pädagogischen Relevanz der Kindgemäßheit zentriert. Der vorliegende Band möchte zunächst ein Kennenlernen der positionsbedingten Argumente erleichtern und darüber hinaus Impulse eines erneuten Hinterfragens vermitteln.

3368-X Reinartz, Anton (Hrsg.):
Empirische pädagogische Forschung. (Wege der Forschung, Bd. 78.)
1982. VI, 324 S. mit vielen Tab. u. 22 Abb., Gzl.

Die Aufsätze dieses Bandes spiegeln einen der wichtigsten Abschnitte der empirisch-pädagogischen Forschung wider. Diese Forschungsintentionen erhielten in den fünfziger und sechziger Jahren die entscheidenden Anstöße. Die Beiträge sind chronologisch geordnet. Die Themata sind unterschiedlich, und die Autoren kommen aus dem deutschen und aus dem anglo-amerikanischen Bereich.

83/I

WISSENSCHAFTLICHE BUCHGESELLSCHAFT
Hindenburgstr. 40 D-6100 Darmstadt 11